赢商网研究中心 编著

商业地产 格局与谋变

解读当今商业地产发展格局
看未来商业转型手段与趋势

+ 从数据看商业地产发展格局与前景 + 商业地产O2O大数据应用与转型
+ 解读房企"轻资产"运作 + 展示和学习标杆

中国经济出版社
CHINA ECONOMIC PUBLISHING HOUSE

北京

图书在版编目（CIP）数据

商业地产格局与谋变／赢商网研究中心编著．
北京：中国经济出版社，2016.1
ISBN 978-7-5136-4082-4

Ⅰ．①商… Ⅱ．①赢… Ⅲ．①城市商业—房地产开发—研究—中国 Ⅳ．①F299.233

中国版本图书馆 CIP 数据核字（2015）第 288116 号

责任编辑	张　卉　王　建
责任审读	贺　静
责任印制	巢新强
封面设计	广州恒烨广告设计有限公司

出版发行	中国经济出版社
印　刷　者	北京科信印刷有限公司
经　销　者	各地新华书店
开　　本	787mm×1092mm　1/16
印　　张	26
字　　数	563 千字
版　　次	2016 年 1 月第 1 版
印　　次	2016 年 1 月第 1 次
定　　价	68.00 元

广告经营许可证　京西工商广字第 8179 号

中国经济出版社 网址 www.economyph.com　社址 北京市西城区百万庄北街 3 号　邮编 100037

本版图书如存在印装质量问题，请与本社发行中心联系调换（联系电话：010-68330607）

版权所有　盗版必究（举报电话：010-68355416　010-68319282）
国家版权局反盗版举报中心（举报电话：12390）　　　服务热线：010-88386794

编委会

总　　编：吴传鲲　李乐贤　周　斌

主　　编：唐荣荣

编　　委：陈　楚　何　媚　钟秋玲　劳　敏　庞　凤　陈巧明　魏　峰
　　　　　韦虹呈　童丹霞　尹林峰　仲文佳　张　斌　王　敏　洪秋亮
　　　　　杨　瑞　胡　琼　陈　花　王一乐　吴　菊　黄　静　曾伟伟
　　　　　王　超　苏丹丹

美术编辑：杨春烨　邓钰彬

序言

近几年，商业地产看似繁荣的表象下蕴藏着"高烧"风险。有人说，商业地产既是"天堂"，也是"炼狱"。2015年，全国主要城市商业综合体存量面积已经达到3.6亿平方米，2016年更将突破4.3亿平方米，可见即便商业地产行业长期囿于招商难、选址难、运营难的困境之中，但房企仍以"飞蛾扑火"之势投资商业地产项目。

随着"互联网+"思维和大数据的兴起，中国的消费模式也在发生颠覆性的变化：百货日渐式微，大型超市日趋饱和；街边商铺让位于综合体商圈，体验型消费冲击实体购买消费；线上支付取代现金支付，网上交易"笑傲"实体店交易。这些变化对商业地产项目的规模、动线、结构、区位、业态组合等方面带来了直接冲击，并由此造成了商业地产在质和量上的深刻变革。

基于以上背景，本书对2013—2015年国内商业地产发展情况进行了全面梳理，对商业地产行业的政策、国内经济形势等宏观因素进行了分析，通过大量数据对整个零售业、商业地产的多元化产品、商业地产企业的转型和未来发展趋势进行了深入研究，尤其是对近年比较火热的O2O、体验式和"轻资产"等模式进行了专门研究和解读。

希望本书能让读者对中国商业地产发展的新格局和新走向有一个清晰和客观的了解。

CONTENTS 目录

第一章　从宏观经济走势看商业地产发展前景　　1
第一节　国民经济进入中高速发展"新常态"　　2
第二节　重点城市经济发展情况对比分析　　14
第三节　新政策下商业地产面临的发展格局　　27
第四节　当下商业地产市场发展特性及前景展望　　33

第二章　不同类型商业地产项目的开发局面　　53
第一节　购物中心开发：体量过剩？　扩大规模？　　55
第二节　综合体两极分化之"巨无霸"和"小而精"　　80
第三节　特色商业项目开发迎来投资潮　　89

第三章　新态势下商业地产各业态的转型与发展　　107
第一节　零售、娱乐、餐饮业态此消彼长　　108
第二节　零售业态进入门店调整与O2O转型时期　　111
第三节　体验类业态占比不断增大　　138

第四章　商业地产打造体验式商业模式获取增值　　151
第一节　体验式商业模式是新经济增长点　　152
第二节　商业地产项目中的主要体验式业态　　168
第三节　用设计手法增加商业地产的体验化　　199
第四节　购物中心体验式营销是新型人气"吸金利器"　　217

第五章　商业地产建立 O2O 模式来积极谋变　　235

- 第一节　互联网思维颠覆下的商业地产　　236
- 第二节　从 O2O 大数据中挖掘商业价值　　250
- 第三节　商业地产的 O2O 转型策略　　257
- 第四节　购物中心升级产品——O2O 智慧商城　　275

第六章　商业地产进行"轻资产"转型，博弈多元化布局　　299

- 第一节　商业地产"轻资产"运营模式　　300
- 第二节　商业地产进行"轻资产"转型的模式与途径　　307
- 第三节　国内地产企业的"轻资产"转型模式　　316

第七章　展示标杆，学习标杆　　325

- 第一节　O2O 大数据应用——朝阳大悦城如何成为大数据营销典范　　326
- 第二节　"轻资产"运营——万科与凯德的案例　　338
- 第三节　文化艺术体验——新世界 K11 购物艺术中心　　348

第八章　大数据告诉你未来商业地产的发展趋势　　357

- 第一节　从商用土地交易数据看商业地产未来的开发规模　　358
- 第二节　从购物中心开发数据看未来商业体量　　367
- 第三节　从消费数据看未来孕婴童市场的消费前景　　378
- 第四节　从快时尚品牌拓展数据看其未来拓展区域　　392

后　记　　406

第一章

从宏观经济走势看商业地产发展前景

2015年，中国的全面深化改革进入关键阶段，宏观经济继续面临下行压力，经济放缓的风险有增加与蔓延态势。对政府来说，把握调结构与稳增长的动态平衡，实现7%的GDP增长目标，既十分重要又面临挑战。房地产行业作为中国宏观经济与社会民生的重要构成部分，也处在下行的周期中，同时还面临着去库存、去泡沫与防风险、防崩盘的任务。

第一节

国民经济进入中高速发展"新常态"

2014年,我国经济继续保持复苏状态,在转型升级过程中步入中高速发展的"新常态",结构调整出现积极变化,实现经济社会持续稳定发展。

据预测,2015年我国实际GDP增速将略微放缓至7.4%,主要下行压力来自房地产开发投资的减速。除国际因素外,国内的房地产开发投资是影响我国2015年经济增长的主要不确定因素。近年数据表明,我国房地产开发投资占全部固定资产投资的20%左右,房地产开发投资减速10个百分点对国内经济的直接影响是拖累GDP增长约1个百分点,如考虑相关产业链影响,其对经济冲击的累积效应可能达2个百分点。

一、GDP增速放缓至7.4%,进入"新常态"发展阶段

据国家统计局初步核算,2014年我国国内生产总值为636463亿元人民币[①],跨越60万亿元关口,按可比增长率计算,比2013年增长7.4%,进入"新常态"发展阶段。

中国经济"新常态"意味着要适应经济增长速度慢于改革开放前30年近10%的平均增速,也意味着经济增长将更可持续、更富效率,这也是中国经济未来增长的目标。具体情况见图1.1。

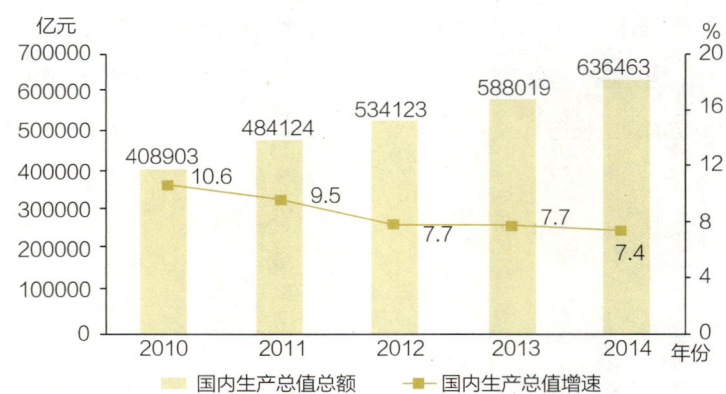

图1.1 2010—2014年国内生产总值及增速

资料来源:国家统计局。

---

① 如无特别指明,全文"元"均指人民币。

1. 国内生产总值增速出现 24 年来的最低值

2014 年初，政府把国内生产总值增长目标定为 7.5% 左右。尽管 2014 年的 7.4% 增速是自 1990 年以来 24 年的最低值，但在国际上这也还是一个不低的水平。7.4% 的增速背后是我国的经济总量已达 63.6 万亿元，仅现价增量就有 8000 亿美元左右。因此，7.4% 是在合理的经济增长区间内，基本完成了 2014 年全年的经济增长目标。具体情况见表 1.1。

表 1.1　1991—2014 年 GDP 增速（%）

年份	增速	年份	增速	年份	增速	年份	增速
1991	9.3	1997	9.2	2003	10.0	2009	9.2
1992	14.3	1998	7.8	2004	10.1	2010	10.6
1993	13.9	1999	7.6	2005	11.3	2011	9.5
1994	13.1	2000	8.4	2006	12.7	2012	7.7
1995	11.0	2001	8.3	2007	14.2	2013	7.7
1996	9.9	2002	9.1	2008	9.6	2014	7.4

资料来源：国家统计局。

2014 年国内经济增长乏力，主要是由内外需求不足所致。从拉动经济增长的动力来看，2014 年全年"三驾马车"出现全面减速的迹象。具体情况见表 1.2。

表 1.2　2014 年全年"三驾马车"全面减速

类别	具体内容
固定资产投资少	2014 年固定资产投资同比名义增长 15.7%（实际增长 15.1%），增速比 2013 年回落 3.9 个百分点（实际增速回落 4.1 个百分点）
社会消费品增速放缓	2014 年消费名义增长 12%（实际增速为 10.9%），增速比 2013 年回落 1.1 个百分点（实际增返回落 0.6 个百分点）
出口增速放缓	2014 年出口增长 6.1%，增速比 2013 年回落 1.8 个百分点。由于内外需求回落，导致 2014 年 GDP 增速相比 2013 年回调 0.3 个百分点

2. 中国房地产行业已经进入了下行周期

从房地产行业来看，房地产投资在整个固定资产投资中占据了 25% 的比重，若房地产行业继续下滑，将拖累中国投资以及经济增速。具体情况见表 1.3 和图 1.2。

表1.3 房地产行业下滑的表现

表现	具体内容
开发景气不足	2014年房地产开发景气指数持续回落,房地产景气度的大幅下滑或危及宏观经济的稳定运行
融资市场不畅	宏观经济下滑影响了人们的购买力,没有购买力的支撑,房地产缺乏资金难以循环发展;整体经济不活跃也导致资本市场融资不畅
投资增速萎靡	2014年全国房地产开发投资9.5万亿元,同比名义增长10.5%,实际增长9.9%;2013年房地产开发投资8.6万亿元,同比名义增长19.8%,实际增长19.4%
到位资金出现负增长	2014年房地产开发企业到位资金12.2万亿元,比2013年下降0.1%,出现负增长

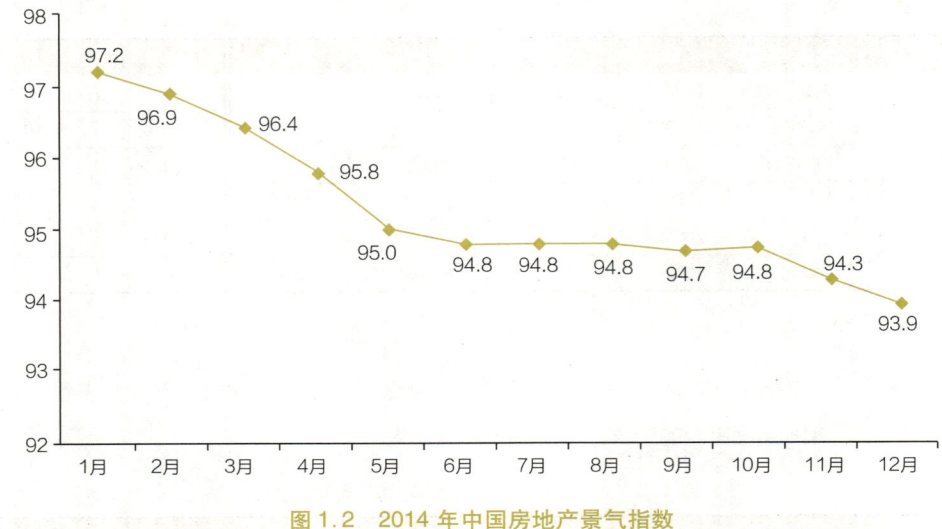

图1.2 2014年中国房地产景气指数

资料来源:根据赢商网资料整理。

而就中国在未来的经济增长而言,在结构调整过程当中,如果GDP增速能够保持在7%,已经是较为乐观的发展态势了。投资拉动经济增长的时代已经终结,这个终结以房地产的下行作为基本标志。过去的十年,除低成本的劳动力支撑起外贸行业的不断增长以外,还有就是房地产业快速膨胀支撑起投资的不断繁荣。但是自2014年开始,房地产销售业绩的下滑以及房地产价格的走软意味着中国的房地产已经进入了一个下行周期。

第三产业成为"新常态"下经济增长新动力

2014年,我国经济结构正在发生重大变化——由工业主导向服务业主导加快转变。其中,第三产业增加值306739亿元,占GDP比重达到48.2%,高出第二产业5.6个百分点,第三产业比重已经超过第二产业。

据统计，第一产业及第二产业连续5年增速及占比下降，而近3年第三产业保持快而稳的发展速度，从2012年开始第三产业的比重反超第二产业。具体情况见表1.4。

表1.4　2010—2014年三大产业增速及占比情况(%)

年份	第一产业		第二产业		第三产业	
	占比	增速	占比	增速	占比	增速
2010	9.6	4.3	46.2	12.7	44.2	9.7
2011	9.5	4.2	46.1	10.6	44.3	9.5
2012	9.5	4.5	45.0	8.2	45.5	8.0
2013	9.4	3.8	43.7	7.9	46.9	8.3
2014	9.2	4.1	42.6	7.3	48.2	8.1

资料来源：国家统计局。

在经济结构调整过程中，第三产业比重逐渐加大，由于商业地产开发的物业是第三产业的物质载体，因此产业结构升级所带来的服务业产值增加，也必定会导致商业地产业态结构的变化。

目前，中国服务业的比重已经上升到48%的水平，但和世界上主要经济体60%、70%的水平相比，仍有较大的发展空间。

1. 经济结构转型拉动内需

我国以服务业为主的第三产业比重不断加大，由于第三产业更有利于拉动内需、解决劳动就业问题，第三产业成为中国经济的支柱更具战略意义，因此服务型经济必将成为未来的主流。具体情况见表1.5。

表1.5　经济结构转型的优势

优势	具体内容
提供消费服务	服务业提供大众消费需要的零售、餐饮、休闲娱乐、信息、养老以及生活配套服务
促进就业	随着扩大内需上升到国家战略层面，从1994年开始，第三产业就业比率超过第二产业，成为解决就业问题的最重要产业
推进城镇化率提高	城镇化的核心是第一产业就业人口向第二、第三产业转移。2013年，第一、第二、第三产业就业人员占比分别为31.4%、30.1%、38.5%

从支出角度看，扩大内需成为经济增长的重要推手，这使得2014年消费需求对GDP的贡献率达到51.2%。内需扩大会带来更多的消费及商家投入，意味着对商业地产需求的增加。

作为服务业的发展平台，以经营为目标的商业地产在促进城市可持续发展方面比住宅地产有明显优势，因而，商业地产发展更容易得到国家政策的支持。

2. 服务业促进消费结构升级

服务业的发展给消费者提供了更多的消费机会，同时也提升了其消费能力，从而促进了消费结构的升级：如休闲消费、保健消费、教育消费、文化消费、旅游消费等渐成气候；文教娱乐、健康服务、旅游服务、养老服务等服务型产业发展空间巨大。具体情况见表1.6。

表1.6 消费结构升级对商业发展的影响

类别	具体内容
促进体验式业态发展	消费的质量要求提升，对娱乐休闲等体验式的需求就必然增加，体验式业态的发展如火如荼
O2O、大数据思维	信息需求及电商的发展，改变了原有商业地产模式，O2O势在必行，而大数据可提供更加精准的服务
加快城市综合体发展	由基础型、保障型、购物型消费走向娱乐型、体验型的消费，超市、百货商店等消费形态已无法满足消费者需求，购物中心成为新一代的商业消费主导载体，直接推动城市综合体的加速发展

3. 文化产业发展推动商业地产开发模式转变

国家陆续出台支持现代文化产业、体育产业等第三产业发展的各种政策措施，加大政策扶持力度，拓宽投融资渠道，加大对第三产业的投入力度。2014年，第三产业投资额达281915亿元，同比增长16.8%，比第二产业增速高出3.6个百分点。第三产业的发展可以依托商业地产进行，同时第三产业的发展也推动了商业地产开发和运营模式的转变。具体情况见表1.7。

表1.7 商业地产开发与运营模式的转变

类别	具体内容
文商旅模式的发展	大量依托旅游资源优势的大型商业项目形成文商旅一体产品链，推动文化旅游化、旅游文化化、文旅商业化。大规模旅游投资不断涌入，预示着中国旅游变革的可能，文化旅游商业综合体正成为开发商新宠
影院业态发展	影院具有引流、增加顾客留店时间等作用，为商业地产带来了更多发展机会。2014年，万达院线总票房为42.1亿元，同比增长32%，旗下直营影院178家，银幕数1567块，座位数264380个

三 人口老龄化、城镇化增长明显

2014年，全国人口数量比2013年增加710万人，总体人口结构也发生了变化，城镇人口比重继续增加，人口老龄化趋势也日益加重。具体情况见表1.8。

表 1.8 2013 年和 2014 年末全国人口数及其构成

指标	2013 年		2014 年	
	年末数（万人）	比重（%）	年末数（万人）	比重（%）
全国总人口	136072	100	136782	100
其中：城镇	73111	53.73	74916	54.77
乡村	62961	46.27	61866	45.23
其中：男性	69728	51.2	70079	51.2
女性	66344	48.8	66703	48.8
其中：0~15 岁	23875	17.5	23957	17.5
16~59 岁	91954	67.6	91583	67.0
60 周岁及以上	20243	14.9	21242	15.5
含：65 周岁及以上	13161	9.7	13755	10.1

资料来源：国家统计局。

1. 青年人口总数见顶，以车和房为核心的工业经济达顶峰

中国青年人口总数（25~44 岁）将在 2015 年见顶，意味着以车和房为核心的工业经济将达到顶峰，或步入存量经济时代。未来中国经济有 3 个出路：一是技术创新增加需求；二是生产性服务业大有可为；三是与中老年人口需求对接的产业发展空间巨大，主要是医疗和养老产业。

2. 老人、儿童消费市场机会大

中国进入了快速老龄化阶段，2014 年老龄人口已经突破 2 亿人，老龄化程度达到 15.5%，同时，儿童人口也迅速增长，统计数据表明，2014 年我国 0~14 岁人口为 22558 万人，比 2013 年增加 227 万人，占总人口的 16.5%，且以每年 1.03 个百分点的速度快速增长。

（1）与老人有关的商业兴起

伴随人口老龄化趋势的持续加重，各种养老服务、养老产品不断出现和茁壮发展，如养老地产服务模式的发展，给房地产行业的未来发展提供了更多的选择。具体情况见表 1.9。

表 1.9 人口老龄化给商业地产提供的发展机会

业态	具体内容
服务体验商城	广百集团打造集老年商品展示、销售、服务、交流、体验于一体的主题商城——广百颐福养生城，经营范围包括滋补品、养生食品等，引进助听器、老年眼镜、护理床、助行器、脊椎梳理、健康理疗等老年人用品和保健设备，配备健康营养专业人员，为老年人提供定制服务

续表

业态	具体内容
休闲娱乐购物中心	沈阳老年商场集文化、休闲、娱乐、购物于一体，有老年迪士尼乐园、北京老舍茶馆、趣味书吧、全国特色名小吃、迷你家庭影院等
老年社区	康乐苑老年公寓项目打造了一个配套完善的复合式老年社区，包括老年大学、康复养生医院、膳食坊、老年人活动中心、图书馆、恒温游泳池、超市、开心农场等，以减少老人及其子女的后顾之忧

（2）儿童商业经济成商业地产"香饽饽"

儿童人口的快速增长拉动了以儿童为主题的消费。具体情况见图1.3和表1.10。

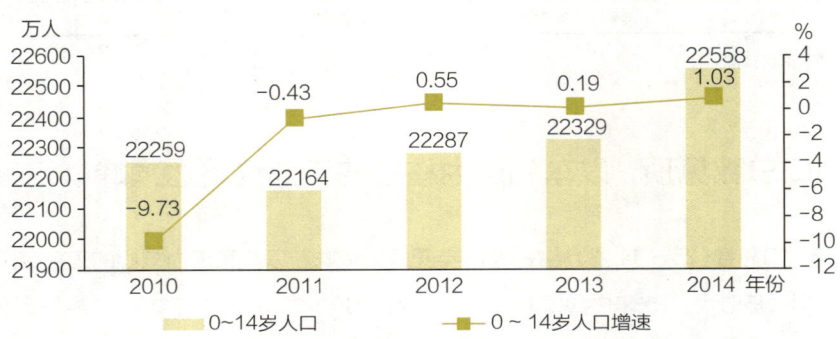

图1.3　2010—2014年0~14岁人口变化情况

资料来源：国家统计局。

表1.10　儿童商业经济调查分析

分析	具体内容
儿童是家庭支出的驱动力	据调查，80%的家庭，孩子的支出占到家庭总支出的30%~50%，孩子的消费已经成为家庭消费的最大支出；而儿童人口的快速增长，使家庭消费型稳占主流，很多购物中心用此拉动家庭型消费的关联商品的销售
儿童主题业态成为商业项目主业态	据调查，目前儿童零售约占整个儿童业态的20%，儿童体验和教育市场规模占80%，且儿童业态能带来较高的利润；但是，目前儿童业态在综合性购物中心所占面积不足10%，预计未来可能达到15%~25%，届时儿童主题业态将成为商业项目主流业态

3. 城镇化进程加快，拉动内需

根据国家统计局数据，2014年末，中国大陆总人口为136782万人，城镇常住人口74916万人，比2013年增加了1805万人，而乡村常住人口61866万人，中国城镇化率达到了54.8%，比2013年提高了1.1个百分点。具体情况见图1.4。

据国务院发展研究中心预测，中国到2020年城镇化率预计将在55%~56%，城镇人口将达7.5亿~8亿人，中国将由以农业人口占多数的社会转变为以城镇人口占多数的城市型社会。

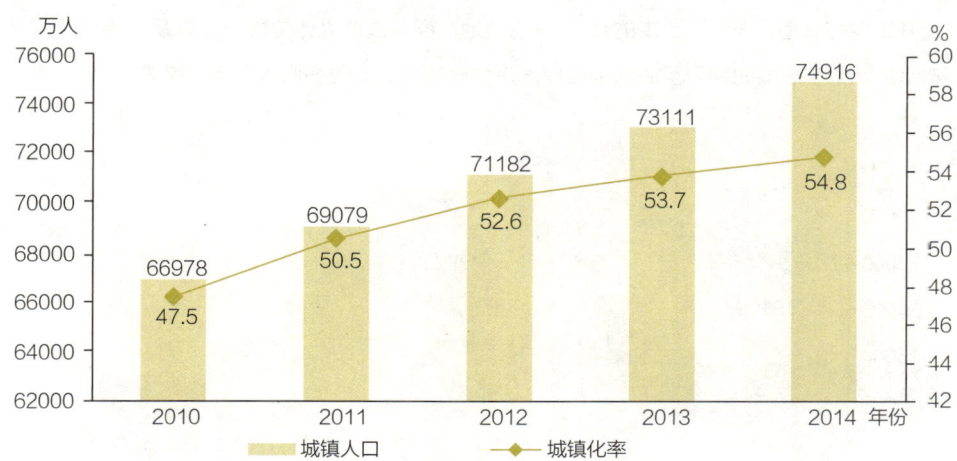

图1.4　2010—2014年中国城镇化率

资料来源：国家统计局。

城镇化的核心问题是拉动内需，主要靠房地产业带动。目前中国城镇化率和发达国家有较大差距，但日本和美国房地产历史上的泡沫均产生在城镇化率达75%以上且经济增速较慢时；而中国城镇化发展空间大，且经济保持中高位增速，故中国房地产业仍有较大发展空间。具体情况见表1.11。

表1.11　适度城镇化给商业带来的好处

好处	具体内容
商业地产超越住宅地产	相关数据显示，2014年1—9月商业营业用房和办公楼开发投资同比分别上涨23.4%和23.8%，商业营业用房增速明显跑赢住宅开发11.1%的增速
拉动消费	城镇化率每增长一个百分点，可以拉动52000亿元的内需；在未来10年，中国城镇化率年均提高约0.9%，每年新增城市人口1300万~1800万，将把3.6亿农民工变为定居型消费者
促进商业繁荣	2014年，全国有7287个城市街道，91153个城市社区，104237个社区服务中心。预计2030年城市化率将达到66%~67%，将形成2万个以上的新社区
促进商业业态升级	商业成为推动城市发展和区域进步的新动力，综合商业开始涌现；餐饮业态、休闲娱乐业态、旅游地产等业态出现

4. 城镇居民收入增速放缓抑制消费

国家统计局数据显示，2014年城镇居民人均可支配收入为28844元，比2013年名义增长9.0%，实际增长6.8%。具体情况见图1.5。

2014年城镇居民人均消费支出19968元，增长8.0%，扣除价格因素，实际增长5.8%。城镇居民收入增速放缓，会抑制消费，影响商业地产向二线、三线城市转移以及布局的速度。

由于收入水平提高，社会成员对服务品质追求的元素增多，从而影响了商业地产对于业态结构的调整以及开始向舒适型、便利型业态的转变。商业地产商通过加大体验性业态以及完善自身服务,以提高消费者的满意度,同时利用互联网相关技术来提升消费者对更多服务元素的需求。

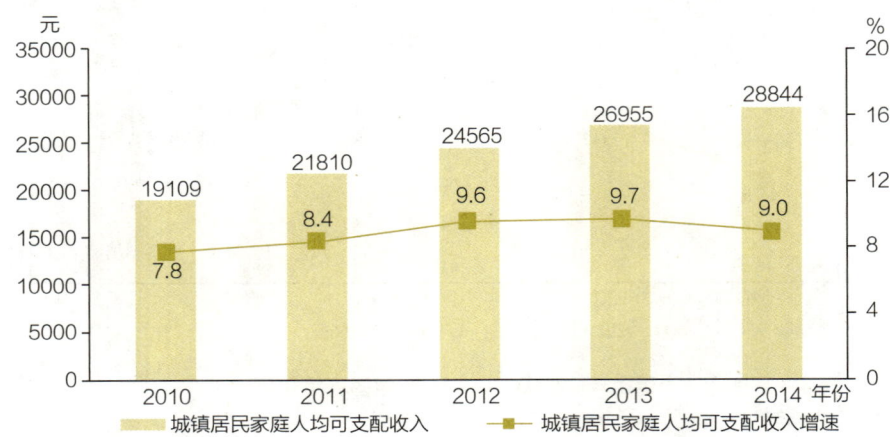

图 1.5　2010 — 2014 年城镇居民家庭人均可支配收入及增速

资料来源：国家统计局。

（四）社会消费品零售额增速放缓

据统计,2014 年社会消费品零售额为 262394 亿元,比 2013 年名义增长 12.0%（扣除价格因素实际增长 10.9%）,仅低于美国,居全球第二位。最终消费对 GDP 增长的贡献率达到 51.2%,比 2013 年提高 3 个百分点,成为拉动经济增长的第一驱动力。具体情况见图 1.6。

图 1.6　2010 — 2014 年社会消费品零售总额及增速

资料来源：国家统计局。

1. 传统零售行业遭遇"寒冬"

2014年，传统零售行业的发展遭遇"寒冬"，具体情况见表1.12。

表1.12　2014年传统零售行业发展情况

情况	具体内容
疯狂关店	2014年全国主要零售企业关闭201家门店（百货商店23家、超市178家），较2013年关闭的35家门店数增长474.29%，创历史新高
零售额增长回落	2014年专业店、超市和百货商店零售额分别增长5.8%、5.5%和4.1%，比2013年分别回落1.7个、2.8个和6.2个百分点；购物中心零售额增长7.7%，但比2013年放缓4.5个百分点
零售商信心不足	在电商冲击，人力、租金成本高企的情况下，零售业从业者压力倍增，85%的零售商表示2014年扩张会比较少，甚至会关店，该比例比2013年72%的比例有所增加

2. 受网上销售冲击，推动"全渠道零售"发展

国家统计局统计资料显示，全年网上零售额同比增长49.7%，达到2.8万亿元。2014年电子商务交易额（包括B2B和网络零售）达到约13万亿元，同比增长25%。在监测的5000家重点零售企业中，网络零售额增长了33.2%，比2013年的增幅快了1.3个百分点。

受电商冲击，各公司纷纷谋求全渠道转型，探索O2O融合。永辉超市微店业务继在福州成功铺开后，2014年将向北京、重庆、华东等地区拓展，同时B2C电商将于2014年5月上线，凭借提供生鲜商品和供应链优势，公司生鲜社区电商业务将有望走出差异化之路。

3. 大众化服务类消费升温

从2014年的消费数据来看，我国进入商品消费向服务消费、基本消费向发展型消费升级的阶段，大众化服务消费需求不断增加。2014年以来，大众化服务消费升温态势明显。随着餐饮业加快转型，大众化餐饮成为主流。据测算，2014年1—11月，限额以下餐饮企业收入增长13.2%。具体情况见表1.13。

表1.13　2014年餐饮业销售与扩张情况

状况	具体内容
餐饮业收入回升	2014年全国餐饮收入27860亿元，同比增长9.7%，比2013年增幅快了0.7个百分点，终止了连续3年增速下滑的颓势。限额以上单位餐饮收入8208亿元，同比增长2.2%，增速由负转正，比2013年增长4个百分点

续表

状况	具体内容
餐饮品牌快速扩张	2014年十大知名餐饮品牌拓展门店共106家，其中包括炉鱼、海底捞、绿茶餐厅、星巴克、咖啡陪你、俏江南、小南国等企业
"三小三大"模式	2015年餐饮企业将服务消费作为业务发展的第一要务，整个行业将挑战收入3万亿元的大关；"小店面大后台、小产品大市场和小群体大众化"这种"三小三大"的模式将成为未来若干年餐饮市场的显著特征

（五）房地产行业投资增速放缓

2015年一季度中国房地产运营数据显示，行业总体销售跌幅收窄，行业资金状况仍不乐观，从2014年开始，投资增速持续下滑。

1. 房地产开发投资和商品房销售增速双下降

据统计，2014年全国房地产开发投资95036亿元，比2013年名义增长10.5%，扣除价格因素实际增长9.9%，房地产投资增速的放缓，反映出楼市投资正进入"新常态"。具体情况见图1.7。

相关数据显示，国内房地产开发企业由2009年的8万家左右减少至2014年的5万家左右。随着中国的经济进入转型期，房地产行业迎来了冬天。未来5年中，房地产开发企业将淘汰约八成，到了2020年，中国真正做房地产开发商的企业估计不会占到1万家，中国地产百强企业在全行业占比有可能仅为60%。

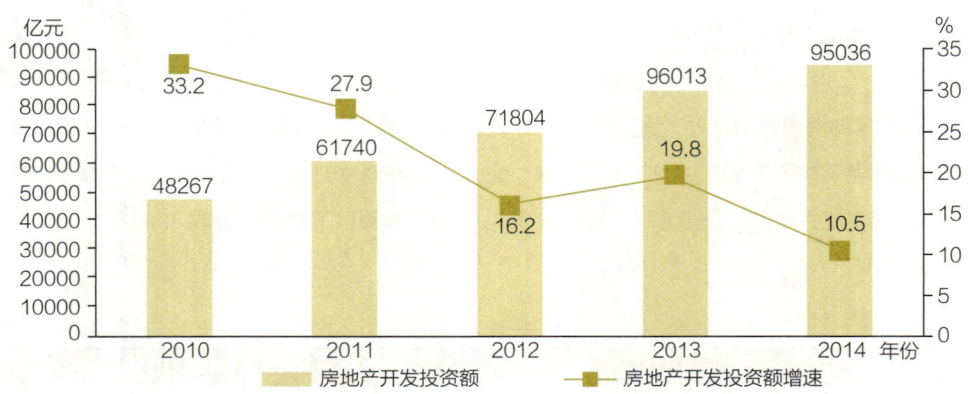

图1.7　2010—2014年房地产开发投资额及增速

资料来源：国家统计局。

2. 房地产业"轻资产"化成为必然趋势

2014年，房地产开发企业到位资金12.20万亿元，比2013年下降0.1%，出现负增长之势，1—11月该指标还同比增长0.6%。

随着目前有关政策越来越严格，房地产业如果还强调资产规模，自有资金必然会越投越多，投资回报率就会不断被拉低。不少房企谋求"轻资产"化，也是自然选择的结果。

万 达

万达于2015年1月14日公布了与光大控股旗下的光大安石、嘉实基金、四川信托和快钱公司签署投资框架协议，4家机构将在2015年和2016年两年间投资约240亿元人民币，建造约20座万达广场，并委托万达负责招商、运营和管理工作，其他合作方与万达按一定比例分享租金净收益。万达方面对外表示，这标志着万达商业地产"轻资产"模式的正式启动。

3. 城市综合体凸显投资价值

2014年上半年，全国主要城市商业综合体存量面积超过3亿平方米，主要城市综合体数量已达885个，较2013年增长24.47%；2015年主要城市的综合体数量将突破1000个。

城市综合体已经成为居住新时代的象征，近年来，大房企对"综合体"的投入力度越来越大。如万达集团、中粮集团等行业领袖更是提出了"只做城市综合体"的发展战略，而杭州、沈阳等城市更是提出了未来的城市建设规划。招商和万达制定以城市综合体开发为主的战略目标，掀起了中国城市综合体建设的热潮。

第二节

重点城市经济发展情况对比分析

2014年中国有9个城市GDP超过1万亿元，它们分别是上海、北京、广州、深圳、天津、苏州、重庆、成都和武汉，这9大城市GDP之和占到全国GDP总量的1/5多。按美元计，9个城市2014年GDP总量约为2.1万亿美元，相当于印度2014年的GDP总量，超过了俄罗斯。

一、一线、二线、三线城市宏观经济分析

一线城市是指对本国的经济和政治等社会活动有重要影响的大都市，在城市规模、基建、财政收入、消费、对人才吸引力等各层面，领先于其他城市。国内将北京、上海、广州、深圳列为标准的一线城市。

1. 一线城市宏观经济发展进入"新常态"

随着国家总体经济发展，一线城市也进入经济增速放缓、经济结构优化的阶段。

（1）经济增速放缓，房地产市场产生动荡

2014年，一线城市增速均放缓，其中广州、深圳的发展速度比全国增速分别快8.6%、8.5%。而北京、上海增速虽低，但底子厚，两个城市的GDP均超2万亿元，分别为21331亿元、23561亿元。一线城市的经济增长进入"新常态"，未来的发展将持续保持这种状态。具体情况见图1.8和表1.14。

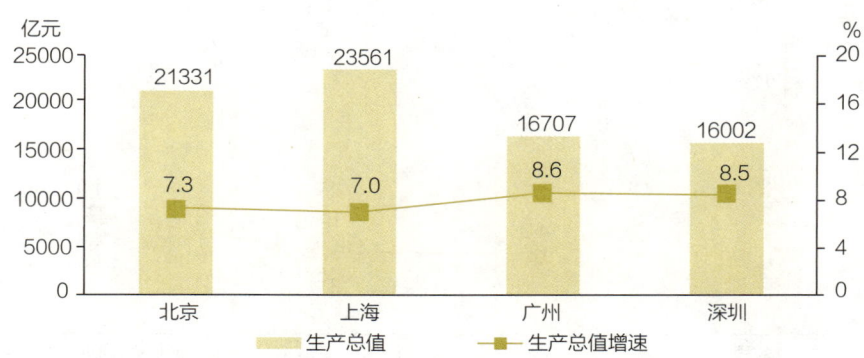

图 1.8　2014 年一线城市生产总值及增速

资料来源：各市统计局。

表 1.14　2012—2014 年一线城市 GDP 对比

单位：亿元

城市	2012 年 GDP	2013 年 GDP	2014 年 GDP	2013 年增速（%）	2014 年增速（%）
北京	16000	19501	21331	7.7	7.3
上海	19500	21602	23561	7.7	7.0
广州	12380	15420	16707	11.6	8.6
深圳	11000	14500	16002	10.5	8.5

资料来源：各市统计局。

在经济增长放缓的大环境下，各城市房地产市场表现低迷。

首先，房地产销售不容乐观。

一线城市房地产市场发展不景气，具体情况见表 1.15。

表 1.15　北、上、广、深房地产市场发展不景气

城市	具体内容
北京	房地产业增加值表现不佳，下降 2.2%。2014 年，全市商品房销售面积为 1459 万平方米，比 2013 年下降 23.3%，但呈降幅收窄态势，比一季度收窄 11 个百分点。其中，写字楼销售面积为 136.8 万平方米，同比下降 57%；商业、非公益用房及其他销售面积为 180.9 万平方米，同比下降 18.3%
上海	上海房地产供大于求，2014 年上半年，上海市一手商品住宅成交面积为 406.2 万平方米，环比下跌 39.9%，同比下跌 32.6%
广州	广州房地产供大于求，2014 年 1—11 月，广州市新建商品住宅总成交 61840 套，相比 2013 年同期的 86371 套大幅下降 28.4%
深圳	深圳楼市成交量跌幅同样巨大，2014 年上半年全市商品住宅累计成交 15035 套，合 141.7 万平方米，同比分别下降 42.09%、40.28%

其次，房地产投资放缓，资金到位少，融资环境差。

据统计，2014 年，广州、深圳的房地产投资额较低，分别为 1816 亿元、1069 亿元，这个投资水平甚至低于一些二线城市。

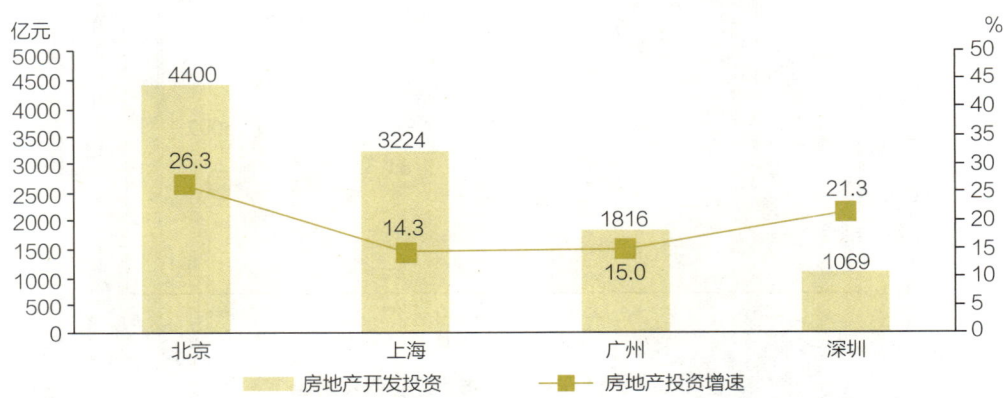

图 1.9　2014 年一线城市房地产投资及增速

资料来源：各市统计局。

总的来说，一线城市综合实力强，市场规模大。其中，北京、上海的优势明显。同为一线城市的广州和深圳虽然也较为发达，但市场规模明显低于北京和上海，其 GDP 仅为北京和上海的 70% 左右。目前，上海和北京的房地产开发投资与固定资产投资占比都超过了 50%，相较而言，上海和北京更具投资价值。

（2）第三产业再创新高，为商业地产创造机会

一线城市的第三产业增速较快，具体情况见表 1.16。

表 1.16　北、上、广、深第三产业增速快

城市	具体内容
北京	2014 年，第三产业增加值达 16626.3 亿元，同比增长 7.5%。三次产业结构比例从 2013 年的 0.8∶21.7∶77.5 调整为 2014 年的 0.7∶21.3∶77.9，第三产业增加值再创新高
上海	2014 年，第三产业增加值达 15271.89 亿元，同比增长 8.8%。第三产业增加值占全市生产总值的比重达到 64.8%，比 2013 年提高 1.6 个百分点
广州	2014 年，三次产业结构比例为 1.42∶33.56∶65.02，服务业成为广州市主导产业，服务业增加值增长 9.4%，延续了自 2007 年以来服务业较快发展的态势
深圳	2014 年，第二产业、第三产业的结构比例调整为 42.7∶57.3，第三产业中现代服务业增加值增长 10.5%，占第三产业比重达 67.6%。深圳正好位于香港和广州两大服务型城市之间，这两大中心城市对深圳服务业的分流作用比较明显

第三产业的快速发展，促进了就业率的提升，推动了城镇化的发展，拉动了消费需求，这些情况均为商业地产的发展创造了机会。有鉴于此，房企纷纷由住宅地产转向商业地产。

(3)"三驾马车"增长乏力影响增速

① 社会固定资产投资总量少

2014年,受到房地产投资下降的拖累,一线城市固定资产投资增速放缓,基建投资虽有上升,但尚不足以抵消因房地产市场低迷带来的负面冲击。

统计数据显示,广州、深圳的固定资产投资增速较快,分别为14.5%、13.0%,但是投资额较少,且与2013年相比有所减缓。具体情况见图1.10。

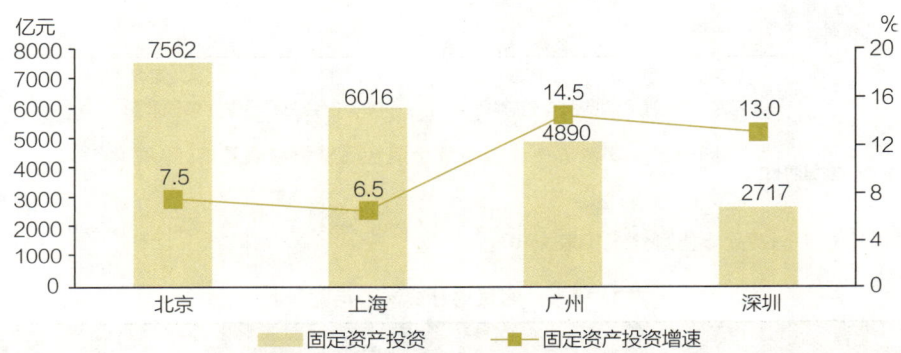

图1.10 2014年一线城市固定资产投资及增速

资料来源:各市统计局。

一线城市固定资产投资情况见表1.17。

表1.17 一线城市固定资产投资

城市	具体内容
北京	2014年,全市固定资产投资总额达7562.3亿元,同比增长7.5%。国有控股单位完成投资额达4457.1亿元,同比增长7.2%;民间投资完成额达2620.7亿元,增长8.3%
上海	2014年,全市固定资产投资总额6016.43亿元,比2013年增长6.5%,增速比2013年回落1个百分点。国有经济投资额达1796.22亿元,同比下降6.8%;非国有经济投资额达4220.21亿元,同比增长13.4%
广州	民间投资成为投资主力。2014年,全市完成民间投资额达1814.37亿元,增长24.9%,比全市投资增速高10.4个百分点,对全市投资增长的贡献率达58.6%
深圳	2014年,全市社会固定资产投资总额仅为2717亿元,固定资产投资率仅为17%。无论是固定投资总额绝对值还是固定资产投资率,深圳均大幅落后于其他一线城市

注:固定资产投资率=总投资额/国内生产总值。

② 社会消费品零售额增速放缓,消费乏力

2014年,一线城市除广州外,其他城市社会消费品零售增速均低于全国社会消费品零售增长速度,这说明一线城市消费乏力,高收入并没有充分转化为高消费,因此经济实力较弱的商业地产企业转战二线、三线城市较为保险。

但是从社会消费品零售总额增速上看,广州以12.5%的速度领先于其他城市;而从社会消费品零售总额上看,北京以9098亿元占据首位。具体情况见图1.11。

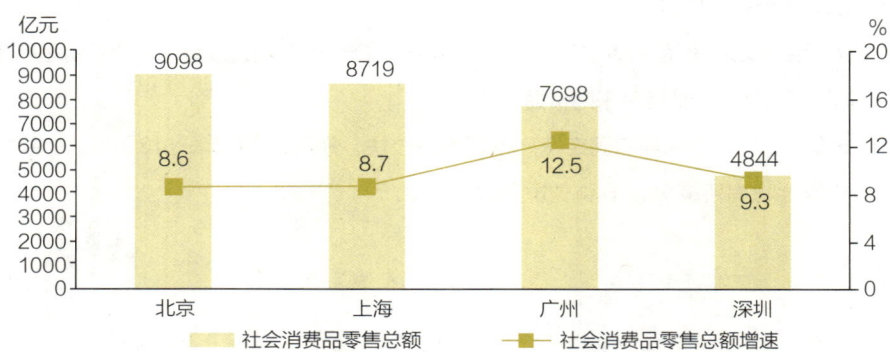

图1.11　2014年一线城市社会消费品零售总额及增速

资料来源:各市统计局。

一线城市社会消费品零售额情况见表1.18。

表1.18　一线城市社会消费品零售额

城市	具体内容
北京	2014年,实现社会消费品零售总额9098.1亿元,同比增长8.6%。服务消费增速快于商品消费增速,其中城乡居民参观游览消费增速超过50%,美容消费增速超过36%,家庭服务业消费达到16.8%,农村文化体育娱乐消费增速达45.3%
上海	2014年,实现商品销售总额74142.59亿元,同比增长11.4%,增速比2013年回落1.1个百分点;住宿和餐饮业零售额837.20亿元,增长5.7%,网上商店零售额820.53亿元,增长24.6%,占社会消费品零售总额的比重为9.4%,比2013年提高3.6个百分点
广州	在2014年推进重点商圈升级改造工作,促进信息、文化、健康、旅游等新型消费,激发消费活力。2014年,实现社会消费品零售总额7697.85亿元;其中批发零售业、住宿餐饮业分别增长13.2%、7.8%。旅游业总收入2521.82亿元,增长14.5%
深圳	深圳位于香港和广州两大服务型城市之间,这两大中心城市对深圳服务业的分流作用比较明显,使得深圳的社会消费品零售总额增长乏力。由于深圳的非户籍人口占多数,很多人都只是暂住在深圳,往往会选择在内地消费、置业。深圳本地常住人口,往往难以支撑庞大的社会消费品零售总额持续走高

从四个城市的社会消费品零售市场上看,电商发展较快,给零售市场带来冲击,未来线上线下模式是发展大趋势,另外,旅游业发展快速,商业地产文旅模式发展前景广阔。

(4)城市居民收入水平高

据统计,一线城市城镇居民人均收入在全国各城市中名列前茅。2014年,上海市城镇居民人均可支配收入为47710元,全国排名第一;紧接着是北京的43910元、广州的42955元、深圳的40948元。具体情况见图1.12。

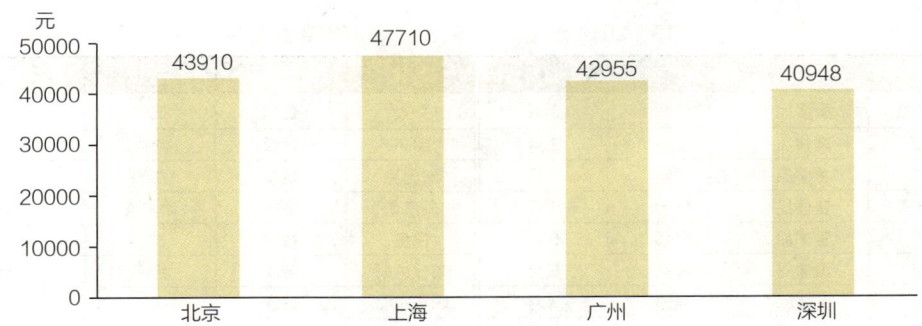

图1.12　2014年一线城市居民人均可支配收入

资料来源：各市统计局。

(5) 城镇化率高，城建空间受限

上海、北京、广州、深圳的城镇化率超过80%，未来再大规模进行城市建设和更新改造的空间已经不大。例如，2013年上海城市基础设施完成投资1043.31亿元，广州基础设施投资大概在1300亿元，深圳2013年城市更新改造投资仅358.34亿元，这些城市的投资规模均远远小于中西部的武汉、重庆等城市，这也使得房企纷纷开始在二线、三线城市进行商业布局。

2. 二线、三线城市GDP增速较快，消费观念开始转变

(1) 消费群及消费能力的支持

总体来看，二线、三线城市的GDP增速较快，消费更加活跃，国家投入大，人口规模庞大，收入及消费水平均有提高，消费观念也在发生变化，具备商业地产发展的条件。

调研发现，中国的二线、三线、四线城市拥有达两亿个家庭的庞大消费群体，这个群体也同时被争论性地认为是目前全球最重要的消费者群体，二线、三线、四线城市居民的总可支配收入约是一线城市居民收入的4倍。

(2) 品牌商纷纷进入二线、三线城市

随着三线城市经济发展，居民收入及消费水平的提升，消费观念的转变，各品牌商嗅到了商机，纷纷进入二线、三线城市。进入二线、三线城市的品牌信息情况见表1.19。

表 1.19　2014 年进入二线、三线城市的商业品牌[①]

品牌	行业	省/市	日期	品牌	行业	省/市	日期
路易威登	奢侈品	济南	1 月	炉鱼	餐饮	杭州	11 月
卡地亚	奢侈品	福州	2 月	绿茶	餐饮	南京	12 月
巴宝莉	奢侈品	福州	3 月	星巴克	餐饮	兰州	12 月
菲拉格慕	奢侈品	烟台	4 月	俏江南	餐饮	哈尔滨	9 月
迪奥	奢侈品	成都	5 月	探鱼	餐饮	长沙	9 月
香奈儿	奢侈品	成都	6 月	哈根达斯	餐饮	合肥	5 月
范思哲	奢侈品	常州	7 月	味千拉面	餐饮	襄阳	1 月
古驰	奢侈品	沈阳	8 月	H&M	快时尚	贵阳	6 月
华润万家	超市	苏州	8 月	H&M	快时尚	南通	11 月
永辉超市	超市	漳州	12 月	UNIQLO	快时尚	呼和浩特	8 月
永辉超市	超市	重庆	9 月	UNIQLO	快时尚	烟台	11 月
沃尔玛	超市	南昌	7 月	GAP	快时尚	无锡	9 月
家乐福	超市	昆明	12 月	ZARA	快时尚	成都	11 月
乐购	超市	潍坊	10 月	MUJI	快时尚	芜湖	12 月
大润发	超市	温州	11 月	i.t	快时尚	成都	1 月
NEW LOOK	快时尚	长春	4 月	UR	快时尚	郑州	8 月

（3）房地产承压，房企转战二线、三线城市商业地产

相关数据显示，2014 年在部分城市房地产销售成交量井喷暴涨的同时，也有部分城市的成交量继续下降。其中，环比方面，降幅最多的城市为南充，下滑 46.81%，天津下滑 4.33%；同比方面，泉州下滑 60.94%，合肥下滑 50.77%，西安下滑 43.57%。

在房地产市场低迷的情况下，随着国家推进城镇化进程，很多房企纷纷转战二线、三线城市的商业地产，整个市场投资开发更加理性。

二　二线典型城市经济发展情况对比分析

二线城市大多数是中东部地区的省会城市、沿海开放城市和经济发达的地级市，这些城市往往具有一定的经济基础，商业活跃度相对较强，对大公司、大品牌和优秀人才有一定的吸引力。

1. 二线典型城市经济高速发展，吸引商业地产投资

据统计，二线典型城市在 2014 年地区生产总值较高，排在首位的天津市生产总值达到 15722 亿

---

① 奢侈品品牌名称采用其官方网站中的中文译名；而快时尚品牌名称不便于采用中文译名，本文全部采用英文名称。

元,增长速度较快;苏州8.4%的增速高于国家的平均增速7.4%,大部分二线城市的增速比一线城市的增速高(一线城市中广州增速最快为8.6%,上海增速最慢为7.0%)。具体情况见图1.13。

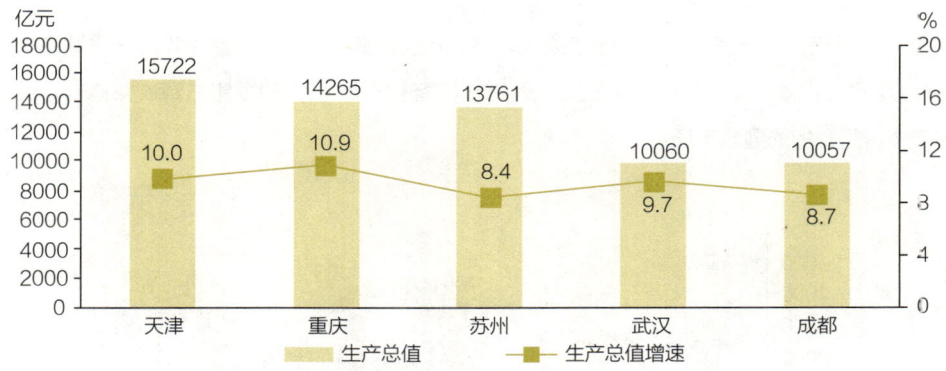

图1.13 2014年二线典型城市生产总值及增速

资料来源:各市统计局。

二线典型城市经济发展势头好,人工、土地等投资成本较一线城市低,且随着城市的发展、国家投资力度的加大,二线城市的基础设施条件得到了有效改善,具备了商业地产发展的良好基础,因此吸引了较多商家纷纷进入。

2.二线典型城市收入较高,可承载商业地产发展

商业地产发展的前提是居民收入及消费能力得到提高。统计数据显示,2014年大部分重点二线城市城镇居民人均收入超过3万元,已达到3年前一线城市城镇居民的人均收入水平。如图1.14所示,天津、苏州、武汉、成都城镇居民人均收入水平较高,尤其是苏州已经达到46677元,直逼一线城市居民人均收入水平。这就使得更多人可以进入购物中心消费,越来越多的二线城市可以承载商业地产的发展。

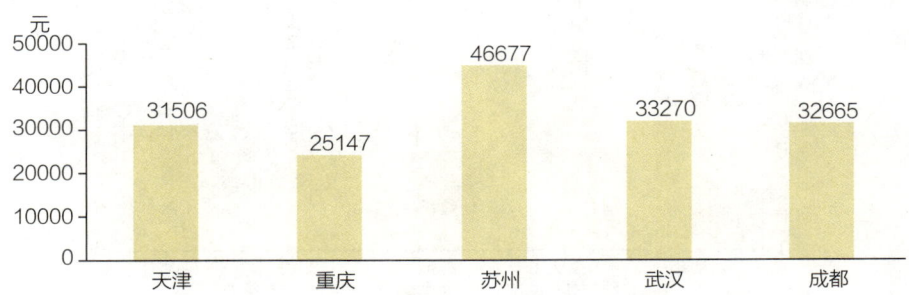

图1.14 2014年典型二线城市城镇居民人均可支配收入

资料来源:各市统计局。

3. 二线城市社会消费品零售市场活跃

如图 1.15 所示，除天津外，其他重点二线城市的社会消费品零售总额增长均比一线城市快，这些城市的社会消费品零售总额均超 4000 亿元，重庆市以高达 5096 亿元的零售总额占据首位，已崛起为二线城市中首屈一指的零售市场。

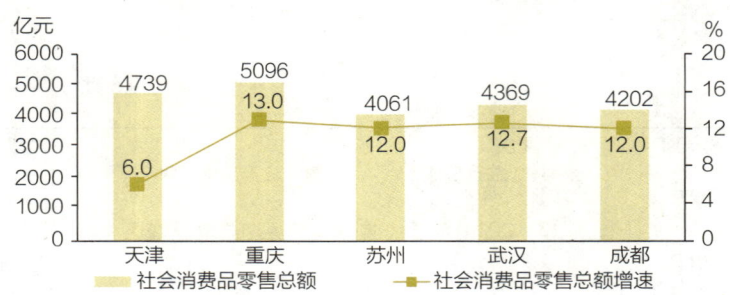

图 1.15　2014 年典型二线城市社会消费品零售总额及增速

资料来源：各市统计局。

目前，更多国内外优秀品牌涌入二线城市，进一步推动了二线城市零售市场结构的转变，这种情况更有利于大型购物中心模式的发展，从而推动商业地产在这些城市的发展。

4. 二线典型城市投资情况存在较大差别

如图 1.16 所示，天津、重庆、武汉的固定资产投资增速较快，均超过 15 个百分点，甚至超过一线城市的增速。由于这些城市的房地产投资增速快于固定资产投资增速，说明房地产仍是这些城市的投资重点。

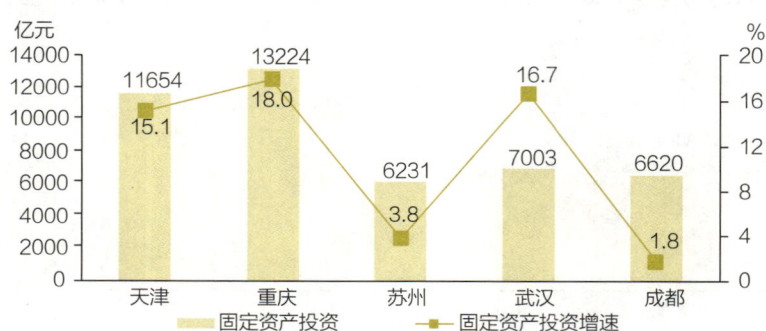

图 1.16　2014 年二线典型城市固定资产投资及增速

资料来源：各市统计局。

从图 1.16 中可以看出苏州、成都的固定资产投资增速较慢，分别为 3.8%、1.8%。由于总体投资支撑力度较弱，两市的经济增长后劲不足，产业结构不能健康和谐发展，工业增长动力减弱，服务业发展压力大，房地产行业发展低迷。苏州、成都的房地产业之前开发过热，再加上电商的冲击，预计将有一段较长的低迷、缓慢增长时期。

如图 1.17 所示，除成都外，其他二线典型城市房地产投资增速均较快，达到 14.8%~23.5%。

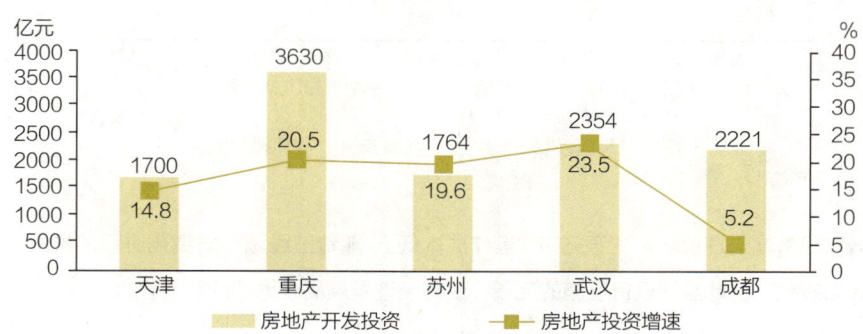

图 1.17　2014 年二线典型城市房地产投资及增速

资料来源：各市统计局。

目前，一线城市核心区域的商业地产布局几乎已经饱和，华润置地、万达、中粮地产和龙湖地产等知名开发商正在积极布局二线城市。

三 三线典型城市经济发展情况对比分析

这里列举的三线典型城市，多数都是中东部地区省域内的区域中心城市、经济条件较好的地级市和全国百强县，也包括一些西部地区的省会（首府）城市，它们的人口规模多数也都在百万以上，居民有一定的消费能力，当地有自己相对优势的产业，对特定行业的某些大公司也有一定的吸引力，但是城市综合竞争力还有待进一步提高。

1. 经济增长速度快，超过一线、二线城市

据统计，典型三线城市在 2014 年经济快速增长，如图 1.18 所示，除温州生产总值与国家总体经济一样进入"新常态"增长阶段外，贵阳、海口、常州、徐州的增长速度均高于全国的增长速度（7.4%），甚至超过了某些一线、二线城市的增长速度。

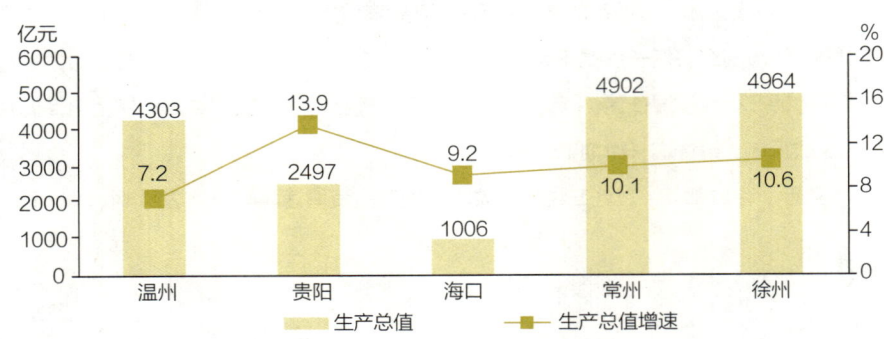

图 1.18　2014 年典型三线城市生产总值及增速

资料来源：各市统计局。

三线城市经济增长速度快，资源充裕，运作成本低。随着三线城市城镇化进程的推进，政府对三线城市的大力投资，当地基础设备设施的完善，使得当地发展商业地产的空间较大。

2. 部分三线城市的城镇居民人均可支配收入直逼二线城市

三线典型城市居民收入水平差距较大。如图 1.19 所示，温州、常州的城镇居民可支配收入为 40000 元左右，已经达到二线城市的收入水平，甚至逼近一线城市水平；贵阳、海口、徐州的城镇居民可支配收入为 25000 元左右。

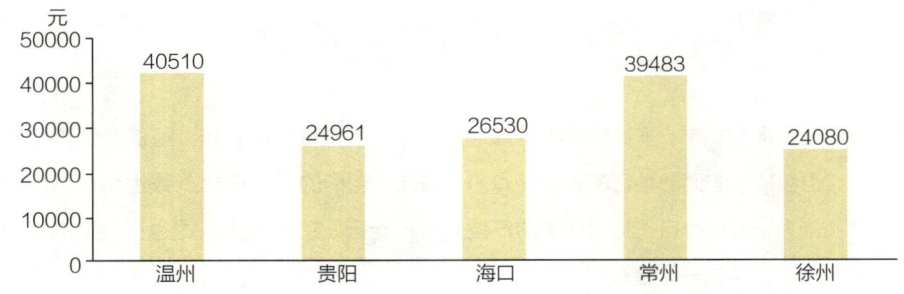

图 1.19　2014 年三线典型城市城镇居民人均可支配收入

资料来源：各市统计局。

收入水平高的温州、常州已经有能力承载商业地产的发展，自然成为商业地产进入的重点三线城市。目前，温州在建的城市综合体已经超过 10 个，还有更多商业综合体等大型商业项目正在规划和建设中，预计到 2020 年温州市区的城市综合体数量将达到 20 个。由此可见，收入水平较高的三线城市商业地产的发展空间巨大。

3. 社会消费品零售额增速超一线、二线城市

如图 1.20 所示，三线典型城市的消费市场更活跃，2014 年，社会消费品零售额增速较快，基本达到 13%，增长速度已经超越一线、二线城市，说明这些城市的消费活力高，发展后劲足。

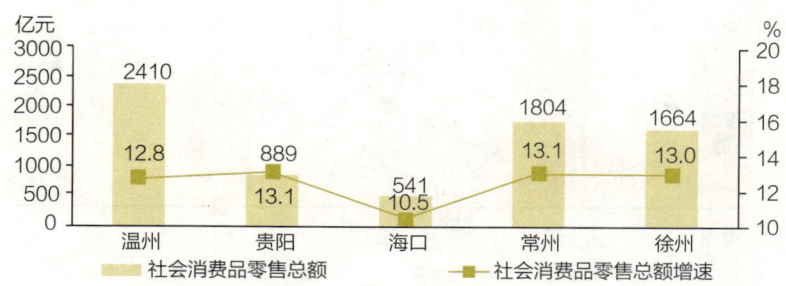

图 1.20　2014 年三线典型城市社会消费品零售总额及增速

资料来源：各市统计局。

三线典型城市的零售市场结构正在发生变化，从以传统国有百货商店为主的模式向以主力店为支撑的大型购物中心的模式转变。近几年，随着三线城市的发展，国内外知名零售品牌纷纷入驻，甚至国外奢侈品品牌为缩短进入中国市场的进程，也直接布局三线城市。这些都为商业地产在三线城市的发展提供了有利条件。

4. 三线典型城市房地产投资差别大

如图 1.21 所示，三线典型城市固定资产投资额及增速差距较大。海口固定资产投资额最低，为 822 亿元；但增速最高，为 26.5%。

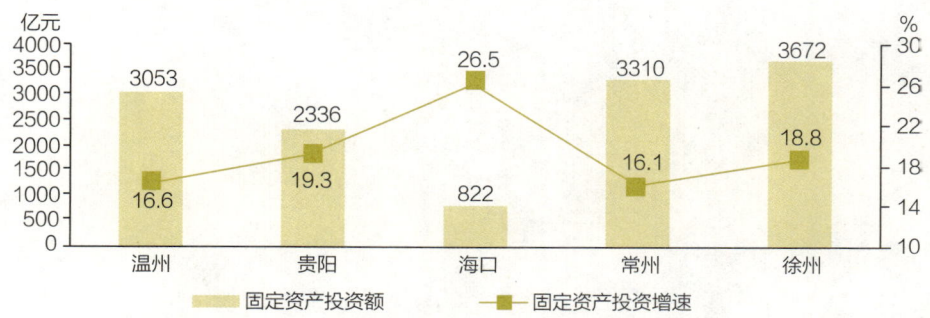

图 1.21　2014 年典型三线城市固定资产投资额及增速

资料来源：各市统计局。

如图1.22所示,三线典型城市的房地产投资额差距较大,徐州、海口的房地产投资增长较快,增速分别为23.2%、16.6%,但投资额度较小,分别为469亿元、299亿元;贵阳、常州的投资增速最慢,但投资额相对较高。

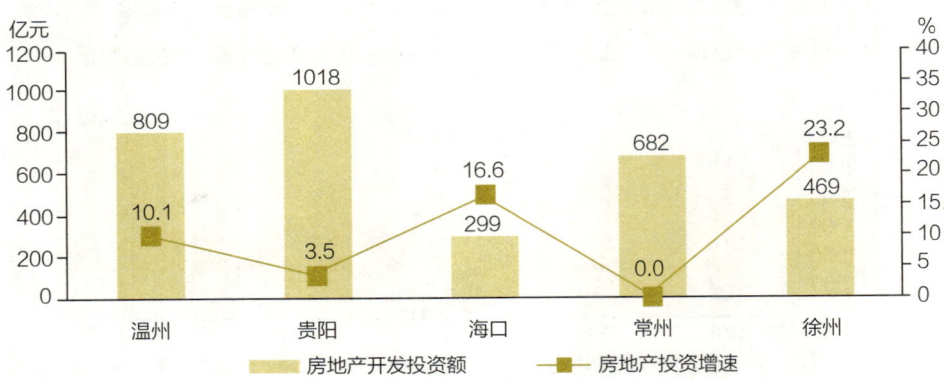

图1.22　2014年三线典型城市房地产投资额及增速

资料来源:各市统计局。

随着城镇化建设的推进,县域经济的发展已成必然趋势,三线城市的商业地产发展蕴藏着巨大商机,更具投资潜力。当然,进入三线城市也同样存在风险,开发商在对三线城市进行布局时需谨慎选择。

第三节 新政策下商业地产面临的发展格局

2014年,我国房地产市场步入调整期,各地商品住宅库存量增加,对市场预期的转变进一步影响了新开工节奏,房地产投资增速明显下滑。在此背景下,中央政策以"稳"为主,并通过货币政策调整、户籍改革、棚户区改造等长效机制来保障合理购房需求;各地方政府则灵活应对,限购、限贷手段逐步退出,行政干预力度趋弱,并通过公积金贷款、财政补贴等政策调整刺激住房需求,加快行业的去库存化,稳定住房消费。

一、2014年商业地产相关政策分析

受宏观经济不景气和房地产市场自身调整双重因素的影响,2014年,楼市陷入低迷。从2014年3月起,相关部门出台了一系列刺激政策,或多或少地提振了楼市。对于许多因新政而圆买房梦的购房者以及因新政而摆脱困境的开发商来说,这些新政很"出色"。具体情况见表1.20。

表1.20 2014年房地产行业相关政策

政策	相关内容	影响
双向调控	2014年3月4日,两会召开,全国政协委员、住建部副部长齐骥透露了房地产市场"双向调控"的政策信号	(1)2014年,楼市调控政策将呈现出"差别化"的特征,热点城市的投资、投机需求将继续被抑制,非热点城市的调控则会相对放松; (2)继续加强保障房工作,强化共有产权房在保障房领域的市场地位,通过"双轨制"解决城镇化后顾之忧; (3)在长效调控机制尚未出台之前,以限购为主的行政化手段与经济手段、市场手段仍会并存,但前者作用将会日益弱化,后两种手段作用会逐渐突出
推进新型城镇化	2014年3月末,国务院发布《国家新型城镇化规划(2014—2020年)》。规划提出,我国将推进以人为核心的城镇化,并提出到2020年,常住人口城镇化率达到60%左右、城镇化格局更加优化、城市发展模式科学合理等具体目标	(1)房地产市场将会出现分化,从过去的总体上涨到未来有的地方上涨,有的地方平衡,有的地方可能出现一段时间内的低迷甚至是负增长; (2)新房市场的增速将会下降,二手房市场的需求将会增加; (3)商务办公、产业地产、旅游休闲、度假、养生、养老等非传统房地产业,将面临新的发展机遇。新规划将会带来60%的新增住房需求

续表

政策	相关内容	影响
房企再融资解冻	2014年3月初至28日，绿地集团、中茵股份、天保基建等房地产上市企业的股票再融资申请获得通过，冰封四年的房企再融资宣告解冻	房企再融资瓶颈被突破，将直接优化企业的资产负债结构，降低整体融资成本，提升房企盈利能力。不过整体而言，优先股、再融资等政策的试行主要集中在优质企业，大部分中小地产商尚难获准实行。从长远来看，房企再融资仍将是结构性开闸，这意味着行业业绩分化将进一步加大
推动不动产登记	2014年5月，国土资源部正式挂牌成立不动产登记局，不动产登记工作整合归一，此后各项工作进展迅速	不动产登记制度的推进，等于给不动产上了户口，有利于对不动产目前的存量和潜在供应有清晰的把握。但是，不动产登记制度并不直接瞄准房地产市场调控，更不能简单地理解为房屋登记。新的不动产登记制度只是在信息系统方面的整合，不涉及房地产市场整体供求，即使登记会引起少量"抛房"现象的发生，也不会撼动当前市场的基本局面
限购取消	2014年5月23日，有消息称，除北、上、广、深之外，其他城市的限购政策可以自行调节，尤其是库存过大的地方。这意味着除四大一线城市之外的40多个限购城市，有可能全面松绑限购政策	早在2014年初，就有个别城市悄悄放开了限购。待到5月官方消息出台之后，加入取消限购大军的城市更是络绎不绝。到9月底，除北、上、广、深以外，几乎所有曾经限购的城市，都已经取消了限购
限贷松绑	2014年9月30日，央行、银监会联合出台《关于进一步做好住房金融服务工作的通知》，放松与自住需求密切相关的房贷政策	这一政策预计可以增加30%的可购房人群，对楼市的松绑效果相当于限购松绑政策影响的5倍以上。但后来的事实证明，30%增量的预计有点过于乐观，不过，"9·30房贷新政"仍不失为2014年各种松绑政策中影响最大的一个，它对市场信心的恢复和成交量的提升都起到了不可忽视的作用
公积金新政	2014年10月9日，住房城乡建设部、财政部、央行联合印发《关于发展住房公积金个人住房贷款业务的通知》，要求各地降低公积金申请门槛，包括取消数项收费，规定只要公积金连缴6个月就能申请贷款，实行异地互认等，而最重要的是表态支持二次使用公积金	公积金新政对职场新人、刚需购房者来说无疑是一个利好，公积金贷款缴存时间限制的缩短能对这一部分需求起到一定的刺激作用，引导原本资金不足的购房者成为新的购买力。不过，总体来看，公积金贷款新政给楼市带来的影响不如商业贷款新政的力度大，因为其覆盖范围有限
降息	2014年11月21日，央行宣布：自2014年11月22日起，金融机构一年期贷款基准利率下调0.4个百分点至5.6%；一年期存款基准利率下调0.25个百分点至2.75%	对购房者来说，此次降息相当于给房贷打了9.4折的优惠。对开发商来说，降息也降低了融资成本，可以缓解其资金链紧张的局面。因此，业内人士普遍认为，此次降息是继"9·30房贷新政"后，进一步刺激住房消费的又一大利好。从政策发布一个多月后的效果来看，不少购房者打消了观望情绪，楼市的确有所升温

商业地产市场政策的分析与展望

1. 宏观经济：改革为重头戏，投资仍是重要推动力

2014年中央提出"稳增长、促改革、调结构、惠民生、防风险"的经济发展方向，深化经济结构调整，使得经济增速持续放缓，三季度GDP同比增速仅为7.3%，为2010年以来最低增速。 同时，CPI处于近5年低位，2014年11月仅为1.4%，通缩压力显现，虽然2014年第三季度出现小幅回升，但第四季度再次下滑。 经济下行压力加大，2014年全年经济增速为7.4%，2015年则可能在此基础上进一步下调。 中国经济已经从上个十年年均增长率近10%的高增长阶段放缓到现在7%~7.5%左右的"新常态"阶段。 具体情况见图1.23。

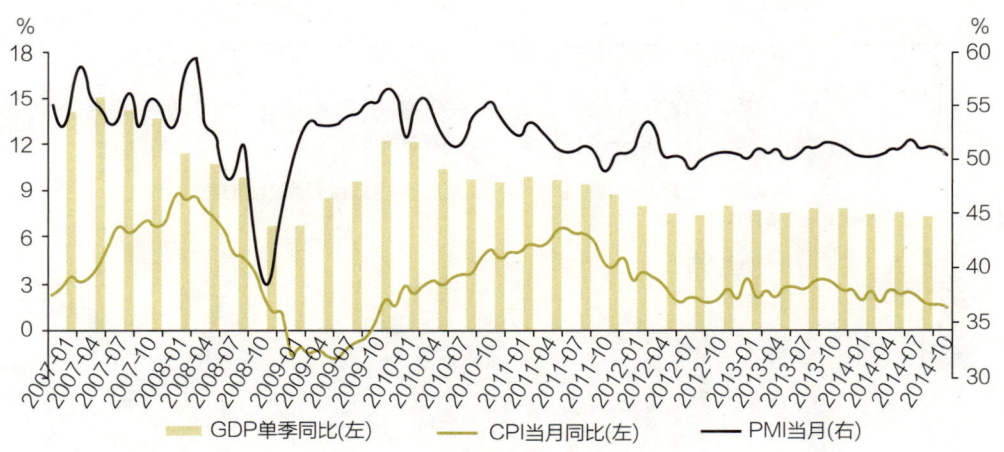

图1.23　2007—2014年主要宏观指标走势

资料来源：根据赢商网资料整理。

总体来看，中央开始接受更低但更加具有可持续性的经济增长速度，做到"调速不减势，量增质更优"，改革也成为2015年的重头戏。 2015年我国经济仍将在改革中平稳运行，通过一系列改革措施释放红利，激发市场活力，提高资源配置效率，维持"新常态"下经济的平稳增长，但由于内外部因素影响，经济进一步放缓的可能性较大。 2015年货币政策在稳健中更注重适度调整，推动购房需求入市，商品房销售面积有望小幅回升。

2. 货币信贷环境：政策调整松紧适度，降息降准预期加强

2014年，我国货币政策调整主要采取"定向宽松"的模式，通过定向降准、PSL[①]、SLF[②]等工具保证流动性。截至2014年11月，货币供应量（M_2）同比增长12.3%，低于全年既定的13%左右的调控目标，金融机构人民币贷款余额同比增长13.4%，1—11月新增人民币贷款9.1万亿元，同比小幅增长8%。2014年11月，在经济发展面临结构性调整、增速放缓的背景下，央行宣布降息，预示着通缩压力之下货币政策逆周期调节已经开始。具体情况见图1.24和图1.25。

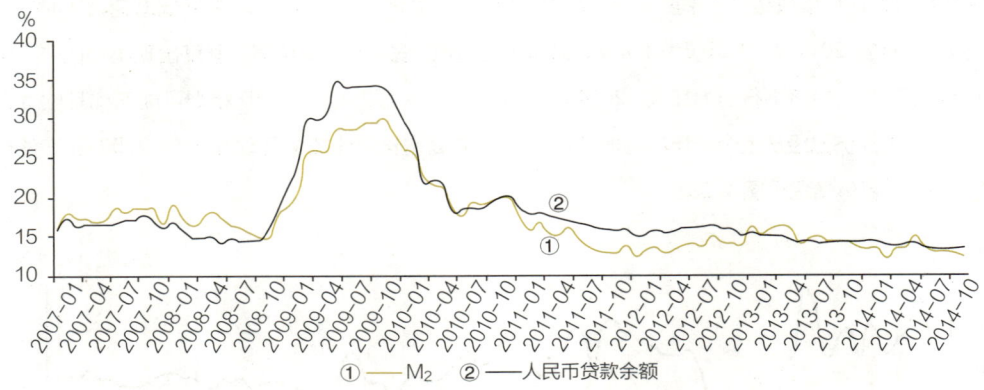

图1.24　2007—2014年M_2和人民币贷款余额同比增速

资料来源：根据赢商网资料整理。

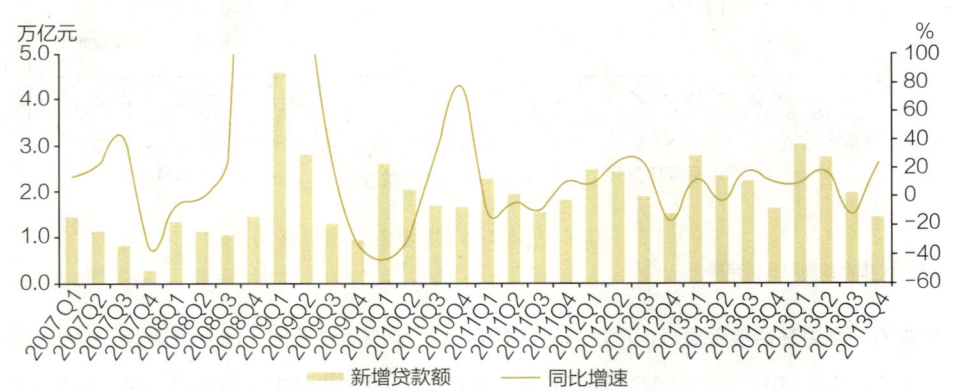

图1.25　2007—2014年新增贷款额及同比增速[③]

资料来源：根据赢商网资料整理。

[①] 抵押补充贷款，一种新的储备政策工具。
[②] 常备借贷便利，满足金融机构期限较短的大额流动性需求的流动性调节工具。
[③] 同比增速曲线在2008年和2009年间断开，原图如此。

政府在 2014 年末的经济工作会议上提出，2015 年仍将继续实施积极的财政政策和稳健的货币政策。其中，积极的财政政策要有力度，货币政策要更加注重松紧适度。因此，在 2015 年，我国将根据经济发展状况，进行一次或多次的降息降准，货币政策由"定向宽松"转向"全面调整"，但受复杂的经济环境影响，2015 年货币政策调整仍将以稳健为主。

同时，2015 年多次降息，将改善个人按揭贷款情况，推动房地产市场回温。从融资层面来看，2014 年社会融资规模明显下降，1—11 月仅为 14.8 万亿元，比 2013 年减少 1.3 万亿元。但是，随着金融制度改革日渐市场化，利率和存贷款指标弹性增强，融资成本有望降低，2015 年房企整体资金面得以部分改善。

3. 房地产调控：调节回归市场化，地方政策更趋灵活

如表 1.21 所示，一线城市 2014 年 1—11 月土地溢价率的均值为 25.12%，高出二线城市 15 个百分点，三线城市 21 个百分点。按照一般划分的城市层级来看，部分一线城市、个别二线城市、明星三线城市成交回暖的迹象明显。

在以下 32 个重点城市中，对比 2014 年 1—11 月与 2014 年 1—6 月累计同比数据，杭州、宁波、石家庄、佛山、无锡、深圳六城市累计同比差额，即成交回升幅度位居前列。其中，杭州商品住宅成交累计同比从 6 月的 –50.52% 升至 11 月的 –10.5%，市场回升幅度令人惊叹。

表 1.21　32 个重点城市商品住宅成交情况数据

城市	2014 年 1—6 月累计成交面积（万平方米）	累计同比（%）	2014 年 1—11 月累计成交面积（万平方米）	累计同比（%）	累计同比差额（%）
杭州	95.46	–50.52	294.66	–10.51	40.02
宁波	111.99	–14.48	329.88	21.49	35.97
石家庄	189.05	6.74	471.47	37.12	30.38
佛山	454.68	6.68	1030.44	28.37	21.69
无锡	203.57	–21.30	467.07	–0.88	20.42
深圳	142.38	–39.43	324.44	–20.41	19.02
北京	335.62	–47.89	712.67	–35.79	12.10
重庆	694.39	–29.61	1426.76	–17.82	11.79
武汉	732.90	–1.30	1580.12	9.25	10.55
中山	366.43	–19.15	774.86	–9.51	9.64
西安	558.25	–5.59	1121.53	3.83	9.42

续表

城市	2014年1—6月累计成交面积（万平方米）	累计同比（%）	2014年1—11月累计成交面积（万平方米）	累计同比（%）	累计同比差额（%）
珠海	134.58	-16.24	278.49	-7.64	8.59
厦门	169.75	-44.65	284.91	-36.67	7.98
南昌	210.98	6.14	426.27	12.97	6.83
常州	380.06	-9.96	719.70	-4.64	5.32
哈尔滨	203.49	-33.75	432.69	-28.45	5.30
青岛	352.69	-31.23	767.11	-25.94	5.28
大连	221.28	-28.55	428.58	-23.69	4.86
东莞	253.49	-32.94	555.04	-28.37	4.57
上海	406.21	-32.86	831.39	-29.77	3.08
广州	372.66	-32.26	690.98	-29.36	2.90
长春	362.07	-10.05	733.03	-7.15	2.90
惠州	124.67	-24.47	241.41	-21.61	2.86
成都	1117.07	-27.56	1994.55	-25.37	2.19
南京	338.20	-26.16	683.66	-24.42	1.74
沈阳	459.72	-24.79	956.47	-24.93	-0.14
徐州	148.69	-17.51	293.12	-21.89	-4.38
长沙	498.72	-16.75	857.58	-21.25	-4.50
合肥	466.53	-7.41	832.29	-13.13	-5.72
南宁	233.08	-0.58	460.37	-6.39	-5.81
天津	493.45	-7.08	856.58	-18.70	-11.62
昆明	482.37	14.73	849.82	-11.10	-25.82

资料来源：根据赢商网资料整理。

未来，我国将逐步健全不动产统一登记配套制度，并预计于2016年全面实施，为房产税的实施及长效机制的完善奠定基础。从方向上看，在市场仍存下行压力的情况下，多数城市或将出台适度放松政策支持房地产业发展，从户籍制度、公积金制度、契税财税补贴等方面加大支持力度，刺激购房需求。

而对于长期供求矛盾问题突出的一线及部分热点二线城市，将通过执行较为严格的差别化信贷、公积金及财税政策，优先保障自住型住房需求。由于市场环境不同，预计未来城市间的调控措施和力度的差异仍将继续存在。

第四节

当下商业地产市场发展特性及前景展望

房地产行业正在经历由"实"向"虚"的转变。对地产行业而言,需要做更多的"精加工"。电商的发展,让房地产行业这一由"实"向"虚"的转变更加迫切,业界务必要关注消费者更深层次的体验与情感的触发。

一 2014年商业地产市场需求变化及影响[①]

1. 经营性用地市场

2014年,随着商品房市场的突然遇冷,市场热度先高后低。第一季度多数城市延续2013年下半年态势,土地市场活跃依旧;第二季度市场低迷,开发商谨慎拿地,土地市场供求开始下行。从全年来看,供求量同比下降,但成交均价不少城市逆势上涨,尤其是一线、一线半城市,地王级高价地块频出,预示着后续楼市供应中高价项目将会持续增加。

(1)整体经营性用地市场

如表1.22所示,2014年,经营性用地市场总体呈现出"量跌价升"的局面,各线城市经营性用地供求量均下跌,成交楼面价一线城市、一线半城市有所上涨,二线、三线城市小幅下跌。供求量整体较2013年下降近三成,成交楼面价上涨17.2%。其中,北京土地出让金因土地成交均价高涨而创历史新高。

---

① 本节中所选取的城市为:
一线城市:北京、上海、广州、深圳;一线半城市:天津、成都、杭州、南京、武汉、苏州、沈阳、重庆;二线城市:济南、青岛、合肥、无锡、西安、长沙、大连;三线城市:太原、银川、唐山。

表 1.22 2014 年全国 21 个城市整体经营性用地供求量价情况统计

城市类别	供应（万平方米）		同比（%）	成交（万平方米）		同比（%）	成交均价（元/平方米）		同比（%）
	2013 年	2014 年		2013 年	2014 年		2013 年	2014 年	
一线	4428.9	3020.4	−31.8	4060.5	2920.0	−28.1	10431	13047	25.1
一线半	24157.8	18958.3	−21.5	20564.9	14012.7	−31.9	2616	3243	24.0
二线、三线	28414.8	18739.2	−34.1	19434.2	14743.0	−24.1	1401	1384	−1.2
总计	57001.5	40717.9	−28.6	44059.5	31675.7	−28.1	2800	3281	17.2

注：二线、三线城市中未包含银川。
资料来源：各地国土资源局。

(2) 典型城市经营性用地市场

① 北京

2014 年，北京经营性用地的供应高峰出现在 2 月，5 月和 6 月无经营性用地成交。具体情况见表 1.23、图 1.26 和图 1.27。

表 1.23 2014 年北京市经营性用地供应与成交

类别	具体内容
供应	总规划建筑面积 1430.4 万平方米，同比下降 30.8%
成交	总规划建筑面积 1418.0 万平方米，同比下降 23.0%。2014 年月均供应 119.2 万平方米

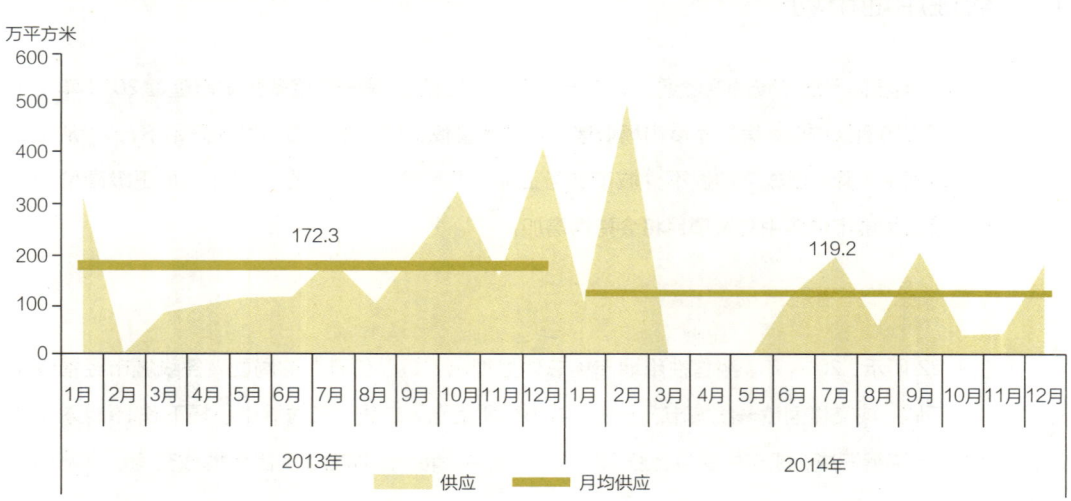

图 1.26 2013 — 2014 年北京市经营性用地供应走势

资料来源：北京市国土资源局。

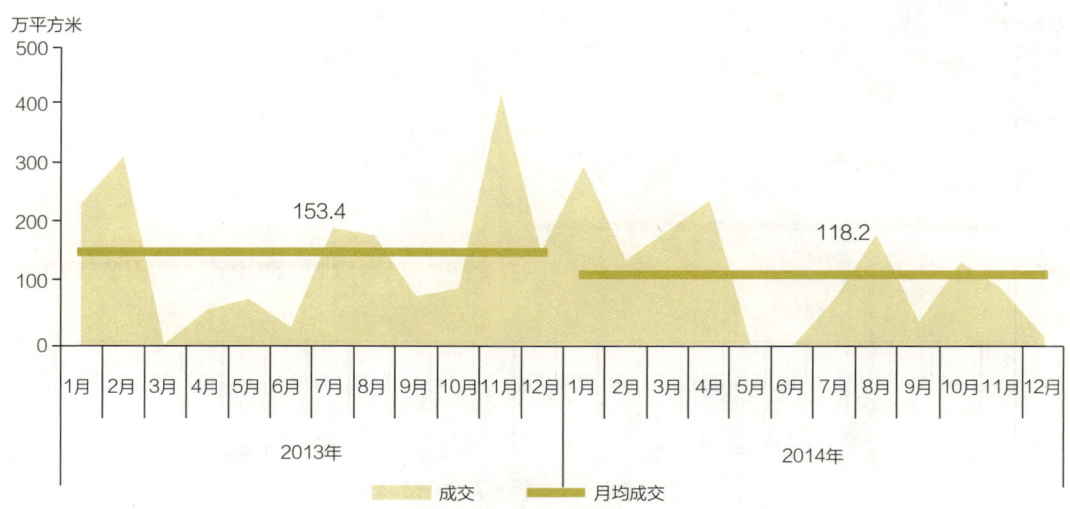

图 1.27　2013 — 2014 年北京市经营性用地成交走势

资料来源：北京市国土资源局。

② 上海

2014 年，上海市经营性用地供求面积均下滑。具体情况见表 1.24、图 1.28 和图 1.29。

表 1.24　2014 年上海市经营性用地供应与成交

类别	具体内容
供应	总规划建筑面积为 1260.3 万平方米，同比下降 34.4%。2013 年月均供应 160.2 万平方米，2014 年月均供应 105.0 万平方米
成交	总规划建筑面积为 1154.6 万平方米，同比下降 36.9%。2013 年月均成交面积为 152.6 万平方米，2014 年月均成交 96.2 万平方米

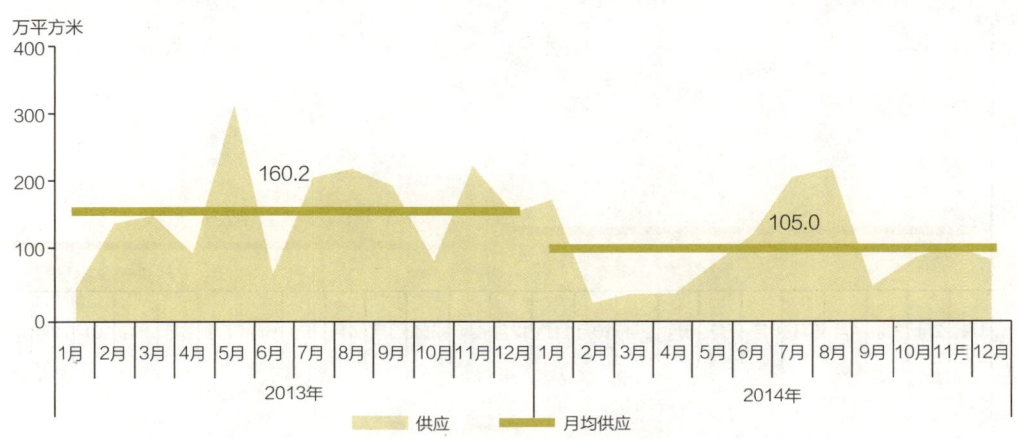

图 1.28　2013 — 2014 年上海市经营性用地供应走势

资料来源：上海市国土资源局。

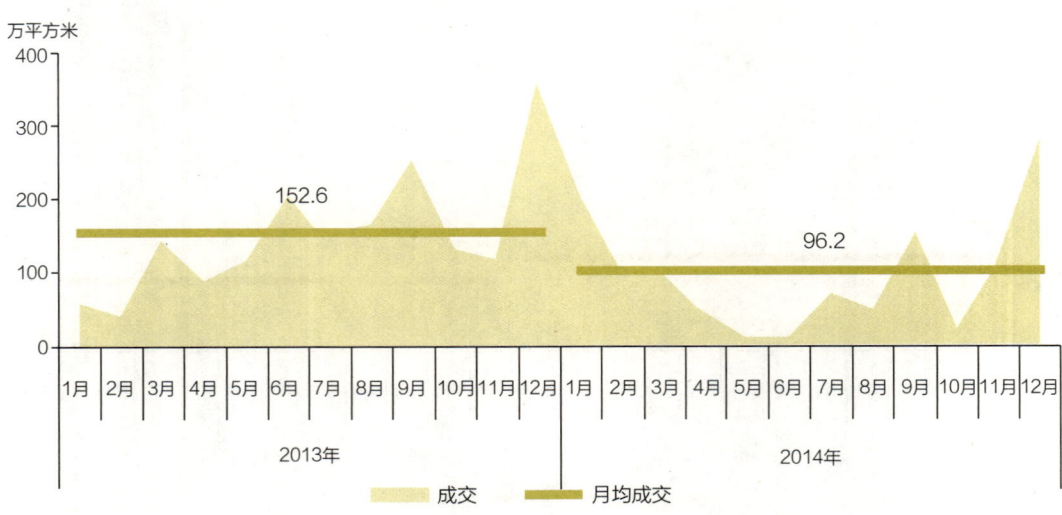

图1.29　2013—2014年上海市经营性用地成交走势

资料来源：上海市国土资源局。

③深圳

2014年，深圳市经营性用地供求均下滑，经营性用地供应和成交均主要集中在上半年。具体情况见表1.25、图1.30和图1.31。

表1.25　2014年深圳市经营性用地供应与成交

类别	具体内容
供应	总规划建筑面积为329.7万平方米，同比下降25.0%。2013年月均供应36.6万平方米，2014年月均供应27.5万平方米
成交	总规划建筑面积为347.4万平方米，同比下降10.6%。2013年月均成交32.4万平方米，2014年月均成交29.0万平方米

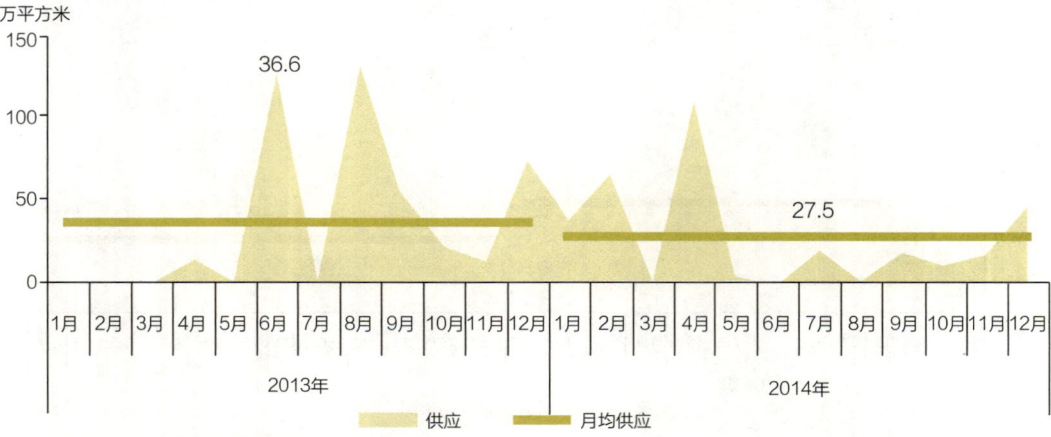

图1.30　2013—2014年深圳市经营性用地供应走势

资料来源：深圳市国土资源局。

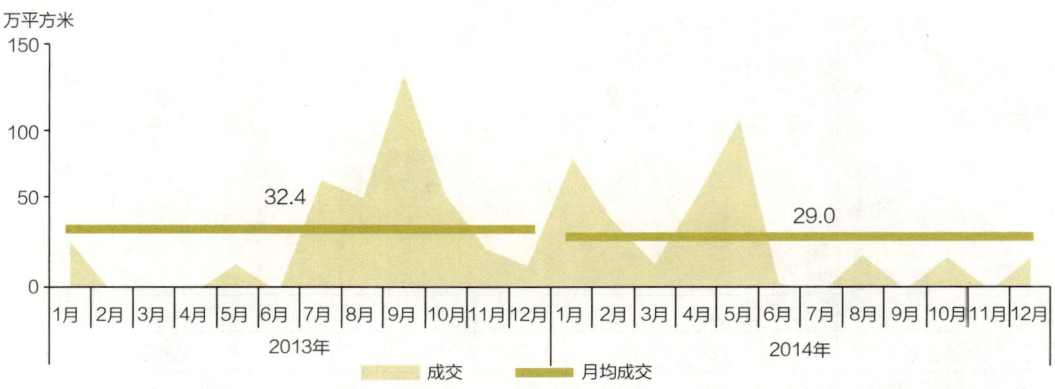

图 1.31　2013—2014 年深圳市经营性用地成交走势

资料来源：深圳市国土资源局。

④一线半城市

2014 年，重点监测的一线半城市经营性用地供求以下跌趋势为主。具体情况见表 1.26、图 1.32 和图 1.33。

表 1.26　2014 年一线半重点城市经营性用地供应与成交

类别	具体内容
供应	武汉和重庆经营性用地供应面积均达 4000 万平方米左右。其中，成都 2014 年经营性用地供应面积位居一线半重点城市之首，达 4459.9 万平方米，同比上涨 5.9%；此外，南京、重庆供应亦同比上涨，其他城市均下跌，其中沈阳 2014 年经营性用地供应面积同比下跌超六成
成交	2014 年，武汉和重庆经营性用地成交面积均超过 3000 万平方米。其中，重庆 2014 年经营性用地成交面积位居一线半重点城市之首，达 3109.9 万平方米，同比微涨 3.9%。南京 2014 年经营性用地成交面积上涨 19.5%，成都上涨 1.3%。此外，其他重点监测城市成交量均有所下跌，沈阳 2014 年经营性用地成交面积跌幅最大，同比下跌近七成

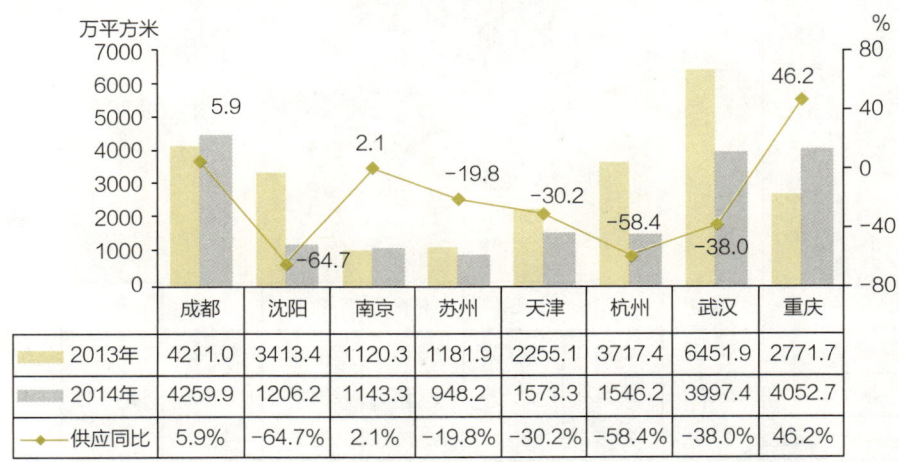

	成都	沈阳	南京	苏州	天津	杭州	武汉	重庆
2013年	4211.0	3413.4	1120.3	1181.9	2255.1	3717.4	6451.9	2771.7
2014年	4259.9	1206.2	1143.3	948.2	1573.3	1546.2	3997.4	4052.7
供应同比	5.9%	-64.7%	2.1%	-19.8%	-30.2%	-58.4%	-38.0%	46.2%

图 1.32　2013—2014 年一线半城市经营性用地供应走势

资料来源：各地国土资源局。

图1.33 2013—2014年一线半城市经营性用地成交走势

资料来源：各地国土资源局。

⑤二线、三线城市

2014年二线重点城市经营性土地供求均以下滑趋势为主。具体情况见表1.27、图1.34和图1.35。

表1.27 2014年二线重点城市经营性用地供应与成交

类别	具体内容
供应	二线重点城市经营性土地供应面积除西安同比微涨2.1%外，其他城市供应同比均下滑，其中无锡和大连2014年经营性用地供应下跌近八成。青岛经营性用地供应面积居二线重点城市之首，达3863.6万平方米，同比下跌24.7%
成交	西安经营性用地成交同比上涨77.3%，其他城市均下跌，大连成交同比下跌超八成，跌幅最大。长沙经营性用地成交面积最大，达2918.5万平方米，同比下跌26.5%

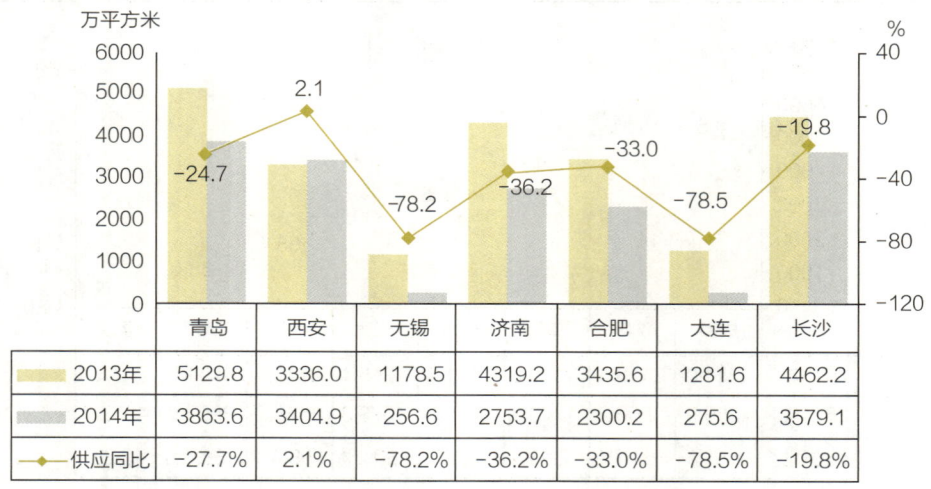

图1.34 2013—2014年二线城市经营性用地供应走势

资料来源：各地国土资源局。

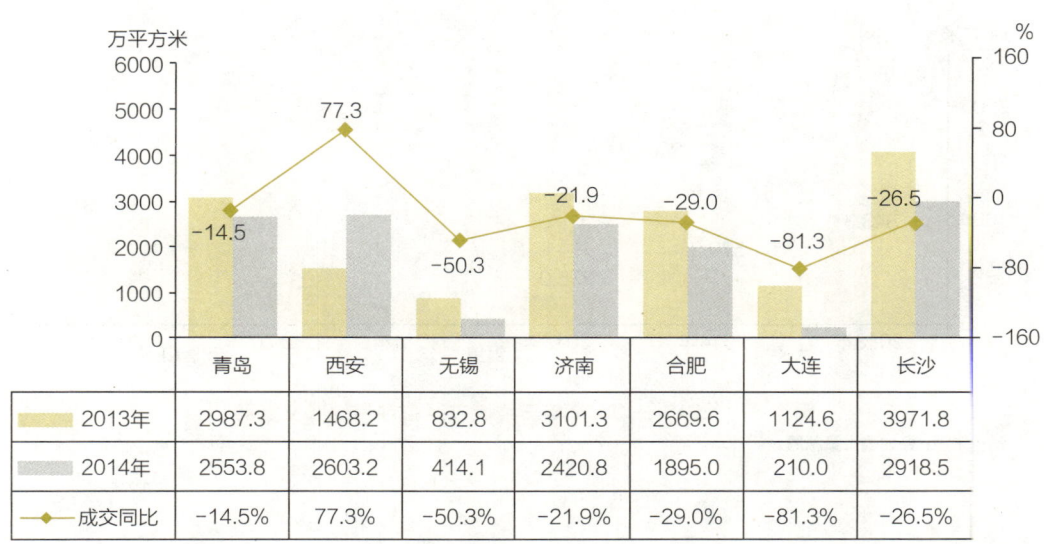

图1.35　2013—2014年二线城市经营性用地成交走势

资料来源：各地国土资源局。

2014年，三线重点城市经营性用地市场总体低迷，供求量均处于低位。具体情况见表1.28、图1.36和图1.37。

表1.28　2014年三线重点城市经营性用地供应与成交

城市	具体内容
太原	其中2014年经营性用地供应规划建筑面积678万平方米，成交579万平方米，供应同比下滑四成，成交同比下滑超三成
唐山	经营性用地供应1627.5万平方米，成交981.3万平方米，供应同比下跌六成，成交同比下跌超五成
银川	经营性用地成交同比下降超四成

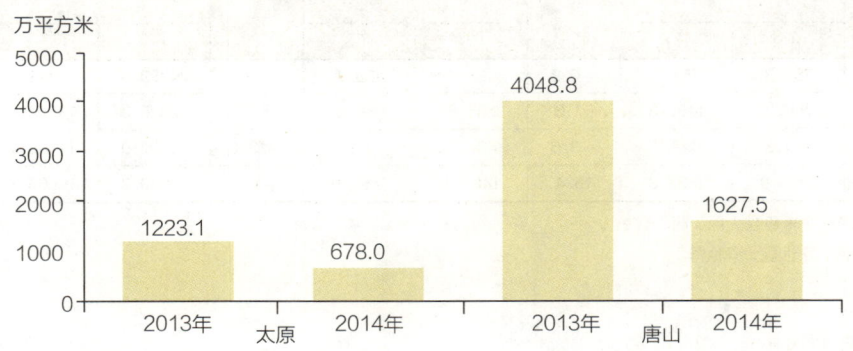

图1.36　2013—2014年三线城市经营性用地供应走势

资料来源：各地国土资源局。

图1.37 2013—2014年三线城市经营性用地成交走势

资料来源：各地国土资源局。

2.写字楼市场

2014年，中国经济仍处于快速增长时期，中国写字楼市场多元化迹象明显。一方面，由于持续的住宅市场限购政策，挤压出的大量投资性需求转投向不限购的商业地产，促进了销售类型写字楼的量价齐升；另一方面，受经济疲软和企业搬迁等影响，租赁类型写字楼的租金进入下降通道。

（1）整体写字楼市场

从22个典型城市写字楼市场供应情况来看，2014年各线城市写字楼成交量多数呈下滑趋势；成交均价方面，写字楼市场整体呈下跌趋势，但二线、三线部分城市同比小幅增长。具体情况见表1.29。

表1.29 2014年写字楼市场供求量价情况（合计）

城市类别	供应（万平方米）		同比（%）	成交（万平方米）		同比（%）	成交均价（元/平方米）		同比（%）
	2013年	2014年		2013年	2014年		2013年	2014年	
一线	757.3	751.4	-0.8	485.2	498.7	2.8	24789.8	22734	-8.3
一线半	750.3	1182.8	57.6	565.8	586.9	3.7	12875.3	13543.8	5.2
二线、三线	774.3	699.6	-9.6	437.7	378	-13.6	10193.9	11109.4	9.0
22个城市	2281.9	2633.8	15.4	1488.7	1463.6	-1.7	15970.2	16065.6	0.6

注：上述表中未包含太原、唐山数据。
资料来源：各地国土资源局。

（2）典型城市写字楼市场

①北京

2014年，北京市写字楼市场供大于求。具体情况见表1.30、图1.38和图1.39。

表1.30 2014年北京市写字楼市场供应与成交情况

类别	具体内容
供应	新增供应155.2万平方米,同比下跌10.6%
成交	成交面积总计149.9万平方米,同比下跌2.3%;成交均价22304元/平方米,同比下跌8.2%。12月,写字楼成交均价达到39523元/平方米,而金融街月坛中心项目的成交均价达到61580元/平方米

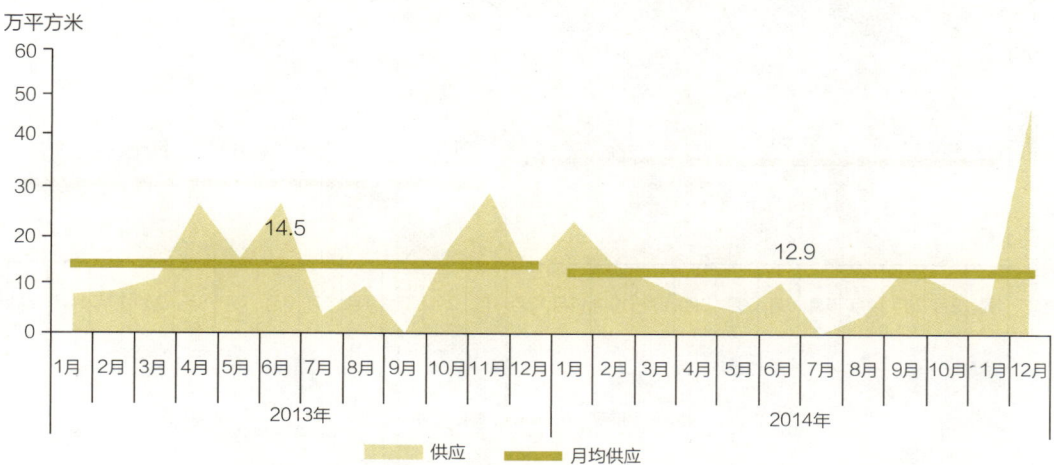

图1.38 2013—2014年北京市写字楼市场供应情况

资料来源:北京市统计局。

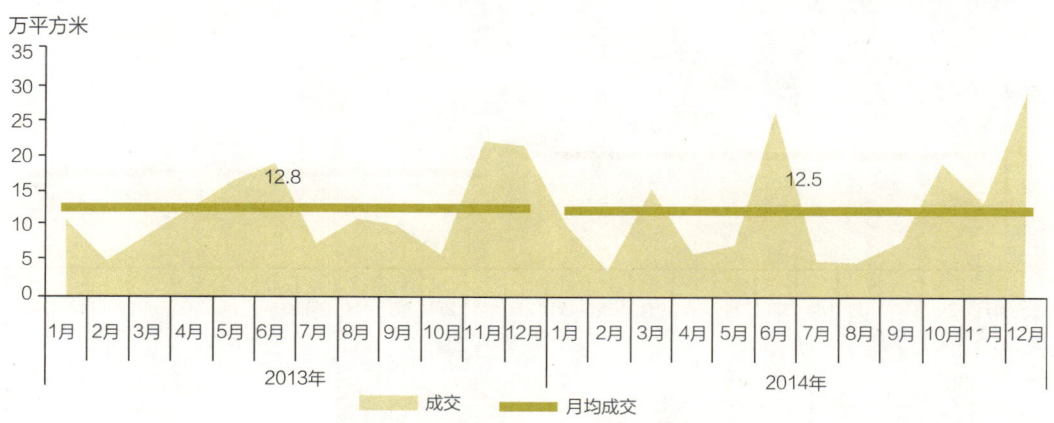

图1.39 2013—2014年北京市写字楼市场成交情况

资料来源:北京市统计局。

②上海

2014年,上海市写字楼市场供大于求。具体情况见表1.31、图1.40和图1.41。

表 1.31　2014 年上海市写字楼市场供应与成交

类别	具体内容
供应	新增供应 228 万平方米，同比下跌 23.1%
成交	成交面积总计 147.9 万平方米，同比下跌 14.4%；成交均价为 23476 元/平方米，同比下跌 2.3%

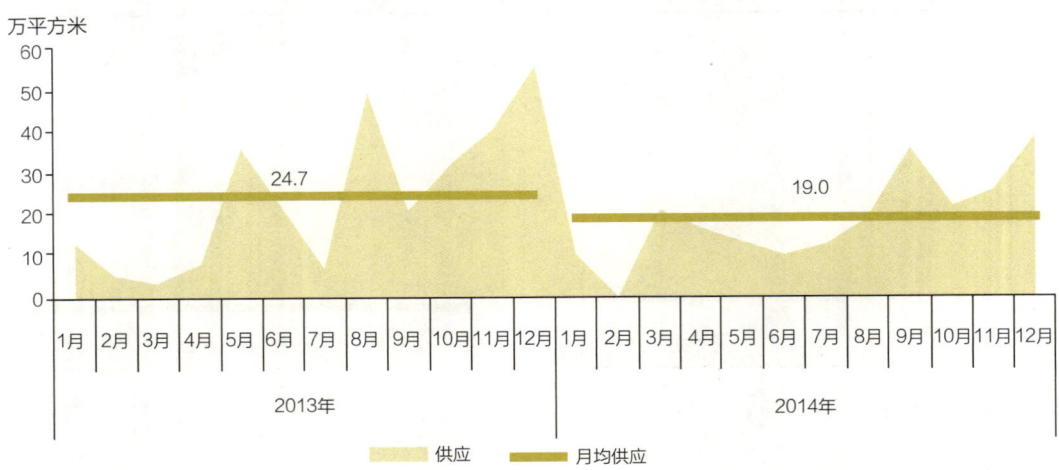

图 1.40　2013 — 2014 年上海市写字楼市场供应情况

资料来源：上海市统计局。

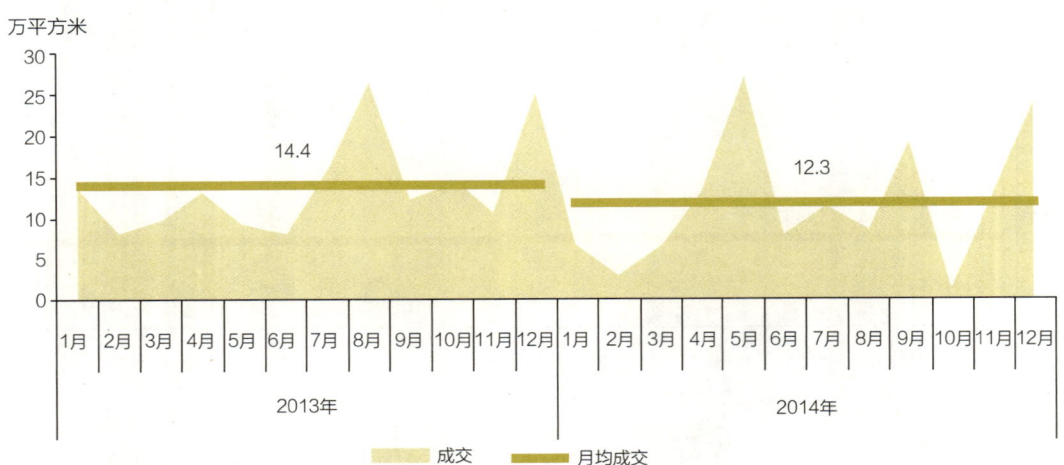

图 1.41　2013 — 2014 年上海市写字楼市场成交情况

资料来源：上海市统计局。

③广州

2014 年，广州市写字楼市场供大于求。具体情况见表 1.32、图 1.42 和图 1.43。

表 1.32　2014 年广州市写字楼市场供应与成交

类别	具体内容
供应	新增供应 230.0 万平方米，同比增长 33.9%
成交	总计 164.3 万平方米，同比增长 34.9%；成交均价 20096.5 元/平方米，同比下跌 12.5%

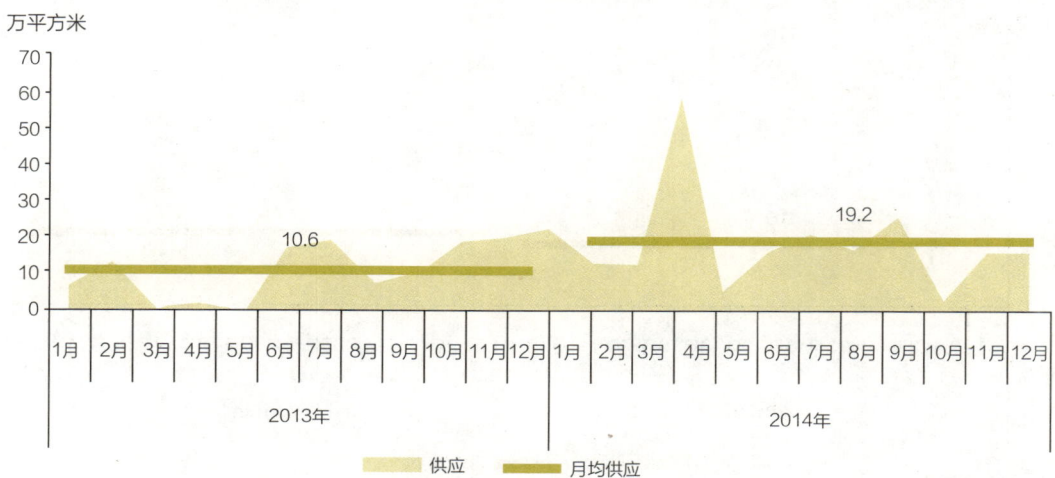

图 1.42　2013 — 2014 年广州市写字楼市场供应情况

资料来源：广州市统计局。

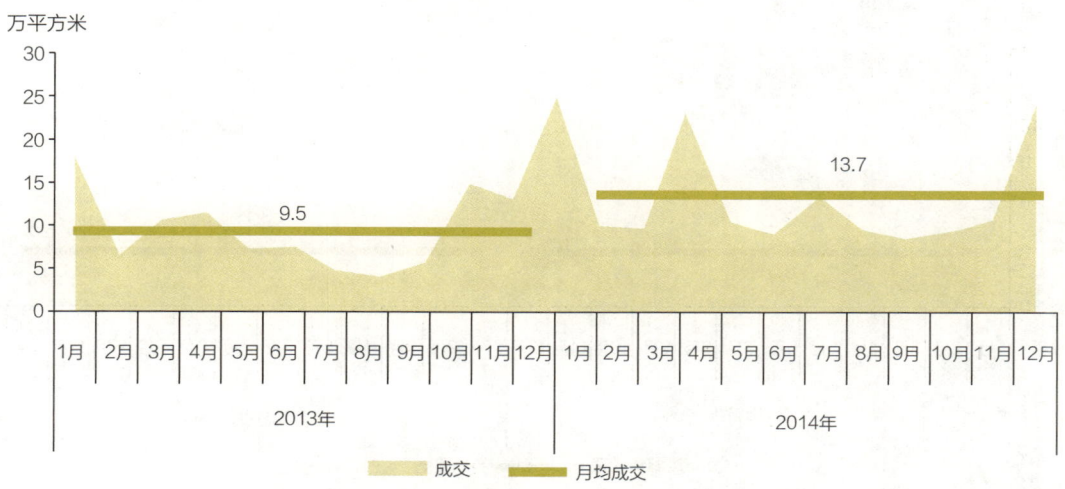

图 1.43　2013 — 2014 年广州市写字楼市场成交情况

资料来源：广州市统计局。

④深圳

2014 年，深圳市写字楼市场供大于求。具体情况见表 1.33、图 1.44 和图 1.45。

表 1.33　2014 年深圳市写字楼市场供应与成交

类别	具体内容
供应	新增供应 138.3 万平方米，同比增长 19.8%
成交	成交总计 36.6 万平方米，同比下跌 1.3%；成交均价 33331 元/平方米，同比下跌 8.3%

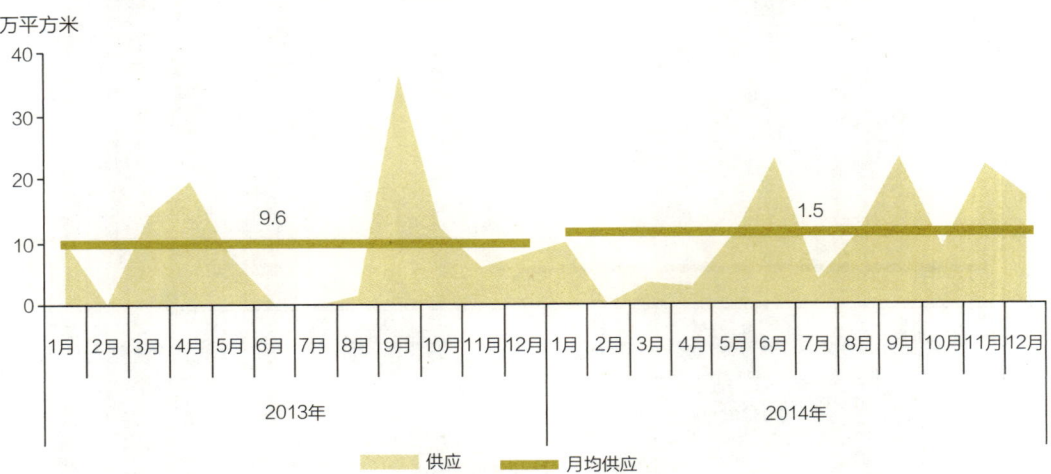

图 1.44　2013—2014 年深圳市写字楼市场供应情况

资料来源：深圳市统计局。

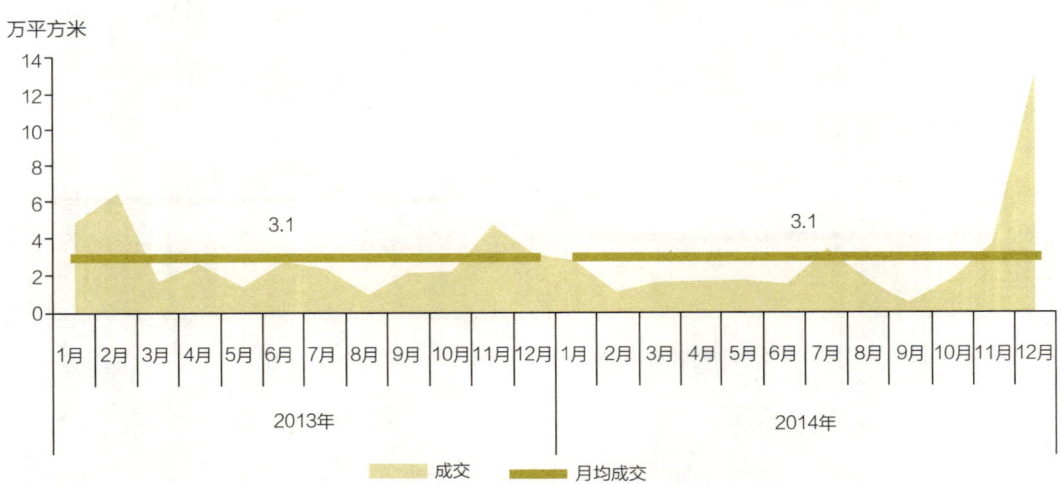

图 1.45　2013—2014 年深圳市写字楼市场成交情况

资料来源：深圳市统计局。

⑤一线半城市

2014 年，一线半重点城市写字楼市场供求同比多数上涨。具体情况见表 1.34、图 1.46 和图 1.47。

表1.34 2014年一线半重点城市写字楼市场供应与成交

类别	具体内容
供应	南京、杭州、天津、重庆、武汉供应同比上涨。其中,武汉同比上涨135%,涨幅最大;成都下跌34%,降幅最大
成交	沈阳成交面积达27.6万平方米,同比下跌57%,降幅最大;杭州成交面积达72.9万平方米,同比增长83%,增幅最大。成交均价各地同比涨跌互现,除重庆、南京和沈阳外,其他城市均同比下跌。其中,沈阳写字楼成交均价为14568元/平方米,同比增长61.5%,增幅最大;成都写字楼均价同比下降28.8%,降幅最大

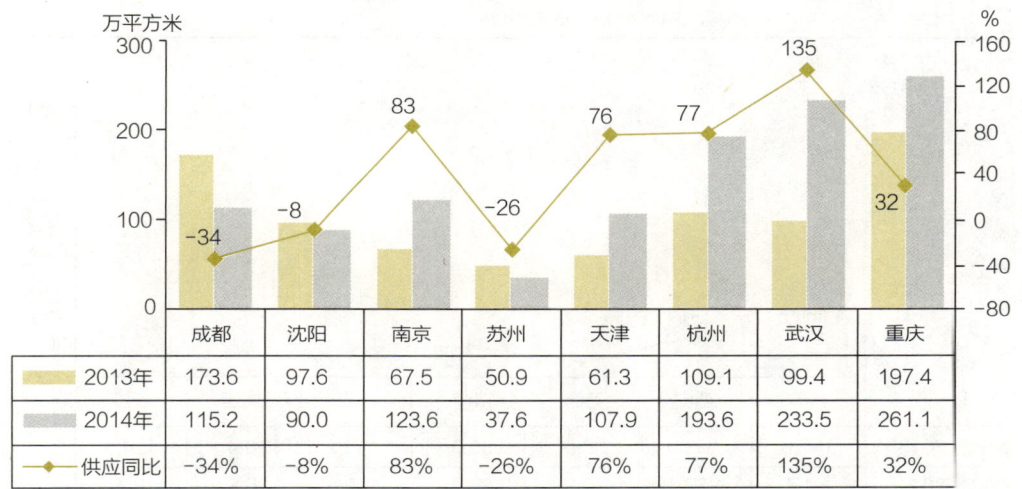

	成都	沈阳	南京	苏州	天津	杭州	武汉	重庆
2013年	173.6	97.6	67.5	50.9	61.3	109.1	99.4	197.4
2014年	115.2	90.0	123.6	37.6	107.9	193.6	233.5	261.1
供应同比	-34%	-8%	83%	-26%	76%	77%	135%	32%

图1.46 2013—2014年一线半城市写字楼供应情况

资料来源:各地住建委。

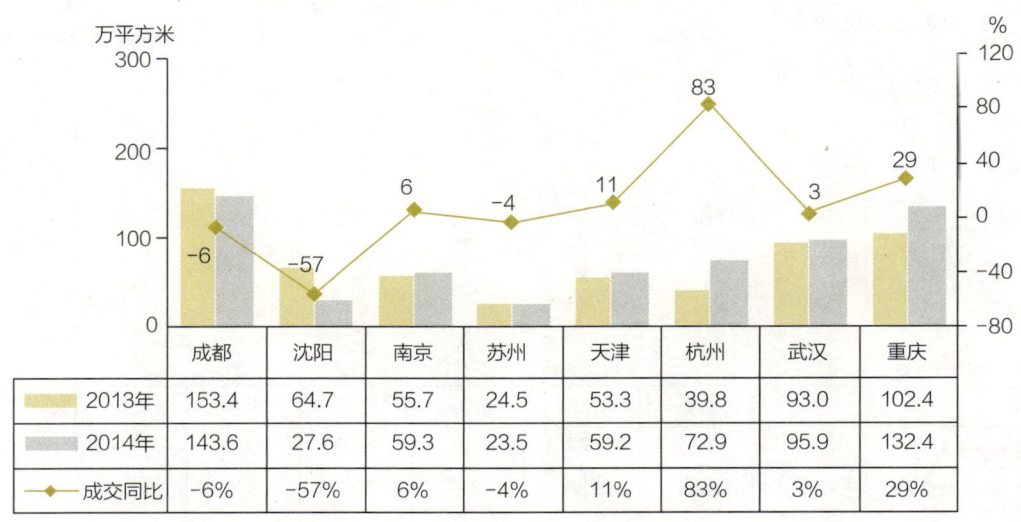

	成都	沈阳	南京	苏州	天津	杭州	武汉	重庆
2013年	153.4	64.7	55.7	24.5	53.3	39.8	93.0	102.4
2014年	143.6	27.6	59.3	23.5	59.2	72.9	95.9	132.4
成交同比	-6%	-57%	6%	-4%	11%	83%	3%	29%

图1.47 2013—2014年一线半城市写字楼成交情况

资料来源:各地住建委。

⑥二线城市

2014 年，二线重点城市写字楼市场供求均多数下跌。具体情况见表1.35、图1.48 和图1.49。

表1.35　2014 年二线重点城市写字楼市场供应与成交

类别	具体内容
供应	除西安、合肥和大连外，其他城市均同比下跌，无锡同比下跌88%，跌幅最大
成交	除济南、青岛、西安外，其他城市成交量均同比下降。其中，长沙同比下跌55%，跌幅最大。成交均价各地均同比上涨，其中，合肥成交均价同比增长24.3%，增幅最大

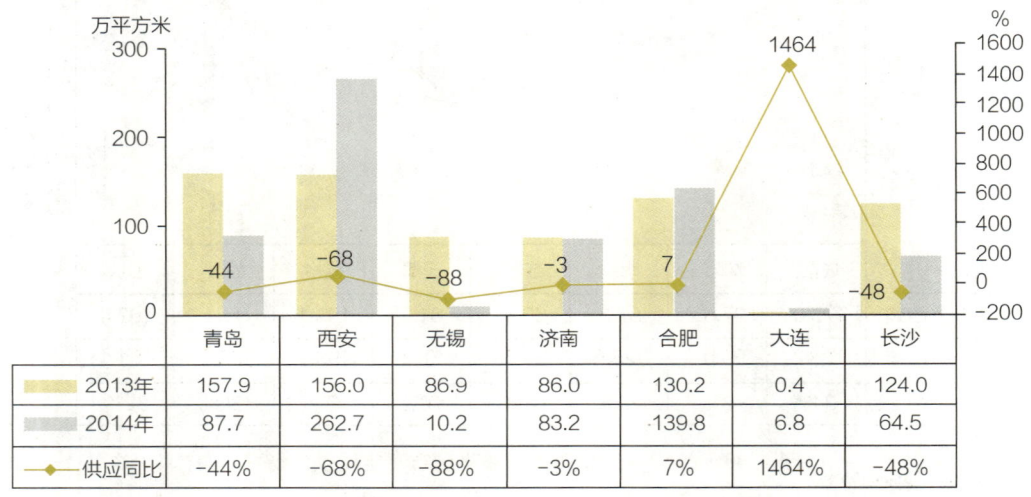

图1.48　2013 — 2014 年二线城市写字楼供应情况

资料来源：各地住建委。

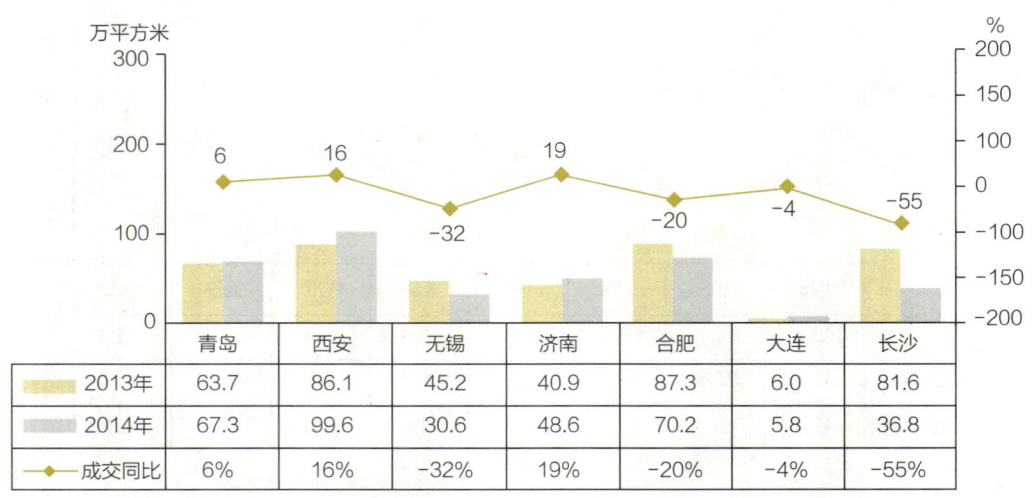

图1.49　2013 — 2014 年二线城市写字楼成交情况

资料来源：各地住建委。

3. 2014年房地产行业发展特征

2014年,虽然房地产投资增速等核心数据出现放缓迹象,但实际的总体增量依然可观,整个行业也还有巨大的发展空间可供挖掘。具体情况见表1.36。

表1.36　2014年房地产行业发展特征分析

发展特征	分析
楼市调控告别"一刀切"	2014年,楼市调控政策由紧转松,仅一个多月的时间,就相继有36个城市以不同的方式对限购政策进行了调整。 目前,除北京、上海、广州、深圳四个一线城市和三亚之外,46个限购城市当中,已有41个正式取消或变相放松了限购措施
房企海外投资"井喷"	2014年全年,中国跨境房地产投资额有望超过300亿美元,超过此前数年海外房地产投资的总和。万科、碧桂园、万达、绿地、首创、新华联等企业在海外市场动作频频,国家在相关政策上的变动,也进一步支持了房企到海外投资
"触网"动作频频	2014年,被称为"房地产行业的互联网元年"。从营销端口切入以O2O模式卖房,似乎是房企目前与互联网行业最有效的合作
地产并购骤增,行业集中度提高	2014年,资本市场收购案例急剧增长,房地产行业也正在加速兼并重组。根据相关数据统计,到2014年12月18日,房地产行业并购标的交易达245宗,总价值为1210亿元(包括已完成与未完成交易),同比增长约80%
房企多元化转型突围	2014年,虽然多数房企无法完成年度销售目标,但从房地产投资增速来看,房企依然可以在"白银时代"寻找"黄金"盈利点,而这些新的利润增长点来自多元化布局转型

2014年,在房地产市场全面下行的情况下,房企销售额TOP20总计销售额为17596.3亿元,而2013年房企销售额TOP20总计销售额为15372.9亿元,2013年TOP20的市场占比为18.88%,2014年TOP20的市场占比为23.1%,较2013年增长近5个百分点。

2014年,共有80家房地产企业跻身百亿军团,较2013年增加9家,销售总额共计2.8万亿元,同比增长约14.8%,市场份额已近40%,房地产市场集中度越来越高。中小房企在大浪淘沙中逐步退去,而强者恒强,万科、绿地跻身2000亿军团。具体情况见表1.37。

表1.37　2014年中国房企销售额TOP20

排名	企业简称	销售金额(亿元)	销售面积(万平方米)
1	万科	2151	1834
2	绿地	2080	2010
3	万达	1470	980
4	保利	1370	1088
5	恒大	1315.1	1819.8

续表

排名	企业简称	销售金额（亿元）	销售面积（万平方米）
6	碧桂园	1288	1928
7	中海	1221	1017
8	华润置地	722	680
9	世茂	702.2	578
10	绿城	660	330
11	融创中国	660	315
12	富力地产	575	399
13	华夏幸福	520	570
14	招商地产	510.5	364.3
15	龙湖地产	490.5	454.1
16	雅居乐	447	460
17	金地集团	424	344
18	远洋地产	400	289
19	佳兆业	302	295
20	金科地产	288	436

资料来源：根据赢商网资料整理。

二 国内房地产市场的展望

1. 全国商品房销售面积将小幅回升，投资增速将持续放缓

根据专业机构对2015年经济环境做的"中国房地产中长期发展动态模型"，参照近期宏观政策走向和中央经济工作会议精神，对2015年房地产市场提出4个假设，具体情况见表1.38。

表1.38 对2015年房地产市场的假设

四大假设	具体内容
1	宏观经济在结构转型过程中增速略有放缓（GDP增长7.2%）
2	货币环境稳健（M_2增长12.9%，贷款余额增长13.2%，新增贷款约10万亿元）
3	开发节奏保持平稳，新开工土地陆续入市
4	政策干预减少，房地产逐步回归市场化

在宏观经济和货币信贷平稳增长，房地产调控政策整体平稳的背景下，根据"中国房地产中长期发展动态模型"，2015年房地产市场预测结果[①]如下：

---

① 本节内容完稿于2015年8月。

如图1.50所示,2015年,全国房地产市场呈现"销售面积小幅回升,新开工面积企稳,投资增速持续放缓"的特点。在满足假设条件、不发生超预期事件的前提下,预计2015年全国商品房销售面积同比止降回升,同比增长0.5%~2.5%,为12.4亿~12.7亿平方米;商品房销售均价为6125~6219元/平方米,较2014年微幅下跌0.5%~2.0%;房地产开发投资增速持续放缓,预计全年为10.6万亿~10.7万亿元,同比增长9.5%~11%;房屋新开工面积为17.8亿~18.2亿平方米,较2014年微幅下降0%~2%。

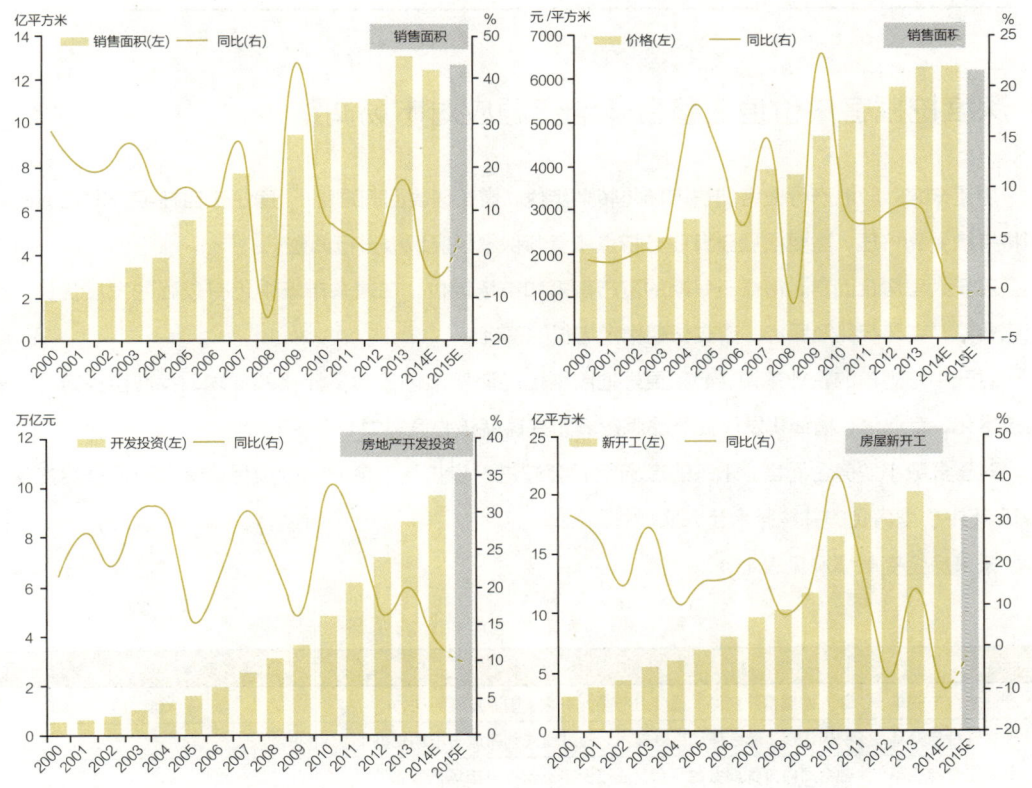

图1.50 2015年全国房地产市场各项指标

资料来源:根据赢商网资料整理。

2. "新常态"下不同城市去库存压力更趋分化

展望2016年乃至更长时期,中国房地产市场已经告别过去高速增长的"黄金时代",经过市场调整后将步入平稳增长的"新常态",未来几年房地产市场整体销售规模增速将维持在2%~5%。

2014年房地产市场量价下行,库存高企。去库存成为2015年市场的主基调,不同城市的去库存压力显著分化。具体情况见表1.39。

表1.39 "新常态"下不同城市的去库存情况

特征	具体内容
新常态	经过市场调整后逐步进入平稳理性增长的"新常态"
去库存	【快速去库存】2015年北、上、广潜在需求大,深圳、厦门供应少。适当刺激可迅速消化库存,市场量价存在反弹空间; 【去库存时间较长但未来可期】苏州、佛山等二线、三线城市当前去库存周期较长,但市场仍存有回升空间; 【警惕过剩风险】部分城市供应过剩,市场面临系统性风险

3. 深度挖掘客户价值、整合多维资源应对市场调整

展望未来,房地产行业将加快市场化转型步伐,增长速度回归理性。房企来自住宅开发业务的利润将持续受到挤压,需要根据自身业务特点和资源积累状况积极进行调整。

对于大型房企而言,得益于早期的资产积累和市场地位,在未来市场中仍有较强的发展优势,可深化业务,完善产品及服务,夯实长期稳定增长的基础。

对于中等规模的企业来说,必须更好地围绕住房消费市场日益多元化的需求,找准自身定位,通过技术化、专业化、精细化发展提升品牌影响力并铸就核心竞争力。

对于多数小型房企而言,未来的市场空间会被进一步挤压,企业间的项目、资金资源整合加快,2015年中小型房企的并购整合步入实质性阶段。

未来房企变革情况见表1.40。

表1.40 未来房地产企业的变革

三大变革	具体内容
产业整合与变革	深入挖掘客户资源,适度进行多元探索,增添发展新动力
技术整合与变革	积极嫁接、融合移动互联技术,通过模式创新抢占市场先机
资本整合与变革	融合海内外优质金融平台,通过资本运营提升市场拓展张力

4. 土地购置面积回落,2015年供应量下降

从2011年起,房地产开发企业土地购置面积增速开始回落。2013年虽然回升至8.8%,但与2010年28.4%的增幅相比,房地产开发企业购置土地的热情明显降温。2014年,土地购置面积再度回落。数据显示,2014年1—11月,房地产开发企业土地购置面积为29736万平方米,同比下降14.5%,这使得2015年的新房供应量出现下滑。具体情况见图1.51。

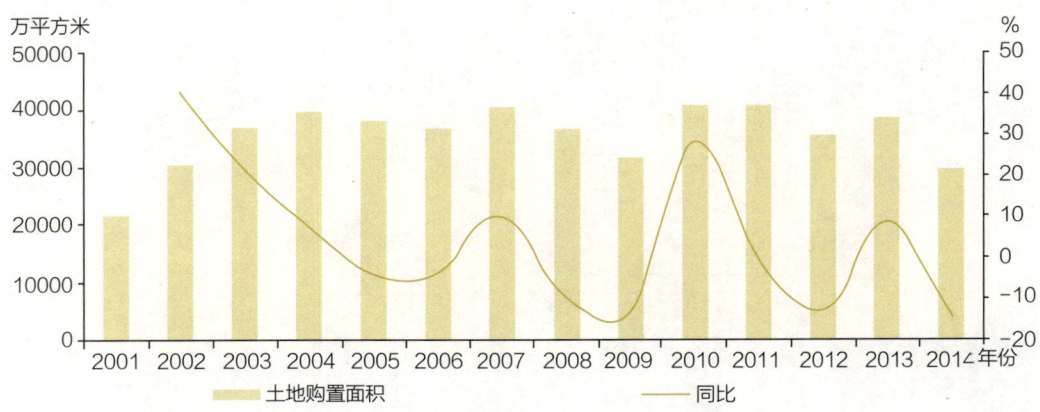

图 1.51　房地产开发企业土地购置面积及增速

资料来源：根据赢商网资料整理。

CHAPTER TWO 贰

第二章

不同类型
商业地产项目的开发局面

2014年，商业地产直面电商的冲击，传统的商业模式不断进行触网变革。华润、中粮等旗下项目纷纷进行O2O尝试，推出大数据管理，增加体验式商业业态以应对电商的冲击，并通过模式创新将互联网"威胁"变成运营手段。

前几年商业项目的快速推出，使得从一线城市到二线、三线城市，商业地产综合体、购物中心的总量过剩、同质化严重，项目间竞争也进入短兵相接阶段，企业为提升运营质量、品牌形象，越来越趋向于自持核心地段物业通过运营来获益，"租售并举"的模式正在逐步向更为成熟的持有运营模式转变。保利、龙湖、万达等品牌企业持有物业的比例不断提升。具体情况见表2.1。

表2.1 2014年中国商业地产六大现状

现状	分析
购物中心数量激增	2014年，全国购物中心已经接近4000个，商业建筑面积2.4亿平方米。2015年新增数量创历史新高，达到480家。预计2016年、2017年新增购物中心建筑面积将达4929万平方米
布局二线城市	大型商业体开发集中在二线城市，错峰竞争造成商业地产高空置率风险
从"重资产"向"重招商""重运营"思路的转变	现在很多企业对整个商业地产的运营重视程度越来越高，包括一些专业的商业地产开发商，不但管理自己的项目，也会对外去承接一些商业项目的管理，用本身具备的资产管理能力，来发展自己的商业平台
增强商场体验感的主题活动	国内很多购物中心都有主题性的体验活动，包括科普主题、动漫主题、公益主题、艺术时尚主题等。某个阶段的主题会对整个购物中心的品牌传播起到非常积极的作用。消费者在参加主题活动之后顺便购物的占比比较高
购物中心业态进行试探性逐层调整	国内比较领先的购物中心，如正大广场，因为体量比较大，可以对单楼层进行业态调整，把原有的百货商店方式，升级成一个新的品牌。很多商业地产都在不断地积极调整，以便对市场需求及时地做出反应
走向"小而精"	从"大而全"走向"小而精"。把小而精的细分市场做出来，例如，有按年龄层细分的，有按业态细分的，有按商圈特点来细分的

第一节

购物中心开发：体量过剩？扩大规模？

从2000年至2014年10月，全国新开工的商业地产总面积超过18亿平方米，既包括综合体、购物中心、社区商业，也包括百货大楼和其他的一些传统商业经营场所。按城市人口7亿人计算，相当于人均拥有商业地产达2~3平方米，商业体量已经过剩，目前这种趋势还在延续。

一 中国各区域购物中心开发情况

据统计，2013—2015年全国共有4399.99万平方米的购物中心开工，预计2015—2018年至少有4399.99万平方米的购物中心入市。

2014年，华东地区购物中心以721.1万平方米的开工规模居全国首位，其次为西南和华南地区，华中地区和华北地区则要相对迟缓。从整体发展情况来看，除华北地区外，五大区域购物中心开工规模均低于2013年，未来华东地区、华中地区将是开发的重点区域。具体情况见图2.1。

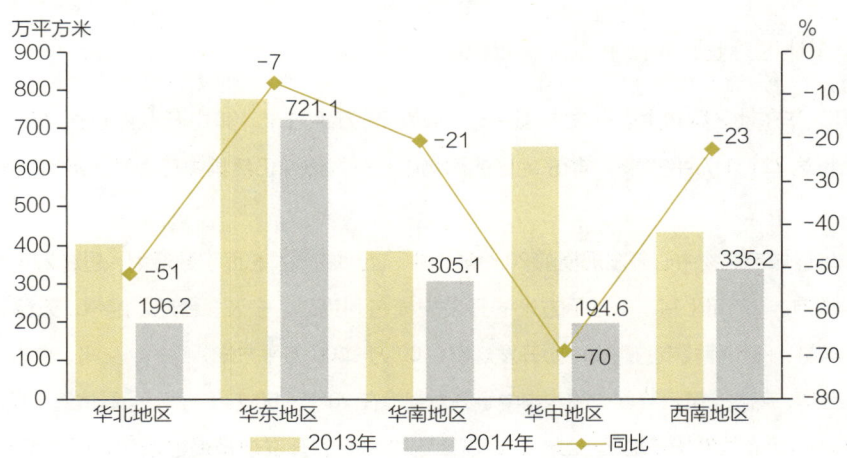

图2.1 2014年全国购物中心开工面积

资料来源：赢商控股战略研究中心。

2014年，全国购物中心以华东地区开业面积最大，达到766.69万平方米；其次为华南地区，购物中心开业面积达489.7万平方米；西南地区和华中地区购物中心开业规模落后于其他三大区域。从总体情况来看，2014年购物中心开业情况除华中地区略逊于2013年外，其他四个区域均高于2013年。具体情况见图2.2。

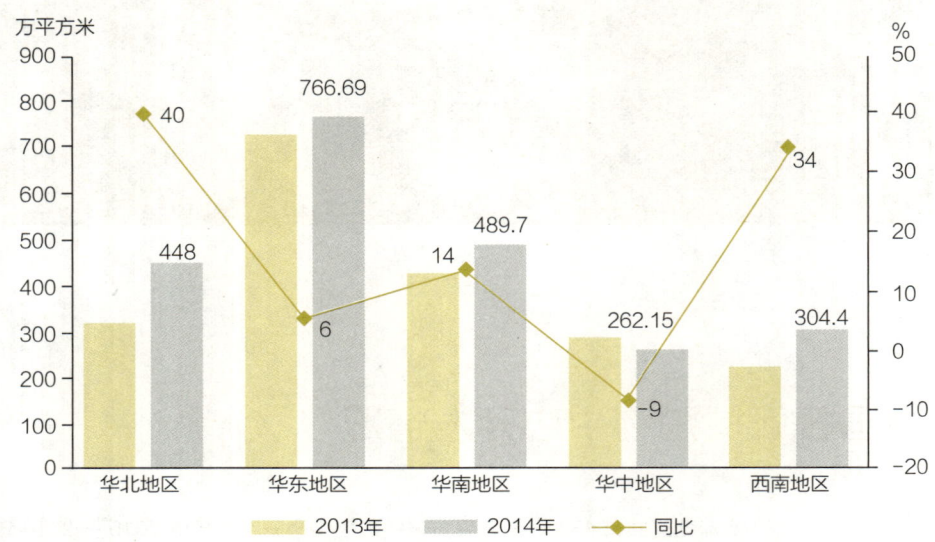

图2.2　2014年全国购物中心开业面积

注：本次报告中的开发面积仅指2014年开工和开业的购物中心，还未开工的但已签约或正在规划中的购物中心除外。即开发总面积＝开业面积＋开工面积。

资料来源：赢商控股战略研究中心。

（1）华东地区：上海购物中心开发面积居全国首位

2014年，华东地区购物中心开发总面积达1487.79万平方米，其中开业面积达766.69万平方米，开工面积达721.1万平方米。华东地区的购物中心开发热点仍然集中在上海、杭州等一线、二线城市。

在华东地区城市购物中心开发规模前20个城市中，上海的开发总面积数最大，超过223万平方米，远超其余各城市。杭州以142.9万平方米的开发规模名列第二，宁波、合肥、温州、无锡、苏州、南通、南京、常熟、台州等城市的购物中心开发规模在60万~100万平方米，绍兴、义乌、嘉兴、湖州、宿迁、蚌埠、金华、芜湖、常州等城市的购物中心开发规模在20万~50万平方米。具体情况见图2.3。

如图2.3所示，虽然华东地区一线、二线城市购物中心的开发规模遥遥领先，但在城市购物中心开发总面积前20名的城市中，有过半城市是三线城市。

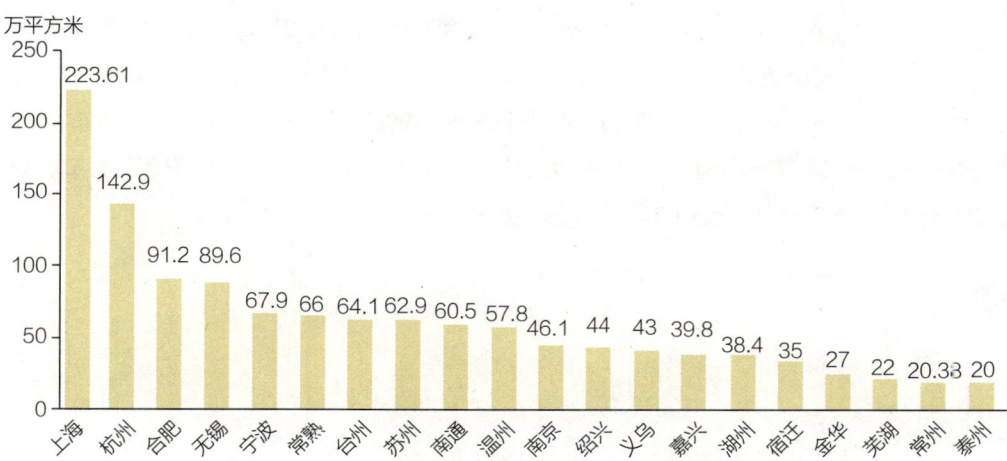

图2.3 2014年华东地区城市购物中心开发总面积TOP20

资料来源：赢商控股战略研究中心。

如图2.4所示，2014年，杭州购物中心开业面积居华东地区首位，达到了84.2万平方米，比2013年上涨了39%。上海购物中心开业面积略少于杭州，达82.3万平方米，较2013年下降了59%。除无锡、宁波和苏州外，其他城市购物中心开业面积均高于2013年，其中以南通涨幅最高，该市2013年城市购物中心开业面积仅2.8万平方米，2014年达到60.5万平方米，较2013年上涨了2061%。

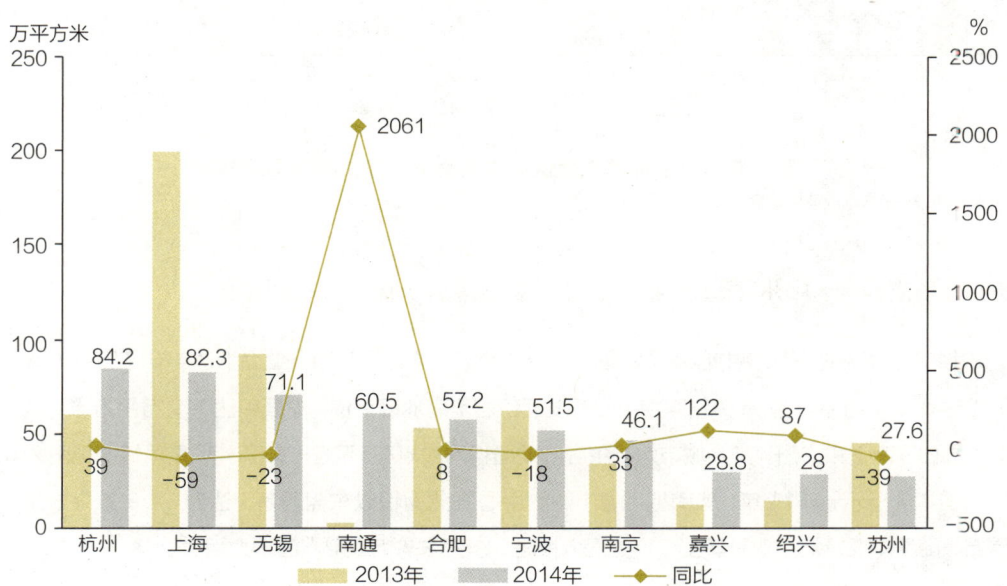

图2.4 2014年华东地区城市购物中心开业面积TOP10

资料来源：赢商控股战略研究中心。

如图 2.5 所示,2014 年,上海购物中心开工面积居华东地区首位,开工面积达 141.3 万平方米,同比增长了 157%,预计到 2017 年,上海至少还有 140 万平方米的购物中心入市。以此类推,在华东地区的 10 个城市中,未来至少还有将近 530 万平方米的购物中心入市。除苏州、合肥外,其余城市购物中心开工面积均高于 2013 年。其中,常熟、义乌在 2013 年没有购物中心开工,而在 2014 年购物中心开工面积分别达到 66 万平方米、43 万平方米。

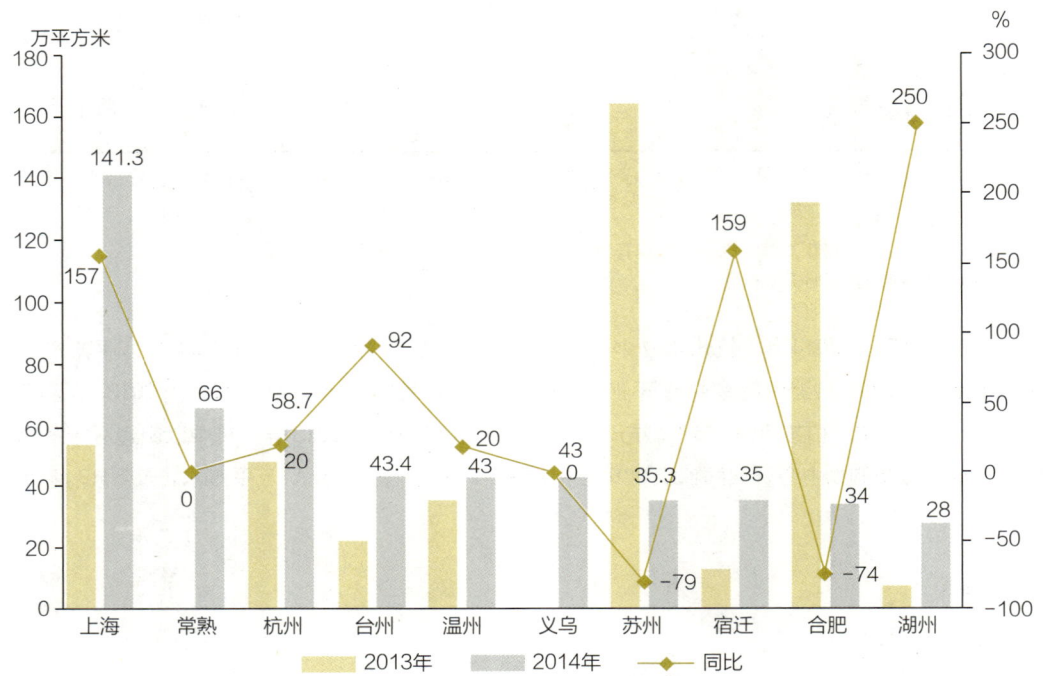

图 2.5 2014 年华东地区城市购物中心开工面积 TOP10
资料来源:赢商控股战略研究中心。

(2)华南地区:广州、深圳购物中心开发规模落后于福州、东莞

2014 年,华南地区购物中心开发总面积为 783.8 万平方米,其中开业面积达 478.7 万平方米,开工面积达 305.1 万平方米。福州购物中心开发面积居华南地区首位,总面积达 110 万平方米,其次为东莞、佛山、南宁和广州,其余城市购物中心开发面积均在 60 万平方米以下。[①] 具体情况见图 2.6。

如图 2.7 所示,2014 年,华南地区城市购物中心开业面积以东莞居首,达到 64.6 万平方米,可以看出,随着产业及城市双重转型工作的深入推进,东莞未来商业地产的潜力巨大。其次为广州和中

---

① 2014 年华南地区共有 21 个城市的购物中心开业。

山，开业面积均约为 59 万平方米。其余城市开业面积在 20 万~50 万平方米，其中以湛江同期涨幅最大，为 323%，2014 年湛江购物中心开业面积达 22 万平方米。

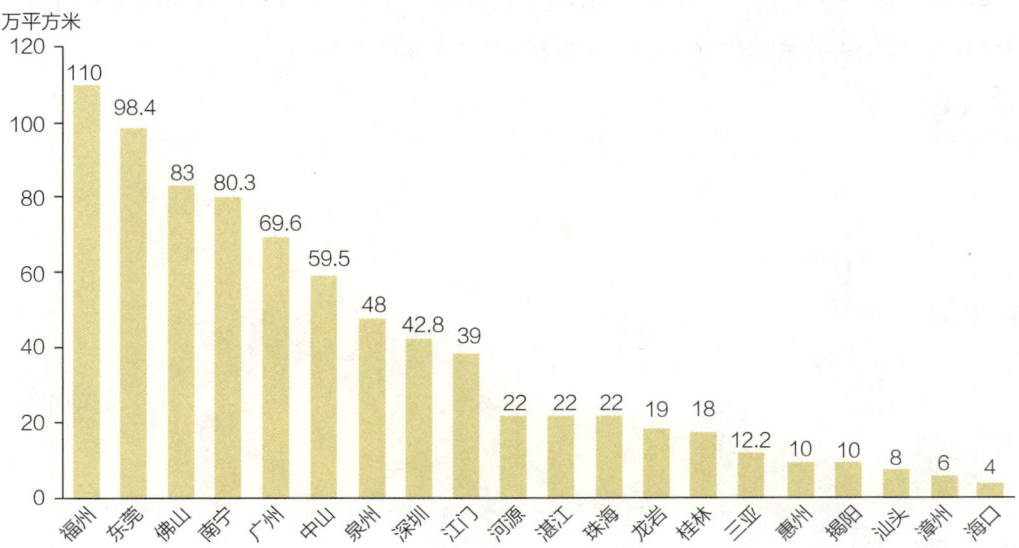

图 2.6　2014 年华南地区城市购物中心开发总面积 TOP20

资料来源：赢商控股战略研究中心。

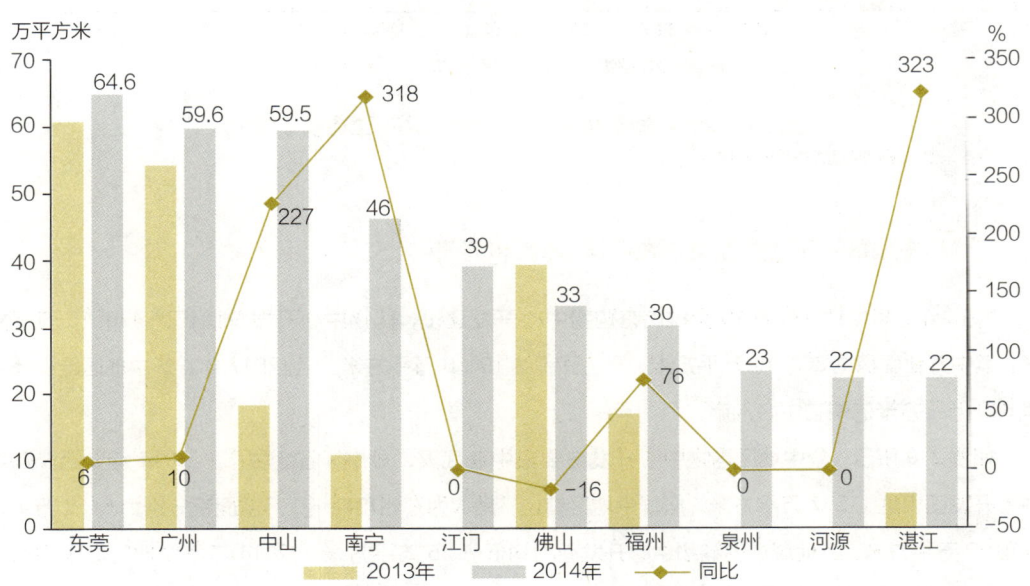

图 2.7　2014 年华南地区城市购物中心开业面积 TOP10

资料来源：赢商控股战略研究中心。

如图2.8所示,2014年,华南地区仅有10个城市有购物中心开工,福州以80万平方米的开工面积居华南地区首位,远超其他9个城市。可以看出,购物中心的开发热点主要集中在福州、东莞、南宁、泉州等二线、三线城市,而深圳和广州则分别以24万平方米、10万平方米的开发规模落后于这些城市,预计未来华南地区的购物中心开发或将转战二线、三线城市。

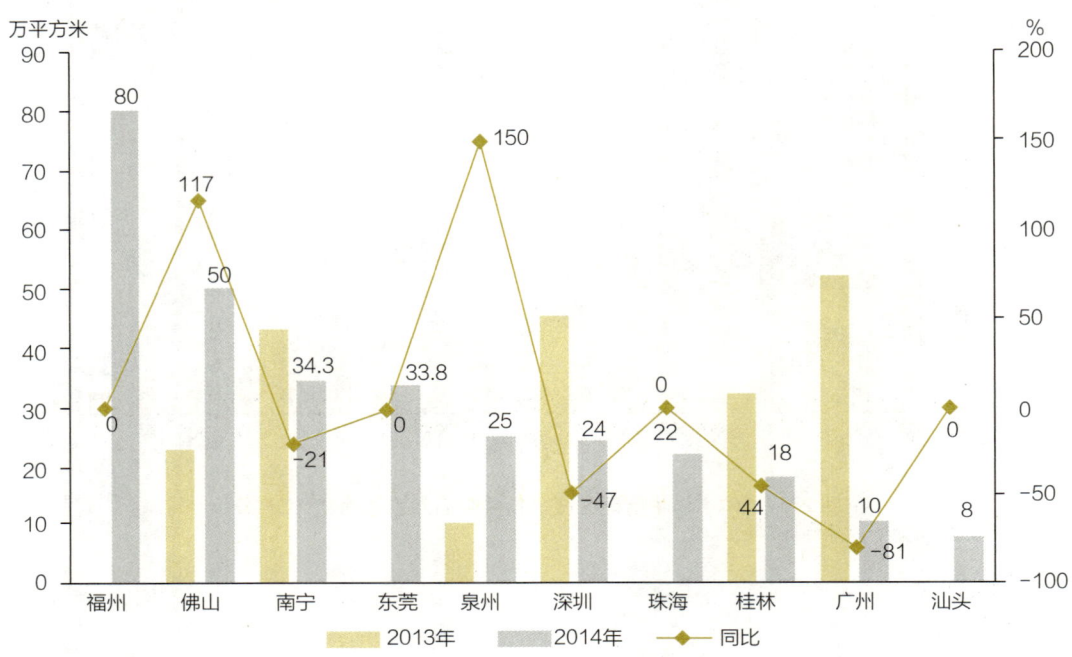

图2.8　2014年华南地区城市购物中心开工面积TOP10
资料来源:赢商控股战略研究中心。

(3)华中地区:开发热点集中在武汉、郑州和荆州

2014年,华中地区仅有18个城市有购物中心开发建设,购物中心开发总面积为438.75万平方米,其中开业面积达262.15万平方米,开工面积达194.6万平方米。到2017年,华中地区至少还会有840万平方米的购物中心入市。

如图2.9所示,华中地区购物中心开发主要集中在武汉、郑州等省会城市。2014年,武汉购物中心开发面积达115.7万平方米,居华中地区首位,其次为郑州和荆州,开发面积分别为64.2万平方米和60万平方米,其他城市的购物中心开发面积均低于35万平方米。2014年华中地区城市购物中心开业面积的具体情况见图2.10。

购物中心开发：体量过剩？扩大规模？ 第一节

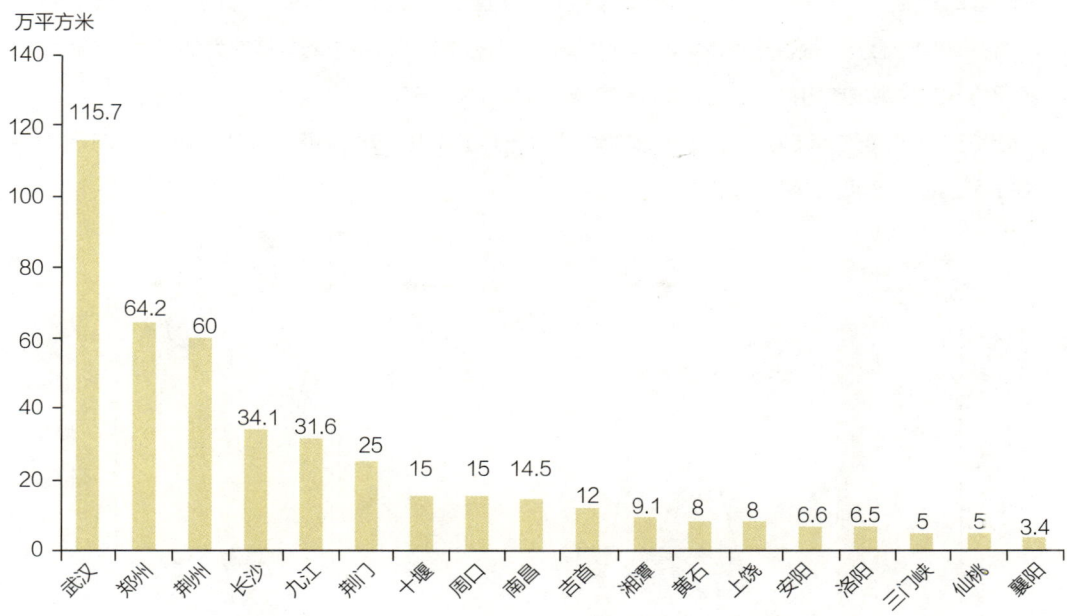

图 2.9　2014 年华中地区城市购物中心开发总面积 TOP18

资料来源：赢商控股战略研究中心。

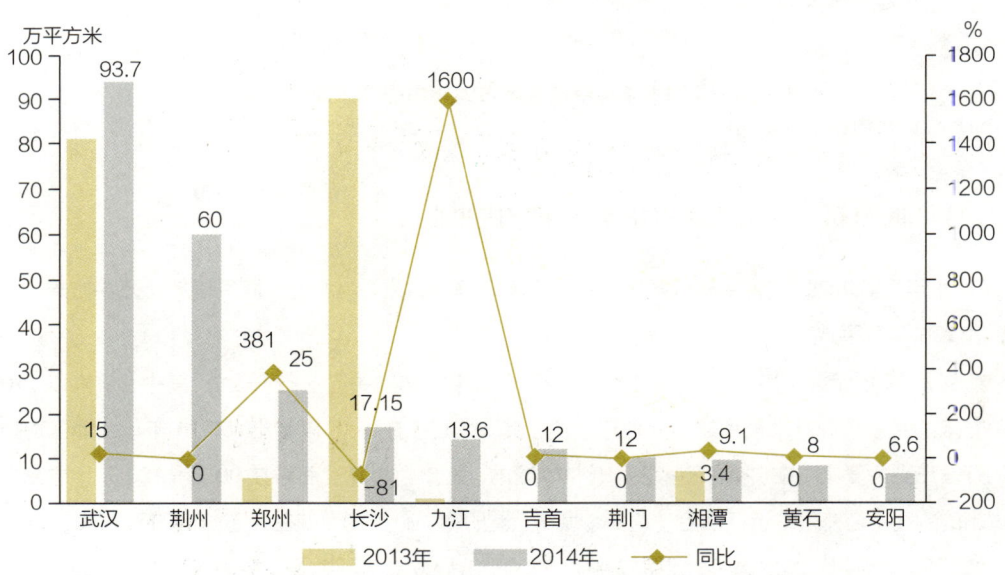

图 2.10　2014 年华中地区城市购物中心开业面积 TOP10

资料来源：赢商控股战略研究中心。

如图2.11所示,2014年,华中地区购物中心开工面积排名前10的城市,开工面积均低于2013年。郑州购物中心开工面积在华中地区排首位,但也仅有39.2万平方米,其次为武汉,开工面积为22万平方米;其余城市购物中心的开工面积均低于20万平方米。

相较于2013年的652万平方米城市购物中心进行开工建设,华中地区在2014年仅有194.6万平方米的开工面积,同比下降了70%。

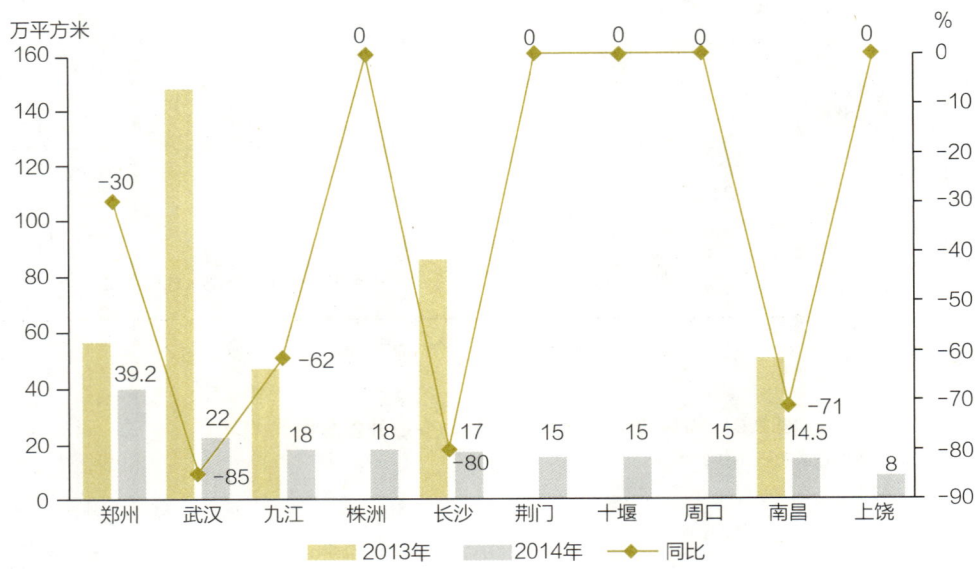

图2.11 2014年华中地区城市购物中心开工面积TOP10

资料来源:赢商控股战略研究中心。

(4)华北地区:开发热点集中在济南、石家庄和北京

2014年,华北地区购物中心开发总面积达644.2万平方米,其中开业面积有448万平方米,开工面积有196.2万平方米。

如图2.12所示,2014年,华北地区仅有20个城市有购物中心进行开发。其中,济南以116.3万平方米的购物中心开发面积居华北地区首位,其次是石家庄。可以看出,2014年华北地区购物中心的开发热点主要集中在济南、石家庄、北京等城市,购物中心开发面积在90万~120万平方米,其他城市的购物中心开发均远远落后于这3个城市,其购物中心开发面积在5万~50万平方米。

如图2.13所示,2014年,北京购物中心开业面积达90.8万平方米,较2013年上涨23%,居华北地区首位。北京在2014年12月有3个购物中心开业,仅12月购物中心开业面积就增加了62万平方米。

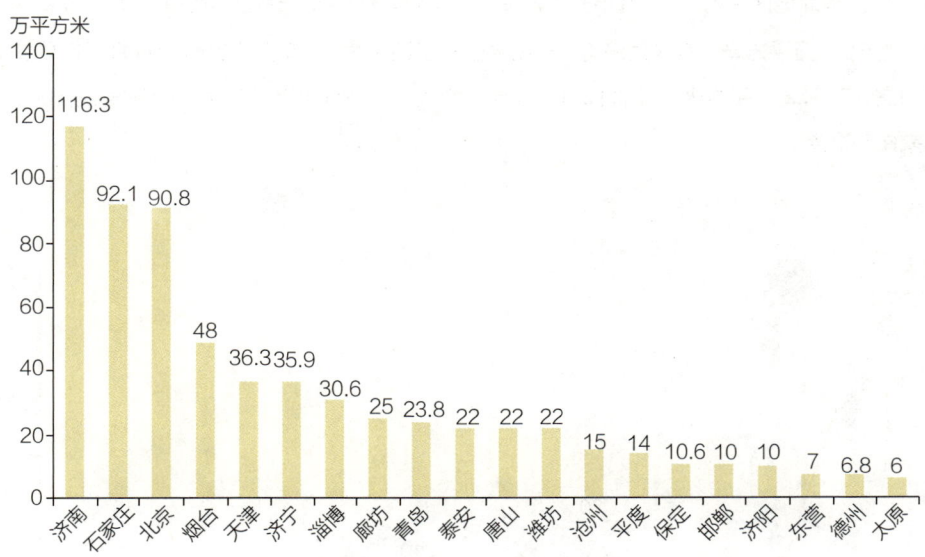

图 2.12　2014 年华北地区城市购物中心开发总面积 TOP20
资料来源：赢商控股战略研究中心。

华北地区购物中心开业面积排在第二位的城市是济南，为 70.8 万平方米。其余城市均在 15 万~50 万平方米。10 个城市购物中心的开业面积总计为 405 万平方米，占整个华北地区开业面积的 90%。

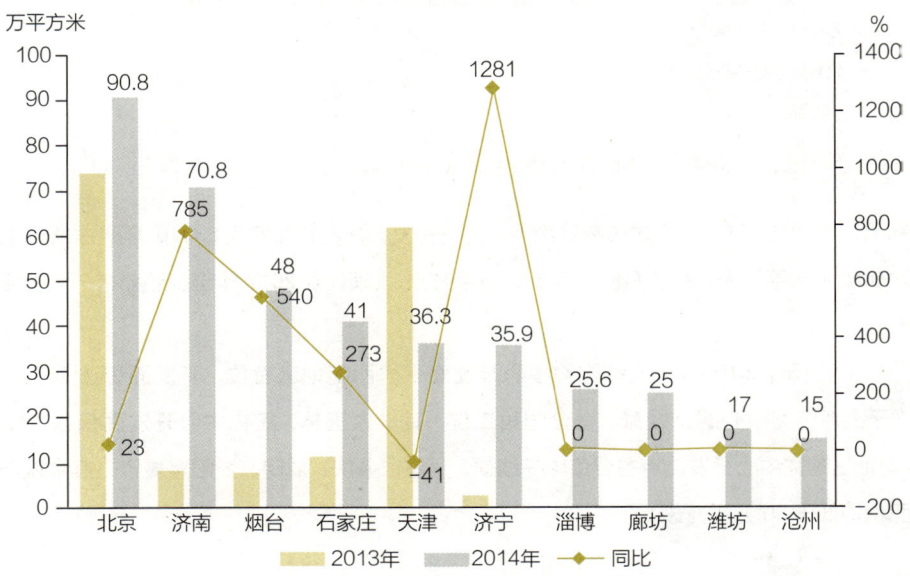

图 2.13　2014 年华北地区城市购物中心开业面积 TOP10
资料来源：赢商控股战略研究中心。

2014年，华北地区只有11个城市开工建设购物中心。其中，石家庄购物中心开工面积居华北地区首位，达51.1万平方米；其次为济南，购物中心开工面积为45.5万平方米；其余城市购物中心开工面积均在5万~22万平方米。如图2.14所示，2014年，华北地区购物中心的开发热点城市主要集中在石家庄和济南。

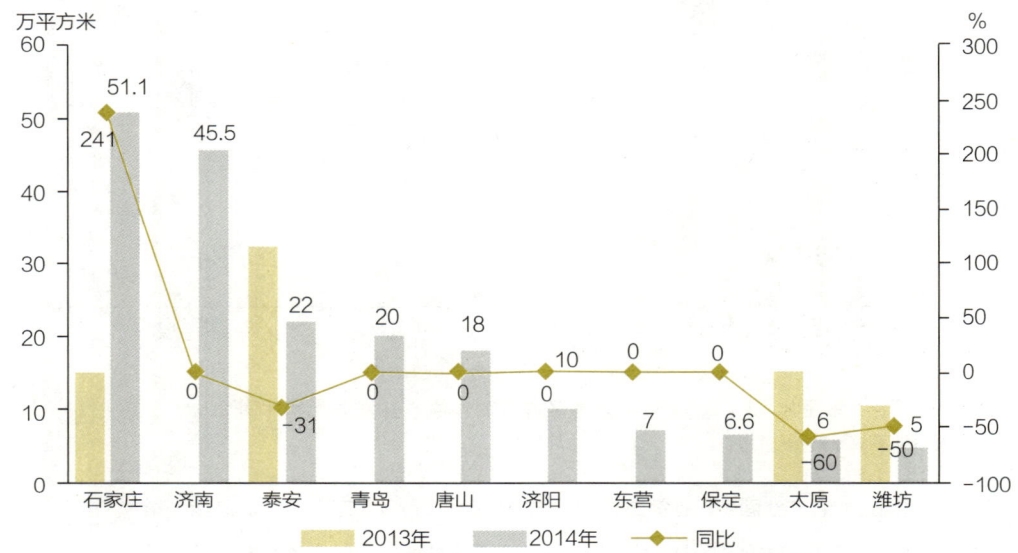

图2.14　2014年华北地区城市购物中心开工面积TOP10

注：北京没有新开工的购物中心。

资料来源：赢商控股战略研究中心。

(5)西南地区：成都购物中心开发规模仅次于上海

2014年，西南地区有14个城市有购物中心进行开发，开发总面积达639.6万平方米。其中，开业面积达304.4万平方米，开工面积达335.2万平方米。预计到2017年至少还会有770万平方米的购物中心入市。

如图2.15所示，2014年，成都购物中心开发面积居西南地区首位，开发面积达167.6万平方米，仅次于上海购物中心的开发量，排全国第二位；其次为玉林，购物中心开发面积达130万平方米。西南地区购物中心开发热点主要集中在成都、玉林、重庆、昆明、贵阳等城市，其余城市购物中心开发面积均低于30万平方米。

购物中心开发：体量过剩？扩大规模？ 第一节

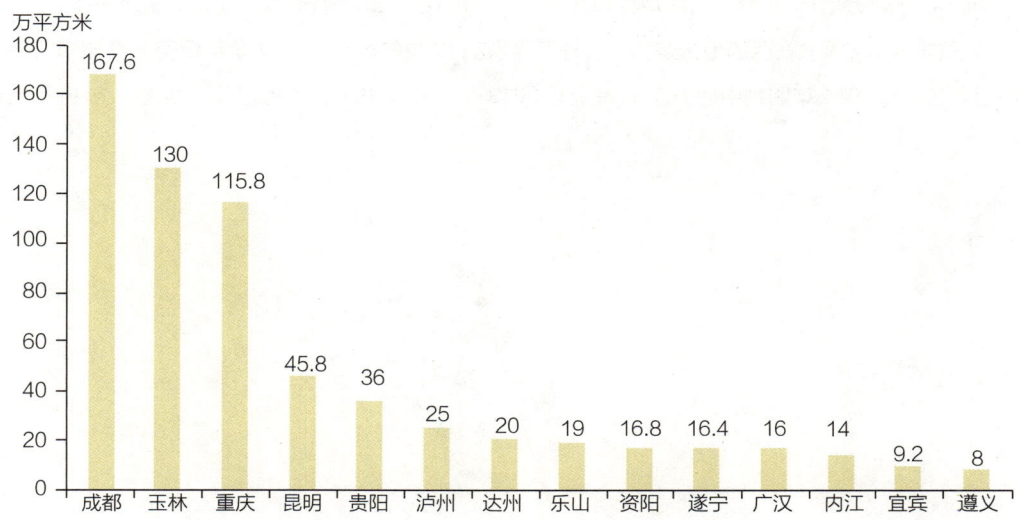

图 2.15　2014 年西南地区城市购物中心开发总面积

资料来源：赢商控股战略研究中心。

如图 2.16 所示，2014 年，西南地区仅有成都、重庆、昆明、内江、宜宾 5 个城市有新开业的购物中心，其中以成都的购物中心开业面积最大，达到 128.6 万平方米，同比上涨了 43%；其次为重庆，购物中心开业面积达 115.8 万平方米，同比略有下降。

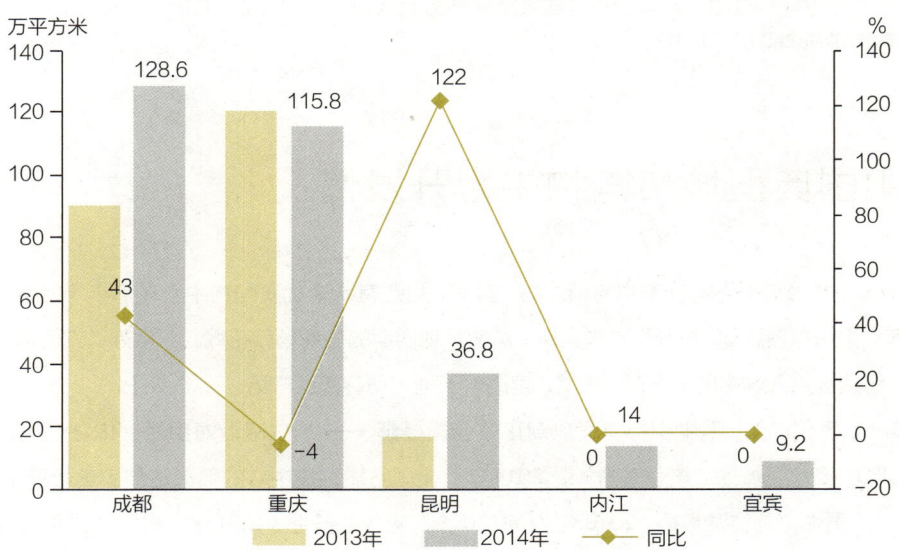

图 2.16　2014 年西南地区城市购物中心开业面积 TOP5

资料来源：赢商控股战略研究中心。

如图 2.17 所示，2014 年，西南地区以玉林的购物中心开工面积最大，遥遥领先于其他 9 个城市。从整体水平来看，在西南地区购物中心开工面积前 10 位的城市中，2013 年仅有 5 个城市有新购物中心开工，而 2014 年购物中心开工面积远超 2013 年，预计未来西南地区购物中心入市将呈上升趋势。

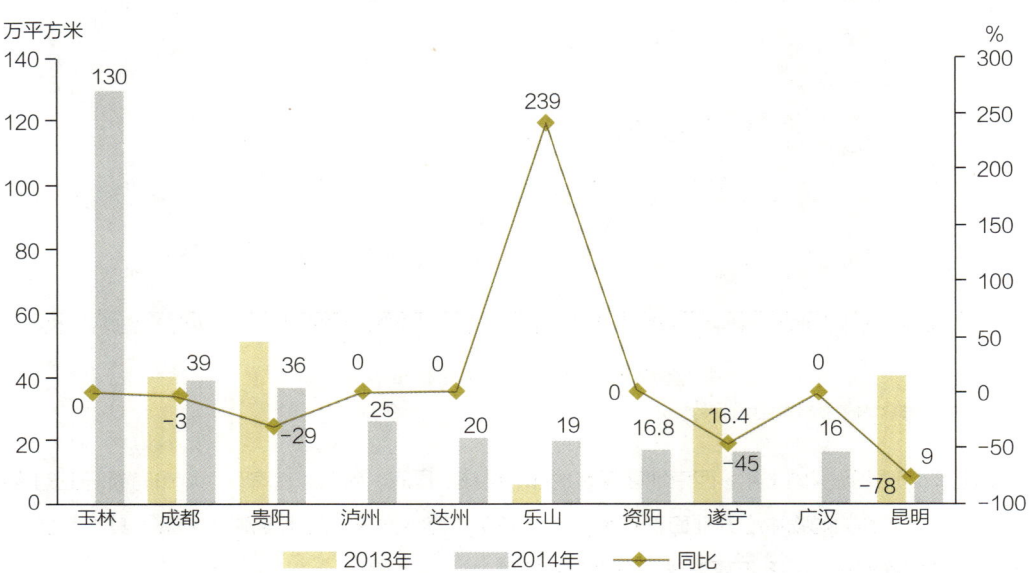

图 2.17　2014 年西南地区城市购物中心开工面积 TOP10

资料来源：赢商控股战略研究中心。

二　中国典型城市购物中心开发情况

2013 年，广州购物中心新增供应创新高，其间，广州有 6 个优质购物中心在下半年相继开业，新增优质商业面积总量达 65.8 万平方米。除了高德置地四期的冬商场和花城汇三区外，其他项目都位于番禺区，包括番禺万达广场、永旺梦乐城、荔园新天地和圣鑫商业广场。

事实上，不仅广州，购物中心建设热潮正在全国蔓延——从东部沿海到西部内陆，从大都市的"新区 CBD"到小县城的"核心商圈"。2014 年，全国新增购物中心的数量达到历史最高水平。根据对 20 个主要城市的监测数据，2013 年约有 150 个购物中心开业，新开业购物中心的平均面积超过 8 万平方米。到 2015 年底，北、上、广、深等四大城市的购物中心面积将增加约 40%，16 个较小城市的供给量将翻番，其中增长速度最快的城市是武汉、重庆、成都，增加了至少 1.5 倍。

如图 2.18 所示，2014 年，国内购物中心开业主要集中在一线、二线城市。一线城市均有 3～8

个购物中心开业。成都有 11 个购物中心开业，排名全国第一；其次为济南、重庆、杭州和上海。

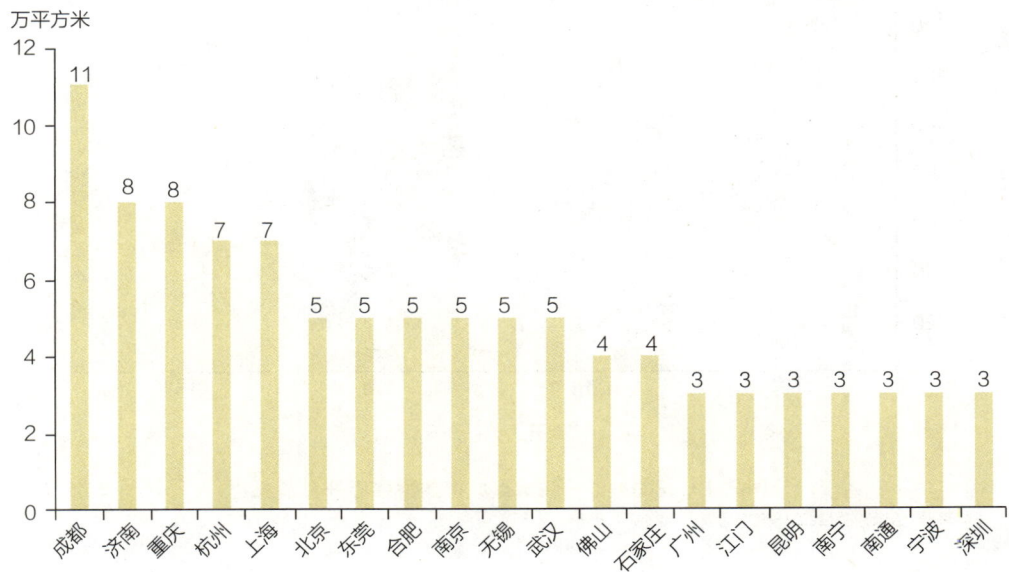

图 2.18　2014 年国内城市购物中心开业面积 TOP20

资料来源：赢商控股战略研究中心。

2001—2004 年，国内每年购物中心的新增体量基本上是 100~200 家；2012—2015 年，新增体量将是 300~400 家。也就是说，从 2010 年到 2015 年，中国新增购物中心的增长率达到了 893%。这样的速度，在任何一个新兴市场国家都是不多见的。

1. 一线城市中上海购物中心开工面积最大

2014 年，一线重点城市共开工购物中心面积达 175.3 万平方米，预计 2015—2017 年一线城市至少还会有 175 万平方米的购物中心入市。其中，2014 年上海购物中心开工面积最大，达 141.3 万平方米，远超其他 3 个城市；北京在 2014 年没有新购物中心开工建设；广州和深圳购物中心开工面积分别为 10 万平方米、24 万平方米。

从开业情况来看，2014 年，北京是购物中心开业面积最大的城市，达 90.8 万平方米；其次为上海，开业面积达 82.3 万平方米；广州和深圳购物中心开业面积分别为 59.6 万平方米和 18.8 万平方米，落后于部分二线重点城市购物中心的开业规模。具体情况见图 2.19。

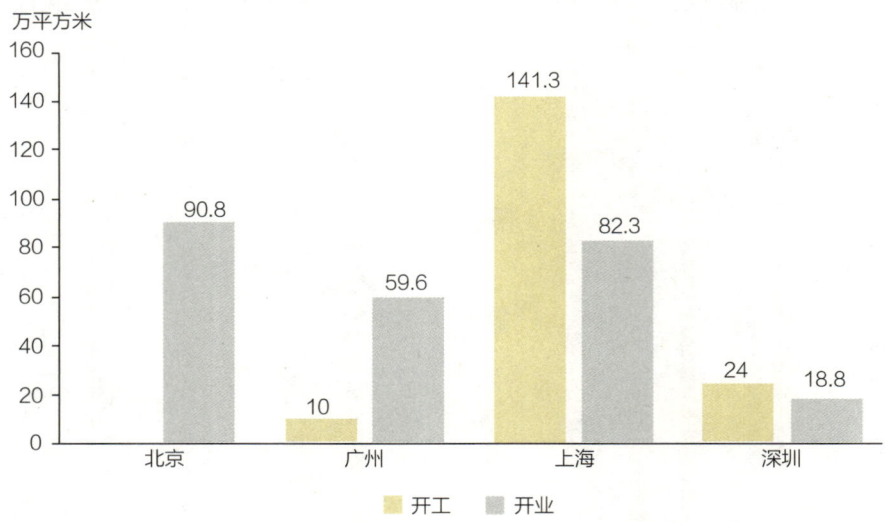

图 2.19　2014 年一线重点城市购物中心开发情况

资料来源：赢商控股战略研究中心。

（1）深圳：人均购物中心面积达 0.25 平方米

2014 年，全球在建购物中心面积达 3900 万平方米，在在建面积最多的前 10 个城市中有 8 个位于中国，深圳以 270 万平方米的在建面积位列全球第三，为深圳有史以来的最高值。深圳按照常住人口 1063 万人计算，人均购物中心面积达 0.25 平方米。这一数据约为上海及杭州的两倍，在一线城市中位居第二，仅次于北京的人均面积 0.37 平方米。

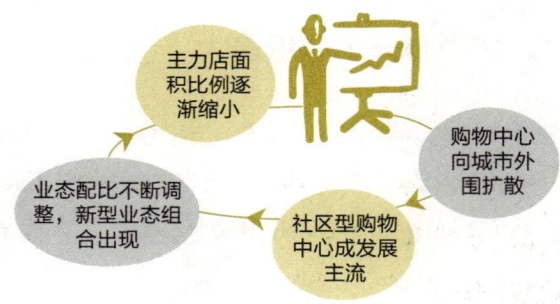

图 2.20　2015 年深圳购物中心发展趋势

2015 年，深圳有 7 个购物中心入市，主要进入南山、宝安区域，激发新兴区域的购买力，这些片区租金将出现上涨。原定于 2014 年开业的 8 号仓及新港商城推迟至 2015 年入市。福田有望迎来两处大型购物中心，即福田新港商城、华强北九方购物中心，建筑面积达 16 万平方米。

（2）北京：2015 年有 11 家购物中心入市

据统计，2014 年北京共有 8 家新购物中心入市，其中 5 个项目都由房产商自持，共计为市场带来 97.3 万平方米的新增面积，仅次于 2010 年的 180 万平方米。截至 2014 年底，北京中高端商业总存量约达 1000 万平方米，其中购物中心占 66%。

2015 年，北京有 11 个新项目入市，为市场带来 108.7 万平方米的营业面积。其中，以万科、中粮等旗下新的购物中心最受关注。

（3）上海：2015 年开业的购物中心达 36 个

2014 年，上海购物中心进入调整年，已开业的 112 家购物中心，有 40 家已经或计划升级；在 40 家调整的购物中心中，48% 是都市型购物中心，37% 是区域型，15% 是社区型。

2015 年，上海开业的购物中心达 36 个，商业面积达 247.2 万平方米。其中，浦东新区新开业的购物中心数量最多，为 10 个，这其中一部分原因是上海迪士尼的开园拉动作用，包括先于迪士尼开业的上海佛罗伦萨小镇。紧随浦东之后的是嘉定、宝山、青浦等郊区市场。

（4）广州：2015 年至少有 8 家优质购物中心开业

据统计，2014 年广州新开了 4 家优质购物中心，主城区核心商圈内有 13 家大型优质购物中心进行了大面积调整、升级和整改。而 2015 年，全市新开至少 8 家优质购物中心，这将使得品牌资源的争夺接近白热化，接下来"商业订制 —— 上市 —— 抛售"等行为将成为常态。

2. 二线重点城市购物中心开发速度超一线城市

2014 年，在二线重点城市中，成都、重庆和武汉城市购物中心开发遥遥领先于其他城市。其中，成都购物中心开发总面积最大，达 167.6 万平方米；其次为重庆和武汉，购物中心开发总面积为 115 万平方米。

从开工面积来看，2014 年，二线重点城市购物中心的开工规模基本上超过了广州、深圳、北京等一线城市，预计未来新入市的购物中心将以二线城市为主。其中，郑州购物中心开工面积最大，达 39.2 万平方米；其次为成都，购物中心开工面积为 39 万平方米。而南京、重庆、天津在 2014 年没有新购物中心开工。

从开业面积来看，2014 年，成都、重庆和武汉购物中心开业面积远超其他城市，分别为 128.6 万平方米、115.8 万平方米和 93.7 万平方米。南京、天津购物中心面积达 35 万~50 万平方米。其余城市的购物中心开业面积均低于 30 万平方米，其中青岛仅 3.8 万平方米。具体情况见图 2.21。

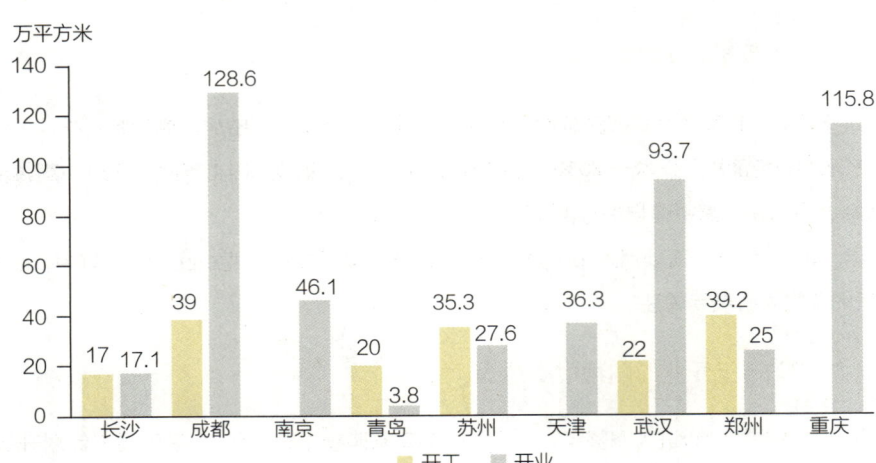

图 2.21　2014 年二线重点城市购物中心开发情况

资料来源：赢商控股战略研究中心。

从整体上看，2014 年二线城市的购物中心开业规模并不逊色于一线城市。

(1) 二线城市购物中心向郊区发展

2014 年上半年，二线城市多数新项目位于郊区或新开发区域，显示出二线城市正在进行的购物中心去中心化趋势。截至 2014 年上半年，由于新项目的入市以及某购物中心空置率的上升（由于面临市场定位的挑战），武汉购物中心空置率最高，约为 9%；而厦门购物中心空置率最低，约为 5%。

(2) 二线城市购物中心开发面积增速惊人

随着民众消费支出和收入的增长，二线城市包括部分三线城市，购物中心的建设如火如荼，其速度已经超过了商业相对成熟的一线城市，供应压力也远高于一线城市。

数据显示，北京、上海、广州、深圳、武汉、重庆、成都七大城市 2013 年推出的购物中心增量达到 2034 万平方米，是 2012 年开业量的 2.9 倍。而武汉、成都、重庆 3 个二线城市都推出了面积至少达 300 万平方米的购物中心。以成都为例，推出的购物中心面积为 430 万平方米，超过了成都之前所有购物中心的规模。

由于二线、三线城市的网络、物流发展较慢，电子商务处于弱势，因此购物中心向二线、三线城市转移是趋势。值得关注的是，2015 年，部分二线城市的购物中心供应量翻番。

(3) 购物中心销售额下滑风险隐现

在整个零售业市场整体颓势的影响下，成都、沈阳、重庆、武汉等二线城市购物中心的超速发展，导致局部供应量过大,其背后隐藏的风险尤其令人担忧。在该行业,空置率是一项重要的监测指标。2012年,全国一线、二线城市购物中心的平均空置率分别为8.4%、10.5%,二线城市远超6%的警戒线。

3. 三线重点城市购物中心开发明显落后于一线、二线城市

目前,三线、四线城市人口大多为50万~100万人,部分城市的人均GDP已达到中等收入水平,但人均收入与人均GDP的比值远大于国际均值。很多城市的人口形态正在发生明显的改变,这和大型城市相对稳固的消费群体相比有明显不同。

2014年,在三线重点城市中,台州购物中心开发总面积最大,达64.1万平方米;泉州、嘉兴、温州、贵阳购物中心开发面积均在35万~50万平方米;金华、常州、扬州、淄博购物中心开发规模在10万~30万平方米;海口最小,开发面积仅4万平方米。

从开工面积来看,三线重点城市购物中心开工规模略逊于二线城市,但已经超过部分一线城市。2014年,在三线重点城市中,台州购物中心开工面积最大,达到43.4万平方米,预计到2017年还会有66万平方米的购物中心入市;其次为温州,购物中心开工面积达43万平方米;贵阳、泉州购物中心开工面积在25万~36万平方米;金华、常州、嘉兴、扬州、淄博的购物中心开工面积均低于15万平方米。

从开业面积来看,2014年,在三线重点城市中,嘉兴购物中心开业面积最大,达到28.8万平方米;台州、泉州、淄博购物中心开业规模在20万~30万平方米;其余城市均低于20万平方米。从这一点来看,三线城市还是远落后于一线、二线城市。具体情况见图2.22。

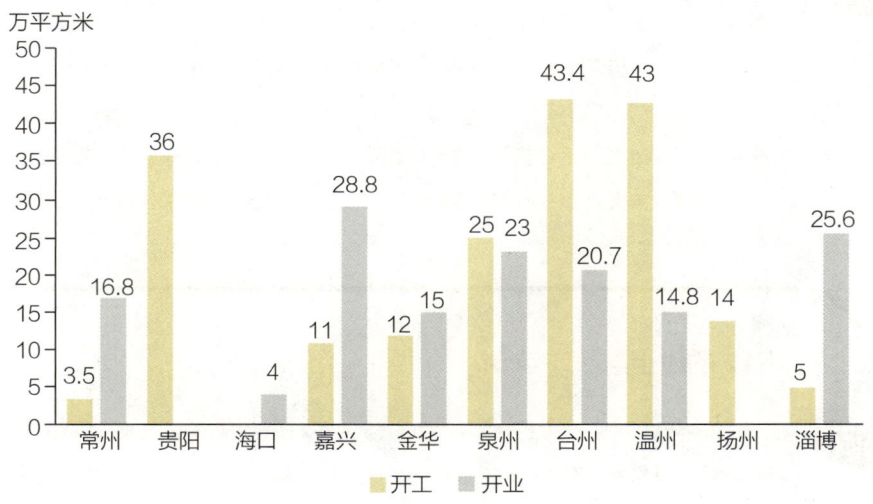

图2.22 2014年三线重点城市购物中心开发情况

资料来源:赢商控股战略研究中心。

三 中国购物中心发展的特点分析

中国购物中心近年来的供应量急剧增加,已全面进入"红海时代"。面对电商的冲击,传统零售行业处于持续调整时期,新开购物中心零售业态招商难是普遍现象。为了杀出重围,大量购物中心向主题化方向发展,同时,社区型商业依其消费的便利性特征而异军突起。

1. 营销策略:O2O 转型与主题营销

(1) 购物中心 O2O 转型

2014 年,随着互联网技术及电子商务的快速发展,O2O 这一概念瞬间在业内火爆起来。全国各地的购物中心也开始探索,欲借 O2O 来吸引人流量,提高业绩。

正佳广场的创新业态

2014 年 4 月 2 日至 7 日,正佳广场首届旅游季拉开帷幕。正佳广场首次"触电",携手"美团网"推出"美食娱乐代金券欢乐购",进行线上线下互动。

此外,为了和天河商圈其他购物中心形成差异化竞争,正佳广场不断强化自身的体验式业态。正佳广场在 2014 年有两个体验式项目:其一,在 7 月打造一个巨型的海洋馆;其二,到 2014 年底,正佳广场内的艺术馆将会与顾客见面。正佳广场试图借此改变自身纯粹的零售业态模式,通过丰富业态的手段在商圈中保有自己的一席之地,完成向 O2O 形式的业态转型。

K11 的线上与线下互动

2014 年初,K11 在线上与线下同时展开了 K11 FASHION STAR 艺潮领袖的征集活动,目的是让消费者及网民在活动的参与中体验 K11 不同的艺术欣赏与人文体验。具体情况见表 2.2。

表2.2　K11的线上与线下互动

类别	具体内容
线上	通过网络红人的拉动与推荐，号召并征集各式艺潮领袖，数百位潮人将照片上传到线上，引起广泛关注和参与
线下	通过专业摄影师时尚街拍的方式，在现场征集潮人照片，同时进行良好的K11品牌宣传

通过此次的传播，K11关键词的搜索量在微博上暴增432687次，粉丝增加53665人，引发网友大量转发、评论，数量共35135条，影响的参与者的粉丝数达103673人。K11的品牌知名度快速提升。通过线上到线下的品牌互动与体验整合，让消费者深入了解了该品牌的内涵。

（2）购物中心主题营销加大附加值

随着购物中心竞争加剧，越来越多的项目在定位阶段主动或是被动地选择主题差异化方式，希望获得市场竞争力。具体情况见表2.3。

表2.3　购物中心主题营销类别

主题	国外案例	国内案例
自然环保	日本永旺雷克城	南京水游城
历史人文	美国恺撒宫	成都宽窄巷子、福州三坊七巷
艺术人文	美国时代华纳中心	上海K11、芳草地
影视音乐	好莱坞Citywalk	—
科技主题	英国斗牛场购物中心	—
主题娱乐	韩国乐天世界	成都环球中心
其他	日本北九州Riverwalk、泰国Terminal21	—

同时，随着2014年购物中心的竞争力度不断加大，网上商城的不断冲击，促使购物中心不断寻求新的吸引消费者的方式，以增加购物中心的人气及收入。而主题性的营销活动就是购物中心吸引人气、提高利润的新方式之一。大大小小的主题营销活动逐渐引起各大商业项目的重视，为购物中心带来了更多的附加价值。

例如，上海K11的莫奈展吸金1亿元，主题营销方式正在成为购物中心的新宠。

2. 业态特征：主题特色餐饮成购物中心新宠

2014年，餐饮市场仍处于深度调整中。随着大众餐饮市场竞争日趋激烈，部分餐饮企业摒弃价格战，转向差异化竞争，如向"特色""主题"、新热点、新需求等方向转型。例如，2014年第一季度餐饮企业"咖啡陪你"包括概念店在内共开了9家门店，其中西安成为"咖啡陪你"重点发展城市；味千拉面首季在全国已开8家门店；海底捞入驻上海春天百货。

3. 区域分布：购物中心区域分布不均

公开数据显示，目前中国的商业房地产供应量庞大，截至2013年底，国内有3450家购物中心开业，2015年超过4700家，商业综合体的规模达2.4亿平方米。仅购物中心年均复合增长率就超过了32%。据悉，2014年上半年，已经有176家购物中心在开发；2015年有2700万平方米面积的购物中心进入市场，全国购物中心总量超过1万家。

目前购物中心的区位依然存在不均衡的现象，按目前的统计来看，一线、二线城市人均购物中心的面积已经大于0.6平方米，而三线、四线城市目前人均的购物中心面积还不到0.1平方米。

4. 发展类型：客群以家庭为主的购物中心是主流

根据TOP100企业数据监测结果，截至2014年，市场中购物中心的类型主要可以划分为四类，其集中度高达89%。具体情况见图2.23。

图2.23　四种类型的购物中心

其中，以区域Family Mall的市场份额占比最高，为38%，这与很多巨型、大型城市的快速城市化进而形成的多区域中心的发展密不可分。从产品的市场规模和发展速度矩阵的指数分析来看，两类以家庭客群为主的"大而全"产品仍是市场发展的主流产品。具体情况见图2.24和图2.25。

通过对比，不难发现这两类城市发展趋向的不同之处：

巨型城市随着城市的多中心结构和组团发展，区域性产品（Family Mall 和 Residential Center）的规模占比明显大于大型城市，其中又以社区邻里中心的快速增长扩大了市场份额，逐步形成其主流产品地位。

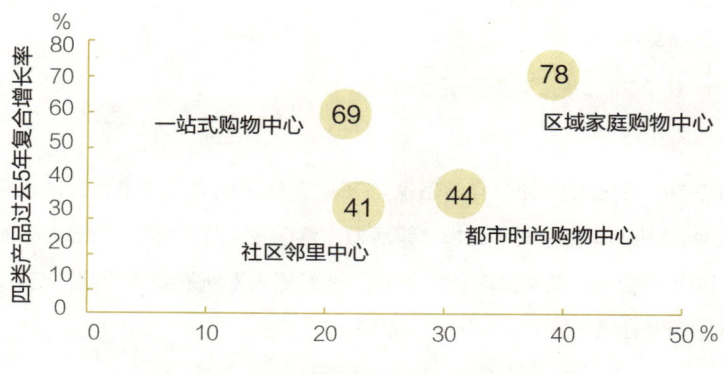

图 2.24　2014 年四类购物中心规模占比

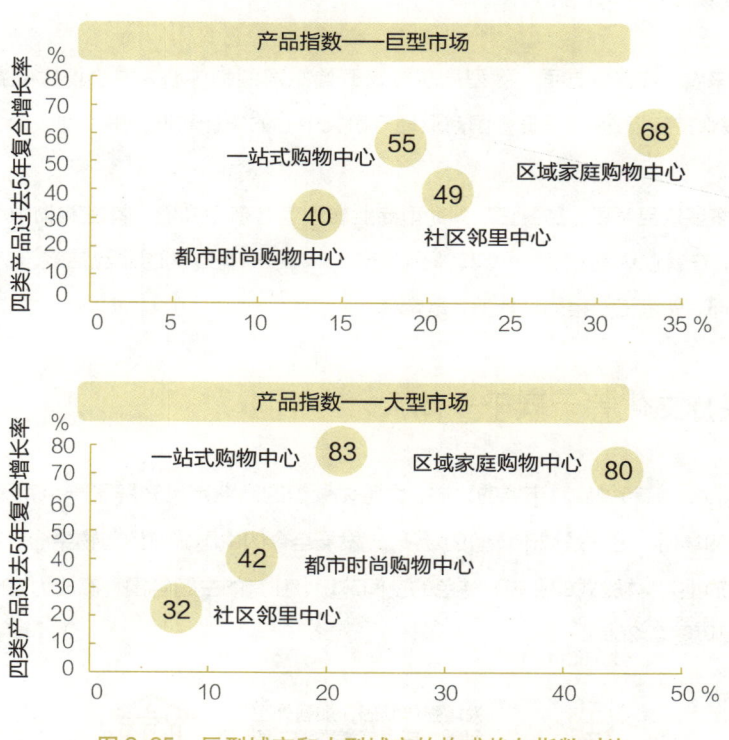

图 2.25　巨型城市和大型城市的构成趋向指数对比

然而，即使在 11 个巨型城市中，不同的城市级别在构成中的变化也存在较大的差异。以增速最快的社区邻里中心产品为例，在 11 个城市的监测数据中，南京从 2011 年开始出现该类产品，武汉从 2013 年才开始出现，而杭州则是在 2014 年后的潜在项目中才出现该类成熟品牌的产品。

反观大型城市的发展，仍以围绕城市中心能级的 MixMax 和 FashionMax 两类产品为主，特别是针对都市全客群的 MixMax 产品。

四 购物中心未来发展趋势

2014年是购物中心变化最多的一年,各家都在试探性"换血"改造,并试图植入自身独创的DNA,以求在早前同质化的购物中心中谋求"新活力、新标签、新时尚"。所以电商、O2O、体验、文化等已成为2014年商业地产发展的核心关键词。我们根据最新的经济数据及商业地产行业发展情况,认为2015年中国商业地产发展有以下几大趋势:

1. 大型高端餐饮开始撤离购物中心

从消费趋势来看,在餐饮方面,大型高端餐饮开始撤离购物中心,中小型大众餐饮取而代之。2015年,高端餐饮持续低迷。根据中国商业地产研究中心的统计数据,中小型大众餐饮正取代高端餐饮成为主力军。

例如,在众多餐饮品类中,甜品正从辅助型商业转型为必备型商业,其在购物中心的业态占比从8%上升至14%,在餐饮中的占比也从29%上升至36%。一些高端的甜品店甚至入驻购物中心首层,与奢侈品为邻,如港汇一楼的拉杜丽、歌帝梵。

2. 将融合旅游文化等元素于一体

从2014年开始,城市微旅游市场的火爆,为整体颓势的商业市场开辟了一个新天地。购物中心不再是商品交易的场所,更多是城市体验的场所。发展至今的中国城市型购物中心,将更多地成为城市休闲体验的目的地。体验式的业态、特色的空间环境、独有的主题氛围,都成为商业地产发展的新趋势。具体情况见图2.26。

为增强体验感,加强外型创新,成为旅游胜地,如深圳海上世界

电商对零售业的冲击,购物中心在体验上下功夫,如K11、大悦城等

结合前面两点,购物中心趋势将是商业体与旅游、文化等行业结合在一起

图2.26 商业地产发展的新趋势

3. 购物中心进入兼并收购元年

在行业格局上，商业地产开发进入专业化发展时代，2015 年成为购物中心收购兼并元年，央企商业地产凭借资金实力收购兼并趋势不减，外资和民营企业放缓开发节奏，非专业商业地产商面临着巨大的资金成本压力。

4. 社区型、卫星商城是购物中心调整方向

（1）社区型购物中心未来是国内商业主流形态

2014 年，标榜自己是社区型购物中心的深圳本地商城越来越多，中航九方、星河 COCO City、绿景 1866 佐邻荟等都是针对家庭消费、不断增强体验性的新型商城。

（2）升级改造、业态调整是提升商业竞争力的重要手段

以深圳为例，2014 年开业的深圳东门韩国城的前身是 2013 年开业的智慧商城，再之前是散养式的小店铺商城，它的蜕变正好也说明了升级改造和业态调整是提升商业竞争力的重要手段。

在深圳，硬件老化、业态陈旧、商业吸引力不强的商城在众多购物中心开业的冲击下显得缺乏竞争力。

有业内专家认为，一些原有的商城为了维持自己的市场份额，不管愿不愿意都必须进行新的升级和改造，外立面、动线、商业定位、业态组合等都是调整的重点。例如，T1·新城市广场不惜牺牲一年多的租金来进行升级改造；南山海雅百货重金在原地对商城进行伤筋动骨的商业"疗伤"。预计深圳的友谊城、紫荆城，甚至是市中心的卓越·INTOWN，在未来几年因为业绩不佳都会面临着经营上的压力，业态调整甚至升级改造将是大概率事件。

（3）"卫星"商城存在利益博弈，须谨慎对待

深圳 OK mall

深圳湾商圈里 OK mall 小型购物中心低调入市，但由于地处深圳湾商圈核心地段，并且与附近的海岸城、天利名城、保利文化广场"短兵相接"，因此引起了业内的关注。 但这家宣

布开业的商城的开业率并不高，很多地方还贴有商铺招商的字眼，而已经开业的小商铺大多以潮流服饰、特色餐饮和美容服务为主。这个重新改造过的商城由于体量、硬件等原因，并不会像附近的购物中心那样走中高端的路线，反而是希望打造大众化业态，将商圈的中低消费群吸引过来进行消费，进行错位竞争。

其实，这种类似打造片区商圈中的"卫星"商城并不少见，它以经营灵活、业态丰富，以及与其他商城进行互补作为自身的核心竞争力。比较成功的案例有在万象城与 KK mall 夹缝中经营得非常好的地王广场，将中心城和福田 COCO Park 联结在一起吸收了极高人气的连城新天地。这些商业机构因势而变，利用特色业态取长补短，在成就别人的同时也成就了自己。

值得注意的是，这些"卫星"商城由于历史原因，存在不少的利益博弈，不少经营者只是希望在短时间内将商铺卖出去回笼资金，根本没有想持有或者长期经营的打算，这使得这些商城在经营中无疑存在着比较大的风险。

5. 购物中心体验方式更多元化

所有开发商在进行项目定位、设计，以及未来装潢、经营的规划过程中，其实已经把整个项目本身的硬件设施、内部装饰，以及场景、体验的空间、未来怎么跟客户互动、从各种感官上与客户交换信息等放到了非常重要的位置。具体情况见表 2.4。

表 2.4　购物中心内多元化体验方式

体验方式	具体内容
儿童业态	各种体验性业态比例在增加，特别突出的是儿童业态，比例越来越高
娱乐消费体验	以娱乐为主的消费体验、各种新型娱乐设施开始在购物中心里出现，给消费者带来更多的体验和现场感受，增加购物中心在消费方面的趣味性
休闲餐饮消费	以休闲餐饮为主的消费占比也会越来越大，因这种消费必须要到现场体验，所以具有很强的社交、聚会功能
新科技的运用	一些商场本身运用互联网技术和消费者，或者商家和消费者进行互动，通过设计一些有趣的系统，让客户在购物中心里获得更多的乐趣

6. 购物中心将 O2O 转化成实际经济效益

O2O 成为 2015 年实体商业寻求突破的方向之一，行业内出现 O2O 的雏形，但能把 O2O 实际转化成为经济效益的购物中心屈指可数。以淘宝和微信为代表的两大线上平台和商业地产的结合将进一

购物中心开发：体量过剩？扩大规模？ 第一节

步加强。

例如，北京 apm 购物中心在全场布置了 300 多个 iBeacon 装置，帮助客户寻找品牌；朝阳大悦城 O2O 通过搭建在线平台、开通微信会员管理、与阿里巴巴合作、搭建大数据体系架构来检测及改善运营质量；五彩城则以自媒体带动营销。

第二节

综合体两极分化之"巨无霸"和"小而精"

尽管"购物中心泡沫论"的声音从未停息,但这并没有阻挡城市综合体项目的快速增长。在全国重点城市综合体存量中,沈阳、重庆、北京、上海等城市综合体的存量领先全国,预计未来3~5年城市综合体增量将以中西部地区为主,其中成都与昆明的增量引人注目。

一、中国城市综合体发展综述

从目前的开发情况看,全国综合体开发面积存量巨大。2014年上半年,全国主要城市商业综合体存量面积超过3.0亿平方米;2015年,这一数字达到3.6亿平方米;2016年以后将达到4.3亿平方米。

2014年,国内主要城市综合体个数达885个,较2013年增长24.47%;2015年主要城市的综合体数量突破1000个;到2018年,商业综合体的年供应量将维持在1200个左右。

一线半城市综合体的规模发展势头最为迅猛。根据统计,到2015年,商业综合体存量面积在2000万平方米以上的城市有4个,其中3个位于一线半城市。

1. 中国18个重点城市综合体存量

自2013年以来,全国房地产开发景气指数一直保持在98以下。2014年3月,房地产开发景气指数为96.40。房地产行业不论是投资开发还是销售成交情况,都十分疲软,而城市综合体却异军突起,十分活跃。

如表2.5所示,2014年,在全国重点城市综合体存量中,沈阳、重庆、北京、上海等城市综合体的存量领先全国。其中,综合体总存量在1000万平方米以上的城市分别为沈阳、重庆、北京、上海、成都及天津6座城市;而广州、南京、苏州、深圳、西安、武汉及贵阳的综合体存量介于500万~1000万平方米;其余城市的综合体存量均在500万平方米以下。

表 2.5　2014 年全国重点城市综合体存量

类别	城市
1000 万平方米以上	沈阳、重庆、北京、上海、成都、天津
500 万～1000 万平方米	广州、南京、苏州、深圳、西安、武汉、贵阳
500 万平方米以下	昆明、合肥、青岛、长春、宁波

2. 城市综合体存量面积继续扩大

2014 年底，国内主要城市综合体存量面积（不含住宅部分，下同）达到 3.3 亿平方米，较 2013 年增长 17.8%；2014 年，主要城市的商业综合体规模平均每城市突破 1000 万平方米；2015 年，中国主要城市的商业综合体项目规模达到 3.6 亿平方米；而 2016 年以后城市综合体规模将达到 4.3 亿平方米。

二 中国城市综合体发展的特点分析

城市综合体是商业地产发展的永恒主题，它突破了过去城市建筑单一功能的局限，提高了土地资源的利用效率。

1. 城市不同区域的物业组合特点

对全国 18 个重点城市的综合体项目按区域属性进行分类后可见，位于核心区的综合体项目比例在 32.8% 左右，尽管城市核心区通常是商业最发达的区域，但城市综合体的兴起并不以核心区为主战场。主要原因见表 2.6。

表 2.6　城市核心区不是综合体开发主体区域的原因

两大原因	具体内容
1	在城市综合体兴起之时，市中心区域可利用的商业地块有限
2	城市综合体内部可以实现功能互补，资源共享，一定程度上可以借助自身达到人流量的内部循环而不过分依赖外部环境。从数据来看，城市副中心区的城市综合体存量最大，占比达到 50%，而城市新区型城市综合体正逐步兴起

针对全国重点城市已经开业的城市综合体，将其属性和物业类型进行交叉分析后可知不同城市区域的综合体特点不同。具体情况见图 2.27。

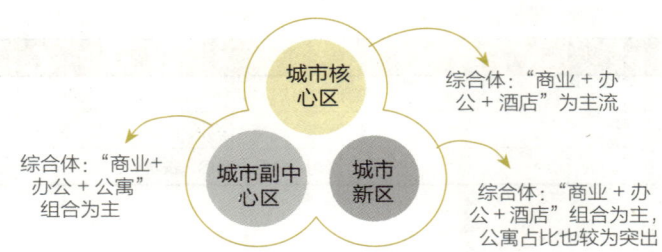

图 2.27　城市不同区域综合体物业组合特点

2. 两极发展明显，超大规模和小型精品各有特色

（1）两极分化之"巨无霸"

以万达文旅城为代表的"巨无霸"型综合体大行其道，以合肥万达城为例，该项目占地面积 100 公顷，总建筑面积 90 万平方米，规划文化、旅游、商业、酒店四大内容，酒店群包括 1 家六星级酒店、1 家五星级酒店、2 家四星级酒店和 3 家三星级酒店，共 3500 间客房，5000 个床位。合肥万达城拥有一座占地 600 亩（约 41 公顷）的主题公园及室内水上乐园，此外，还将有两个电影科技馆。此种超大型综合体囊括了人们衣食住行、吃喝玩乐的方方面面。具体情况见图 2.28。

图 2.28　合肥万达城 —— 凤阳花鼓

资料来源：合肥网。

（2）两极分化之"小而精"

"小而精"的产品也在激烈的竞争中显示出顽强的生命力。以深圳1234space为例，它是一个位于深圳东门的商场，因其面积和定位，被誉为"mini万象城"。其商业面积仅有1万多平方米，包括了餐饮美食、时尚购物、创意休闲等业态，可谓"麻雀虽小，五脏俱全"。具体情况见图2.29。

图2.29　深圳1234space

以上这种两极化趋势体现出领先企业在吃透区位、抓住细分客群上下足了功夫。

3. 文旅、艺术、医疗、教育——登场

除传统业态外，为增强综合体的综合竞争力，行业内综合体巨头还纷纷打出特色牌以求杀出"红海"：万达的文旅城及"汉秀"声名鹊起，新世界地产和九龙仓的艺术购物中心方兴未艾，绿城又出现了"学院式"养老模式。

4. 地标综合体建设后继乏力，城市承载力受到挑战

中国最高、世界第二的高楼——上海中心的建成，标志着中国城市地标综合体建设达到顶峰，并可能迎来转折点。曾经热火朝天的摩天楼建设潮渐趋于冷却。

2014年，号称世界第一高楼的长沙"天空之城"迟迟没有动工，该项目即使技术论证通过，其收益情况也仍然是个"黑洞"。开发商很可能更改甚至放弃此计划。之前一度在各个城市建筑物高度方面屡创新高的绿地集团也悄悄放慢了超高层建筑建设的速度，其抚顺绿地中心项目已经停滞，其他城市的超高层项目也开始放缓进度。其后的追随者，如恒大、世茂、宝能等企业，还未来得及品尝树立丰碑的快感，就被技术和经营两大门槛绊住动弹不得。

5. 商业与住宅仍是地产开发的核心

如图2.30所示,目前城市综合体的产品组合主要由住宅、商业、写字楼、公寓、酒店等5个部分组成。对不同级别城市的综合体进行分析得出,一线、二线、三线城市商业部分均占到了30%的比重,住宅部分以一线城市占比最小,占总体的20%。二线、三线城市的住宅部分占到30%~50%,占比较大。酒店和公寓在各级城市综合体中的占比差别不大,基本上在5%~10%。

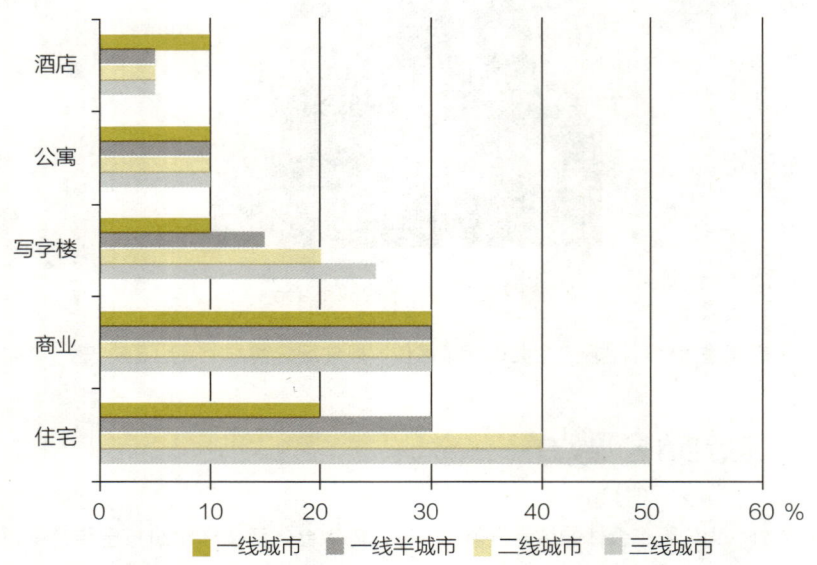

图2.30 不同能级城市的综合体物业类型组合对比

资料来源:赢商控股战略研究中心。

三 中国城市综合体发展趋势

1. 规模及增量:3~5年综合体增量将以中西部地区为主

(1)规模:单体60万平方米以下为主流产品

据统计,2015年,50个城市综合体非住宅总体量达5.64亿平方米,同2013年相比增长率高达

77%，1000万平方米以上规模的城市共25个，其总体量占全国50个城市综合体总规模的78%。具体情况见表2.7。

表2.7 2015年50个城市综合体规模

综合体规模量级	相应城市	累计总体量（万平方米）	城市能级	规模累计占比（%）
2000万平方米以上	贵阳、成都、沈阳、西安、北京、济南、长沙	17071	二线居多	30
1000万~2000万平方米	武汉、南京、重庆、哈尔滨、深圳、天津、合肥、石家庄、郑州、广州、青岛、上海、大连、苏州、杭州、南通、潍坊、常州	26871	一线及一线半	48
500万~1000万平方米	无锡、泉州、佛山、福州、济宁、盐城、呼和浩特、厦门、邯郸	6565	二线居多	12
500万平方米以下	东莞、太原、宁波、临沂、包头、南昌、徐州、唐山、南宁、烟台、温州、长春、大庆、淄博、乌鲁木齐、绍兴	5891	三线居多	10

根据分析，60万平方米以下的中小规模单体项目为全国50个城市综合体供应的主流产品。具体情况见图2.31。

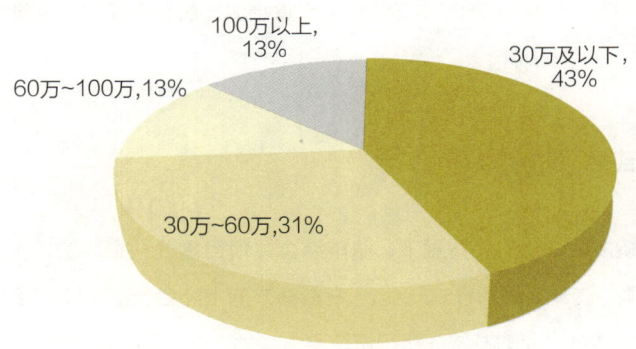

图2.31 2015年50个城市综合体单体项目体量构成
资料来源：赢商控股战略研究中心。

（2）增量：主要城市总体规模将达3.6亿平方米

根据统计，2015年中国主要城市的商业综合体项目规模达到3.6亿平方米，数量突破1000个。另外，一线半城市综合体规模发展势头最为迅猛。

从发展方向上看，未来3~5年城市综合体增量主要出现在中西部地区。其中，成都与昆明的增量部分引人注目，根据昆明城市综合体的建设规划与在建项目统计，未来增量将达到1878万平方米；成都的增量将达到1913万平方米；而合肥、西安、贵阳、武汉等几个中西部重点城市，增量均在600

万平方米以上。具体情况见图2.32。

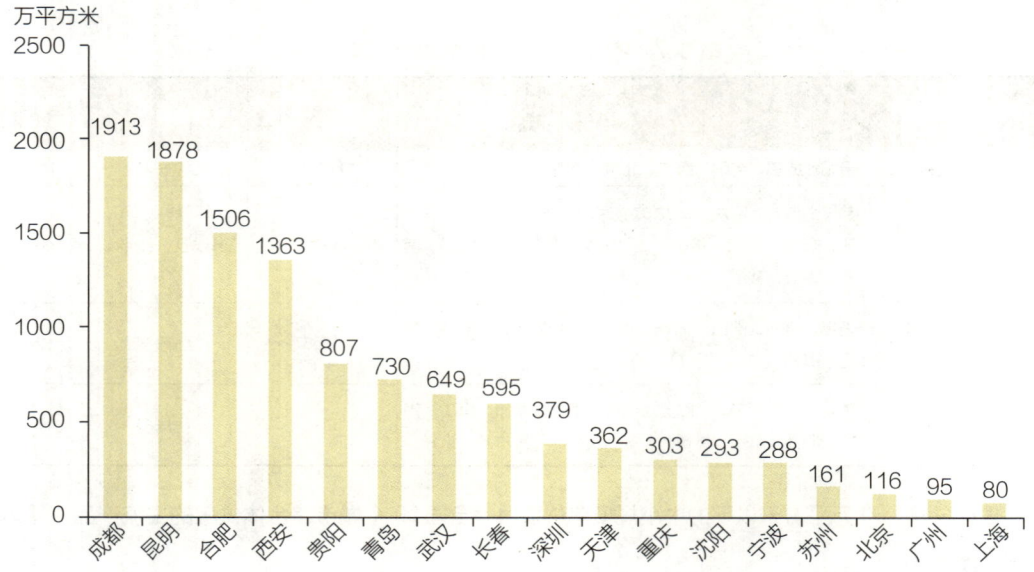

图 2.32 2014 — 2016 年全国 17 个重点城市的城市综合体增量预估
资料来源：赢商控股战略研究中心。

2. 战略经营模式：创新势在必行

目前，在市场环境发生变化的大背景下，城市综合体项目需要从之前的"人无我有"向"人有我优"甚至是"人优我廉"的战略经营模式转变。在战略方向上结合当前中国宏观政经范畴和房地产发展现状、在盈利模式上结合企业的发展战略和资源整合能力、在产品定位上结合地域特征和市场环境的战略创新，这些举措将成为企业未来创新的重点。

3. 资产证券化：将成为城市综合体发展的核心手段

优秀的城市综合体建立在高投入基础上，但是在当前市场竞争和资金趋紧的环境下短期内无法快速回笼资金。不少综合体只能通过降低投入成本来解决资金回笼的问题，这在一定程度上影响了项目的品质。换言之，城市综合体只有解决了资金通路，才可能以高投入换高品质，通过时间换取利润空间。因此，资产证券化是未来城市综合体发展的核心手段。

4. 综合体形态：将呈现多元化

结合发达国家和地区的城市综合体的标杆案例，中国城市综合体的形态发展将呈现出三大趋势。具体情况见图2.33。

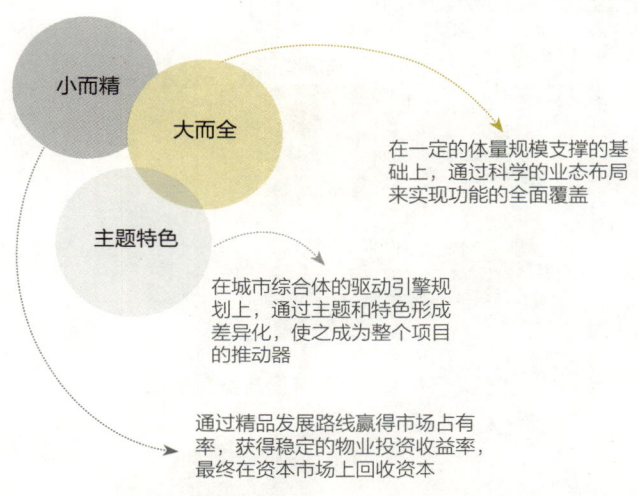

图2.33　中国城市综合体形态发展的三大趋势

5. 商业运营：将被逐渐前置化

中国城市综合体开发建设中，不少发展商都贯彻了"招商在前"的理念。但是"招到了商不等于招好了商，招好了商不等于招对了商"。未来城市综合体发展商在项目规划之初，需要将视野由引入主力店提升到确定经营方向上，以此为前提来考量未来的商业定位和布局，以及主力店的定向引入等问题。

6. 选址："下沉"至三线、四线城市及社区

在未来两年内，万达广场将在全国开业50座万达广场，其中，大部分项目集中在像广元、安阳、佳木斯这样的三线、四线城市。

与万达致力于创造"城市中心"不同，华润旗下有万象城、万象汇（五彩城）、欢乐颂和1234space等数条面向不同商圈客户的商业产品线，而欢乐颂、1234space已经渗透到城市的社区和各个角落。

7. 开发商：本地开发商是主流

如图2.34、图2.35和图2.36所示，在未来城市综合体的建设过程中，本地开发商是主流，其实力不容小觑。本地开发商在开发商类型中占比达89%，开发项目数量占比达65%，开发项目体量占比达61%，均远远超过全国型和区域型开发商。

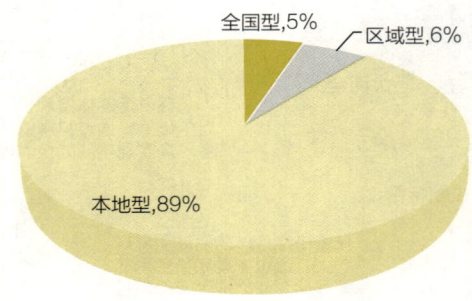

图 2.34　2015 年开发商类型组成

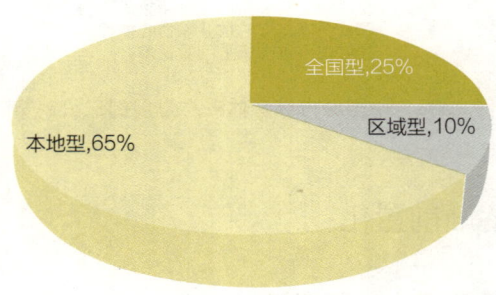

图 2.35　2015 年各类开发商开发项目数量占比

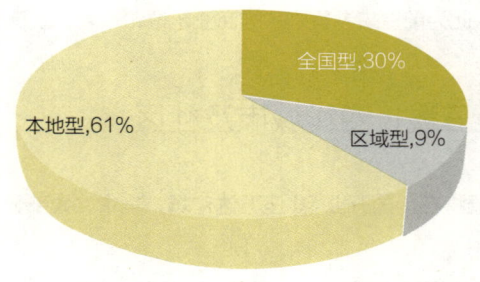

图 2.36　2015 年各类开发商开发项目体量占比

资料来源：赢商控股战略研究中心。

第三节

特色商业项目开发迎来投资潮

随着中国城市化进程的明显加快,城市功能也日趋完善,旅游、养老、产业园(物流)等产业作为城市发展的重要标志,越来越受到各地政府的重视,也成为商业地产开发的热点。

一、旅游地产：配套设施建设先行

《中国旅游业"十二五"发展规划纲要》显示，2015年，旅游业增加值占全国GDP的比重提高到4.5%，占服务业增加值的比重达到12%，旅游消费占居民消费总量的比例达到10%。国内旅游人数达到33.1亿人次，国内旅游收入达到1.9万亿元，而居民出游率也由2010年的1.4提高到2015年的2.25。

1. 五大因素引发旅游地产投资热潮

目前，国内涉足旅游综合体的公司超过100家，在全国布局了上百个旅游综合体项目，南至海南岛，北到长白山，西至大漠边陲，东沿海岸线蔓延。到2011年底，全国旅游综合体项目个数达881个，涉及总投资额达10961.2亿元，平均项目投资达到12.44亿元，是全国项目平均投资额的1.2倍。旅游地产之所以引发投资热潮，主要是其复合业态功能代表了我国旅游产业转型升级的方向，代表了旅游景区的发展趋势，代表了旅游地产的开发模式趋势。具体情况见表2.8。

表2.8 引发旅游地产投资热潮的五大因素

五大因素	具体内容
旅游景区开发模式升级由单一到综合开发	未来的景区应依托自身优质的资源、环境及市场条件，以旅游休闲为导向，以旅游产业化发展为目标，通过产业聚集，实现综合开发，也就是"旅游引导的休闲综合开发模式"

续表

五大因素	具体内容
传统旅游产业转型升级向观光、度假、商务转变	当前中国旅游业发展正处于由传统观光游览向观光度假、休闲度假、会展商务转变阶段,旅游需求的转变促进了旅游消费方式发生新变化,旅游消费模式从多景点、长距离的"走马观花"基本转变为点对点的深度体验
新型城镇化建设推动旅游地产的发展	旅游综合体能够实现政府、企业、游人、居民四方满意,将成为新型城镇化的一种重要模式,在新型城镇化进程中必将大有可为
旅游业发展趋势促进旅游地产发展	纵观当今世界旅游业的发展趋势,正在由"观光时代"转向"休闲娱乐时代"和"旅游产业时代"。与观光旅游相适应的旅游地产产品形态"住宅+景区"的简单形式已不能满足现代休闲、度假市场的需求
旅游产业战略地位的提升	《国务院关于加快发展旅游业的意见》中提出,要把旅游业培育为国民经济的战略性支柱产业。国家旅游业发展"十二五"规划提出要向建设世界旅游强国的目标推进

2. 中国旅游地产市场发展格局

在旅游地产开发中,旅游综合体成为房地产企业的投资方向。2014年上半年,相关部门所监控的旅游地产区域共有74个新盘入市,其中以华南地区为主要供应区域,占比超过五成。

2014年上半年,国内商品房市场步入全面性的行业调整期,整体市场成交呈量价齐跌的态势,降价范围和幅度进一步扩大。

(1) 2014年全国旅游地产发展规模

如图2.37所示,2011年,全国旅游综合体项目数达881个,涉及总投资额达10961.2亿元,平均项目投资达到12.44亿元,是全国项目平均投资额的1.2倍;2012年,我国已入市的旅游地产项目共

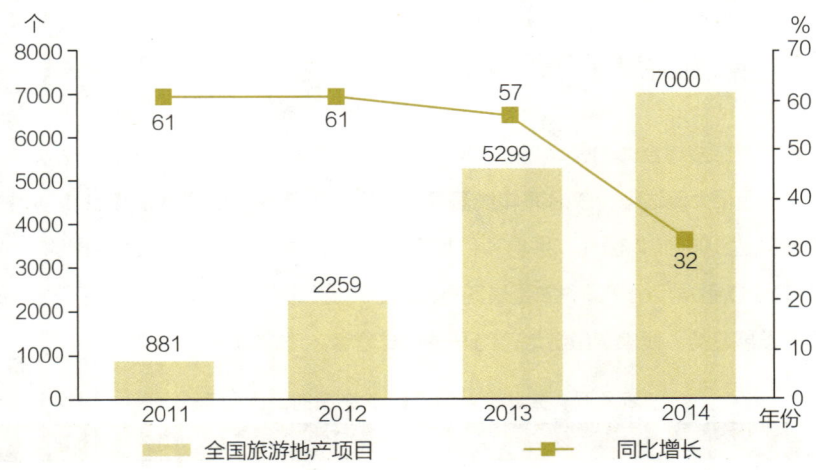

图 2.37 2011—2014年旅游地产项目数据

注:2014年全国旅游地产项目数据为预测值。
资料来源:根据赢商网资料整理。

有 2259 个，遍布全国 85 个城市和地区，全国共有 1629 家企业涉及旅游地产开发领域，其中房地产企业约占 80%；2013 年底，全国共有旅游地产项目 5299 个，比 2012 年增加 3040 个；2014 年底，全国旅游地产项目达到 7000 个。

促使旅游地产持续增长的原因较多，具体情况见表 2.9。

表 2.9　旅游地产保持增长的主要原因

三大原因	具体内容
1	2014 年上半年国内整体经济下行，与宏观经济相互渗透的地产行业也受到牵连
2	房价涨幅过快的一些城市对购房者差别化的限制，在一定程度上也使得旅游地产市场量价下挫
3	舆论导向对购房者预期及开发商决策的影响也非常大，上半年购房者的观望情绪浓重，开发商开发和拿地的心态也更趋谨慎

（2）2014 年消费者对旅游地产的关注点

在选择的资源类型、优先考虑的因素、关注的物业等方面，有关企业对数万消费者进行了问卷调查。具体情况见图 2.38、图 2.39 和表 2.10。

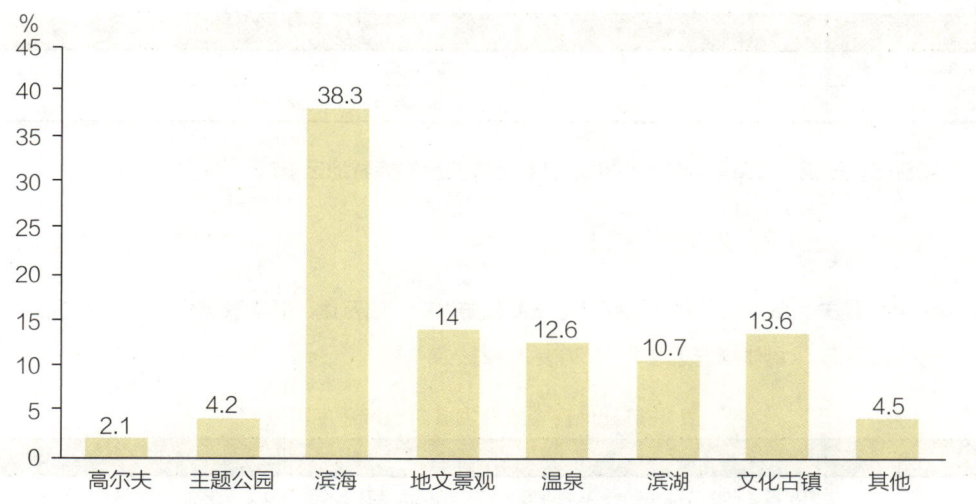

图 2.38　消费者会选择的旅游资源情况

资料来源：根据赢商网资料整理。

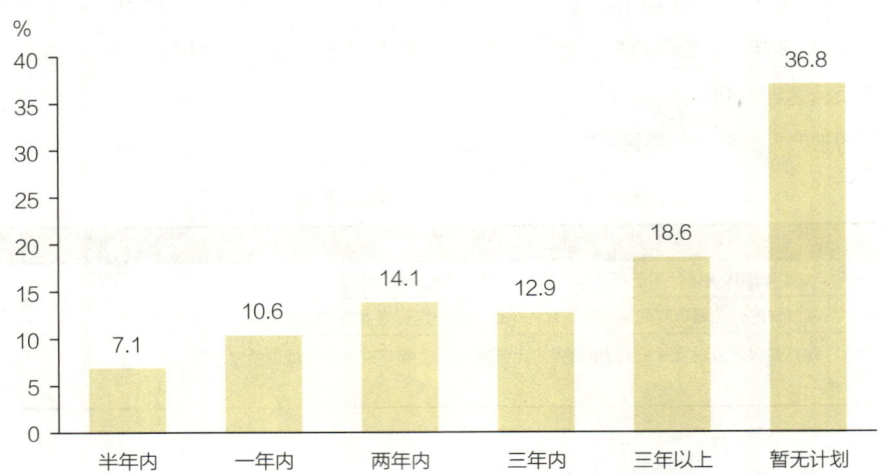

图 2.39　消费者近几年是否有购买或投资旅游地产的计划

资料来源：根据赢商网资料整理。

表 2.10　消费者热衷的旅游地区

比例	热衷的地区
34.8%的消费者	三亚、海口、两广、桂林一带
27.7%的消费者	苏州、杭州、烟台、青岛、厦门

可以看出，三亚、海口等华南地区仍是消费者最偏爱的旅游地区。

（3）地产企业的旅游地产业务分析

2014 年，相关商业地产开发商已经开始布局旅游地产，如万达、新华联等企业已确立稳步推进旅游地产的战略目标。具体情况见表 2.11 和表 2.12。

表 2.11　地产企业开发旅游地产热度不减

特点	案例
投资额度大	万科投资 400 亿元建吉林松花湖度假区；宝能集团联手国奥投资 800 亿元于桂林、宁波打造两大文化旅游地产项目；万达投资 300 亿元的无锡万达城开工建设等
投资类型多元	碧桂园投资昆明奎南生态文化旅游产业园项目；陕旅集团投建"金旅城·四海唐人街"旅游综合体项目；港中旅、海雅集团投资百亿携手升级深圳海上田园，目的是建设大型文化休闲娱乐旅游综合体；泰禾集团投资兴建体验式影视旅游度假综合体
投资热点鲜明	招商、建发入驻漳州长泰旅游地产项目，助推环厦板块发展；贵阳旅游地产"避暑"受热捧，万科等多房企进驻开发；福州永泰成旅游地产开发热土，万科、泰禾等房企争相进驻，各大主题公园重现火爆景象

表 2.12 市场运营与时俱进

模式	案例
链条运营	万科、万达、中海、恒大、佳兆业等房企都高调进行跨界探索。万达投资并购影视、旅行社、电商等不同类型的企业，向不动产、文化旅游、金融、零售、电商五大业务板块挺进；佳兆业从地产延伸至商业、酒店、养老、金融等领域，多元化转型打造旅游度假产业链
连锁运营	大型的文化旅游地产集团，包括华侨城、万达、方特、海昌、宋城等已经开始在全国布局，连锁经营效益显现
智慧运营	云南城投推出"梦云南分时度假平台"、绿维创景推出的"绿维美尔分权度假"模式尝试一地置业、多地度假，万科携手淘宝、途家将"互联网+地产"的合作模式推向巅峰，蚂蜂窝、世界邦、在路上、去啊、去哪儿等旅游平台成为新途径，官房集团 OTO 等推进旅游地产存量盘活，"朋友圈"成旅游地产热词

3. 未来中国旅游地产的发展趋向

2003—2013 年，旅游地产快速发展。随着传统房地产行业扩张步伐的放缓，旅游地产的优势逐渐明晰化，复合型旅游地产发展迅速。

我国目前每年约有 3000 万人次外出旅游，旅游消费日益增长，其中，度假型置业需求以每年 24％以上的速度增长。

（1）发展阶段：从初级阶段迈向高级阶段

我国房地产行业未来的发展目标主要集中在旅游地产的开发上，而旅游地产的开发也将从初级阶段迈向高级阶段。具体情况见图 2.40 和表 2.13。

图 2.40 旅游地产的开发模式

表 2.13 旅游地产的开发案例

两大案例	具体内容
1	2014 年万达高调提出了从商业巨头向文旅航母转型的口号： 无锡万达城由万达斥资超过 400 亿元打造，包括文化、旅游、商业、酒店四大内容，由万达茂、大型舞台秀、大型室外主题乐园、度假酒店群、酒吧街等设施组成。其中，万达茂是为了实现全天候旅游而建设的超大型室内旅游项目，涵盖了电影科技乐园、儿童主题乐园、室内水乐园、滑冰馆、电影城等项目
2	2014 年的上海市场中，诸如恒大威尼斯、富力湾、雅居乐·悠 wò 公园、保利西塘越、淀山湖壹号Ⅱ期、世和理想大地等备受青睐的项目，正契合了"旅游+休闲+养生+住宅"的多重组合

(2) 发展地区：集中五大板块

目前，我国旅游地产的开发已经形成了明显的区域性，其中在海南、西南、环渤海、长三角及两广地区分布了约占全国85%的旅游地产项目。具体情况见表2.14。

表2.14 五大板块的相关分析

五大板块	具体内容
海南	是旅游地产发展最早也是开发项目最多的地区
西南	项目开发数量仅次于海南，昆明、丽江、大理、西双版纳、重庆等旅游资源型城市是旅游地产开发的集中区域
渤海	青岛、烟台、威海是旅游地产开发数量最多的城市
长三角	旅游地产项目并不多，主要是由于该区域城市化发展较为成熟，旅游地产可用资源相对较少
两广	在五大区域中旅游地产发展规模最小，但是发展潜力最大

相关机构表示，2015年我国旅游地产开发的重点区域是西南片区与两广片区。

(3) 发展类型：多种类型并存

从发展类型来看，旅游地产的开发主要有滨海旅游地产、滨湖旅游地产、高尔夫地产。具体情况见表2.15。

表2.15 不同类型旅游地产的分布

类别	具体内容
滨海旅游地产	主要集中于海南岛、珠三角、闽东南、长三角和环渤海区域
滨湖旅游地产	主要集中在我国湖泊密集、经济发达的长三角地区
高尔夫旅游地产	主要集中在海南地区

旅游地产与农业项目的结合也成为2015年旅游地产发展的重点，休闲农业旅游地产也将会补充进旅游地产的开发类型中，并发挥巨大作用。

(4) 发展特征：复合型开发、多元化和"两极"布局

伴随企业对旅游地产开发热情的不断升温，如何根据整个社会发展节奏的变化来适时调整旅游地产的发展，成为行业关注的重点。具体情况见图2.41。

图2.41 旅游地产发展新特征

二、养老地产：服务是核心

2014 年，我国 60 岁以上的人口突破 2 亿人，全球老年人口超过 1 亿人的国家只有中国。中国老年人市场前景广阔，养老地产也是商业地产领域一个新的发展方向。

1. 我国老年人口市场情况

中国老龄产业预计将于 2050 年前增至 106 万亿元人民币（约合 17 万亿美元），相当于中国经济体量的 1/3，这将使中国成为世界上最大的老龄市场。

（1）老年人口市场容量

中国老龄问题全国委员会表示，2050 年中国老年人口将超过 4 亿人，成为全球老龄产业市场潜力最大的国家。具体情况见表 2.16 和图 2.42。

表 2.16　根据专家预测的老年人口市场

年份	具体内容
2020	中国 60 岁及 65 岁以上人口所占比重分别为 17% 和 11.30%
2030	中国 60 岁及 65 岁以上人口所占比重分别为 23.3% 和 15.21%。2033 年前后将翻番到 4 亿，平均每年增加 1000 万人，最高年份将增加 1400 多万人，届时，中国将进入"超老年型"社会
2040	中国 60 岁及 65 岁以上人口比重分别为 26.52% 和 20%
2050	老年人口将占到全国人口的 1/3，60 岁以上的人口总数将超过 4 亿人，占总人口的比重将超过 28%。届时，每 4 个中国人中就有 1 个老年人，中国将成为高度老龄化的国家

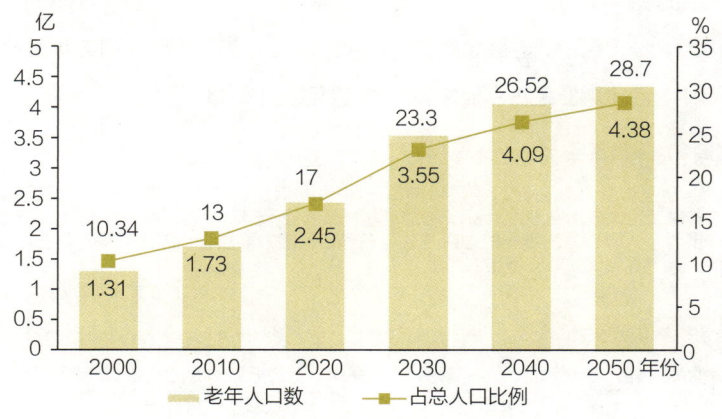

图 2.42　中国人口老龄化结构预测

资料来源：根据赢商网资料整理。

随着我国老龄化社会的发展，老年人市场蕴藏着巨大的商机，老年人市场的开发潜力十分巨大。相关部门数据表明，2010年我国老年人口消费规模超过1.4万亿元，预计到2030年将达到13万亿元。

（2）老年人购买力市场分析

2015年，我国老年人的购买力将从2005年的人均1620美元增长到4112美元，由此将会带动城镇老龄消费市场的快速增长。到2020年，我国老年消费市场的规模将达到3.3万亿元。目前，城镇老龄消费需求主要为四大类，分别是食品饮料、服装鞋帽、药品和保健品、看护服务或者是家政服务。具体情况见表2.17。

表2.17 老年人的购买力分析

类别	具体内容
购买力	老年人的经济收入状况是决定老年市场规模和容量的关键因素。老年人经济收入的主要来源是子女或亲属供养，老年人离、退休金，劳动收入，以及社会保险和救济，同时还有一定量的储蓄和子女的赡养费
购买欲望	与青年人、中年人相比，大多数老年人已上无赡养父母的责任，下无抚养子女的义务。因而可倾其所有来满足自己的需求，这使老年人相对有限的经济收入，最大限度地转化为了现实购买力，其边际消费倾向明显高于中青年消费者

由于我国老年人口基数大，老年人的经济收入逐年在增加和具有强烈的购买欲望，我国老年市场具有不可估量的开发潜力。

（3）老年人口的消费潜力

据相关机构预测，2014—2050年，中国老年人口的消费潜力将从4万亿元左右增长到106万亿元左右，占GDP的比例将从8%增长到33%。老龄金融业和老龄房地产业将是老年市场增长的两大亮点，老龄产业将迎来春天。

目前，中国老龄产业已经形成老龄金融业、老龄用品业、老龄服务业和老龄房地产业四大板块相互融合的态势，其中老龄金融业是核心板块。具体情况见图2.43。

老龄金融发展缓慢

根据全国老龄办的估计，中国目前30~59岁的潜在老龄金融服务对象约有6亿，这意味着巨大的消费潜力，但中国老龄金融发展尚处于起步阶段，养老金融产品单一，许多老年人以储蓄为唯一的理财方式。在养老保险方面也存在过于依赖基本养老保险、其他养老保险补充不足的问题

养老机构供需失衡

除金融之外，老龄房地产业将成为另一个亮点，有关报告预测，到2025年和2034年，中国老年人口将分别突破3亿人和4亿人，中国将拥有全球最大的老龄房地产市场

图2.43 老年人口的消费力分析

2. 2014 年中国养老地产市场发展格局

随着中国快步进入老龄社会，老龄人口数量日益增加，已经占总人口的 10%，由此带来的养老设施需求规模巨大、增长迅速，而对应的养老设施供应却严重不足，养老地产作为养老设施的主要部分具有稀缺性，行业投资价值日益凸显。

(1) 我国养老地产尚处于摸索阶段

我国养老地产目前有四大模式：福利院模式、敬老院模式、老年公寓模式和养老社区模式。具体情况见图 2.44。

老年公寓模式
主要面对健康老人和介护老人，一般有居家服务式公寓、护理式托老公寓和适合候鸟型老人居住的酒店式度假公寓。所有物业均以每月计费方式使用，只租不售

福利院模式
主要面向城镇"三无"老人，即无劳动能力、无生活来源、无法定赡养人、抚养人，或其法定赡养人、抚养人确无赡养、抚养能力的城市老年人，为他们提供养老的场所和各类生活、医疗服务。主要资金来源为政府补助

养老社区模式
养老社区一般规模较大，除住宅用房外，还包括各类配套商业设施及医疗设施，通常拥有社区医院。包括家庭养老、公寓养老和看护养老 3 种类型的养老用房

敬老院模式
主要针对城镇里有一定经济能力的老年人。分公立与私立两种。公立敬老院建设费用由政府补助，运营费用向入住老人收取。私立敬老院无补助，自负盈亏

图 2.44 我国养老地产发展历程

(2) 国内养老地产主要的经营模式

目前，国内养老地产的主要经营模式共有 7 类："社区 + 医院 + 地产"模式、会籍制养老俱乐部、以房养老、异地养老、度假基地连锁、分时度假式养老和连锁养老超市。具体情况见表 2.18。

表 2.18 国内养老地产主要的经营模式分析与点评

模式	典型特征	案例	模式点评
社区 + 医院 + 地产	最基本的模式，是结合社区医院的一站式综合模式	台湾长庚养生文化村	较为综合性的模式，涵盖多个方面，可以让老年人享受到较为全面的服务

续表

模式		典型特征	案例	模式点评
会籍制的养老俱乐部		采用中国传统古典园林建筑风格建成的集养老、康体、娱乐、餐饮、住宿、医疗于一体的综合性服务机构	北京太申祥和山庄	(1)全国首家推行会员制新型养老模式的国际敬老院，开创了敬老院与俱乐部相结合的崭新模式； (2)将传统文化与现代养老、敬老事业相结合，创立了中医药健康养生新模式； (3)山庄的环境及文化氛围，独具中国传统特色
以房养老		采用反向抵押的逆按揭方式"以房养老"	南京汤山留园养老公寓	这种模式的最大问题是受到我国传统观念的羁绊，需要随着时间和社会发展来逐渐改变人们的观念
异地养老	异地购房	以养老为目的的异地购房	海南等地的楼盘	由于季节或者环境等问题，选择在气候条件更适宜的地区度假养老的方式，具有一定的季节迁移性
	"候鸟式"养老	不同城市老年公寓之间的置换式异地假养老	大连的互动式异地养老服务中心	
	"季节性"养老	炎夏和寒冬住到养老院，春秋回到自己家中	天津的泰达国际养老院	
	海外华人回国养老	炎夏和寒冬住到养老院，春秋回到自己家中	新加坡华人、北美的购屋旅游团	
度假基地连锁		将养老与度假旅游结合起来，在全国各地建立连锁基地	北京金港家苑、江苏生态养老连锁基地	将养老和度假旅游结合的一项产品。它以基地连锁的扩张形式来完成整体运作，特点是统一经营、全包式服务
分时度假式养老		将分时度假旅游与养老结合起来，亦可连锁	云南卧云仙居	是借鉴分时度假旅游模式而培育的养老新模式，是将房地产业、酒店业、旅游业、养老业结合在一起的商业新概念
连锁养老超市		是一种新型的老年服务型机构	辽宁连锁超市	这种连锁超市的服务功能强，介入门槛较低，有广阔的客户市场和大量的服务群体。虽为非营利性机构，但以后可市场化运作

(3)国内养老地产主力军的开发方式

受国外养老地产在成熟阶段表现出收益高、稳定性强、抗周期风险等特点吸引，以及国内养老地产的市场供需状况，各类机构纷纷进入养老地产投资、开发、运营领域。其中，传统房地产开发商、产业投资者、保险公司、政府及国外投资机构成为主力。

①传统地产开发商：拓展细分市场，应用住宅开发思路

传统地产开发商基于对房地产细分领域的拓展、产品多元化的尝试，以及寻找新的利润增长点等目的，介入养老地产投资开发，多以开发住房的思路来开发养老地产，以养老的概念对产品进行差异化打造，最终以产品销售实现投资回报，养老地产的后期运营或者缺失或者委托专业的养老服务机构。具体情况见表2.19。

特色商业项目开发迎来投资潮 第三节

表2.19 传统地产商养老地产介入情况

企业	项目信息	运营模式
万科地产	在北京、青岛、武汉、广东等地项目中有涉及,在中粮万科·长阳半岛、五矿万科·北京欢庆城项目中配备养老地产产品。作为万科进军老年地产领域的首个项目——"万科幸福汇"定位"面向活跃、高知、长者的服务式公寓"	对产品进行适老化设计,自持部分配套物业,主要以销售为主,面向活跃长者客户
保利地产	2008年,保利赴日考察养老地产经营模式;2011年,与北京平安投资有限公司共同出资2000万元成立专业养老地产管理公司,目前已在北京、上海、广州、成都、三亚等地规划建设了多个养老地产项目	自持经营或销售,借鉴日本模式,定位高端。消费者缴纳大笔保证金和月度服务费后,获得养老服务和分年返还的保证金
花样年地产	2011年6月,收购深圳南山TCL项目地块并兴建第一个养老地产项目。定位健康产业园,并与其他产业组合	公司称在养老地产领域的经营模式研究已经完成

据不完全统计,国内已经进入及拟进入养老地产的知名房企超30家,其中不乏万科、保利、北京太阳城、花样年、绿地、绿城、首创置业、今典集团、路劲地产等著名房企。从目前来看,传统地产商介入养老地产投资开发,已经成为未来一大趋势,但其运营模式、盈利模式都还在探索之中,效果也并不相同。

②产业投资者:资本积极介入,注重长期持有运营获取回报

专注于养老市场的产业投资者不同于房企,往往长期持有养老地产项目,以后期运营获得回报,相应的医疗康体、餐饮等养老配套服务较为全面。上海亲和源、北京乐成养老、北京太申祥和、北京爱慕家等企业较有代表性,其开发运营的项目上海亲和源养老社区、北京乐成恭和苑、北京太申祥和山庄均取得了较好效果。具体情况见表2.20。

表2.20 产业资本进入养老地产的情况

企业	项目信息	运营模式
亲和源股份有限公司	在上海市浦东新区康桥镇投资6亿元,建成中国第一个老年人会员制养老社区——亲和源会员制社区,社区占地面积8.4公顷,建筑面积10万平方米	土地为政府划拨,定位于高端养老社区,出售会员资格回笼资金,依靠运营获得收益,模式成熟
乐成养老	乐成恭和苑是直营的连锁养老品牌,遵循"贴近医疗资源、贴近子女亲朋、贴近成熟社区"的原则,已覆盖北京、浙江、海南等地	招拍卖获得土地,具有位于城市核心区、医养结合等特色,采用较高押金加服务费的运营模式
太申祥和	项目占地10万平方米,总建面积6万平方米,是集综合养生、旅游度假于一体的养老地产项目,定位中端,采用会员制	土地为租赁集体建设用地,采用会员制的持有经营模式,养老、医疗、旅游相配合
爱慕家	项目占地28亩(约1.9公顷),总建筑面积达9000平方米。租用军产建筑设施并改造而成,与301医院长期合作。坐落于北京香山脚下,养老基础设施完善,定位为高端的度假式养老院	租用军产建筑设施,采用会员制,长期持有经营
寿山福海	项目总建筑面积为2.66万平方米,采用工业用地,设施配置一般,是"小而精"的养老项目	政府支持、工业用地,以少量押金加服务费的方式持有经营

③保险公司：借资金优势快速进入，常与保单进行捆绑

2009年，不动产投资大门向保险资金开启，养老、养生项目被划入政策鼓励范围。迄今为止，泰康、国寿、合众、太平、平安、新华、华夏人寿等险企已发起了针对传统养老模式的全新挑战。2012年7月，《关于保险资金投资股权和不动产有关问题的通知》明确指出，保险企业只能长期持有、不能出售养老地产项目。具体情况见表2.21。

表2.21　保险公司进入养老地产的情况

企业	项目信息	运营模式
泰康人寿	2009年11月，第一个获得保监会批准的投资养老社区建设资格，随后斥资40亿元购置小汤山温泉乡2000亩（约134公顷）土地，建造第一个泰康养老社区	采用与养老保险产品挂钩的方式，计划将养老社区的模式在全国范围内铺开
中国人寿	已在河北廊坊拿地，总投资100亿元，初步规划构建养老社区"一南一北"的格局，南方落脚海南，由于盈利模式不明朗，项目进展缓慢	—
合众人寿	2010年4月，武汉市蔡甸区政府与合众人寿签订100亿元的健康社区项目，总建筑面积达160万平方米	—

为了尽可能在早期多回收资金，这类养老项目一般与养老保险产品挂钩，投保者在购买保险计划的同时获得入住养老社区的权利。根据目标客户不同，保费门槛从几十万元到几百万元不等，到期后客户可以选择现金给付或直接抵入住的租金。目前，泰康人寿、新华人寿、合众人寿等险企的运营模式都是保险产品挂钩养老社区。

④政府和外资：有涉猎，均在尝试阶段

鉴于国内养老市场的巨大需求，政府机构、非营利组织及国外投资机构也介入养老地产的投资中，但多数项目都在前期建设或者规划阶段，并无实践运营绩效可供参考。政府及非营利机构投资项目更多偏重社会福利，为老年人提供居住和照料服务；而国外投资机构则希望将国外的养老模式引入中国，抓住国内养老地产的市场机遇。具体情况见表2.22。

表2.22　政府、国外投资机构进入养老地产的情况

企业	项目信息	运营模式
中国红十字基金会与哈工大集团	在深圳市龙岗区葵涌镇土洋海边选择了一块面积为15.6万平方米的项目用地，用于建设高端养老机构	—
马鞍山市政府	马鞍山针对长三角推出"国际养老城"项目，规划配有特色医院、高端体检中心、老年病研究所、培训学校、公寓、员工宿舍等设施	中国现在的养老模式一般只有社会化养老和居家养老两种，这是第三种模式——社区养老
中国老龄产业协会、扶绥县政府、五行创展投资	三方合作共建的中国"乐养城"。项目拟建面积为60万平方米的老年养生专属社区，包括养生公寓、乐养中心、老年特色商业、度假酒店、康复中心、老年专科医院，项目总投资30亿元	—

续表

企业	项目信息	运营模式
城堡投资	总部位于美国，掌管约 440 亿美元的对冲基金，准备进军中国沿海城市的养老地产领域	引入国外养老地产模式

3. 我国养老地产发展的趋势

2014 年 4 月 23 日，国土资源部发布《养老服务设施用地指导意见》，规定对于营利性养老服务设施用地，应当以租赁、出让等有偿方式供应，原则上以租赁方式为主，出让或租赁建设用地使用权可以设定抵押权。

这意味着建设性养老用地有了国家规范；出让或租赁建设用地使用权可以抵押获取资金，以拓展融资渠道，减缓资金压力。这也标志着养老地产开始享受国家优惠政策，接下来专门针对养老地产的税费、津补贴等方面的政策可能也会陆续出台。具体情况见表 2.23 和表 2.24。

表 2.23　市场层面趋于多样性与专业性

市场层面	具体内容
盈利模式日益明朗化	走在前列的企业已经开始从多角度探索养老地产的盈利模式，并且取得了一定的成绩。如亲和源的"社区化养老"、绿城的"学院式养老"、保利的"三位一体"养老模式、万科的"邻里式养老"。2015 年，有更多企业对养老地产盈利模式有更新、更深入的探索，多元化盈利模式和盈利模式的创新是 2015 年的主旋律
更多企业参与进来	据不完全统计，已经有 10 余家保险企业、80 多家地产开发企业和大量的外资企业布局中国养老地产市场，投资总额超 3000 亿元。随着养老地产行业前景的日益明朗化，会有更多的企业参与进来
企业分工专业化	随着养老地产市场的快速推进，各类企业的短板会暴露得更加明显，企业间分工与合作的必要性越发明显，风险的分拆与资金的匹配也会更加合理。市场不断分化，专业不断分工是 2015 年的主旋律
服务配套体系完善化	2015 年，各级地方政府从政策方面对养老服务产业给予更多的优惠政策。在市场层面，政策放开带来的津补贴的政策红利，会吸引更多的企业参与到生活照料、老年健康、老年用品等上下游环节中来

表 2.24　项目层面趋于大众化与智能化

项目层面	具体内容
融资渠道多样化	2015 年，有更大范围的养老金融政策放开，会对中国养老地产的融资渠道产生重大影响
客群大众化	随着大量养老地产企业进入市场，有限的高端养老市场竞争会越发激烈，在市场空间的限制下，会有更多企业在空间更加广阔的大众化养老地产领域加大投资，从而推动养老地产从高端化向大众化转变
养老项目社区化	2015 年，市场方面也有更多项目涉足，如万科良渚文化随园嘉树项目就是其中的典型代表
养老项目连锁化	目前，一些开发企业介入养老地产的做法多是与成熟的养老地产开发商合作，通过品牌引入、团队引入快速打开市场，这在客观上带来了连锁化的发展。2015 年，养老地产的连锁化取得快速发展
养老智能化	养老智能化是对养老护理人员数量不足情况的有益补充，是大数据在康复、医疗、护理领域的重要实践，是养老地产发展的一个重要方向，2015 年将有更多的养老智能化技术在养老项目中得到实践

三 产业地产：促进工业化和信息化深度融合

房地产业发展的历程表明，当一个国家或地区的经济发展水平达到一定阶段时，产业地产将迎来重大的发展机遇。时至今日，受房地产调控政策的制约，住宅地产开发瓶颈日益凸显，而商业地产并没有成为新的理想领域。在此背景之下，以产业聚集为特征的园区开发——产业地产的发展态势日益趋热，成为业内外人士关注的重点。

地产机构报告显示，除此前传统涉及园区类的上市公司外，已经有越来越多的房地产企业进入了产业地产领域。同时，地产专家也认为，产业地产因其与经济结构调整这一国家经济战略相吻合，如今随着政策和市场层面对产业发展的利好频出，产业地产已经进入了新的发展阶段。

多年来，产业地产作为一个未被重视的房地产派系，一直在无序分散、缺乏标准的状态中自行发展，政府、开发商与企业客户之间的关系若即若离。随着这三者对产业、产品、服务认知的不断完善，以及在政策持续调控下资本和资源不断从原有的住宅泡沫中分流出来，产业地产在近年来的发展不断提速，相关各方对于这个领域的认识也更加深刻。

1. 2014 年中国产业地产行业发展格局

国内物流地产市场获得外资青睐并不出人意料。目前，中国的人均仓储面积是美国的1/12，虽然有5.5亿平方米的物流设施，但现代化物流设施仅仅为美国的1/5，约为1.1亿平方米。按照到2020年中国人均仓储面积达到美国的1/3计算，这意味着未来的现代化物流设施市场规模将达到2.5万亿美元。

（1）2014 年产业地产大事件深入解读

①工业用地新政引爆市场

2014年，产业地产迎来了突破性的一年：工业用地新政频出，工业用地实行弹性出让；"非标"行业对产业/物流地产市场的涌入加速；自贸区效应在2014年持续发酵；产业地产迎来政策季，下半年政策集中推出，43号、62号文引发行业剧烈震荡；亿达、光谷、宏泰等产业地产商集中上市，"资本"成为年度主题词；在"轻资产"概念下，"拼服务""造平台""重运营"，各家房产企业各显神通；土地财政收入减少、地方债受到规范，PPP模式受到政府高度关注。

工业用地新政，某地方政府说要把工业用地从50年转为20年。匹配这个政策的还有一系列税收条件，一般不把税收放在土地合同里面，土地合同是土地合同，税收通常是企业与政府之间的投资协议，但是从这一版新的土地政策开始，新的土地合同里面把企业的税收承诺写了进去，如果企业在一定年限没有满足承诺的税收条件，政府有权无偿收回土地，但可能会给予企业一定的补偿。 具体情况见图2.45。

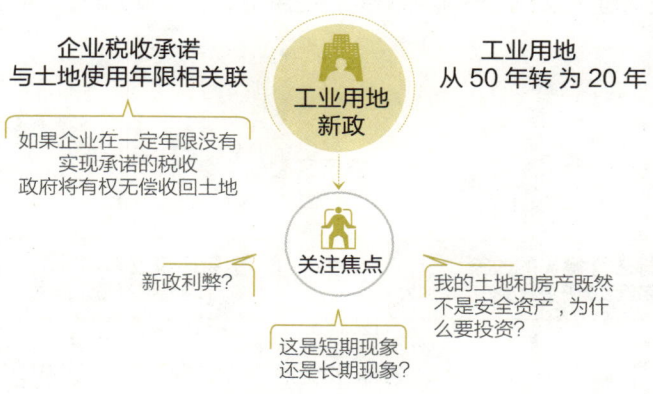

图2.45　工业用地新政

②"非标"行业对产业/物流地产市场的涌入加速

什么是"非标"行业呢？ 就是传统地产的运营商一直以来都是一些专业企业，在过去的十年里，产业地产运营商和物流地产运营商仅有数家，但是在2014年，大量的新企业开始涌入这个市场。 例如，电子商务类、金融机构和传统的住宅商业地产开发商，电商里面以阿里巴巴旗下的菜鸟网络为主。

2014年是国际资本对中国产业/物流地产注资的新一轮疯狂高潮期。 包括美国的华平、黑石，新加坡的淡马锡，日本的三井和三菱等企业都在投资国内的产业地产项目，或者是进行新一轮的增资。 可以看到，中国产业/物流地产市场是一个国际和国内资本疯狂追逐的市场。 具体情况见图2.46。

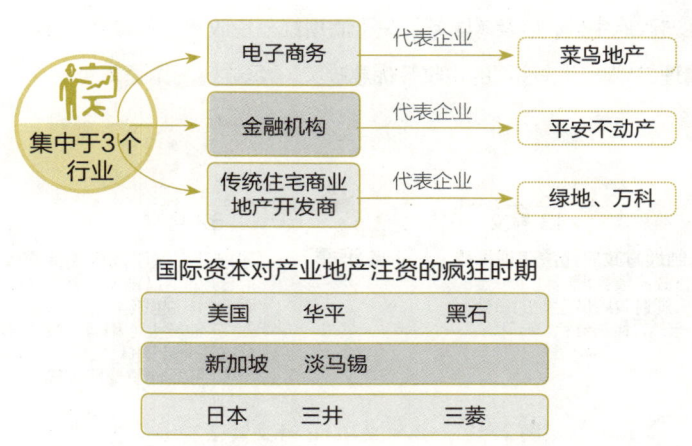

图2.46　"非标"行业对产业地产市场的涌入加速

③自贸区效应在 2014 年持续发酵

2014 年,自贸区市场开始出现一系列的创新型概念,如跨境电商和供应链金融以及物流金融,实际上这些都是基于上海自贸区外汇资金池新政策衍生出来的。具体情况见图 2.47。

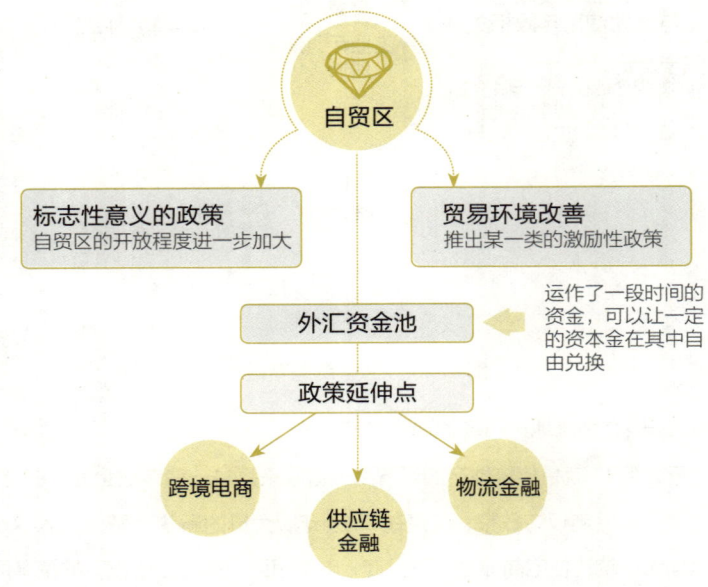

图 2.47　自贸区效应在 2014 年持续发酵

④43 号文和 62 号文紧密发出

2014 年第四季度,国务院发布了《国务院关于加强地方政府性债务管理的意见》(国发〔2014〕43 号文)以限制地方政府举债,以及《国务院关于清理规范税收等优惠政策的通知》(国发〔2014〕62 号文)以全面清理并制止违法违规的税收等优惠政策。具体情况见图 2.48。

图 2.48　43 号文和 62 号文紧密发出

这两个政策引发了市场的 3 个变化。具体情况见表 2.25。

表 2.25　43 号文和 62 号文引发的变化

三大变化	具体内容
1	工业/物流地价加速上涨
2	统一由政府主导的招商引资模式将逐渐被社会化的平台公司主导的载体招商模式所取代，专业的产业地产开发模式将大有可为
3	一直以来以税收贡献衡量政绩的考核模式有可能会发生变化；地方政府财政的重点似乎要从原来的"怎么赚钱"开始变为"怎么服务"

（2）2014 年多类型企业进军产业地产

2014 年，更多类型的企业开始进军产业地产领域。具体情况见表 2.26。

表 2.26　多类型企业进军产业地产

企业类型	分析
房地产企业	比较有代表性的是绿地、万科，这些龙头企业和模式较为独特的一些中型企业，在房地产设计开发等方面积累了大量经验，同时也拥有较好的融资能力，但由于住宅开发的惯性思维，其产业地产商业模式并不是非常清晰
实体企业	除去海尔、雨润这些传统企业外，不少信息类、文化类企业目前也在主动或者被动地圈地，试图在主业之外寻求新的业务增长点。此类企业有良好的产业资源与政府关系，但在开发、设计、建设等方面经验不足，同时由于自身也是行业中的一员，这些企业在招商方面也有较大的局限性，很难招来其他的龙头企业入驻
传统产业地产企业	包括联东、光谷、华夏幸福、天安等国内企业以及普洛斯等外资企业，此类企业拥有较为成熟的商业模式，但也面临路径依赖的问题，市场环境的变化、全国布局的选择，对以往的成功模式造成较大挑战。所以，这些企业不约而同地在 2014 年开始推动转型。联东逐步放弃之前的大规模、无质量的扩张，开始实施精品化战略；华夏幸福也开始培育产业资源、扩充二级产品线，同时向投资类企业进行转型
金融类企业	如复星集团、天赋资本等从事股权投资的企业也高调宣布进入产业地产领域。其中，复星集团以蜂巢城市为概念，发展医疗蜂巢、物流蜂巢等项目；天赋资本主要从事农业产业园的开发。此类企业资金充裕，与政府关系较好，拥有部分高端产业资源，未来企业的扩展性与灵活性较好，但缺乏项目开发团队与实际经验

2. 2015 年产业地产发展的趋势

2015 年，产业地产促进了工业化和信息化的深度融合，利用网络化、数字化、智能化等技术，着力在一些关键领域抢占先机、取得突破。具体情况见表 2.27。

表 2.27　未来趋势：产业地产商业模式的核心是金融化

类别	具体内容
融资创新	产业地产必须在原有开发贷、信托等房地产的传统融资模式基础上，加强与政府以及实体企业的合作，并重视对产业发展基金、新型城镇化政策性贷款、企业与园区经营性贷款等新兴融资方式的运用

续表

类别	具体内容
体制创新	产业地产作为政府与实业、资本之间的一个重要平台，有能力在盘活国有资产，混合所有制试点领域做出更多探索与创新。与国有资本的紧密结合，建立利润共享机制，将加深产业地产商与政府之间的合作与信任，从而更好地推动园区的开发建设与招商运营
业务创新	轻资产的管理输出业务，一方面能够尽快扩大业务规模，锁定优质项目，提升公司收益，集聚更多资源；另一方面也能规避投资风险。目前，某些知名的产业地产开发公司已经开始为政府与知名实体企业提供品牌输出或者管理输出等服务，从项目的前期策划、开发建设到后期的招商运营提供全套解决方案，这种模式预计将在未来一段时间内成为行业内的热点
经营创新	伴随互联网思维、平台思维的不断深入人心，一批有远见的服务类企业将加快与产业地产开发商建立战略合作关系的步伐，园区运营在近两年将出现实质性发展与爆发式增长，中小额贷款、PE、VC、商务服务、人才招聘、园区活动等将为相关企业提供了长久的运营现金流和利润
产品创新	从升级方向上来看，除将节能、环保、信息化等新技术适度应用于产品之外，还需要从园区的角度整体考虑功能与配套的升级，如公共空间（包括公共会议室、交流空间、会客厅等）的设置，配套商业设施（如健身房、咖啡馆、红酒屋、托儿所等）的提供，这样才能更好地满足现代企业发展与员工的需求，从而增强园区的整体吸引力
投资创新	产业地产大部分投资于一二级城市的新区，主要利用工业或者仓储物流用地，注重中心城市周边土地未来的升值空间以及工业与商业土地之间巨大的价值差异。未来，伴随中国城镇化发展方式的转变与土地政策的日趋灵活，产业地产投资方向将越发多元化，将从郊区新城开发向老城区城市更新转变，从工业土地向商业用地、科研用地、集体用地、划拨用地等多种类土地转变，从投资国内向投资海外园区转变
互联网化	产业园区与互联网之间的合作主要是：一是携手共建O2O平台，打造园区行业的电商交易平台；二是打造"智慧园区"的概念，实现园区服务智能化；三是携手共建电商物流产业园。智慧园区、生态园区成为亮点
定位精准化、差异化	园区的产业定位和产品、服务的精细化管理，完善的园区配套建设和服务体系，是未来产业园区的核心竞争力。2015年，受到国家鼓励的行业为文化传媒、生物产业、节能环保、新一代信息技术产业等，这是2015年产业地产发展的方向，原有的物流、孵化器、影视产业等也将持续得到关注

第三章

新态势下商业地产各业态的转型与发展

2014年,对于零售行业来说是风云变幻的一年。关店、裁员、并购、转型……这些都成了行业关键词。随着中国人口红利的逐渐消失,实体零售业的增长率从十年前的年均20%以上,降到现在的年均10%以内,这已成为国内零售业的"新常态"。

同时,为了抗衡电商的冲击,加码体验业态成为众多商业项目的必然选择。商业项目加大体验业态比例,表现为以提升餐饮业态的比例来拉动客流量。另外,通过加大儿童业态的比例来吸引家庭型消费,也是购物中心吸引客流的重要手段。

第一节

零售、娱乐、餐饮业态此消彼长

2014年,餐饮、儿童娱乐等讲究体验、互动的业态比百货零售的吸客能力更强,零售、互动娱乐和餐饮在购物中心的比重此消彼长。购物中心的零售、娱乐、餐饮业态比例经历了从5∶3∶2到4∶3∶3再到1∶1∶1的三个阶段。

一 购物中心业态比重变迁情况

为了避免受到商城同质化问题的影响,购物中心纷纷通过升级改造、调整业态组合等手段,来增强顾客的体验感受。其中,优化和减少受电商影响最为严重的零售业态比例,增加体验式商业业态,成为购物中心调整业态的首要措施。

从销售数据上看,零售类业态从之前占据项目比重的70%~80%下降至目前的30%~40%,而以休闲娱乐、餐饮、儿童教育等业态为代表的体验式业态占比达到20%~30%甚至更高。

1. 儿童业态比例增长至10%~25%

传统的购物中心,儿童业态比例大约在5%,而目前很多新建或调整的购物中心将儿童业态比例增至10%~25%。具体情况见表3.1。

表3.1 儿童消费市场分析

特点	具体内容
家庭型消费成主流	受线上消费冲击和新增项目竞争加剧,更多的购物中心向家庭型消费业态转型,延长消费者在购物中心的停留时间已经成为购物中心调整的主流方向
孩子是家庭消费重心	中国购物中心的消费者,已经由2口之家向3口之家转型,家庭重心已经开始逐渐转移至孩子身上,孩子成为家庭消费的重要决定因素

续表

特点	具体内容
儿童市场规模大	全国已有近百家购物中心先后扩大对儿童品牌的招商，并对儿童区进行改装升级，以扩大对家庭型消费的争夺。2014年，很多新建或调整的购物中心将儿童业态的比例增大至10%~25%。2015年，室内儿童乐园行业整体市场保持40%的平均增速，市场规模达到115.25亿元左右

2. 休闲娱乐业态兴起

在传统商业中，休闲娱乐业态并非一个独立的业态。当商业趋势开始朝着"百货购物中心化，购物中心娱乐化，品牌主题生活化"发展的时候，休闲娱乐业态的形式开始丰富起来，传统业态开始融入文化休闲的元素和休闲生活的理念，因此成为一个独立的新业态。休闲娱乐业态的出现，代表着一种更高层次的消费文明。具体情况见表3.2。

表3.2 购物中心的休闲娱乐业态消费

业态	具体内容
影院	电影院已然成为购物中心的"标配"，其聚客能力和电影院掀起的"圈地时代"不容小觑
健身会所	中国商业健身俱乐部约5000家，可填补购物中心在运动休闲板块方面的空缺，吸引中高端人群聚集，提升购物中心档次。目前，选址在购物中心的健身会所占比约为26%
餐饮	餐饮已成为各大购物中心热捧的业态，不少新建购物中心项目或经调整业态的老项目内，有时餐饮甚至占40%以上
美容美体	美容、造型、美甲等时尚休闲业态对购物中心来说，地位越来越重要，占比有的甚至达到15%，且主要是以大型门店连锁形式延伸至购物中心

3. 服饰业态的主导地位被改变

2013年，国内商业地产龙头万达集团表示，未来将减少零售业态的占比，2014年开设的万达广场将全面取消服饰业态。

服装零售曾是购物中心零售部分的核心，购物中心以服饰作为主力业态的观点需要被修正。在不少购物中心，正在上演着一场餐饮、娱乐业态快速扩张、占地为营的戏码。即使是服装区域，也慢慢在缩减男女品牌服装的比例，而让位给充满朝气、有着无限商业前景的品牌儿童服饰专柜，如喜荟城、君尚百货在场内所打造的亲子区域已经开始尝到了甜头，成为其他商家争相效仿的对象。

二 典型商业项目业态的变化

2014年,国内商业项目业态发生了很多变化,值得人们关注。具体情况见表3.3。

表3.3 2014年典型商业项目业态变化

业态	具体内容
海岸城购物中心	共250家店,儿童品牌店占了1/8,面积上占了1/6。除早教之外,商场还有滑冰场、"反"斗乐园等儿童主力店;而"玩具王国"乐高,已成为购物中心的主力店之一,面积近1000平方米
昆明工人文化宫商业广场	工人文化宫商业广场共分为六个功能区,其中:A区为时尚风情区,业态以酒吧、休闲吧等为主;B区为学校教育区,业态以教育培训、咖啡、餐饮等为主;C区和D区为生活体验区,分别为影城和剧场两大业态;而在E区和F区则主打活力街区,业态以餐厅、酒吧、KTV为主。整个项目还在负一层规划了一条潮流美食街区,汇集了众多时尚餐饮企业
深圳万象城	2014年,万象城升级新增品牌中餐饮品牌占了1/3,童装与潮流服饰也占近1/3。其中,休闲运动服饰成为万象城淘汰的重点对象,而童装和餐饮则成为新的招揽重点。服饰区主要位于1~3楼,而餐饮品牌则集中在4~5楼
杭州西湖银泰	商场由原有600多个服装品牌缩减到200多个后,又增加了100多个新品牌。同时,开辟出更多面积用于容纳餐饮、娱乐等体验式业态,将其占门店面积的比例从18%提高到40%
凯德天府购物中心	体验式购物中心占地14万平方米,集合约270个品牌,包括百丽宫影城、世纪星真冰溜冰场、永辉BRA-VO超市、奇迹健身、言几又艺术空间、英国孕婴专业护理品牌mothercare、衣恋公司旗下的高端童装品牌Celden、君昂童子军乐园、汪正影业儿童摄影、爱乐国际早教中心、雅马哈音乐中心等,体验式业态的占比高达近70%

第二节

零售业态进入门店调整与O2O转型时期

2014年，零售业消费市场整体偏弱、渠道竞争加剧、消费热点缺乏所导致的重点大型零售企业零售额增长压力较大的局面仍在继续。但同时传统实体零售企业主动转型、积极寻求变革的进程也正向纵深发展，有望进入一个相对稳定的时期。行业内，门店的调整会继续，强弱分化会继续，并购重组也会继续。

一 超市：扩张与效益并重

2014年的超市行业，不再是外资低迷、内资崛起的市场状况，而是整个行业开始向着理性发展的道路出发，无论是外资巨头沃尔玛、家乐福，还是内资的华润万家、永辉，都在谋求一条"扩张与效益并重"的道路。

1. 2014年十大超市在内地拓展分析

2014年，内地超市开店141家，本土超市扩张的步伐比外资超市稍大，其中本土超市华润万家全年开业52家；永辉超市开业37家，并以330家门店总数赶超华润万家；外资超市扩张速度缓慢，沃尔玛、乐购、家乐福等纷纷被迫关店，其中沃尔玛关店数量高达14家。具体情况见图3.1。

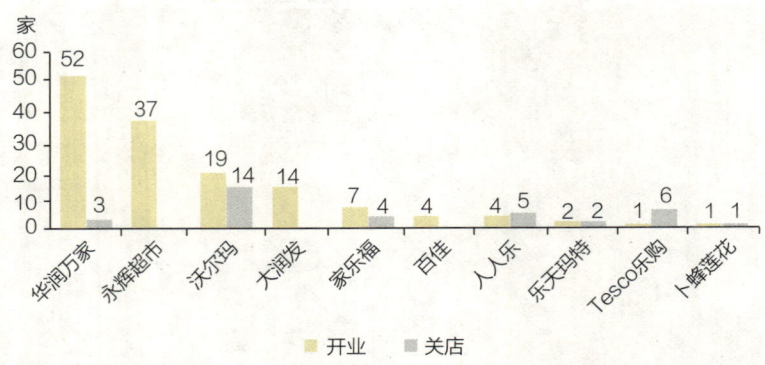

图 3.1 2014 年十大超市内地开/关店对比

资料来源：赢商控股战略研究中心。

外资企业关店频现，原因有很多。具体情况见表 3.4。

表 3.4 外资企业关店频现的原因

三大原因	具体内容
1	电商发展瓜分了超市的一部分市场份额
2	经济增长放缓，消费乏力
3	外资超市没有适应中国市场发展的环境，经营不善、利润下滑，无法满足消费需求转变和企业架构调整，作为抵抗电商核心的生鲜业务发展存在压力

华润万家：并购之王，渠道"下沉"

2014 年初，华润万家制定了继续加大扩张力度的策略，其中计划在华东开店 78 家。不过，与前两年相比，拥有"并购之王"美誉的华润万家的开店策略也变得更为谨慎。2014 年 12 月 17 日，广东首家更名为"华润万家"的乐购门店——华润万家从化店开业，而国内各家乐购门店也于 2015 年陆续改名。

尽管华润万家整合乐购的质疑声不断，但在三线、四线城市市场，华润万家却表现得颇为积极，截至 2014 年末，华润万家新开十余家大卖场，分别位于山西临汾、辽宁鞍山、江西景德镇等地。景德镇门店将会是华润万家渠道下沉的试点，未来 3 年将在江西市场开设 6 家门店，主要位于抚州、赣州、新余等地。

2014 年，华润万家虽新开业 47 家门店，一举拿下了"年度开店之王"的称号。然而在外资扩张纷纷降速的情况下，华润万家这种逆势扩张行为也难逃关店的命运，并先后于 2014 年 12 月 19 日及 26 日关闭河南的 3 家门店。

永辉超市：牵手中百，布局西南

就在乐购被收购、沃尔玛陷"关店裁员潮"的 2014 年，永辉超市"大戏"不断：抢占生鲜市场、引入牛奶国际、增持中百集团等。2014 年合计新开大卖场 37 家，四季度向来为永辉超市密集开店期，永辉超市四季度新开门店 18 家，为前三季度开店的总和。在 2014 年新开门店中，华南地区新开 2 家门店，华东地区新开 8 家门店，华中地区新开 5 家门店，华北地区新开 6 家门店，西南地区新开 13 家门店，东北地区新开 3 家门店。

此前有消息透露称永辉几次三番地举牌增持中百集团，深度合作或从重庆启动。然而，永辉 2014 年在重庆共新增 7 家门店，而中百在几年前已经启动外拓战略进军重庆市场，预计两企业间首次实质性合作会从重庆市场开始。

沃尔玛：一边开店一边关店，调整在华开店计划

在快速发展的中国，从零售业到科技领域乃至消费品市场，外企的生意越来越难做。从 2014 年开始，沃尔玛"关店潮"成为舆论关注焦点。

从 2013 年开始，沃尔玛就展开所谓优化商业布局的"瘦身"活动，开始了席卷全国的关店计划。2014 年沃尔玛在全国关闭 14 家门店，其中包括 3 家"好又多"，它是主流超市中关店最多的。在关店的同时，沃尔玛也在策划着开店计划，本年度共开设 19 家门店，分别位于广东湛江、河北邢台、云南曲靖等三线、四线城市。据透露，在沃尔玛的新开门店规划中，将贵州省和云南省作为重要区域，布局向西南倾斜的态势明显。在 2015 年底前，贵州会新增两家全新门店。

外资超市：风光不再，持续亏损

近几年，外资零售企业在华都出现了关店现象，家乐福、乐购、乐天玛特、卜蜂莲花 2014 年度总计关店 13 家，其中家乐福 4 家、乐购 6 家、乐天玛特 2 家、卜蜂莲花 1 家。

家乐福从昔日被称作国内大卖场业态的"教父"，到如今年年遭遇"被退出"的窘境。就在进入中国市场的第 20 个年头里，家乐福选择了再尝鲜。2014 年 11 月 24 日，在上海开设首家便利店"Easy Carrefour"，就在家乐福试水便利店的同时，其他零售巨头也没有闲着，大润发等也接连曝出涉足便利店业务的消息。

如今零售业面临"寒冬"，外资企业的日子并不好过。除乐购外，国外零售巨头如家乐福、卜蜂莲花等均有并购传闻传出，由此可见，中国零售业曾经如日中天的外资零售巨头独霸市场的时代已经终结，取而代之的反而是更懂得精耕细作、更接地气的本土零售巨头如华润万家、永辉超市等。

2. 2014年十大超市门店内地扩张

由统计数据可知，2014年，超市扩张店面主要集中在下半年，12月开店36家，是全年开店高峰点；其中9—12月开店数量占总开店数量的60%。具体情况见图3.2。

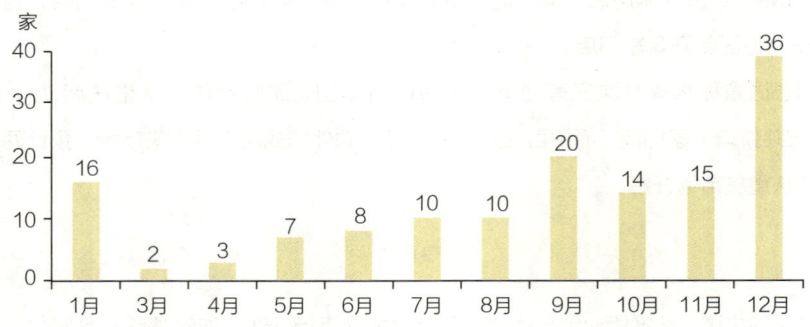

图3.2 2014年十大超市内地开店月份分布

资料来源：赢商控股战略研究中心。

从开店区域上来看，以华东、西南、华南、华中地区为主，各区域开店数量均超过20家。具体情况见图3.3。

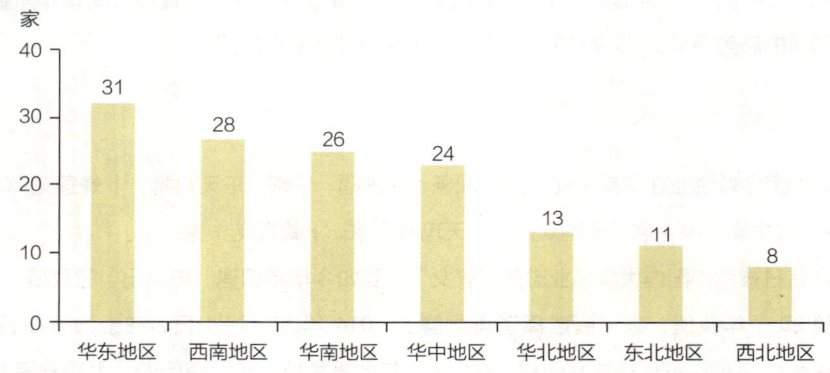

图3.3 2014年十大超市内地开店区域分布

资料来源：赢商控股战略研究中心。

从分布的城市级别来看，2014年超市开店主要集中在二线城市，开店数为61家；同时，不断往三线、四线城市渗透，开店数分别为30家、23家。具体情况见图3.4。

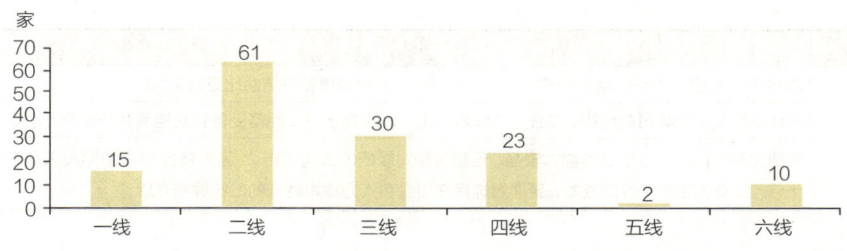

图 3.4　2014 年十大超市内地开店城市级别分布

资料来源：赢商控股战略研究中心。

2014 年，整个超市行业调整的力度更大，将目光从超市业态转移到寻求新的增长点上面，如便利店、商业地产或强强联合等，下半年开始加大力度扩张。具体情况见表 3.5。

表 3.5　2014 年超市行业调整特点

特点	具体内容
资源整合	未来两年，超市行业仍将继续出现并购、资源整合等情况。面对电商的冲击，超市竞争加剧，超市只有联合各种优势资源借力发展，才有可能摆脱业绩"寒冬"
转战三线、四线城市	在一线、二线城市将以社区化、小业态姿势绽放，三线、四线城市的大卖场将遍地开花。另外，"趆市版"购物中心也将出现
深化 O2O 模式	超市将继续深化 O2O 渠道，发到全渠道和平台化。传统零售业转型 O2O 的优势明显，有丰富的线下资源和成熟的消费者。目前，各家零售商均纷纷开辟线上渠道，如大润发旗下的"飞牛网"已经开始叫板"1 号店"

3. 超市主要发展特性与趋势

随着电商的发展及消费者需求的转变，以大卖场为购物中心主力店的固定模式正在被打破，取而代之的新卖家是以生活服务、娱乐休闲等为主的体验业态。在各方市场威逼的困境下，新生代的精品超市却表现出良好走势，成为传统超市、大卖场参与市场竞争的有利砝码。

（1）精品超市快速发展，瞄准二线、三线城市

相关资料统计数据显示，2014 年 22 个精品超市品牌共拓展 41 家门店，其中永辉超市全年共拓展 12 家 Bravo YH。华润万家拓展 7 家 Ole、1 家 Blt，共拓展 8 家店面。具体情况见表 3.6。

表 3.6　精品超市"下沉"二线、三线城市

特点	具体内容
快速理性发展	2014 年，平均每个精品品牌新拓店数不到 2 家，除永辉超市新开 12 家店外，北京华联等超市巨头新开店数都不超过 5 家。各零售企业的精品超市拓展战略较为理性，虽然精品超市越开越多，但就开店速度和开店整体规模来看，精品超市还远远未达到爆发式增长的要求

续表

特点	具体内容
瞄准二线、三线城市	2014年，各商家扩张的精品超市中，一线与二线、三线城市新开店的比重为1∶3
	一线城市商业市场日趋饱和，二线、三线城市由于尚未完全开发而备受各类高档消费产品业态的青睐
	快速盈利的门店多位于消费能力较强、但租金相对较低的二线城市。因为精品超市前期投入是普通门店的几十倍，企业为了尽快收回成本，更愿意选择在租金和人力成本略低的二线城市开店

（2）精品超市结构调整，形成错位竞争

随着越来越多的精品超市品牌崛起，以及各种市场因素的牵制，因盈利不佳而关店在精品超市市场不断上演，如开店迅猛的北京华联精品超市公司近年接连出现因严重亏损而关门的现象。这表明精品超市未经繁荣阶段就已经进入了调整定位、服务升级的改良阶段。具体情况见表3.7。

表3.7 精品超市结构调整情况

特点	具体内容
调整产品结构	精品超市立足本土，调整产品结构，淡化"高价"，迎合家庭消费需求。2014年，精品超市调整生鲜价格，趋向"平民化"的家庭消费，同时加紧布局"午餐经济"
营造体验氛围	精品超市更注重在装修设计、服务设施各个层面打造不一样的购物体验。2014年12月开业的Ole'成都远洋太古里店打造咖啡吧、酒吧、茶吧、意大利餐厅、概念厨房等多种不同层次的生活空间

（3）精品超市与传统超市形成差异化竞争

精品超市引进大量高端、优质进口品牌，能有效提高商场口碑。对于健康、消费理念不断提升的顾客来说，有机、进口食品具有强大的吸引力。精品超市实现了主题差异化，避免了同业竞争。具体情况见表3.8。

表3.8 精品超市引入特色业态

项目	具体内容
体验式店中店	在体验式业态中，店中店为吸引人流的首选品类。如CitySuper在超市中引入CultureClub，为喜好烹饪的消费者提供学习交流机会
母婴特定品类	提升特定品类的重要性，满足目标消费者多方位需求。例如，自三聚氰胺事件爆发后，国内消费者对于国产奶粉的信任危机尚未解除，进口奶粉迅速增长，精品超市凭借进口商品优势，提高进口母婴用品尤其是奶粉的供应，设立母婴用品专区

二 百货：在承压中变革

2014年，新兴业态与网上购物持续分流传统百货商店的客流量，消费客群流失带来的业绩下滑让

百货业倍感经营压力,内外资百货商处于水深火热的生存状态中,多数企业尝试进行全渠道变革、优化布局、丰富服务功能,但都无明显起色。相关网络数据显示,2014年全国主要城市销售排名前97家的百货商店实现销售额达990.9亿元,同比下降6%。

1. 2014 年百货门店内地拓展分析

2014年,百货行业除万达百货外,几乎所有百货品牌都放慢了扩张的步伐,据不完全统计,万达百货、王府井、天虹、丹尼斯、百盛、广百等全国知名百货品牌于2014年共新增门店约64家,其中万达百货依旧逆市扩张,全年共开设门店24家。具体情况见图3.5。

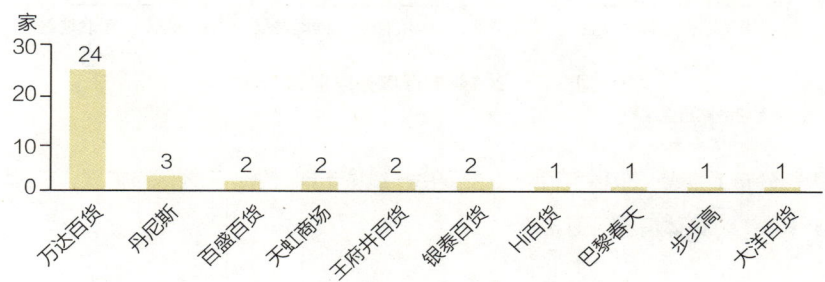

图 3.5　2014 年十大百货开店数

资料来源:赢商控股战略研究中心。

外资百货出现"关店潮",占国内总关店数的70%,其中百盛撤离常州、济南两个市场并关闭了4家店,日本华堂关闭了北苑店、望京店和西直门店共3家店铺,业绩的不理想让北京华堂采取收缩策略,将重心投向关键门店的经营中。具体情况见图3.6。

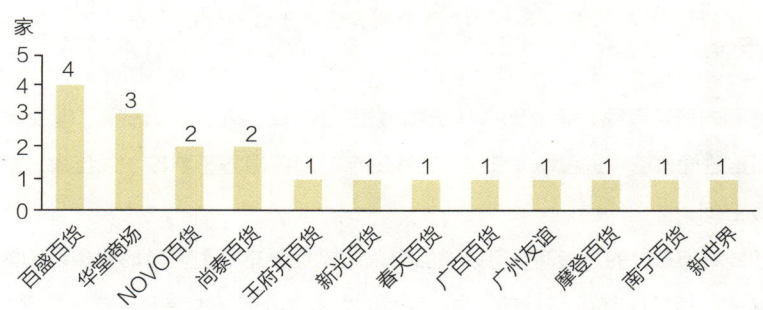

图 3.6　2014 年百货关店情况

资料来源:赢商控股战略研究中心。

对于目前中国的相关政策、消费趋势转变线上等市场环境变化,外资百货普遍市场反应不敏锐。

在本土化进程频受挑战的局面下，多数外资企业还需听候总部意见再做调整转变；而总部对当地市场无法感同身受，因此导致确定的策略不能百分之百匹配。

据统计，2014年百货业主要往华东、华南地区扩张，扩张数量分别为19家、15家；但从扩展趋势来看，其他区域也在加大布局力度。具体情况见图3.7。

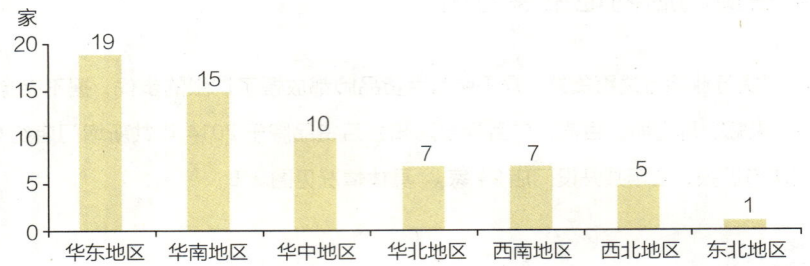

图3.7　2014年百货开店区域分布

资料来源：赢商控股战略研究中心。

从城市级别分布上来看，2014年百货业主要由一线城市向二线、三线城市扩展，二线城市开店23家，三线城市16家。具体情况见图3.8。

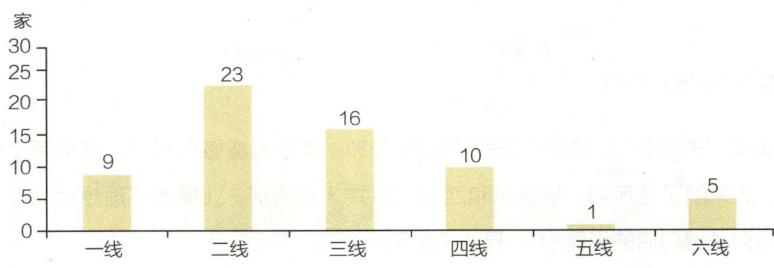

图3.8　2014年百货开店城市级别分布

资料来源：赢商控股战略研究中心。

一线城市商圈的资源有限，竞争比以往更加激烈，越来越多的公司选择了向二线、三线城市扩张，而且在不断推进的城镇化进程中，二线、三线城市的消费潜力不断被激发出来，给百货业带来了更为广阔的市场空间。

在三线、四线城市布局的百货商场可以增加自采的比例，充分了解当地消费者的需求，采购符合当地消费者口味的中档品牌商品。目前，中档品牌的供应商众多，也有开拓市场的愿望，与三线、四线城市的百货商场合作可以实现双赢。所以，在三线、四线城市采用自营模式的百货商场将具有很大的竞争优势。

2. 百货业未来发展特性与趋势

目前,百货业面临重塑供应链、转变经营模式、寻找新盈利点等多重挑战。未来,百货业在确定经营重心、培育核心竞争力时,应更多地掌握独家资源,通过个性化、差异化的品牌与商品重新捕获消费者。在向自营过渡阶段,为了不占用大量资金、降低经营风险,国内百货企业还需大比例保持与供应商合作开发、销售的品牌商品。"自营+自有品牌+联营品牌"的混合经营模式将成为百货业未来发展的主流趋势。

(1) 百货业转型,迎接大数据革命

① 发展自有品牌,从"零售商"转型"零售制造商"

发展自有品牌,从"零售商"转型"零售制造商",才是百货业转型的根本方向,这就要求对消费者有精准的定位,并担负起采购、商品管理、市场推广、品牌建设的重任。

在零售业内,百货业自有品牌的发展尚处在起步阶段。具体情况见表3.9。

表3.9 国内外零售业发展情况

类别	具体内容
国内	根据一项针对国内65家主要超市、超大型商场的专题调研,有60%的企业提供自有品牌产品,但一般自有品牌产品在总销售额中的占比不会超过5%
国外	在美国超市零售业中,自有品牌的销售占比平均在25%,在欧洲,这一比例更高达40%甚至是50%

② 企业用大数据进行精准营销

相关数据显示,2014年中国手机上网人群规模达5亿,占全部网民的81%,达到近40%的绝对普及率。

许多传统百货公司,如王府井、天虹商场、银泰百货等,通过上线网购平台、推出APP[①]软件、与微信合作等方式来应对电商冲击。同时,商业地产企业也在拥抱大数据和移动互联网,万达要求电商覆盖所有万达广场,电商会员达到3000万,力争3年内万达电商会员过亿。万达电商定位于两个方面——大会员、大数据,以真正做到线上线下相结合。

(2) 百货业购物中心化,引进新业态

2014年是新增百货商店最少的一年,一线城市百货商店的增长量微乎其微,新世界百货、步步高等进一步"下沉",在三线、四线市场寻找机会。借鉴购物中心业态构成进行调整,积极寻求"去百

---

① 指手机应用程序。

货化"的变革，引进儿童体验乐园、教育培训机构、餐饮等多业态组合，增加客户的体验度和客户对商场的黏性，已经成为百货商店转型的核心举措。

在物业条件受限的情况下，业界普遍认为，这类购物中心化的调整模式仅适用于百货业的转型过渡期，并非长久之计。

(3) 百货业纷纷跨界商业地产

在住宅地产受限的大背景下，商业地产已经成为企业的关注焦点。百货转型也开始聚焦商业地产。有了更多企业的跨界涉猎，就会有更多新举动出现，如百盛的新改变，大悦城、华润等巨头的新动作都值得关注。

(4) 百货业深化 O2O，实现全渠道

目前，国内线上消费趋势逐渐明显，O2O 概念蔓延至整个零售业，全行业对渠道建设的关注度空前。2014 年，多数百货企业以丰厚的人力、财力将全渠道纳入战略层面发展。大商股份、王府井百货、银泰商业、天虹商场、重庆百货、友阿股份等不同区域的百货巨头都已进入电子商务领域，并逐步完成了线上、移动端的全渠道端口布局。

王府井百货、银泰商业与电商的合作

为了深化全渠道改革，2014 年以王府井百货、银泰商业为首，主营业务为百货的企业纷纷与互联网巨头阿里巴巴、腾讯开启战略合作。银泰商业与阿里巴巴成立合资公司，用于在中国发展与购物中心、百货、超市相关的线上线下业务；阿里巴巴以 53.7 亿港元战略投资银泰商业集团。王府井百货与腾讯在移动支付领域取得突破后，双方将以融合联动的商业模式继续推进全渠道建设。

不过，百货企业可实现的全渠道价值与投入难成正比。由于尚未探索出清晰的盈利模式，大多企业的全渠道构建只停留在搭建线上平台的基础阶段。乐观来看，未来可能会厚积薄发。

三 快时尚："疯狂扩张"和"触网"

从 2012 年底开始，中国零售消费大环境不景气，但实际上服装消费总量每年却以两位数的百分比在增长，特别是快时尚品牌的增长更加领先于其他品牌。回顾 2014 年快时尚品牌在中国大陆的发展

情况，可以用两个关键词来概括——"疯狂扩张"和"触网"。

1. 2014年快时尚品牌拓展分析

几乎每一家新开业的快时尚门店，背后都伴随着一家购物中心的开业。显然，快时尚品牌的快速扩张并不是无来由的，而是目前整个中国商业地产市场过热的产物。

快时尚行业主要以"快、狠、准"为主要特征，并达到迅速风靡时尚界的效果。2014年快时尚傍上万达广场，再掀开店狂潮，北京、上海、成都成为快时尚行业的主要发力点。

（1）年度开店之王：UNIQLO

H&M、UNIQLO、GAP、ZARA、MUJI、i.t、MANGO、UR、C&A、Forever21、NEW LOOK共11个较知名的快时尚品牌在2014年共新开了264家门店。2013年除NEW LOOK外，其余十大快时尚品牌共新开门店266家。2014年的总开店数量与2013年基本持平。相对在2014年不断关闭门店的服饰行业来说，疯狂开店的快时尚行业可以称得上是"朝阳行业"。

其中，UNIQLO是扩张速度最快的，以80家新门店卫冕，是当之无愧的"开店之王"。扩张速度排名第二的是H&M，以60家新门店夺得亚军，截至2014年12月，H&M集团全球门店总数达3511家，而前一年同期为3132家。扩张速度排名第三的是MUJI，以30家新店夺得季军。此外，ZARA全年开出16家新店，15家集中在2014年下半年开业。具体情况见图3.9。

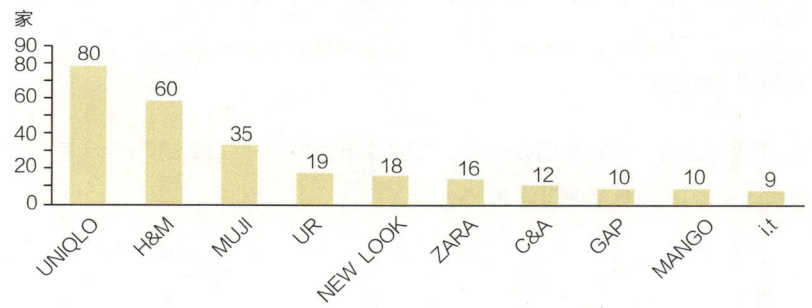

图3.9　2014年十大快时尚品牌开店数

资料来源：赢商控股战略研究中心。

（2）快时尚之都：北京

2014年，快时尚品牌入驻门店数量排名前十的城市依次是：北京、上海、成都、广州、无锡、武汉、杭州、济南、深圳、重庆。2014年的"快时尚之都"是北京，共有28家快时尚品牌门店开业。

上海以 26 家门店排名第二，成都以 24 家门店排名第三。在入驻门店数量排名前十的城市中，一线城市北京、上海、广州、深圳全部上榜。全部上榜名单中，无锡、济南以"黑马"的姿态出现。具体情况见表 3.10。

表 3.10　2014 年快时尚品牌入驻门店数量排名前十的城市

城市	北京	上海	成都	广州	无锡	武汉	杭州	济南	深圳	重庆
门店数	28	26	24	14	10	10	9	9	9	9

快时尚品牌扩张迅速，以一线、二线城市特定区域（华东地区）为主。目前一线、二线城市市场已经基本趋于饱和，三线城市由于受众消费水平及消费观念跟不上一线、二线城市，快时尚品牌尚不敢大幅度进入，只能通过一线、二线城市慢慢向周边扩散，因此，总体增速有所减缓。

据统计，知名快时尚品牌 2014 年扩张的重点仍是华东地区，开店 102 家，约占所有开店数的四成；同时，也慢慢向华南地区、华北地区、西南地区的市场铺开，分别开店 49 家、46 家、38 家。具体情况见图 3.10。

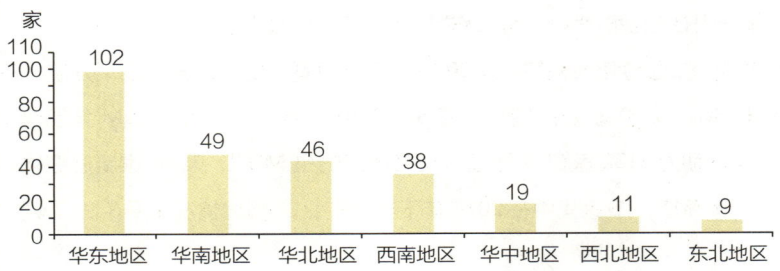

图 3.10　2014 年十大快时尚品牌开店区域分布

资料来源：赢商控股战略研究中心。

从分布的城市级别上看，快时尚仍以一线、二线城市为主，一线城市扩张 85 家，二线城市 139 家，是 2014 年扩张重点。具体情况见图 3.11。

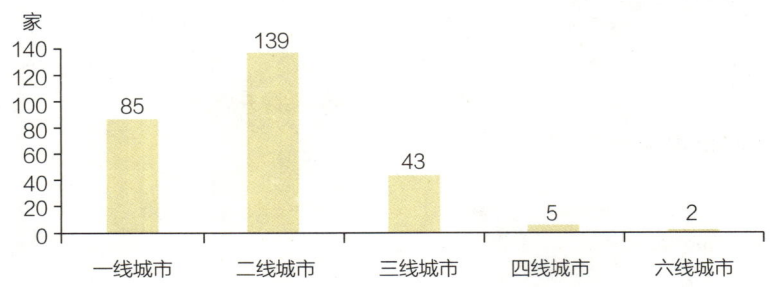

图 3.11　2014 年十大快时尚品牌开店城市级别分布

资料来源：赢商控股战略研究中心。

相关数据显示，2014年五大快时尚品牌（UNIQLO、H&M、ZARA、GAP、C&A）门店总数较2013年增加了23.7%，但增速减缓了20个百分点。从品牌来看，除UNIQLO外，其他四大品牌增速都出现了放缓趋势。具体原因见表3.11。

表3.11　四大快时尚品牌拓展速度放缓的原因

三大原因	具体内容
1	UNIQLO的拓展信念源自其强劲增长的大中华区业绩，而其他品牌在前两年高速扩张后，拓展计划慢慢趋向审慎
2	进入中国的快时尚品牌越来越多，竞争越来越激烈，消费者对衣服质量也有更高的要求，而快时尚频频出现质量问题，因此扩张计划也越来越慎重
3	快时尚更新服装款式、变换橱窗陈列的速度极快，一般是一周两次，甚至更短。节奏快容易暴露出灵感下降、设计师匮乏、抄袭等问题

（3）快时尚合作开发商TOP1：万达集团

近几年，快时尚品牌纷纷加快拓展国内市场的步伐，而这类品牌所要求的店铺面积、展示面积等一系列条件和购物中心的要求合拍，由于快时尚品牌具有强大的吸客能力，已经快成为购物中心的主力店，而这，恰好是购物中心最看重快时尚品牌的理由之一。

购物中心无论怎样定位，都离不开时尚、潮流、特色、体验的主流定位。快时尚品牌非常迎合当代消费人群的口味。而对于快时尚品牌企业来说，卖的不再是简单的产品，而是时尚的感觉、青春的节奏,快时尚品牌的价值就在于不断地给顾客营造这种时尚体验。

国内的很多城市，几大快时尚品牌集合在同一家购物中心的例子随处可见，如全国各地的万达广场、万象城、银泰城、永旺梦乐旺、吾悦广场等都引进了快时尚品牌。从赢商网统计的数据看，万达集团是快时尚品牌最受欢迎的合作开发商，2014年一共有32家快时尚品牌选择入驻了其旗下的万达广场。

从2014年开店数据来看，华润置地和银泰各有8家快时尚门店入驻旗下的购物中心，在快时尚品牌喜欢的合作开发商中排名第二。梦乐城、吾悦广场、大悦城这3个系列的购物中心也是快时尚品牌优先选择的商业项目。具体情况见表3.12。

表3.12　2014年快时尚与开发商合作排名

排名	开发商	产品线	门店总数（家）
1	万达集团	万达广场	32
2	华润置地	万象城、五彩城	8
3	银泰集团	银泰百货、银泰中心	8
4	永旺集团	梦乐城	4
5	新城控股	吾悦广场	4
6	中粮地产	大悦城	4

2. 快时尚品牌未来发展特性与趋势

在过去的两年中,快时尚品牌在新一线城市的新增门店数量已经远远超过了北、上、广、深。快时尚品牌的发展策略从以一线城市为核心转变到以新一线和二线、三线城市为重点,这个转变在很大程度上也跟商业地产扩张策略的改变息息相关。伴随着一线城市核心零售商圈的逐渐饱和,商业地产开始向中西部地区发展,像万达、银泰、万象城背后的开发商在 2009 年之后都将发展重心转到二线城市,它们为快时尚品牌创造了更多零售空间的选择。

(1) 加快电商发展,线上为线下铺路

在 2014 年"双 11"当天,UNIQLO 官方网络旗舰店的单日销售额就突破 1.2 亿元,总计销售超过百万件商品,同比增长超过 500%。

几大快时尚巨头在电商平台上均设有特价区,特价产品折扣从 5 折到 8 折不等,但是都不约而同坚持一个原则:线上与实体店同价。虽然线上销售有着更为明显的成本优势,但快时尚巨头实行线上线下同价的策略,意味着其并不希望线上的销售过多地冲击到实体店,主要目的是通过线上为实体店吸引顾客,快时尚的核心始终是实体店。

如 UNIQLO 的 APP 提供了店面的位置指引,线上 APP 提供的优惠券二维码都是专门设计的,只能在实体店内才能扫描使用。在 MANGO 的全球电商平台上,设有一个服装搜索功能,只要输入编号和消费者所在地区就能搜到其所在城市门店是否有库存;消费者在网上下单后,可到指定实体店取货并免运费。

(2) 快时尚品牌跨界发展多元化产品线

快时尚品牌多元化发展产品线(服装、家居用品等)的做法是一种趋势,就像购物中心要一站式服务一样,快时尚品牌也希望消费者能够在其店内享受到一站式服务。

从长远来看,以 ZARA、H&M home 系列、MUJI 为主要代表的快时尚家居,随着快时尚家居市场份额的进一步扩大、平价时尚与家居专业性配合度的成熟,未来势必是能满足年轻消费群体口味的个性化市场。

2014年1月,H&M家居home系列正式进入中国市场,截至8月底,在北京、上海、杭州、深圳等城市已经连开7家大型旗舰店,并且下半年再开4家。2011年ZARA hcme进入中国至今,已经开了近20家门店,并且2014年上半年销售额同比增长30%,比集团旗舰品牌Zara同期的增长率高出许多。

(3)渠道"下沉",向二线、三线城市蔓延

过去3年,快时尚品牌在二线城市的平均新增零售面积每年有270万平方米,2016年预计将达到每年新增零售面积500万平方米。而北京和上海这两个城市2011—2012年的年平均新增供应量仅为2009—2010年的一半左右,而且大部分都在城市周边。这使得依商业综合体而居的快时尚品牌,也自然而然地向二线、三线城市蔓延。

四 奢侈品:开店趋于理性和保守

相关报告指出,2014年中国内地的奢侈品市场首次出现负增长,增长率为-1%;2013年为2%;2012年和2011年,这一数字分别为7%和30%。由此可见,中国奢侈品市场已经开始步入"寒冬"。

1. 2014年奢侈品品牌开店情况盘点

曾以销售额1020亿美元骄人业绩领跑全球的中国奢侈品市场,如今正一步步走向冰点——众多奢侈品公司最新公布的业绩均呈现出下滑态势,其中以中国为核心的亚太地区业绩下滑最为严重。业内人士分析,中国奢侈品市场低速增长的态势在未来10年的时间里或将持续。

(1)奢侈品品牌在中国新店扩张态度趋于保守

2014年,奢侈品品牌业绩衰退,开始主动或被动的转型,最直接的是各大品牌纷纷对之前的店面扩张策略进行修正。

据统计,包括路易威登、古驰、纪梵希等在内的全球16大奢侈品品牌2014年在中国新开门店数量为72家,重装开业门店11家。其中纪梵希新开10家店,数量居榜首;其次是蔻驰,新开7家店;阿玛尼、菲拉格慕、古驰各新开6家店;路易威登和普拉达各新开5家店;迪奥、万宝龙各新开4

家店；爱马仕、巴宝莉、范思哲各新开3家店；芬迪、卡地亚新开2家店；蒂芙尼、香奈儿各新开1家店。具体情况见图3.12。

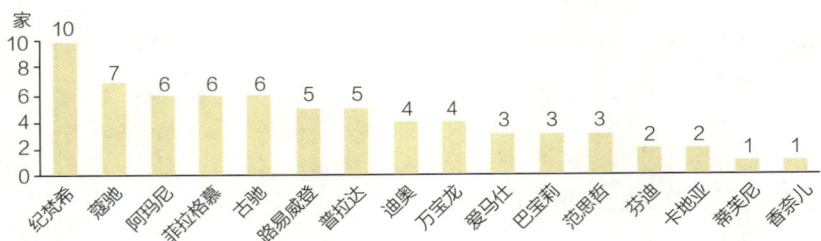

图3.12 2014年知名奢侈品品牌开店数

资料来源：赢商控股战略研究中心。

总体上来看，奢侈品品牌开店趋于理性和保守，具体原因见表3.13。

表3.13 奢侈品品牌开店趋于理性和保守的原因

原因	具体内容
禁奢继续	由于"禁奢令"继续发威，国内奢侈品消费增长止步，卖场奢侈品销售额下滑高达两位数，奢侈品大牌收缩店面、缓开新店或成趋势
行业竞争	奢侈品行业竞争日趋激烈，奢侈品品牌在新店扩张方面趋于保守。普拉达和范思哲等都在严格控制新店的开设数量
网购趋势	与奢侈品市场整体表现平淡相比，奢侈品网购正受到消费者青睐，有近60%的消费者通过代购渠道购买过部分奢侈品

（2）中国奢侈品市场转战二线、三线城市

由于受到反腐等多重因素影响，许多奢侈品品牌在2014年的业绩出现了下滑。但是，中国二线、三线城市的奢侈品高端商场却一座座拔地而起，如成都、重庆。成都国际金融中心定位高大上，2014年揽入路易威登、迪奥、阿玛尼、香奈儿、蒂芙尼、纪梵希、芬迪、蔻驰、菲拉格幕9个国际一线奢侈品品牌；成都远洋太古里引入古驰、爱马仕、范思哲、纪梵希。两座高档购物中心错位引入国际一线奢侈品品牌，形成互补之势。2014年各知名奢侈品品牌开店区域分布情况见图3.13。

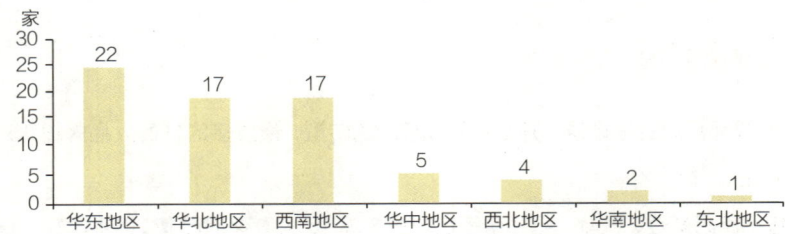

图3.13 2014年知名奢侈品品牌开店区域分布

资料来源：赢商控股战略研究中心。

从分布城市级别来看,奢侈品坚守一线城市,且慢慢往二线、三线城市渗透。2014年一线城市开店25家,二线城市开店36家。具体情况见图3.14。

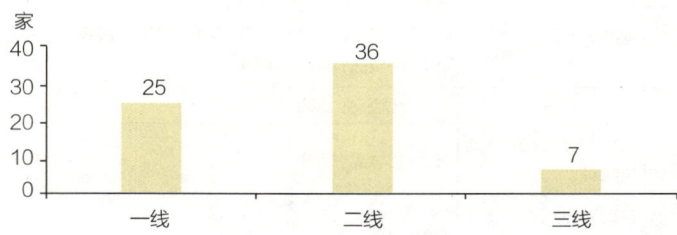

图3.14 2014年知名奢侈品品牌开店城市级别分布

资料来源:赢商控股战略研究中心。

相关研究数据表明,中国人群消费观念及习惯正发生改变。具体情况见表3.14。

表3.14 一线、二线、三线城市中国人群消费观念及习惯

分类	具体内容
一线城市	消费者更注重产品本身的内涵、材质、设计等,单纯的炫耀性消费少了
二线、三线城市	由于对国际品牌不太了解,会对LOGO感兴趣,出于炫耀性的消费会多些。因此,奢侈品布局自然向二线、三线城市转移

2. 国内主要奢侈品品牌运营情况

世界奢侈品行业在经过了几年的"冰河期"后,意外地迎来了中国市场的崛起。中国已经成为路易威登的第四大客户群所在地,古驰的第五大市场,万宝龙的第三大消费国,瑞士名表的第十大出口国——这些,都足以令奢侈品品牌对中国市场的发展前景产生比以往任何时候都更强烈的信心。奢侈品品牌进驻中国正在成为顶级奢侈品品牌的共识,使得这几年众多国际奢侈品品牌陆续进入中国市场。具体情况见表3.15。

表3.15 国内主流奢侈品品牌汇集

名称	定位	业态	主要网点
古驰	意大利殿堂级时尚品牌	服装/服饰:男装、女装、商务正装、服饰;鞋/皮具/箱包:女鞋、女靴、男鞋、皮具、箱包;饰品/化妆品:饰品、珠宝	北京、上海、天津、石家庄、长春、沈阳、大连、青岛
迪奥	法国著名时尚消费品牌	服装/服饰:男装、女装、服饰;饰品/化妆品:化妆品、香水	全国
路易威登	箱包和皮具领域世界第一品牌	服装/服饰:男装、女装、商务正装;鞋/皮具/箱包:女鞋、女靴、男鞋、皮具、箱包;饰品/化妆品:饰品、珠宝、手表	北京、上海、长春、成都、香港

续表

名称	定位	业态	主要网点
普拉达	国际著名服饰品牌	服装/服饰：男装、女装、服饰、内衣； 鞋/皮具/箱包：女鞋、女靴、男鞋、皮具、箱包； 饰品/化妆品：饰品、手表	香港、广州、北京、上海、武汉、西安、杭州、大连、重庆、丽水
天梭	—	饰品/化妆品：手表	全国
劳力士	瑞士钟表业的经典品牌	饰品/化妆品：手表	广州、上海、北京
纪梵希	在时装界几乎成了优雅的代名词	服装/服饰	—
杰尼亚	成功男士的衣橱	服装/服饰：男装	全国各大一线、二线城市
香奈儿	国际饰品奢侈品品牌	国际饰品奢侈品品牌	全国
阿玛尼	—	服装/服饰：男装、女装； 饰品/化妆品：香水	—
登喜路伯爵	典雅高档的男装品牌	服装/服饰：男装、服饰	国内一线、二线城市
登喜路	奢华独到的男装品牌	服装/服饰：男装、商务正装、服饰； 鞋/皮具/箱包：男鞋、皮具、箱包； 饰品/化妆品：香水	国内一线、二线城市
兰蔻	优雅，品种样式多的时尚化妆品牌	饰品/化妆品：化妆品、护肤、香水	北京、上海等地
雅诗兰黛	全球著名的护肤、化妆品和香水公司之一	饰品/化妆品：化妆品、护肤、香水	北京、上海、深圳、广州、长春和南京等地
范思哲	国际著名品牌	服装/服饰； 饰品/化妆品：珠宝、手表、香水	上海、北京、深圳，国内各大省会城市
盖尔斯	体现高端品质	服装/服饰：男装、女装； 鞋/皮具/箱包：女鞋、女靴、男鞋； 饰品/化妆品：手表	北京、上海等城市
宝诗龙	—	饰品/化妆品	—
江诗丹顿	世界著名钟表品牌之一	饰品/化妆品：手表	一线、二线城市
芬迪	毛皮类服装在世界时装界享有盛誉	服装/服饰：女装、服饰； 鞋/皮具/箱包； 饰品/化妆品：饰品、手表、眼镜、香水	全国网点：一线城市拥有多家，亚洲旗舰店位于上海恒隆广场； 全球网点：全球有100多家，旗舰店位于纽约第五大道

续表

名称	定位	业态	主要网点
蒂芬尼	—	饰品/化妆品	—
爱马仕	品牌形象建立于其一贯的高档、高品质原则	服装/服饰：服饰；鞋/皮具/箱包：皮具、箱包	北京、上海、杭州、深圳、成都、大连、青岛、广州、天津、哈尔滨、南京、苏州、无锡
积家	—	饰品/化妆品	—
波米雷特	来自意大利的珠宝饰品	饰品/化妆品：饰品、珠宝	北京
御木本	—	饰品/化妆品	—
芝柏	—	饰品/化妆品	—
爱彼表	—	饰品/化妆品	—

（1）路易威登：产品平均价格下调8%

路易威登，作为奢侈品行业排名第一的品牌，其所在集团是世界上最大的奢侈品集团——路易威登，它的一举一动都影响着整个行业的发展态势。作为国际时尚和品牌的风向标，路易威登在中国的发展也成为更多奢侈品品牌对于中国市场实际情况的参考依据。具体情况见表3.16。

表3.16　2014年中国内地拓展情况

店态	省/市	门店位置	拓展动态	开业时间
专卖店	济南	贵和购物中心	开业	1月22日
专卖店	天津	银河广场	开业	1月9日
专卖店	成都	国际金融中心	开业	7月3日
旗舰店	武汉	国际广场购物中心	开业	7月31日
鞋履精品店	北京	新光天地	开业	10月30日
专卖店	呼和浩特	香格里拉酒店专卖店	关闭	12月19日

在中国一线城市，北京、上海、广州和深圳，只有18.8%的受访者称路易威登是最渴望拥有的奢侈品品牌；而在三线城市，这一比例为38.3%。虽然路易威登在中国仍是最受欢迎的奢侈品品牌，但在一线城市普拉达正盖过其风头。2015年，路易威登旗下的泰格豪雅宣布，瑞士、中国、美国、加勒比及中南美地区市场的产品价格平均下调8%。在中国市场采取的调整和转型策略情况见表3.17。

表 3.17　在中国市场采取的调整和转型策略

策略	具体内容
开设女士鞋履专门店	2014 年 10 月 23 日，路易威登在北京新光天地的全新女士鞋履精品店开业。这是路易威登在全亚洲开设的第一家女士鞋履专门店
品牌书店首登中国	2015 年路易威登书店首次登陆中国，不仅完整地呈现了路易威登出版的三大类书籍及其限量版出版物，还为顾客甄选了来自世界各地的旅行书籍及艺术、时尚、设计、饮食等多个领域的精品书籍
个性化定制	北京路易威登之家将提供一系列人性化的贴心服务，为顾客提供专属递送服务，贵宾专属区域则营造了一个更加私密的整体氛围
进军智能手表产业	2015 年推出智能手表产品。目前的智能手表功能已经超越传统意义上的手表范畴，不但可以打电话、收短信，还可以与用户的智能手机进行连接
控制专卖店扩张步伐	2015 年开始对其品牌进行重新定位，扩大带有不易察觉标识的路易威登产品的范围，并给予诸如赛琳和芬迪等增长更快的子品牌以更多的重视，同时努力控制中国专卖店的扩张步伐

（2）爱马仕：中国市场取得两位数的增长

自 1997 年在北京开设了中国首家专卖店后，在进驻中国的 17 年里，爱马仕已经在中国的 17 个一线及二线城市开设了 20 余家专卖店。具体情况见表 3.18。

表 3.18　2014 年中国内地拓展情况

店态	省/市	门店位置	拓展动态	开业时间
爱马仕之家	上海	上海淮海中路 217 号	开业	9 月 15 日
专卖店	北京	新光天地	开业	10 月 23 日
专卖店	成都	远洋太古里	开业	12 月 10 日

从爱马仕 2014 年的市场表现来看，销售情况良好。2014 年，爱马仕在日本和美国的市场依旧活跃，然而受香港持续不断的游行抗议活动的影响，香港和澳门市场都表现低迷，只取得了个位数增长。尽管价格比欧元区高出近 40%，中国大陆和台湾地区的市场销售额仍然取得了两位数的增长。

爱马仕于 2014 年 8 月 11 日在中国发布其全新腾讯微信和新浪微博官方账号，以此正式登录中国网络社交媒体平台，并建立了"爱马仕之家"。

中国第一家"爱马仕之家"

2014年9月15日,全球第五家、中国第一家"爱马仕之家"在上海淮海中路217号正式开业。整座建筑包含零售区域和活动及展览空间两部分,总共4层,总面积达1174平方米。上海"爱马仕之家"的1~3层为零售区域,顶层的活动及展览空间则成为文化与艺术的交汇之地。

爱马仕2015年只计划新增3家门店,同时响应公司内部投资决策,对现有门店进行整修和扩建,投资预算为3.2亿欧元,与2014年大致持平。

---

(3)蔻驰:2015年第一季度发展低于2014年同期

蔻驰2014财年在中国的销售额为5.45亿美元,2015财年预期销售额为6亿美元。2015年1月6日,蔻驰花费5.3亿美元收购STUART WEITZMAN,这笔收购款与其2014财年中国区的销售额几乎持平。

中国市场是蔻驰业务增长潜力最大的单个区域市场,也是继美国、日本之后在全球的第三大主要市场。从财报数据来看,2015财年第一季度蔻驰在中国的销售额增长10%,并在2014财年取得25%的高增长速度。2014年蔻驰在中国内地的拓展及采取的经营策略见表3.19和表3.20。

表3.19　2014年中国内地拓展情况

店态	省/市	门店位置	拓展动态	开业时间
精品店	成都	国际金融中心	开业	1月14日
精品店	威海	乐天百货	开业	1月25日
精品店	南昌	财富广场	开业	1月25日
精品店	上海	百联又一城	开业	3月14日
精品店	长沙	开福万达广场	开业	4月4日
精品店	福州	中城大洋百货	开业	4月18日
精品店	盐城	金鹰购物中心	开业	6月17日

表3.20　在中国市场采取的调整和转型策略

策略	具体内容
进行品牌转型	2014年,蔻驰东方广场店以全新面貌开放,在北京新天地门店,消费者可以买到全球仅向40家店提供的限量成衣系列。这些改变意味着蔻驰在中国开始走上品牌转型之路,以提升在中国的市场份额
向"Modern Luxury"转型	蔻驰一直定义为价格亲民的奢华,而且扩张速度远大于品牌投入力度,而现在正转向"Modern Luxury"

续表

策略	具体内容
计划推出全新零售概念	2015年在中国新开约20家门店（净额约10家），其中大部分位于中国大陆的高潜力及高人口密度城市（如省会城市），并通过推出全新零售概念、优化门店等措施，以提高顾客的购物体验

（4）巴宝莉：在中国继续完善门店组合

2015年，巴宝莉集团销售表现良好，收入达25亿英镑，实际增长11%。中国是巴宝莉很看重的市场。在巴宝莉的全球销量中，大约有25%是由中国消费者贡献的。

2015年，巴宝莉在中国的可比销售额实现了增长，同时继续完善门店组合，年内净关闭10家门店，最终门店总数为68家；2016年计划再关闭约5家门店，并小幅缩减平均销售面积。2014年中国内地拓展及经营策略情况见表3.21和表3.22。

表3.21　2014年中国内地拓展情况

店态	省/市	门店位置	拓展动态	开业时间
专柜	福州	东方群升店	关闭	3月31日
专卖店	福州	大洋晶典	开业	4月11日
旗舰店	上海	嘉里中心	开业	4月14日
专卖店	上海	港汇恒隆	重装开业	6月7日

表3.22　在中国市场采取的调整和转型策略

策略	具体内容
进军网购市场	2014年4月24日，巴宝莉天猫旗舰店正式上线。巴宝莉也因此成为首个入驻天猫商城的国际一线奢侈品品牌。通过天猫，巴宝莉还可以把业务渗透到中国市场更为广阔的地带
巴宝莉牵手微信	2014年，巴宝莉牵手腾讯，奢侈品迎来了数字营销的"中国年"。两者携手在2014年利用微信等腾讯媒体平台展开一系列合作
建立社交媒体	社交媒体也是巴宝莉进行数字化革新尝试的重要方向。巴宝莉一直和Facebook、Twitter、Instagram以及日本的LINE合作。2015年4月，Snapchat就上线了"London in Los Angeles"活动

（5）菲拉格慕：仍然看好中国市场

菲拉格慕已经进入了中国40个城市，开设了近100家店铺，其在2015年新开5家门店。2014年的销售业绩在第一大市场——亚太地区的占比为37%，其中大中华区零售渠道业绩相当可喜，全年销售同比增长达18%，2015年第一季度在中国市场的营收增长速度达到了22%。具体情况见表3.23。

表 3.23　2014 年中国内地拓展情况

店态	省/市	门店位置	拓展动态	开业时间
专门店	烟台	振华商厦	开业	4 月 29 日
专门店	成都	国际金融中心	开业	4 月 30 日
专柜	重庆	西部奥特莱斯	开业	5 月 15 日
专柜	邯郸	新世纪商业广场	开业	8 月 22 日
女士鞋履/配饰专卖店	北京	新光天地	开业	11 月
专门店	西安	中大国际名品广场	重装开业	12 月 13 日

案例　驻国内 B2C 平台

2012 年 10 月，菲拉格慕宣布与"走秀网"合作，在"走秀网"开设线上官方授权店。之后，"走秀网"买手团队每年两次前往其意大利米兰秀场以及佛罗伦萨总部直接预订来年的新品。2014 菲拉格慕春夏新品早在 2013 年 12 月底就已经陆续上线了。

菲拉格慕与"走秀网"的合作内容有"在全国范围内的市场拓展、VIP 用户服务、物流仓储以及 24 小时闪电发货"等，目前销售额持续稳定增长。菲拉格慕进驻 B2C 平台后，店铺布局从 30 多个城市扩展到了 200 多个城市。

(6) 古驰：中国市场持续疲软

受反腐政策影响，古驰在中国市场的表现持续疲软。加之外界对品牌在华翻版假货过多评价印象的影响，品牌设计陈旧并且缺少能够重振品牌影响力的设计师，让老牌奢侈品巨头古驰在 2014 年经历了历史上最难熬的一年。

2014 年，古驰品牌来自持续经营业务的营业利润大跌 6.7%，从上年的 11.318 亿欧元跌至 10.56 亿欧元。受此影响，奢侈品部门营业利润也下跌 1.1% 至 16.656 亿欧元。2014 年古驰在中国内地的拓展情况见表 3.24。

表 3.24　2014 年古驰在中国内地拓展情况

店态	省/市	门店位置	拓展动态	开业时间
旗舰店	北京	新光天地	重装开业	4 月 3 日
专卖店	上海	华润时代广场	关闭	年初
旗舰店	上海	环贸 iapm 商场	开业	5 月 26 日
旗舰店	沈阳	卓展购物中心	重装开业	8 月 22 日

续表

店态	省/市	门店位置	拓展动态	开业时间
旗舰店	天津	银河国际购物中心	开业	9月19日
奥特莱斯店	重庆	西部奥特莱斯	开业	10月1日
旗舰店	成都	远洋太古里	开业	11月1日

3. 奢侈品未来发展特性与趋势

自2013年开始,中国奢侈品市场出现了放缓的迹象,奢侈品整体市场不容乐观,鲜有奢侈品公司业绩能持续高速增长。2014年,这样的境况并未有所改善,几大奢侈品集团的战略性失误也为其业绩增长雪上加霜。中国奢侈品市场未来将会如何发展?

(1)海外代购渐成趋势,进军电商

①海外代购减少渠道和地区间的价格差异

国内的税收和关税政策导致奢侈品的价差持续存在,人民币持续升值、出境游人数持续增长等使海外代购市场持续快速增长,这一新趋势在过去的两年里表现明显,影响了奢侈品品牌在中国内地的销售。具体情况见表3.25。

表3.25 奢侈品海外代购的市场表现

市场表现	具体内容
市场空间大	奢侈品代购市场在2014年继续扩大份额,七成消费者表示曾通过代购渠道购买过奢侈品,并且未来还会增加,预计规模将达到550亿元至750亿元
增长迅速	2014年,代购或者由海外代购买手购买并寄送奢侈品给中国客户的模式迅速成长,主要集中于化妆品代购,其次是皮革箱包、腕表和珠宝。市场总额约占中国门店销售的50%

②企业通过电商平台抢夺海外代购市场

2014年,许多奢侈品品牌都开始整改门店,提升体验,也有一些品牌拓展了它们的电商渠道,如古驰、阿玛尼的电商平台已进入中国,蔻驰和雨果博斯的自主运营网站也在中国上线。虽然,这是奢侈品营销进行变革的可选举措,但决定一个品牌是否能够走得长远,还是取决于其对服务的投入力度。

(2)增加品类以迎合消费者多元化需求

为了迎合消费者多元化的需求,奢侈品品牌扩发了其产品的种类。具体情况见表3.26。

表 3.26 奢侈品品类增加的主要类别

类别	具体内容
旅游零售	投资者逐渐意识到旅游零售有很大的提升空间，对于机场零售方面的投资将有大幅增加，尤其是一些设计师服装品牌和奢侈品配饰等
智能时尚	对高端"智能时尚"产品的投资力度加大。对可穿戴技术的创新是让人们了解品牌的好途径，最能吸引走在时尚前沿人士的目光，2015 年将有大量这类产品出现在奢侈品市场上
高档电子产品	高档电子产品将成为奢侈品中最具成长潜力的品类。随着全球对智能手机的需求持续走高，即使可支配收入下降，许多顾客也仍然希望自己拥有最新款的智能手机，而在不注重阶层地位的市场，这类产品的需求会稍有下降

（3）奢侈品在低迷的中国市场采取的对策

①推亲民单品

奢侈品品牌想要占领更大的市场，就需推出副线品牌，或者低价亲民、入门级别的系列产品，让更多消费者愿意去购买，这是奢侈品品牌提高其销售业绩的重要途径。不过，Marc Jacobs 的副线品牌 Marc by Marc Jacobs 要关闭的消息，也让很多奢侈品品牌开始重新考虑其副线发展策略。与专门推出副线品牌这样的大动作相比，奢侈品品牌在产品系列中推出几款低价亲民的配饰、入门级单品显得更为保险。

②调价策略收效明显

香奈儿全球调价的消息引起了时尚圈不小的震动，除了香奈儿，2014 年宇舶、真力时、泰格豪雅等品牌先后竖起香港、内地同价的大旗。奢侈品价格原本是要考虑各国消费市场、关税等各种因素来制定，然而随着中国消费者的出境购物、代购活动比例不断上涨，时尚品牌为了刺激中国消费市场而采取上述举措。有分析显示，香奈儿的调价会引起整个奢侈品行业在中国的降价趋势。

此外，在 2015 年巴塞尔国际珠宝钟表展上，百达翡丽在新品介绍之后做了简短说明：中国市场价格下调 18%；而在展会开始之前，泰格豪雅就已经全面降价，不同表款降幅在 5%~35%。

③关注艺术和人文

举办艺术展览、活动向来是品牌塑造形象，拉近与消费者之间情感的方式。最近几年，奢侈品品牌在中国举办各种类型展览，或进行艺术跨界，或展示品牌经典工艺的活动越来越多。2014 年的巴黎世家《中国特辑》展览就回顾了品牌的经典系列，展现了品牌的发展历程；2015 年初，《迪奥剧院》展览在北京 SKP 举办，回顾品牌 1945 年迷你剧院展的盛况，展现了迪奥高级定制工坊巧夺天工的技艺。

④深入二线城市

北、上、广等一线城市是奢侈品品牌进入中国时最先开拓的"战场"，然而随着这里的消费市场越来越饱和，成都、沈阳、南京等二线城市表现出的市场潜力越来越大，深入二线、三线城市，成为中国奢侈品品牌的重要发展策略。为了适应这种趋势，奢侈品品牌陆续进驻这些城市，开设店铺是传统举动，能为消费者提供全方位的体验是众多品牌的新尝试。

如2014年，尊尼获加尊邸就入驻成都，成为中国西南首家苏格兰威士忌体验中心。除此之外，奢侈品品牌还将展览活动也搬到了这些城市，卡地亚"博萃臻艺——中西方珍宝艺术展"在沈阳举办，《迪奥迷你剧院展览》也将成都作为首展城市。

⑤紧跟电商步伐

近几年，随着互联网的发展和人们消费习惯的改变，中国市场的销售渠道发生了很大变化，中国已经超过美国成为全球最大的电子商务市场。奢侈品品牌也发现了这种改变，慢慢尝试在电商平台上占有一席之地。

巴黎银行2014年发布了《奢侈品数字竞争地图》报告，对隶属于酩悦轩尼诗–路易威登、开云、历峰等奢侈品集团的品牌做了数字化排名，综合了电子商务程度、网站体验、线上线下渠道融合度等14项指标，得出的结论中巴宝莉的表现几乎是最好的。2014年4月，巴宝莉在天猫开设的旗舰店，就开创了奢侈品大牌进驻第三方网购平台的先例。

当然，除了入驻第三方购物平台，像亚历山大·麦昆、巴黎世家和圣·洛朗等很多品牌都有自己的官方网站，既可以作为品牌形象展示平台，又可以购买产品。

⑥顺应移动互联与科技潮流

最近两年，移动互联和科技的变革改变了品牌与消费者的沟通方式，也改变了品牌的产品形态。为了顺应中国市场移动互联的快速发展趋势，很多奢侈品品牌将更多精力投入到开发APP和新媒体上，爱马仕更是为其代表性的丝巾开发了一款"Hermès Silk Knots"的智能手机软件，专门教消费者"系丝巾"。这些顺应潮流的科技手段，既推广了品牌，又拉近了品牌与消费者之间的距离。

自谷歌眼镜问世以来，可穿戴设备热度一直未减，奢侈品品牌也纷纷加入这场科技革新的活动中。曾炒得沸沸扬扬的拉尔夫·劳伦·瑞奇系列包，推出了可以为手机充电的高科技智能版。据媒体报道，泰格豪雅也将联合谷歌、英特尔打造Android Wear智能手表。在2015年的巴塞尔国际珠宝钟表展上，古驰腕表展示了公司与I.AM+合作的可穿戴智能腕表，这款表可不依赖智能手机独立运作，功能包括收发短信和邮件，甚至可以充当声控便携个人电脑。

⑦打造生活方式概念店

未来，中国奢侈品消费者会更加年轻化、成熟化和专业化，并致力于重新定义奢侈品，而且越来越多的消费者喜欢寻求全方位的体验式奢侈品。注重消费者的体验，不仅仅表现在给消费者提供专属服务和VIP待遇上，还要打造出符合品牌形象和品位的概念店，全方位提升消费者的到店体验。很多奢侈品品牌已经做出了这方面尝试，阿玛尼、登喜路和罗伯特·卡沃利都拥有自己的餐饮品牌，连巴宝莉也将在其伦敦摄政街旗舰店内设立咖啡区。

除开餐厅外，开书店也是很多品牌和设计师传递理念和文化的重要方式。卡尔·拉格斐早在 1999 年就在巴黎开了书店，之前马克·雅可布也在其专卖店隔壁开设了 BookMarc 的书店，除了卖书，还有各种配饰、记事本及较少见的艺术和时装专题画册售卖。看来想要留住消费者的心，就先要留住消费者的胃和时间。

第三节

体验类业态占比不断增大

随着人们消费观念和习惯的改变，城市商业综合体内购物业态开始弥补"短板"，以前城市商业综合体以"逛"为主的经营模式被打破，休闲娱乐的体验式业态逐渐在市场中站稳脚跟，休闲娱乐的体验式业态市场份额一直在攀升。

一 餐饮：餐饮业回暖，将迈入3亿元新时代

2014年，餐饮业全行业业绩止跌回升，线上餐饮企业处于扭亏为盈的转折点。据统计，2014年全国餐饮业收入达27860亿元，同比增长9.7%，比2013年加快0.7个百分点，终止了连续3年增速下滑的颓势。按照这一增速，2015年中国餐饮业将迈入3万亿元的新时代。

1. 知名餐饮品牌门店扩张盘点

统计数据显示，2014年，餐饮业开店数在7月跌至谷底后，又在第四季度止跌回升。具体情况见图3.15。

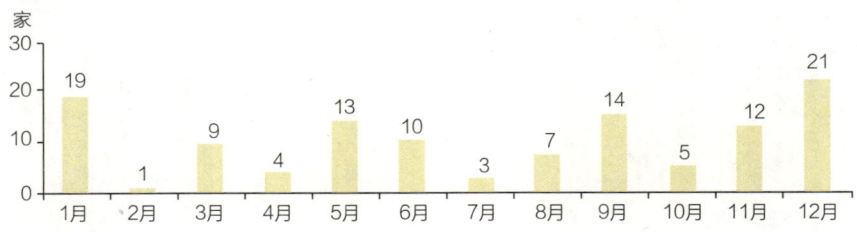

图3.15　2014年知名餐饮品牌门店开店时间分布

资料来源：赢商控股战略研究中心。

2014年高端餐饮完成向大众消费转型，且逐渐步入"提高管理水平，常态化下可持续发展"阶段，大众化餐饮则表现出强劲的市场活力。由于餐饮业进入了大众化消费时代，2014年知名餐饮品牌主要打着"特色餐饮"的旗号进行扩张，很多企业纷纷采取多元化、多品牌措施来拓展市场。

据统计，2014年特色餐饮门店扩张快速，达52家；其次是咖啡类门店，达48家。具体情况见图3.16。

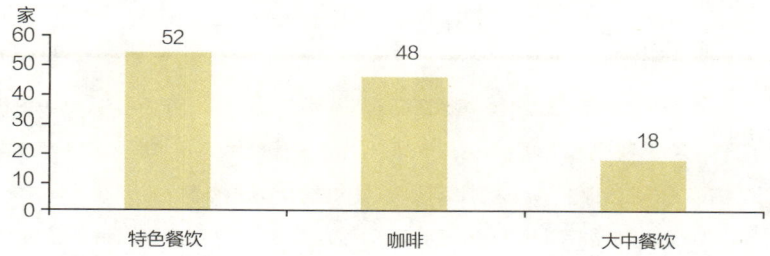

图3.16　2014年知名餐饮品牌门店拓展

资料来源：赢商控股战略研究中心。

小南国实行多品牌集约复制模式，除慧公馆、南小馆、小小南国之外，还引进了鲅屋等海外品牌，在休闲餐饮市场也连续推出了"徹思叔叔"西点和"米芝莲"奶茶等新品牌。而外婆家相继推出炉鱼、锅小二、指福门、运动会、第二乐章、动手吧等注重杭帮菜文化溯源和消费者人性化体验的多种品牌，开启了餐饮新业态的"小时代"。

据统计，2014年较多品牌纷纷由一线城市往二线、三线城市发展。一线城市开店数为34家，二线城市开店数高达60家，三线城市市场慢慢被带动起来，开店数量达15家。具体情况见图3.17。

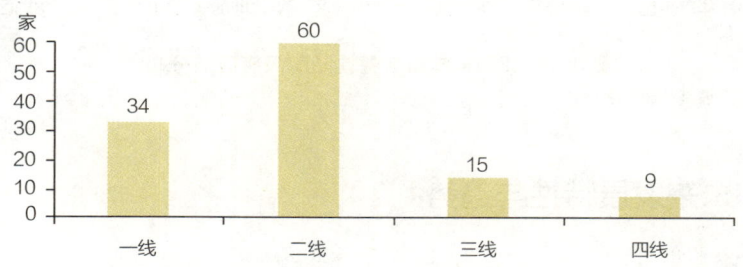

图3.17　2014年知名餐饮品牌门店城市级别分布

资料来源：赢商控股战略研究中心。

由于大众餐饮时代的到来，很多知名餐饮企业逐渐往二线、三线城市布局发展。具体情况见表3.27。

表 3.27　餐饮在二线、三线城市的布局特点

特点	具体内容
成本低	二线、三线城市的房租与人力等成本远远低于一线城市，在二线、三线城市商场的房租成本比一线城市要少一半
消费水平提升	二线、三线城市居民消费水平提升，消费习惯也在改变。相关数据显示，2015 年春节的餐饮消费市场，正呈现出三线城市的消费能力高于一线、二线城市的新特点

德克士避开与麦当劳、肯德基等国际品牌在一线城市的正面酣斗，大力深耕二线、三线城市，通过"农村包围城市"的战略，得以不断发展壮大。据了解，2014 年一季度，德克士门店数量同比增长 40%，达到 2200 家，在大陆的市场占有率达到了 24.6%。

继武汉店之后，俏江南在昆明又新开一家门店，2014 年，俏江南共有 74 家门店，其中 38 家门店在北、上、广，36 家门店在北、上、广以外的城市，比例接近 5∶5。

从分布区域上来看，2014 年华东地区是餐饮业的扩张重点，新开店数量高达 41 家；同时，餐饮业也慢慢向华南、华中等地区蔓延，其中这两个区域的开店数量分别为 25 家、23 家。具体情况见图 3.18。

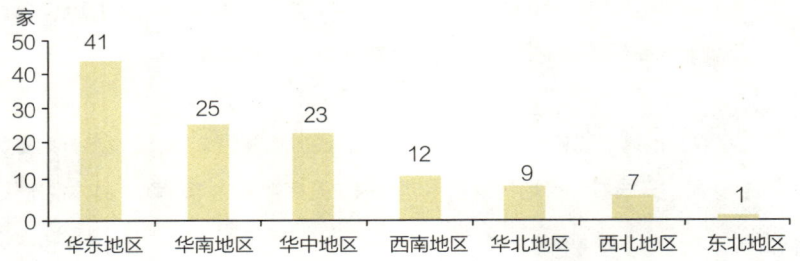

图 3.18　2014 年知名餐饮品牌门店区域分布

资料来源：赢商控股战略研究中心。

2. 餐饮业态未来发展特性与趋势

（1）餐饮企业向 O2O 转型

由于 O2O 模式对推动餐饮发展的优势明显，因而借助互联网渠道扩展业务成为目前大多数餐饮企业的选择。

从相关数据来看，2014年中国餐饮行业O2O在线用户规模接近2亿人，超过中国网民人数占比的1/3。2014年，中国餐饮行业O2O市场规模达到943.7亿元，相比2013年增长51.5%；预计到2017年，中国餐饮行业O2O市场规模将突破2000亿元。具体情况见表3.28。

表3.28 餐饮O2O的发展

特点	具体内容
互联网意识强	2013—2014年中国的线上用户和线下商户的网络意识较往年更为增强，尤其是移动互联网的迅速发展
原有产品完善	原有的餐饮O2O企业继续加大对地域的覆盖和产品的完善
新应用产生	出现了一批新兴餐饮O2O应用，支持餐饮线上线下交互对接的在线支付、客户关系管理（CRM）、闭环验证等基础服务进一步得到强化

（2）"网上餐厅"模式快速复制

"网上餐厅"模式（从店外凝聚顾客、提供订餐服务、门迎业务管控、提供电子化点餐服务、餐中业务管理，以及客户信息收集、共享和管理等各环节均实现了信息一体化和智能化）使顾客获得了更好的就餐体验。

海底捞

海底捞在餐饮信息化领域的布局堪称行业榜样，在与多来点信息技术有限公司合作建立海底捞官网之后，成功建立了餐饮信息化营销模式创新及系统化运营，复制到各地并快速占领市场。海底捞近年来实现销售业绩数倍增长，年营业额超过30亿元。

（3）餐饮企业合并重组增强

随着旅游业的快速发展、人们外出饮食的消费习惯也在改变，旅游餐饮、家宴、婚庆消费成为经营亮点，餐饮业经营特色化和市场细分化迹象更加明显，大众消费进一步成为餐饮业的消费主流。餐饮企业之间的合并重组意愿增强，企业改制步伐加快，异地扩张和餐饮集团化、连锁化或为发展趋势。

二 院线：中国电影市场巨大，影院开业数量激增

近几年，中国电影票房每年增速都在30%以上，2014年，全国累计票房已超过296亿元，同比增

幅达36%,观影人次达8.3亿人。中国电影市场在全球仅次于美国,居第二位。而影院的发展对购物中心有吸引客流、增加顾客的滞留时间、引导人流等作用,同时为商业地产项目增添了活力,让商业项目显得年轻,增加人们的重复消费率。

1. 院线内地拓展情况分析

(1)银幕与院线盘点

相关数据显示,2014年,全国新开影院1194家,同比多开业249家,增幅为26.3%;新增银幕超过5800块,增幅为26%。截至2014年底,全国影院数已达5785多家,银幕数超过2.4万块。2015年依然是影院疯狂开业的一年,新增1400家影院,近7000块银幕。届时,影院数将超过5800家,银幕数将超过3万块。具体情况见图3.19。

图3.19　2010—2014年全国影院数及银幕数变化

资料来源:赢商控股战略研究中心。

(2)院线票房数据分析

2014年,国产片票房达161.55亿元,占总票房的54.51%。全年票房过亿影片共计66部,其中国产影片36部;全年城市影院观众达到8.3亿人次,同比增长34.52%。2014年,新增影院1015家,新增银幕5397块,日均增长15块。

据统计,2014年全国影院票房冠军为耀莱成龙国际影城五棵松店,总票房为10037.39万元,同比增长9%,蝉联4年冠军。在全国影院排名前十中,万达院线占有两席之位。具体情况见表3.29。

表 3.29　2014 年全国影院 TOP10

排名	影院名称	所属院线	票房（万）	场次	人次（万）
1	耀莱成龙国际影城五棵松店	上海联和院线	10037.39	33730	276.71
2	深圳橙天嘉禾影城	中影星美	8252.30	27775	145.32
3	北京 UME 国际影城双井店	中影星美	8111.88	22798	133.71
4	首都华融电影院	北京新影联	7975.91	29491	142.31
5	上海万达影城五角场店	万达院线	7284.95	16335	124.55
6	广州万达影城白云店	万达院线	7251.86	20902	123.81
7	南京新街口国际影城	江苏幸福蓝海院线	7092.79	28417	145.01
8	北京 UME 华星国际影城	中影星美	6900.25	17193	104.41
9	上海永华电影城	上海联和院线	6847.22	27334	135.14
10	金逸国际电影城（北京朝阳大悦城店）	广州金逸珠江	6762.25	17551	105.44

资料来源：赢商控股战略研究中心。

（3）购物中心院线拓展分析

据统计，2014 年全国院线票房冠军为万达院线，总票房为 421226.38 万元，占全国票房比例为 14.32%，同比增长 33%，蝉联 5 年冠军。万达院线营业收入主要包括影片票房收入、卖品收入及其他业务收入。卖品收入是公司下属各影院收入的主要来源之一，公司卖品主要包括食品饮料和电影衍生品的销售。具体情况见图 3.20 和表 3.30。

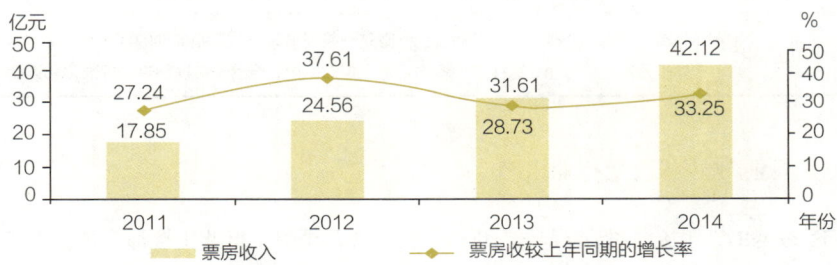

图 3.20　万达院线票房收入及增长率

资料来源：赢商控股战略研究中心。

表 3.30　2011 — 2014 年万达院线票房收入、市场份额、市场排名

年份	2011	2012	2013	2014
票房收入（亿元）	17.85	24.56	31.61	42.12
票房收较上年同期的增长率（%）	27.24	37.61	28.73	33.25
市场份额（%）	13.61	14.39	14.52	14.32
市场排名	1	1	1	1

资料来源：赢商控股战略研究中心。

2. 院线未来发展特性与趋势

(1) 电影院大步走进社区商业

现在,电影院不仅成为市区购物中心的重要商业组成部分,也开始深入到社区商业中。在社区商业中的电影院有着独特的经营优势,有着广阔的市场发展空间。具体情况见表3.31。

表3.31　社区影院的优势

优势	具体内容
会员管理,提升黏性	社区商业消费群相对固定,且消费目的性较强,因此更有助于电影院的会员管理与服务,从而提升消费者黏性
有效降低观众看电影的成本	在家门口的社区商业就近购物与看电影,减少了消费者到购物中心的交通和停车成本,减少了时间与精力的成本,从而增加购物与娱乐休闲的有效时间,给社区居民带来了实惠
成为社区居民"敬老活动""电影婚礼"的场所,带动老人消费	对待老人群体,通过与居委会、街道办合作,举办"夕阳红电影专场"。另外,与各种婚庆公司和电影爱好者合作,以包场形式提供电影派对、电影婚礼等服务,带动老人消费
市场培育期相对较短,收益稳定	社区购物中心消费频次和目标消费群体较为固定。这样社区商业电影院的市场培育期就会相对短一些,可以较快地实现电影院会员的吸纳与运营,以实现收益的稳定性
有利于与其他商家营销互动	由于社区商业的周边消费群体相对固定,并且社区商业的商品和服务以满足日常生活需要为主,是消费弹性较低、经营稳定的业态,电影院与这些业态在消费上有着共通性,所以电影院与这些业态的商家合作更易于形成营销互动,一起共享客源,形成相互依赖的商业体
易于标准化和连锁化	与市区购物中心相比,社区商业的电影院一般规模较小,工程条件的要求也不是特别高,影院的整体投资额也相对小,这样在投资与运营上相对简单,更易于实现影院的标准化和连锁化

(2) 电影行业"触网"改变行业生态

电影与互联网的亲密接触对观众群体、创作营销方式乃至整个行业生态都产生了影响,引发了影视行业的剧烈革命。电影产品融入"互联网思维",将"大数据""线上选座购票""众筹"等互联网手段渗透到电影投资、制作、发行的诸多环节。具体情况见表3.32。

表3.32　电影行业"触网"

作用	具体内容
推广营销	互联网对电影行业营销推广活动改变明显。运用大数据,让业界有目标性地投放商业广告来进行市场预热、引发话题讨论和用户参与的活动,并预测产业收益和社会影响
分众市场	互联网为分众市场的出现提供了可能。小众电影以往在院线放映场次少,导致影片与观影群的错位,现在可通过网络对观影需求人群进行集中推送

(3)"私人订制"的差异化

2014 年,影院市场悄然刮起了一阵私人订制风,私人影院的目标消费群主要有两类,具体分类情况见表 3.33。

表 3.33　私人影院的两类目标消费群

消费群	具体内容
情侣	情侣追求的是私密化的空间,可以更好地满足其约会需求
文艺青年	文艺青年并不过分追求视听效果但又热爱电影

院线的建设需要借助主题化、特色化措施来建立自己的品牌。例如,开展怀旧、文艺等特色播放厅,通过满足人们的不同需求来提高经济收入。现在市场上许多私人影院就是针对不同人群的需求而建立的。

(4)三线、四线城市成影院建设主流

三线、四线城市影院建设特点突出,具体分类情况见表 3.34。

表 3.34　三线、四线城市影院建设特点

特点	具体内容
市场空间大	2014 年 1—9 月,在我国票房收入前 10 名的影院公司中,大地院线排名第二,盈利收入达到 17.9 亿元。我国三线、四线城市的电影市场有巨大的发展空间
有消费需求	大地院线以主打三线、四线城市的经营理念在全国范围内发展,大部分旗下的影院一般有 5 个放映厅,平均票价 30 元,对三四线城市的观众非常有吸引力
可替代性小	三线、四线城市的文化消费方式相对单一,话剧、演出、体育赛事等可供选择的文化活动相对少,电影消费逐步成为三线、四线城市人们文化消费的首选。随着三线、四线城市观众观影习惯的逐步形成,未来电影市场的发展前景良好

(5)"单打独斗"模式影城逐渐销声匿迹

院线连锁经营具有发展能力强、资源调配方便、信息共享、宣传互通等优势,随着影院商业成本的增高,独立影院的经营能力差、资金不足、市场竞争能力弱等原因导致其数量逐渐减少。

现阶段,不少影院都加入到院线行列中,但是两者之间多为加盟关系,业务的关联性不强,未来连锁院线将成为市场主流。由于院线对加盟式影院的控制力度相对较弱,无法为其提供足够的信息资源,随着院线市场的发展,不少影院会放弃加盟而通过并购成为大的院线公司或者连锁影城投资公司的一部分,未来独立影院的出路将会从院线加盟转为被并购。

三 儿童业态：占比不断增大，布局蔓延至三线、四线城市

据测算，2013—2015 年，儿童业态将保持 40％的平均增速，2015 年整体市场规模将达到 115.25 亿元左右。未来整个行业发展布局逐步由一线、二线城市向三线、四线城市蔓延。

1. 儿童业态比例不断增长

儿童商业业态在全国各大购物中心所占比重正逐年上升，目前普遍已达 15％。同时，购物中心内的儿童业态配比也由过去单一的以儿童零售为主向儿童教育、儿童拓展、儿童游乐、儿童餐饮、儿童摄影等领域扩展。

（1）儿童业态在购物中心占比增大

随着经济的增长，居民消费水平的提高，消费需求及消费观念的改变，如今独生儿童较多，人们对儿童的投入非常高，不再限于基本消费，更加注重培训、教育的投入。因此，儿童产业成为如今最炙手可热的投资项目，众多投资人纷纷将目光锁定在以儿童为核心的业态上，旨在分一杯羹。2014 年很多新建或调整的购物中心将儿童业态比例增大至 10％~25％。儿童业态品牌的具体情况见表 3.35。

表 3.35　主要儿童业态品牌

商家名称	商家面积（平方米）	商家类型	业态比例
儿童故事	1500	儿童乐园＋零售	零售 70％，娱乐 30％
孩子王	9000	儿童乐园＋零售	零售 80％，娱乐 20％
Hello Kitty 餐厅	90	零售＋主题餐厅	零售 30％，餐饮 70％
儿童故事	1000	儿童乐园＋零售	零售 70％，娱乐 30％
孩子王	2000	儿童乐园＋零售	零售 70％，娱乐 30％
宝贝梦想城	10000	儿童职业体验	零售 10％，娱乐 90％
方特科幻公园	40000	大型主题乐园	零售 15％，娱乐 80％，餐饮 15％

资料来源：赢商控股战略研究中心。

（2）大量开发商投资儿童主题商业

儿童职业体验馆进入中国 5 年就获得了超过 50 亿元的投资，投资商涉及华侨城、红杉资本、国家体育场·鸟巢、万达集团、森马集团、海航置业、红星美凯龙、合生创展、哥弟集团、星美集团、中国

蓝天集团、香港弘阳集团、台湾三之三教育集团等。

2014年8月,万达集团高调宣布进军儿童产业,计划到2020年在全国开业200家万达宝贝王乐园;在此之前,碧桂园、保利、万科等地产商也涉足儿童室内体验游乐园等项目。

(3)奢侈品进入儿童市场

2014年,奢侈品品牌古驰、迪奥、芬迪、阿玛尼、巴宝莉等纷纷开拓中国的儿童市场,而森马、361、ZARA、H&M、GAP等快时尚品牌也把儿童市场视为新的利润增长点,儿童商机正逐渐成为各商家新的竞争热点。

巴宝莉仍然是童装当中顶级的奢侈品卖家。据该公司报告,2014财年其童装产品业务部门的营收为6196万美元,占该公司总营收的3%。

2. 儿童业态未来发展特性与趋势

(1)互联网时代的必然趋势——跨界

儿童企业借助自己的品牌价值,开展多元化的业务,跨界经营现象越来越常见,企业间的跨界合作也越来越趋于常态。中国儿童产业的发展一直处于困境,就是由于盈利模式单一造成的,这极大地限制了产业发展。

巧虎已经不仅只是一个采用邮购销售形式的早教产品。倍乐生还开发了巧虎的电视节目、舞台剧等文化创意产品,除此之外,2014年巧虎形象更是多次与华润、绿地的地产项目结合,以巧虎形象为主题做一些线下的嘉年华活动,有号召力的卡通形象就是一种稀缺资源,2014年巧虎很忙。

(2)儿童业态将成为一种生活方式——O2O

移动端的网民已经超过了PC端的网民,线上与线下的结合已经成为一种生活方式。O2O是大势所趋。适应时代发展是必需的,进入移动互联时代,在细化对产品与服务体验、营销推广、支付系统、口碑与品牌建设方面都是至关重要的。O2O与大数据或顾客关系管理系统结合起来,将会产生更大的价值。

2014年10月23日,母婴连锁零售企业乐友孕婴童推出移动端商城——乐友APP,宣布正式确立"实体门店+网上商城+APP"三网合一的全渠道模式,进军母婴O2O领域。

(3)各尽所能话综合——一站式

随着城市化、城镇化的快速发展,城市商业中心逐步由单极向多极发展,且每个小中心需要满足一站式服务是大势所趋。

大到儿童主体商业以及周边儿童产业辐射区,标榜购物、教育、娱乐为一体;小到儿童领域细分市场,诸如儿童家居用品一站式、家庭服装一站式等,迎合消费者"迈不开的腿"的趋势,同时实现单笔成交额最大化。

2014年6月1日,位于嘉定南翔的新明六一儿童广场售楼处开放,其定位是上海首家一站式儿童购物中心。该项目汇集儿童购物、休闲、寓教于乐等多方面活动于一体,聚合了包括家长与孩子的大量消费人群。新明六一儿童广场占地面积近4万平方米,总建筑面积18万平方米,集儿童购物、游乐场、益智谷、竞技场、儿童书店、体验影院、运动场、童趣教室、娱乐厅、美食街、儿童酒店、职业体验等18种主题业态于一体,以12岁以下儿童消费品为经营主题。

(4)到二线、三线城市赚钱——低级别市场

北、上、广、深等一线城市,虽然市场广阔,但竞争更激烈,消费者更挑剔。在一线城市做品牌,到更低级别城市去扩展市场,是企业更为务实的方式。

低级别市场的未来发展空间大,但或许有更多的挑战,在市场容量、高端人才、消费习惯培育等方面将面临比一线城市更多的困难。

2006年到2012年这6年的时间，玩具"反"斗城只开出了28家店，现在近60家店分布在30个城市，2015年会达到100家店。企业在二线、三线城市的发展始于两三年前，当然也还会在北、上、广、深等一线城市继续开店。

（5）做透个性与文化——主题化

儿童体验项目的特性在于趣味性、文化性、教育性、游乐性，如何最直观地展示出这四种特性，需通过内容及操作流程的精心设计来达到。不同主题内容带给儿童及家庭的感知不一样，设定主题时只有将文化内涵、设计理念整合起来，主题才能具有吸引力和竞争力。儿童体验项目的主题化已经获得人们的认可，从哆啦A梦到小黄人，只有主题本身的号召力足够强，才能够让主题化发挥强效。

全球500强企业——玛氏公司旗下的"M豆巧克力世界"亚洲首家旗舰店于2014年在南京路百联世茂国际广场营业。据悉，这是M豆巧克力世界在全球第五家，也是亚洲第一家店。

（6）横向纵向全面一体化——全产业链

儿童市场被普遍看好，在各领域都尚未形成绝对垄断态势的情况下，从中长期而言，全产业链布局是企业获得先机的一步好棋。通过延伸产业链，一方面，可以降低产业因快速发展和衰落而导致的风险；另一方面，同时也是为了挖掘用户价值，增强用户黏性。全产业链占领，企业需要有一定的布局速度，同时以资本运作的方式占领阵地，对企业基因的渗透、核心竞争力的强化提出了很高要求。

在巴拉巴拉和梦多多品牌在童装市场打下一片天地后，森马在2014年7月发布公告称，以1.022亿元的价格收购香港睿稚集团有限公司旗下子公司——育翰上海70%股份，进军儿童教育领域。这是继2014年4月森马在投资者交流会宣布未来规划后进行的第一步行动。未来的森马将完成身份的转变，从儿童商品提供商转变为儿童产业服务商。本次交易完成后，森马将拥有在世界50多个国家销售、有超过400家中小连锁店的品牌"天才宝贝"，收获3~6岁儿童客群。

（7）通过儿童业态打造家庭型消费习惯

随着儿童娱乐产业的发展，未来将会和其他成人业态得到更好的互补，提升成人消费，打造家庭型消费习惯，相互带动并增强消费者黏性。

对于商业项目而言，应重视儿童业态与周边业态的互动，通过合理的业态搭配，儿童主体带来的相关消费者，必然能够以直接或间接的形式回报商家。如可以在儿童游乐周边兴建休闲餐饮、书吧、美容 SPA、电影院等设施供成人消费。

CHAPTER FOUR 肆

第四章

商业地产打造体验式商业模式获取增值

随着人们消费心态的日渐成熟，互联网购物的兴起，靠大量兴建国际名牌店和服装店的商业地产发展模式和理念，已经逐渐落后于时代的发展。面对电商的咄咄逼人，实体商业在低谷之中不断审视自身优势，体验消费正成为线下商业新的出路。"地段和大牌决定一切"的时代终将结束，而商场的布局、商家尤其是体验消费型商家的引进及布局、人文设施和服务的改善对商业地产商来说则日益重要。

未来的消费者会更愿意为体验、环境、情感和服务埋单。越来越多的商业项目开始注意到这一趋势，纷纷开打"体验牌"，调整业态，增加休闲、餐饮、娱乐，甚至是体育场馆、博物馆、儿童游乐场所、博物馆、水族馆、体验式运动城等业态的比重，通过营造轻松愉悦的购物环境，以实现对客流的重新集聚。

第一节

体验式商业模式是新经济增长点

现代生活中,越来越多的消费者已经不能满足于仅仅在商场中购物,而是呈现出对休闲、运动、就餐、培训等业态多方位的需求。在这样的背景下,"体验式商业"应运而生。体验式商业,最常见的就是在购物中心中,营造一种以休闲娱乐为主、购物为辅的商业环境,这种购物中心一般坐落于城市的次中心、大型的生活居住区或旅游区附近。和传统购物中心相比,体验式商业购物中心更加注重环境和建筑设计,合理的空间布局,特色的风格,优雅的环境,追求与消费者的生活需求、阶级生活品位、消费习惯等方面进行匹配。

一、体验式商业模式受关注

"体验式"模式的产生,是源于商业零售行业的不断发展升级,以及消费者对于购物场所日趋多元化的需求。越来越多的消费者已经不能满足于仅仅在商场购物的消费模式,而是呈现出对休闲、运动、娱乐、就餐、培训等业态的多方面消费诉求,同时,消费者对购物环境的要求也越来越高。

1. 认识体验式商业模式

(1) 体验式商业和传统商业的区别

目前,商业中体验式业态的形式主要有电影院、溜冰场、健身会馆、电玩城、KTV、美容美体、儿童体验、儿童游艺等。它们所具有的共同优势包括集客能力强、有效缩短新项目市场培育期、消费滞留时间长及对其他业态消费的带动效果显著。

如表 4.1 所示,传统商业与体验式商业有着本质上的区别。

表 4.1 传统商业与体验式商业的本质区别

类别	具体内容
传统商业	零售类业态的占比能达到 70%~80%,是商业体构成中的绝对主导者
体验式商业	以休闲娱乐、儿童教育等业态为代表的体验式业态,在购物中心中的占比可达到 20%~30% 甚至更高,而零售类业态的占比则降至 30%~40%

体验式商业模式是新经济增长点 第一节

（2）体验式商业的作用

体验式商业的目的不是为了让消费者坐下来休息，而是为了给消费者提供一个社交的场所，鼓励消费者在这里进行社交生活。其所吸引的消费人群比购物中心要多，消费能力也更强，停留的时间也更长，销售利润也相对更高。

相关统计显示，消费者在超市逗留的平均时间是 45 分钟，而真正体验式购物中心的消费者逗留的时间约为 2.5~3 小时。随着经济的发展，单纯的购物模式显然和消费者越来越追求休闲愉悦的消费方式背道而驰。与购物中心相比，体验式商业更符合现代人休闲的生活方式，这也就是为什么体验式商业在世界各地都取得了很好发展的原因之一。

国际购物中心协会的调查数据显示，18~25 岁的人们更喜欢在区域购物中心里购物；25~60 岁的人们更喜欢在体验式商业里购物。无论是出于何种原因，人们似乎都更愿意去体验式商业中心逛街、购物或者吃饭。

新的商业模式，强调消费者在购物过程中感官的立体享受，成功的体验式购物中心对消费者购物心情的控制设计通常都非常巧妙和体贴，色彩和建筑形体的设计能够使消费者产生愉悦心情，尽量让消费者在不知不觉中把每个楼层都逛一遍。

目前，国际上有很多体验式购物中心的成功案例，纽约第五大道、柏林库达姆大街、东京都新宿大街、伦敦牛津街、巴黎香榭丽舍大街等都是世界超一流的体验式商业中心，中国香港则有著名的朗豪坊。

2. 商业地产升级转型体验式商业

科技的快速发展，给传统的商业模式带来了新的挑战。2014 年，天猫"双 11"销售额超过 500 亿元，进一步刷新了 2013 年的销售记录。在销售成绩让人咋舌的同时，也应看到人们消费阵地的转移——网购正成为新风尚，实体店面临冲击。在电商的夹击中，传统商场、购物中心出现了部分客户分流的情况，为了应对电商的挑战，企业对传统商业地产的转型升级势在必行。

同质化商品难以创造新的消费热点和经济增长动力，现在人们的消费观在逐渐改变，不再只停留于商品本身，而是更加注重购物过程带来的精神和心理层面的满足感，这也为商业地产的升级指明了新的方向，引导着传统商业地产向体验式商业模式转型。

不过，也有人认为体验式业态租金收益相对偏低，品牌调整难是无法回避的客观现实。在项目设定过程中，往往会遇到是追求短期现金回报还是追求企业长远收益的矛盾，如果是在面临资金周转迫切的情况下，是否要引入"体验式业态"，按照何种比例分配业态等方面都需要开发商进行权衡。

3. 体验式消费成为商业地产营销新模式

体验式消费成了现今最受欢迎的销售模式，苹果广设体验店模式无疑成为最成功的营销案例。而现今商业地产也正在向着同一方向发展。以一线城市的北京为例，北京购物中心体验式消费功能日益凸显，儿童教育、咖啡、甜品、餐饮类品牌快速扩张，也成为新购物中心的主力业态。

此外，气味图书馆、顺电、苹果和PageOne等各种类型的家居电子用品品牌，也占据了购物中心更多的商铺空间，并起到提升购物中心顾客购物氛围和趣味的作用。

早在2010年，天津就已经出现了情景体验式消费街区，这算是最早的体验式消费模式。情景体验式消费街区概念是新的商业地产产品模式，随着信息时代的变迁带来体验经济的发展，商业空间经历了百货商店、超级市场、连锁店、大型购物中心的兴衰更迭之后，正日益强劲地朝着情景式体验消费的方向发展。商家通过对其商业现场环境和氛围的营造，使消费者在消费购物的同时享受全方位的"情感体验"式的消费过程。它提供给消费者的不仅是新颖多样的购物休闲方式，更有传统商业无法比拟的优美景观视野及开放的体验消费环境。

4. 用体验式服务为购物中心增值

好的体验源自多方面，可以来源于细节，更可以来源于服务。细节上的问题，如一根电线的布局问题，一个垃圾桶的摆放位置、一把椅子的适时出现，往往能影响一个消费者对购物中心的看法；而在服务问题上，购物中心工作人员的一个微笑，保安的一声问候，更能影响一个购物者的情绪。随着购物中心从购物场所功能到约会遛弯等社交功能的转变，"体验式服务"也已不是简简单单加大餐饮、休闲娱乐的比例，而应该是要满足消费者"来得了、留得下、逛得爽"的需求。而要满足消费者的体验需求，就需要购物商场的特色服务来支撑。例如，经常举行一些定制性的娱乐活动、有针对性的优惠活动、会员活动等，并且第一时间让消费者参与进来。通过邮件、APP、微博、微信等平台，让消费者及时了解、知晓商场的活动动态，关注、参与购物中心的活动。

二 体验式商业模式的分类

主要根据体验式商业的体验程度和运营模式来分类：

1. 体验程度分类

现代商业地产越来越注重体验式购物环境的营造，消费者感官的体验也越来越趋向于全方位的发展，即不只有一个感官参与的体验，而是多个感官共同参与的体验，是一种全身心投入的体验。如图4.1所示，根据体验程度的不同，可以分为3种模式。

业态组合与物业形态有了
有机的融合
中级体验模式

初级体验模式　　　　　　　　　　　　　高级体验模式
强调"购物+餐饮+娱乐"　　　　　　　　以主题化的面貌出现，它是
的业态的组合　　　　　　　　　　　　最能使人感觉到愉悦的、全
　　　　　　　　　　　　　　　　　　方位参与的购物行为方式

图4.1　体验式商业的模式分类

（1）初级体验模式

就是"购物+餐饮+娱乐"模式，它主要强调的是业态的组合，对物业（建筑）特色方面要求不高。

典型的案例就是万达广场，它基本上是"购物街（百货）+餐饮店集群+影院（歌城）"的业态组合模式，物业形态上没有更多特色可言，全国基本一样，但它基本能够满足一般消费者初步体验的需求。其实万象城、香港K11购物中心还是没有脱离这个模式：万象城主要是增加了大型溜冰场的设施，建筑品质更高些；K11也只是在物业内部增加了很多艺术雕塑，在建筑形态上没有什么创新。

（2）中级体验模式

中级体验模式是在初级体验模式只注重业态组合的基础上，大规模地增加了建筑形态和内部装饰的变化，使业态组合与物业形态有机的融合，更能激发起消费者参与的热情。

比较典型的就有香港朗豪坊的通天梯、天空咖啡屋、未来感的建筑装饰及雕塑等；西九龙购物中心中庭顶部设置的室内过山车，当人们走进购物中心时，就可以看到头顶像闪电一样掠过的顶层过山车，让人倍感刺激；还有南京的水游城等。这些物业形态的变化，更加刺激了消费者的感官，更加吸引他们来参与，从而增加其滞留时间，达到商家吸引消费者更多消费的目的。

(3)高级体验模式

除了上文提到的将消费者的视觉、听觉、触觉、味觉都融入购物过程中以外,高级体验模式还会使消费者感受到一种文化的冲击,文化冲击通常情况下以主题化的面貌出现,它是最能使人感觉到愉悦的全方位参与的购物行为方式。

例如,澳门的威尼斯人酒店(运河城购物中心)、迪士尼乐园都将吃喝玩乐、旅游、休闲、文化、购物等活动充分融入到项目中。迪士尼乐园除了使人们享受到视觉的冲击、游玩、美食外,还给消费者带来了美国文化特质的东西——"快乐、自由、梦想";威尼斯人酒店除吃、住、玩外,也给消费者带来了欧洲经典的文化——"异域、奢华、品位"。总之,高级体验模式是能触动人的"灵魂"的,使消费者有再次重游的冲动。

2. 运行模式分类

(1)大型溜冰场与餐饮的结合

香港又一城是 20 世纪 90 年代末修建的,首开溜冰场进购物中心的先河。其大型的溜冰场在挑高三层的空间下,周边美食商铺围绕其间,构成了好似体育场看台的立体空间;孩子们在溜冰场上嬉戏玩耍,成年人在周边"看台"上品茗美食,这样立体而又互动的画面和氛围会让消费者感到惬意。这一方式对餐饮和运动、成人与儿童、消费与休闲进行了很好的结合,起到了既有效延长了消费者滞留购物中心的时间,又有效兼顾到成人和儿童的需求的作用。

图 4.2　香港又一城

（2）文化与消费结合的体验

诚品书城是 1989 年在我国台湾地区创立的品牌，其复合式的经营方式（即书店不只是卖书，而是包罗书店、画廊、花店、商场、餐饮的复合组织），不但使其获得了较高的知名度，而且发展速度较快。

图 4.3　希慎广场的诚品书店

位于香港铜锣湾希慎广场的诚品书店，占有其 3 层共 1000 坪（约 3306 平方米）的面积，于 2012 年 8 月开业。内地也出现了许多与之风格相仿的书店，其中，广州太古汇方所书店在整体的风格上与诚品书店最为相似，由于整个书店处于同一楼层中，感觉气氛比香港的诚品书店要更好一点，也许是因为同处在一个相对比较封闭的环境中，受外界的影响较小的缘故；在内地与诚品书店经营风格有几分相似并且分布最广的应该是西西弗连锁书店，该书店在规模、业态种类及组合等方面比诚品书店都小了和少了许多，氛围也稍差一些。

（3）休闲与消费结合的体验

澳门威尼斯人酒店是集住宿、购物、娱乐于一体的超大型的商业综合体，面积达 90 多万平方米。其中，大运河购物中心面积达 9.3 万平方米，客房有 2000 多间，投资 200 多亿元。该建筑最大的特点是有仿自然天空的天幕步行街、室内小河、欧式街区，让消费者在室内也可以享受到在"蓝天白云"下逛街的乐趣。

虽然该酒店最终的盈利点在于购物、赌博和住宿，但它成功地将休闲、旅游、美食、娱乐与它的终极盈利点自然、顺理成章地结合到了一起。

图 4.4　威尼斯人酒店（大运河购物中心）——小船、流水、建筑

（4）旅游与消费结合的体验

香港迪士尼乐园位于新界大屿山竹篙湾，面积达 126 公顷。因为修建在山里，所以形成了相对独立、封闭的区域，并有专列通向那里。它包括四个主题区：探险世界、幻想世界、明日世界、美国小镇大街，它的每个主题区都能给游客带来不同的体验。

迪士尼乐园里有大量的礼品店，它最大的特点是建立在主题街区里，如美国街区、泰国雨林街区等，使消费者能在观赏各国建筑的时候，"顺便"进行购物，店内五彩缤纷的商品烘托出喜庆欢快的气氛，契合迪士尼的娱乐主题，更进一步强化了消费者购物的冲动。

三　体验式商业业态分析

体验式商业业态，包括网吧、咖啡厅、美发沙龙、轨道赛车俱乐部等特色体验式业态。

1. 体验式商业经营优劣势

以现阶段商业零售业的发展来看，经常出现在购物中心里的体验式业态主要包括：电影院、冰场、健身会馆、电玩城、KTV、美容美体、儿童体验、儿童游艺。如图 4.5 所示，体验式业态有四大优势，这也是现在很多购物中心的开发者和运营商青睐体验式业态的原因。

图4.5 体验式商业的优势

在劣势方面，体验式业态通常谈判周期较长，硬件要求高；承租面积普遍偏大，租赁时间长；租金较低。这势必会导致出现以下几方面问题：增加招商的压力和难度；品牌调整难度大；对经营收益影响较大。具体情况见表4.2和表4.3。

表4.2 以影院为例的体验式商业劣势

劣势	具体内容
谈判周期长	影院的招商谈判周期一般为1年左右，装修周期大约半年
租赁面积大	租赁面积不少于3000平方米，层高9米以上，租期15年以上
消防要求高	消防要求高，不同城市对影院的楼层也有限制
租金收入低	影院的租金收入偏低，一线城市影院租金仅有每月2~3.5元/平方米（使用面积），对项目整体收益影响较大

表4.3 盲目体验化带来的问题

问题	具体内容
收益低	收益较低，这类业态对整个商场的最大贡献为人流，而非租金，并且由于其特殊的硬件要求，有可能会牺牲大量的商业面积，如溜冰场和电影院的挑空
增加招商难度	增加招商压力和难度，尤其是当体验式业态是主力商户时，其谈判进展对项目整体招商进展的影响较大
品牌调整难度大	品牌调整难度大，受到长租期的影响，开发商很难对其进行位置调整，在一定程度上制约了项目整体定位和品牌优化升级的可操作性

2. 对体验式业态的认识误区

（1）夸大体验式业态的重要性

很多人认为一旦引入某一个或几个主力体验式业态（如影院），就一定会把项目带火，于是为了成功签约不惜做出巨大的牺牲和让步。这其实是盲目夸大了体验式业态对项目成败的作用，而忽视了项目业态组合的全局性和准确性。一个好的商业项目，一定是在整体的定位和业态组合上具有市场竞争力，而不是仅靠某几个知名商户的存在来决定成败的。

(2)仅以"体验"作为噱头和卖点

只把"体验"的概念停留在简单空间设计的层面,而忽略了真正能够吸引消费者的"体验式商业"一定是能给消费者带来优越感受的体验式业态,它能吸引消费者建立对项目光顾的忠诚度和依赖性,从而拉动项目的客流和销售。商业项目运作者一定要对体验式业态的风险度和局限性有清晰的认识。

3. 体验式业态的运营建议

(1)依据消费喜好进行合理的业态组合定位

任何业态的选择和引入,都要基于项目最合理的业态组合定位及对潜在目标消费群消费喜好的准确把握之上。要与项目内其他业态和品牌充分契合,相得益彰。如果一个商业项目的市场定位只是社区配套服务,在体量有限、消费群特征明确的前提下,一个生活卖场的价值远大于影院,卖场对项目人流和消费的带动也必然更加可观。例如,深圳万象城冰场的存在,不仅吸引了众多目标客群,同时还因为其在建筑设计和业态上的精心安排,冰场周围设置的快餐类商户,都因为冰场的带动而生意火爆,有效拉升了客流和租金。

(2)结合企业实际情况权衡取舍

体验式业态租金收益相对偏低,品牌调整难是无法回避的客观现实,发展商需结合企业实际情况权衡取舍。在项目操盘中经常会遇到这样的矛盾:尽管体验式业态更利于项目的长远发展和收益,但是基于发展商自身的企业发展规划或企业文化等因素,对于现金回报的要求较为迫切。在这种情况下,是否要引入"体验式业态",引入多大的比重、怎样的类型,都需要发展商进行权衡取舍。

总而言之,一个购物中心中是否需要"体验式业态"、需要什么类型的"体验式业态",都要建立在项目准确的市场定位和业态组合的基础之上,而不是为了追求"眼球效应"或者市场影响。商业项目的运营者和管理者,应当具有长远的眼光。

(四)典型案例——朗豪坊

朗豪坊位于香港九龙旺角地段,是一座总面积达 18 万平方米,其中包括一幢 60 层高、建筑面积约74000平方米的甲级写字楼,有 300 多间商店和食肆的高达 15 层建筑、面积达 56000 平方米的大型购物中心,以及42层高的酒店,总投资超过110亿港元。60层高的写字楼是全九龙地区最高的,酒店则是旺角地区唯一一家五星级酒店。

朗豪坊位于香港旺角砵兰街,于2004年落成,是该区的著名地标建筑。朗豪坊属于三合一大型发展项目,分别由购物商场(朗豪坊购物商场)、酒店(朗豪酒店),以及办公室大楼(朗豪坊办公大楼)组成。朗豪坊3个项目有互惠互补的特点,大型商场内设有大量商店、食肆及娱乐设施,而高级写字楼和五星级酒店则分别为商场带来高消费力的上班族及旅客,形成了一个稳定的消费链。具体情况见表4.4。

表4.4　朗豪坊各层主题

楼层	主题
地库至3楼	零售(珠宝、时装等)
4楼	通天广场及美食广场
5~7楼	零售(珠宝、时装等)
8~12楼	The Spiral(潮流地带)
13楼	The Ozone(酒吧、Cafe)

1. 项目区位及交通状况

朗豪坊位于旺角市中心,坐落于旺角黄金地段,是九龙区内备受瞩目的大型三合一综合优质发展项目。与尖沙咀有2个地铁站的距离。具体情况见图4.6。

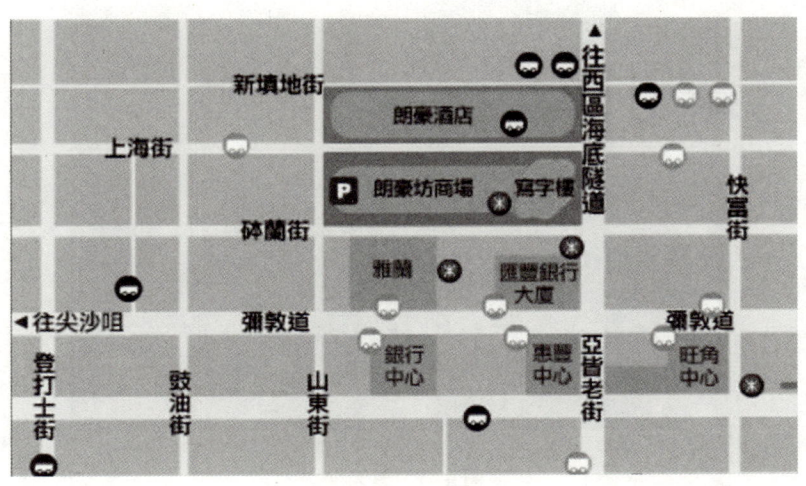

图4.6　项目区位

2. 亮点设计

如图 4.7 所示，坐落于购物商场正门、高 6 米的 Happy Man 雕塑，是设计师 Larry Bell 首个在美国以外展示的雕塑作品，象征着活力和朝气蓬勃，成为朗豪坊的地标。

图 4.7　Happy Man 雕塑

如图 4.8 所示，购物商场内设有两条共 82 米长的"通天梯"。

图 4.8　通天梯

如图 4.9 所示，朗豪坊的顶层天花板是一个全亚洲首创，高度达 138 米的"天空之城"——类似于美国拉斯维加斯恺撒皇宫的数码动感天幕。

体验式商业模式是新经济增长点 第一节

图 4.9　数码天幕

如图 4.10 所示，聚集商场、酒店人流的交汇处，通天广场位于楼高 9 层的宏伟中庭，这里定期举办各类型的活动。每逢节假日期间如除夕倒数，人群更会汇聚此处，在数码天幕底下，一司庆祝狂欢。广场内全年举办一连串的音乐表演、艺术展览及特别活动。

图 4.10　通天广场

在两条"通天梯"中，透过玻璃可以俯视整个亚皆老街和砵兰街上的旧建筑。给人印象最深的，无疑是巨石外墙，如图 4.11 所示，石料质感与玻璃钢材构架带来极大的反差，商场的整个外墙用材几乎耗尽了巴西的一座矿山。

第四章 商业地产打造体验式商业模式获取增值

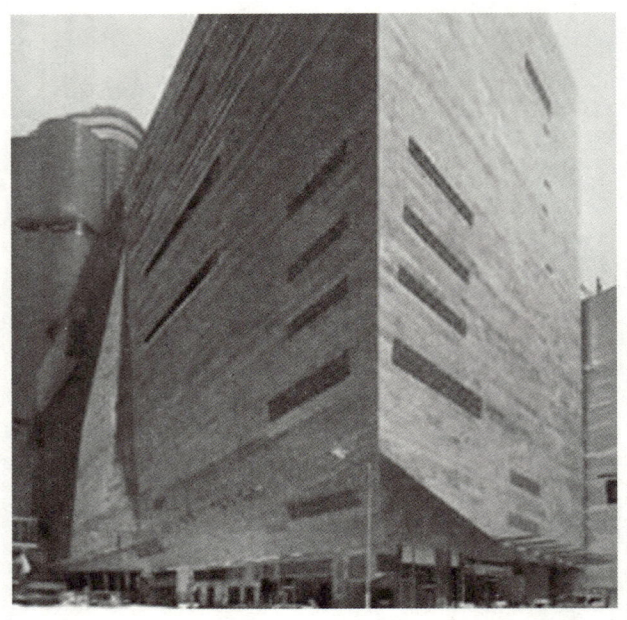

图 4.11 巨石外墙

如图 4.12 所示，购物商场设有美食广场。

图 4.12 美食广场

如图 4.13 所示，回转购物廊的楼层呈螺旋形，如果要逛遍这区的所有店铺，就一定要沿螺旋梯级而行。可以从最高的一层一直走，通过不断螺旋向下的斜坡，经过一层又一层，直达底层。

图 4.13　回转购物廊

3. 体验特色

(1) 商业价值

朗豪坊 1~3 层与传统的百货商店并无二致，但是到了 4 层以后，由于"通天梯"的出现而形成一个鲜明的亮点，"通天梯"可将顾客直接送上 12 层，这是传统手扶电梯无法做到的。"通天梯"的设计兼顾了 8 层至 12 层的商业价值，使夹在 4 层与 8 层之间、8 层与 12 层之间楼层的商业价值得到了提升，这些楼层能享受从 12 层往下的和 4 层往上的顾客的双重光顾，使该购物中心的整体商业价值都得到了有效提升。

同时，"通天梯"在购物中心内形成了垂直焦点，有利于商业资源的分散和平均化，并使得各楼层不再出现楼层越高则商业价值越低的情况，如果没有"通天梯"设计理念的运用，这样的楼层价值是不可能实现的。

(2) 业态、人流、动线配合

朗豪坊分地下 2 层和地上 13 层，写字楼位于商场 5 层，由商场 4 层扶梯将写字楼人流导入商场；地铁的入口与写字楼手扶电梯相连，使得写字楼办公人员与观光游客得以凝聚于此而形成庞大的人流，这样一部分人流便成为朗豪坊的重要客源。

朗豪坊的 8 层至 12 层是人流较少到达的区域，朗豪坊在此设置了星座馆，选择更加年轻的消费者作为目标消费群。这些所谓的"潮人"，消费能力虽然一般，但时间充裕，"逛"的热情绝对是最高的。这样的热情，配置丰富的时尚零售业态，以及富有情趣的商业街区，便可以保证充足的人流到达率。

由此可见，在可达性较差的高楼层，除底层人气推动之外，自身还需要业态、人流及动线 3 方面更好地配合才能保证与底层一样的经营效率。具体情况见图 4.14。

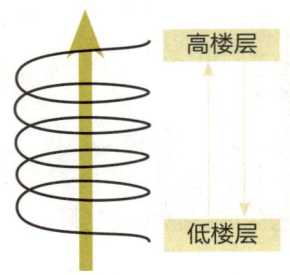

图 4.14　客流由低层到高层示意

(3) 导示系统

朗豪坊内部的交通导示系统能清楚地引导顾客在商场内观光购物，看似与其他导示图没有什么区别，但能充分体现出朗豪坊内部交通的人性化，同时在色彩和设计风格方面都能与周围的环境相呼应。具体情况见图 4.15。

图 4.15　室内导视

(4) 各类型活动

朗豪坊在举办节日庆典的 3 个中厅的布局及活动安排也是别具匠心，不仅营造了节日的喜悦气氛，也为带动人流做了铺垫，使顾客每到一处都能感受到节日的欢乐，并能深切感受到朗豪坊时时处于变化中。而举办的各类型活动通过让顾客亲身体验，更好地与商场进行互动，加深了朗豪坊在顾客心中的印象。具体情况见图 4.16。

图 4.16　朗豪坊的节日庆典活动

第二节

商业地产项目中的主要体验式业态

购物中心在进行业态规划和布局时要重点考虑对目标人群的吸引力和影响力,客流贡献型的业态往往在购物中心中起到举足轻重的作用。如今,购物中心为力求打造一站式购物体验,以往存在于购物、餐饮、娱乐间的"52∶18∶30"这一购物中心业态经营的"黄金比例"正在被打破。因为,对于真正的体验型购物中心,应该根据自身的定位及周边消费群特点来决定各业态的比例,而不应搞"一刀切"。

一 儿童业态:购物中心客流的"稳定剂"

在购物中心当中,还有一个非常重要的客流稳定剂——儿童业态。商业地产选择儿童体验馆作为主力店之一,看重的就是其吸引目标客群中年轻家庭远端消费者多次到店的号召力。无论是家庭娱乐还是儿童体验或是早教,都具备目的性强、持续性高、连带消费多等特点,往往一家商户就能绑定一大批家庭型的会员,形成持续不断的规律性到店客流,而这部分客户群所占比重也在迅速上升。

1. 儿童业态是购物中心的"经营利器"

随着我国计划生育政策带来家庭结构"1+2+4"模式的固化,"小鬼当家"已不仅是句玩笑话,还孕育出一个飞速膨胀的巨大市场。目前,我国14岁以下儿童已接近3亿人,其中,生活在城市的儿童超过了1亿人,儿童消费支出已占整个家庭收入的25%。随着儿童越来越多地影响到家庭决策,对服务消费的影响力也在逐渐加大,我国商业购物中心的经营业态也随之改变,其中日渐兴起的儿童主题业态正成为购物中心的新主力,并且有逐步发展成为独立主题购物中心的趋势。

儿童的生理和心理特质决定了该群体是一个以具体感官触摸和体验为主的消费群体,电子商务对由儿童决定的消费天然没有吸引力,这是传统百货商店和购物中心可以倚重儿童业态以抗衡电子商务对其影响的内在因素。目前,儿童业态已经成了购物中心的重要组成部分,有的甚至成为核心部分。儿童消费在为商家带来高利润的同时,也成为购物中心拉动全家消费及关联商品销售的重要因素。儿童主题业态正逐渐成为传统百货商店和购物中心进行差异化经营、提升竞争力的一条新途径。

（1）儿童业态成购物中心拉升人流量利器

购物中心所追求的就是巨大的人流量，因为，有人才会有购买力。所以，购物中心把提升人流量作为重中之重。2008年，有商家发现了一把利剑——儿童职业体验馆。儿童职业体验馆是一类新兴的儿童娱教服务商业项目。简单地讲就是为儿童提供高仿真设施道具和模拟场地，使之能够在不同职业体验主题店中扮演各行业成人职业角色，在玩乐中培养职业理想，规划自己的未来。这里拥有与真实城市一样的形态和景观，有模拟设定的社会规则和文化，具备管理系统、金融系统、安全系统、社会服务系统等。儿童市场的潜力很大，因为通过儿童本身可以带动其父母一辈的消费能力。

儿童职业体验馆不仅具有门票、品牌植入、衍生品等多元的盈利模式，它还被喻为商业领域的"人流发动机"，在拉升人流量、提升地产商业价值、盘活地域经济、实现"家庭式停留消费"等方面有很强的能力，甚至一些地产商青睐它就是看中了其"人流发动机"的作用。

（2）引入儿童商业做主力店是为聚人气

商业的发展肯定是跟着市场走的，由于人口年轻化，30岁以下的人口占主体，这就意味着儿童数量会越来越多，因此儿童商业的前景依然很广阔。现在网购行业发达，只有加强互动式业态，提供更贴近市民的体验消费，才能赢取市场。除业态布置以外，还可以定期举办亲子活动，也能聚集人气，促进消费。所以，越来越多的购物中心把儿童商业做成主力店的原因并不仅仅是因为它们能为商场赚钱。

从租金层面来讲，一般主力店的租金都很低，儿童商业即便做成主力店所付租金也是相当少。虽然投资大型儿童商业的回本周期一般是5~8年，有时甚至更长，但是因为儿童是家庭的核心，所以抓住了儿童，就等于是抓住了整个家庭。

2. 儿童产品业态分类

儿童产品业态基本上可分为儿童零售、儿童游艺娱乐、儿童主题公园和儿童服务四大类。具体情况见表4.5。

表4.5　儿童产品业态分类

类别	具体内容
儿童零售类	包括童装、童鞋、玩具、快消品（奶粉、尿片等）、童车等，以集合店形式出现，属于一站式的零售综合商店，店内汇集多种品牌及适合不同年龄层的商品
儿童游艺娱乐	分为幼童（0~7岁）游乐园，大童（7~16岁以上）游艺中心
儿童主题公园	最新的儿童游乐场所，多达几十种场景布置，配套化妆、道具等因素给孩子身临其境的体验，起到正面的引导和传教作用
儿童服务类	包括儿童教育、SPA、餐厅等配套服务项目

（1）儿童零售类

20世纪90年代中期前，国内儿童商品零售主要以百货商场为平台，为较散乱的粗放型经营模式。当时，除了各地国营背景的妇女儿童用品商店，我国基本没有上规模的儿童商品专业零售商。90年代后，随着家庭收入水平的提高以及儿童商品的丰富和创新，我国儿童商品零售规模快速成长。也正是在这样的背景之下，在国外及港台地区发展较成熟的儿童用品专营店经营模式被引入国内。目前的模式一般为一站式的零售综合商店，店内汇集了多种品牌及适合不同年龄层的商品，面积一般为1000～3000平方米。具体情况见表4.6、表4.7和表4.8。

表4.6 儿童零售类基本情况

项目	具体内容
类别	包含服装、鞋帽、食品、玩具、童车、书本绘画
代表品牌	小耐克、小衣恋、巴拉巴拉、小猪班纳、西瓜太郎、芭比娃娃、宝高、好孩子、"反"斗城等
从形式上	分为专卖店、集成店
集成店	将童装、食品、玩具、软体游乐，乃至早教和培训等整合在一起的为婴幼儿服务的一站式卖场
集合店代表品牌	孕婴房、孩子王、博士蛙、宝大祥、Minination等

表4.7 儿童零售品牌列举

品牌	面积需求（平方米）	适合年龄群	品牌	面积需求（平方米）	适合年龄群
小丰龙	20～40	0～3岁	小猪班纳	20～80	0～15岁
生肖王	20～30	3～11岁	安徒生	20～50	3～15岁
西瓜太郎	20～40	3～10岁	Bossini Kids	50～80	3～16岁
米奇妙	20～50	4～14岁	Kurippu	50～150	3～16岁
安奈儿	20～50	3～11岁	ME&CITY	50～150	3～16岁
野豹	30～50	3～15岁	嗒嘀嗒	20～50	0～15岁
维欧佩尔	30～50	3～15岁	杉杉Kids	50～150	3～15岁
果果贝	30～50	3～16岁	贝蕾尔	30～50	3～15岁
华林贝贝	20～40	3～11岁	COCICOKI	20～50	3～15岁
咪咪咯咯	15～30	3～10岁	左思	20～30	3～10岁
宝贝屋	30～70	0～13岁	笑咪咪	20～40	3～11岁
巴宝莉Childrenswear	50～150	3岁以上成人品牌延伸	Oshkosh	50～100	3～16岁
Sixty Friend	50～150	3岁以上成人品牌延伸	TEENIE WEENIE	100～200	3～16岁
Adidas Kids	40～100	3岁以上成人品牌延伸	E-land	100～200	3～16岁
Loredana	30～100	3岁以上成人品牌延伸	361	80～150	3～16岁
Nike Kids	40～100	3岁以上成人品牌延伸	娃哈哈	50～150	3～16岁儿童食品延伸品牌
CK Kids	50～100	3岁以上成人品牌延伸	Fido Dido	30～100	3～11岁

续表

品牌	面积需求（平方米）	适合年龄群	品牌	面积需求（平方米）	适合年龄群
Hello Kitty	150~500	3~15 岁	SNOOPY	50~150	2~14 岁
E-land	50~150	5~13 岁成人品牌延伸	Mickey	50~150	3~11 岁迪士尼官方授权品牌
迪士尼 Kids	50~150	0~3 岁迪士尼官方授权品牌	蜡笔小新	30~60	3~11 岁来自日本官方受权品牌

表 4.8 儿童零售集合店品牌列举

品牌	面积需求（平方米）	全国门店数	主要发展省市	简介
mothercare	1000~3000	全球近千家门店	全国	适合年龄 0~8 岁
妈妈好孩子	1000~3000	近 50 家门店	全国	适合年龄 0~6 岁，含儿童 SPA
博士蛙 365	1000~5000	近 200 家门店	全国	适合年龄 0~16 岁，旗下 10 多个品牌
力果	150~1000	门店近 100 家	全国	适合年龄 3~15 岁，旗下有 5 个品牌
丽婴房	150~500	超过 1000 家	全国	适合年龄 0~6 岁
宝大祥	2000 以上	30 多家	江、浙、沪	适合年龄 0~18 岁
天天加分	80~150	上海近 50 家	上海	适合年龄 0~7 岁，含儿童 SPA

（2）儿童服务类

近年来，随着我国社会、经济、文化事业的不断发展和基础教育的普及，新一代儿童的早期教育得到人们越来越多的关注。2010 年底，国务院发布了《中国国家中长期教育改革和发展规划纲要（2010—2020 年）》，强调了幼儿教育的重要性；接着又出台了发展幼教事业的一系列具体规定，回应了广大群众和幼儿家长的普遍诉求，展现了幼教和早教事业的广阔前景。

在生活上给予婴幼儿童专业上或主题类的服务，如儿童摄影、婴幼儿游泳、宝宝理发、儿童主题餐厅等。

儿童摄影近年来深受年轻父母的喜爱，更多年轻家长选择了专业儿童摄影机构的专业服务，儿童摄影机构已成为儿童服务项目不可缺少的部分。婴幼儿辅助设施是商场自行设立的服务项目，包括有换尿片、哺乳、洗护等设施的场所，一般设立在儿童活动较多或家庭逗留时间较长的区域，如游乐场或餐厅附近，体现了商场对顾客无微不至的体贴和关心。

儿童主题餐厅代表儿童餐饮业的发展趋势。儿童主题餐厅的餐饮产品与一般儿童餐厅最大的区别就是主题化，抓住儿童感兴趣的主题，既满足了儿童的口味，又迎合了家长的心理。具体情况见表 4.9 和表 4.10。

表 4.9 儿童服务类门店特点

项目	具体内容
竞争力	品牌性、师资服务、装修人文性
拓展能力	投资额小,以加盟品牌输出为主
需求面积	200~500 平方米
针对客群	2~15 岁儿童
承租情况	低
代表品牌	东方爱婴、金宝贝、龅牙兔儿童情商乐园、婴智贝佳、美吉姆国际儿童教育中心、新东方少儿培训、乐宁少儿英语培训、迪士尼少儿英语

表 4.10 儿童服务品牌列举

品牌	面积需求（平方米）	全国门店数（家）	主要发展省市	简介
东方爱婴早教	200~500	400	全国	适合年龄在 0~5 岁的婴幼儿早期教育机构,遍布全国 180 多个城市
金宝贝早教（GYMboree）	150~500	全球约 700 家门店	全国	适合年龄在 0~6 岁的婴幼儿早期教育机构,遍布全球 40 多个国家及地区,成立有 700 多家早教儿中心
天天加分	150~300	40 余家	上海、华东	以母婴产品为主的社区型店铺,产品多样,购物便捷
GOODBABY SPA	150~300	20 多家	全国	以婴儿护理为主的门店
皇家宝贝儿童摄影	200~600	北京 6 家门店	北京为主	成立于 2004 年,是一家专业性强、高档次的儿童摄影连锁机构,凭借多年来的先进经营理念和优质服务

（3）儿童游艺娱乐类

儿童游乐园及游艺中心已成为现代购物中心不可缺少的业态组成部分,有很强的集客能力,能够促进周边业态（如餐饮、零售）的销售收入增长,延长顾客的逗留时间。

儿童游艺娱乐,分为幼童游乐园及大童游艺中心。游乐园是专门为身高 130 厘米以下、年龄在 0~7 岁的儿童设计的室内儿童健身馆。有球池、椰子树、乘浪水床、瀑布滑梯等多种游戏设备。游艺中心以电子游艺设备为主,是专门针对年龄在 7~16 岁儿童及成人的室内游乐场所,有篮球机、捕鱼、娃娃机、赛车模拟、射击模拟等设备,并配合不同年龄不同主题的装修及场景布置,给各个年龄的客层及家庭带来适合的休闲娱乐选择。

运作室内儿童游乐园的商家基本分为两类：一类是自身研发生产儿童室内游乐设备,不仅用于销售,也用于延伸到室内儿童游乐场的经营,如奇乐儿、神采飞扬；另一类是通过采购游乐设备来做运营管理,如爱乐游、乐乐派等。室内儿童游乐场从性质上又分为两类：一类是软体游乐设备,代表品牌有悠游堂、世天乐乐城、奇乐儿、爱乐游等；另一类是电子类,指一些创意游乐设备以及巧妙运用声、光、气、水、色彩组合的设施,代表品牌有奇乐儿、卡通尼、神采飞扬等。具体情况见表 4.11 和表 4.12。

商业地产项目中的主要体验式业态 第二节

表4.11 儿童游艺娱乐类门店特点

项目	具体内容
物业需求	一般在300~1500平方米
楼层要求	所在楼层不高于3层，不低于1层
物业层高	≥3.5米
租金承受力	低，一般以此业态来带动儿童类群体的客流量

表4.12 儿童游艺娱乐品牌列举

品牌	面积需求（平方米）	全国门店数	主要发展省市	简介
爱乐游	300~500	约100家	全国	适合年龄0~7岁儿童
哈动园	500~1000	约200家	全国	适合年龄0~6岁儿童，2001年登陆中国
卡通尼	1500~3000	约30家	上海、华东为主	适合年龄3岁及以上（包括成人）
哈你小孩运动乐园	200~500	约30家	北京、天津、上海为主	适合年龄3岁及以上，攀岩、蹦极等运动项目

（4）儿童主题乐园类

儿童主题乐园的体验教育是一种崭新的教育思想。这种模式为儿童以自己的身份和视角去参与体验现实活动提供了机会，通过打造一个良好的生活实践平台，让儿童体会参与过程中的快乐及辛劳感，从而获得真情实感，在道德选择中形成良好的习惯。同时，这种模式也解决了少年儿童生活角色单一的问题。通过角色体验，可以让儿童自然地接受父母们想要传递的思想观念和行为方式，以区别于以往简单的说教和强硬的灌输模式。在这种纯粹的教育理念中渗透进商业元素，是很多商家一直在探求的一种新型商业模式。具体情况见表4.13和表4.14。

表4.13 儿童主题乐园类门店特点

项目	具体内容
竞争力	是否有政府宣传支持、科技仿真程度、赞助品牌商数量
拓展能力	主要是运营管理理念的输出，大部分施工及硬件投资由开发商完成。投资额大，少则6000万元，多则2亿元，回报率低
物业需求	面积8000~10000平方米，层高8~10米
针对客群	3~15岁
票价	120~200元/人
运营特性	营业高峰期集中在周六、周日，平时的客流量少
代表品牌	韩国HAJA、墨西哥Kidzania、北京比如世界、杭州Do都城、上海星期八小镇、苏州大未来、酷贝拉、南京柠卡王国、南京果壳里

173

表 4.14 儿童主题乐园类品牌列举

品牌	面积需求（平方米）	主要发展省市	简介
星期 8 小镇	7000	上海	星期 8 小镇是国内首家采用星期 8 模式的儿童娱乐场所，是专为 3~13 岁孩子创建的角色扮演主题乐园，面积近 7000 平方米，以 2/3 的比例打造真实生活场景，设施林立的街道、各式风格的建筑、各色不同品牌的商店和工厂，是孩子体验、娱乐、创造、学习的小一号世界
Do 都城	10000	杭州	适合年龄在 5 岁以上的儿童，Do 都城坐落于杭州钱江新城市民中心，是由杭州市政府钱江新城管委会、杭州青少年发展中心投资建立的非营利性项目。场馆于 2008 年开业，是国内最早的儿童职业体验项目。10000 平方米的场馆内，共有体验店 74 个，职业角色超过 10 种

二 餐饮业态：购物中心比例加重成趋势

近年来，当传统商业单一的购物功能已远远不能满足现代人的消费需求时，人们便开始追求功能更丰富、业态更齐全的购物场所。当在激烈的商业竞争中商家越来越注重以一站式、多元化的服务制胜时，国内各大购物中心几乎无一例外地将目光锁定在了能增加客流量、提升人气的餐饮服务上，一直以来餐饮在零售业界或传统的商业业态中并不受青睐，一直处于从属地位，而如今餐饮业已成为各大型商业地产项目或国内商业中名副其实的新宠。

1. 餐饮业在购物中心内所占比重日益增大

如果说在过去成熟的商业项目中，餐饮业在购物中心所占比例在 30%~35% 被称为特色；那么如今，餐饮业态占比达到 35% 基本已成常态。

2012 年 9 月中旬开业的太阳新天地购物中心，餐饮占比目标亦在 20% 左右。在新增 4000 平方米餐饮面积后，广州正佳广场中餐饮业态比重达到 18% 左右，但是正佳广场以占地 20 多万平方米的基础面积，承载了约 93 间餐饮店，在全国单一项目购物中心餐饮业态比重排名中名列前茅。

凯德商用的太阳宫商圈餐饮设施较少，该购物中心餐饮业态占据两层楼层，比例达到 40%，其中不乏多家初次进驻凯德旗下购物中心的餐饮品牌。

此外，还有上海名人购物中心餐饮业态占比 40%、日月光中心餐饮占比上调至 45%、沈阳天地餐饮娱乐业态占比更是超过 85%、深圳 COCO Park 负一层的星空广场周围基本被轻食、餐饮店所占据。

2. 餐饮业成为购物中心留住客人的主要业态

开发商之所以对餐饮行业越来越重视,归根结底在于该业态本身具备的若干优势。餐饮面积往往是一个商业项目最容易出手的部分。能做餐饮的铺位空间利用率比较高,技术标准也最高,投资客非常喜欢购买餐饮商铺。一般来说,能做餐饮的商铺比不能做餐饮的在价格上每平方米要贵500元甚至更高。如果是持有型物业,餐饮也是很适合的业态,它招租比较容易,承租面积大,生存能力强,租金相对来说也并不低。众多购物中心加大餐饮业业态比重的主要目的,还是为了留住客人。如图4.17所示,餐饮业业态比重增加的原因有3个。

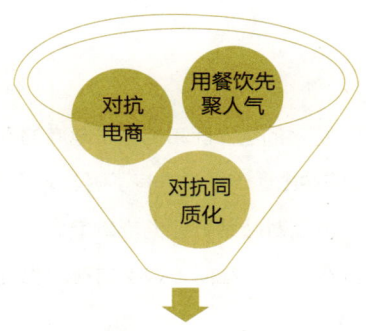

图4.17　餐饮业业态比重增加

(1) 用餐饮业先聚人气

近年来,餐饮业态对人气的巨大拉动作用,使其成为购物中心竞相笼络的对象。对商业项目来说,生存的关键就是留住人气,不仅要吸引大量的客流,更要最大限度地延长每位客户的驻留时间。

以成都为例,借力餐饮增人气,已成为成都大型商场和购物中心的"主打歌",与服装、配饰、奢侈品等业态相比,餐饮培育期短、消费需求明确成为商业体选择它们进驻的原因。而事实证明,这些餐饮在为商场带来更多收益的同时,也使商场的人气更旺。

通过调查在成都开业运营的大型商场和购物中心(包括万象城、来福士、金牛万达广场等),发现现场人气最旺的业态不是奢侈品品牌、服饰品牌,而是那些消费门槛更低的餐饮主力店。调查发现,成都80%以上的商场主要依靠餐饮凝聚人气,不仅新的商业体选择以餐饮拉动人气,不少旧的大型商场也借助餐饮突破发展"瓶颈"。

餐饮对大型商场的拉动主要体现在人流方面,无论是客流带动型的星巴克、良木缘等,还是情感体验型的港王品台塑牛排、丽餐厅、鼎泰丰等,或是直接需求型的必胜客、肯德基、麦当劳等,都呈现出非常明显的聚客效应,而且餐饮业态往往可以消化大型商场里的高层空间,并向上承接更高楼层的娱乐体验业态，成为上下互动式的客流"发动机"。

凯德 MALL·太阳宫

凯德 MALL·太阳宫建筑面积约 8.4 万平方米，目前已完成超过 90% 的招商租赁，吸引了约 270 个品牌入驻，其中多个品牌均为首次登陆北京。如新加坡连锁品牌 MR. BEAN、日本快餐连锁品牌食其家、美国玩具连锁店玩具"反"斗城以及美国儿童早期教育品牌纽约（国际）儿童俱乐部等。加大餐饮业比例的原因是项目位于京城高速和三环交界处，交通比较不方便，客流量较少，只能以餐饮业来吸引人气。

（2）对抗电商

餐饮的存在使得购物中心增加了更多的选择面和相较于电商的不可替代性差异优势，同时更吸引了不同层次不同需求的客户。电商的冲击让市场需求有了明显的变化，购物中心的"改旗易帜"就属于商业电子化所带来的"后遗症"，电商对服装行业的影响最大，特别是不少服装快销品牌，将网上作为主要的销售阵地，而消费者在实体店试衣在网上购买的现象也越来越多，这是服装店在购物中心不断"瘦身"的重要原因。

随着商业的发展，消费者越来越重视购物的体验过程，餐饮娱乐服务的增多一方面说明了市民的消费结构正在变化，有消费需求才会产生相应的服务，另一方面也能看出这些项目是目前网络无法提供给消费者的，如观影、自助餐等，消费者必须到场才能体验，同时这些店铺具有专业化、独特化的属性，因而得到顾客的支持会越来越多。

（3）对抗同质化

广州正佳广场此前设立餐饮仅为填补招商空缺，但如今，其餐饮定位逐渐形成自己的特色和口碑，也令其与天河城、太古汇等购物中心形成错位竞争。

以特色餐饮带旺购物商城的方式已经初见成效。像正佳广场、太古汇这种大型的购物中心，每层都会有餐饮配套，大型的食肆放在高层，形成美食专区，带动客流往上走，每层还有一些歇脚的地方，以简餐形式的小规模特色餐饮为主，通常设置在每层的角落位置——逛街的时候客流不易到达的地方，同样起带动客流的作用。太古汇有 Simplylife、新元素、江南厨子等，正佳广场有太兴茶餐厅、一茶一坐等，现在天河城有俏江南和港丽餐厅等这些在广州独有的餐饮品牌，吸引了不同品位、层次的目标客户群。

特别值得注意的是，全国各地的购物商城都离不开餐饮配套。不过，这种吸引客流的手段不能成为购物商城的主体，如果购物商城只有单一的餐饮业态，是无法支撑整座商城的租金收入的，毕竟，虽然餐饮食肆能为购物商城贡献必要的客流量，但是支撑商城收入的还是各种品牌的商品。

3. 餐饮业热门类型分析

如图4.18所示，餐饮业热门类型有3类。

图4.18　餐饮业热门类型

(1) 中式餐厅日均客流量摘魁首

在日均客流量大于100人的餐厅排名中，中式宴会式餐厅不负众望摘取魁首，40%的宴会式餐厅日均客流量大于100人；紧追其后的则是火锅类，其中的原因倒是值得一提：火锅本身就是冬季宴请的热门之选，礼仪之邦的中国人不仅热情好客，还喜欢一大桌人热热闹闹地围着一个热气腾腾的大铜炉，手执扎啤或者一杯"二锅头"，开怀"侃大山"，杯酒释恩仇在火锅宴上也是常有的事情，"火锅宴情结"全民皆有。

从社交层面看，在火锅餐厅里社交类聚餐所占比例最高，达到32%。由于火锅宴追求的是一种心情的放松和愉悦，对于火锅店来说，其装修风格和服务细节当须以能让消费者感受到身心愉悦为原则。当然，受全民爱火锅的情绪影响，很多在中国工作的外国人也入乡随俗，爱上了中国火锅，很多火锅店里充斥着侃侃而谈的异色皮肤的人群就是明证，那么适合老外品位和口味的餐厅，在未来也是一个可以深度挖掘的市场。

(2) 异国特色餐饮受到白领的喜爱

白领一直是城市各类商企的主要受众群，2012年度日韩料理消费占比最高的群体是都市白领。

都市白领的生活和生存压力一直不减，但内心深处却仍然有着强烈的关于信仰、精神的自我解放的需求，对海外文化里某种深层的、关于人性和自我价值的尊重有着更为强烈的认同和渴求，于是在外消费时更讲究精神层面的愉悦感。因此，很多装修精美、情调小资、服务细致周到的餐厅受到都市白领的追捧，日韩料理和西餐厅无疑在这方面走在了中国大多数餐厅前面。不过，越来越多的中国本土餐厅也开始大力引进人性化的管理体系，如近年来声名鹊起的"海底捞"，受到举国好评，尤其是都市白领广为追捧。在这点上值得广大餐饮商户深度思考和借鉴。

（3）另辟蹊径打造特色餐饮

相关数据调查发现，在现代消费人群中有一半以上的消费者对烧烤大为青睐，以烧烤为潮流的饮食新风尚正在被市场关注。作为以特色烤肉类产品为主打的 BBQ 烤吧，正是借助餐饮的特色趋势和连锁经营的规模互利优势来达到良好的市场效果。

BBQ 烤吧当属目前市场最新的餐饮模式，集餐吧、酒吧、烧烤店、休闲餐厅于一体，吸引的消费者也是一些热爱生活、追求时尚、向往丰富多彩生活的年轻人，在潜力巨大的餐饮市场引起了强烈的反响。

4. 主题特色餐饮成为购物中心餐饮业态新宠

随着人们生活水平的提高，消费需求将日趋个性化，这就要求企业要重视人们的具体要求，根据具体的消费场景、消费时间、消费对象，提供有针对性的服务，并据此塑造出符合顾客要求的企业形象。

从现代消费者的心理来看，许多人在进行某种消费时，不仅是消费商品本身，也是消费商品的名气和通过商品体现出来的形象，因为形象具有一定的象征价值，能满足人们对身份、地位等方面的追求，能让人产生自豪感，抑或给人们一种谈资、一种经历，而特色主题餐饮（如情人餐厅、球迷餐厅、小盏餐厅、离婚餐厅等）就是在这样的环境下产生的特色餐饮的代表。具体情况见图 4.19。

图 4.19　百合主题餐厅

(1) 主题特色餐饮的高速发展

主题餐厅在中国大陆兴起是在 20 世纪 90 年代后期，但在欧美国家和我国港台地区，主题餐厅已经是非常流行的一种餐厅经营模式。台湾有令人大跌眼镜的"马桶主题餐厅"，该餐厅把吃东西的地方营造成厕所的氛围，其独特的创意竟然吸引了众多食客光临。其他如血型配对餐厅等不一而足。如图 4.20 所示，是令人惊叹的海底世界的主题餐厅。

图 4.20　海底世界的主题餐厅

如今，在中国大陆，主题餐厅也已经在各地开花。上海有以 F1 为主题的"GPC 餐厅"；杭州则有"邓丽君主题餐厅"，店内摆设的全都是邓丽君生前穿戴过的旗袍、鞋子等纪念物品和一张张栩栩如生的照片；广州广园路上的"知青餐厅"，知青时代的乡村装饰令食客重温旧日岁月，服务员均衣着军服，包间也以村庄的名字来命名。

目前，整体餐饮市场仍处于深度调整中。随着大众餐饮市场的竞争日趋激烈，部分餐饮企业摒弃价格战，转向差异化经营，如向"特色""主题"、新热点、新需求等方向转型。据统计，截至 2014 年 4 月 1 日，第一季度餐饮企业"咖啡陪你"品牌包括概念店在内共开 9 家门店，其中西安成为"咖啡陪你"重点发展区域；味千拉面首季全国已开 8 店；海底捞入驻上海春天百货。具体情况见表 4.15。

表 4.15　典型特色餐饮与高端餐饮 2014 年第一季度门店拓展情况对比

类别	特色餐饮				高端餐饮
名称	绿茶餐厅	咖啡陪你	味千拉面	海底捞	肖江南
开店数量（家）	3	8	7	1	2
分布	宁波、广州、北京	北京、西安、深圳、长沙、重庆	天津、襄阳、台州、北京、武汉、石家庄	上海	成都、上海

从对比中可以看出无论是从数量还是分布情况，特色餐饮对比高端餐饮都具有一定的优势。特色餐饮分布的范围更广，涉及的人群更多，同时既可立足大城市又能兼顾小城市；而高端餐饮由于消费者档次的限定，其布局以及扩散受到一定限制。

（2）主题特色餐饮更符合现代消费需求

①消费群体更为集中

年轻人、家庭、儿童为消费主力军，主题餐饮的核心顾客年龄在 15～34 岁。以运动或电影为主题的餐饮在 10～20 岁的青少年中颇受欢迎；而以音乐为主题的餐馆则更受年龄稍长一些的顾客的青睐。虽然主题餐饮奇特而又显得十分"吵闹"的装修对年长者吸引力不大，但以家庭为单位的顾客群仍占有非常重要的地位。

另外，儿童也为餐馆极具诱惑力的儿童菜单、环境格调和娱乐活动所吸引，成为带动家庭消费的重要因素。上海目前规模最大的针对 15 岁以下儿童的大型室内主题餐厅游乐园——布奇儿童天地盛大开业，刚开始营业就有大量的消费者前来就餐。

②产品形态日趋丰富

现今，在汇集众多餐饮经营业态的中国餐饮业中，采用"主题餐厅"经营方式的餐馆渐渐多了起来。在餐饮服务业越发达、竞争越充分的地区，主题餐厅的形态也越丰富。走进餐厅，从装修、装饰风格到主打菜式，甚至服务员的着装，几乎都与餐厅的主题风格统一。主题餐厅使人们就餐不再单纯追求环境的优雅、音乐的婉转，而是向更直接、更感性的层次迈进。无论是以船、电影、车，还是以监狱为主题的餐厅都充分展现了人性化的一面，受到了消费者的青睐。

③针对特定群体

与一般餐厅相比，主题餐厅往往针对特定的消费群体，不仅提供饮食，还提供以某种特别文化为主题的服务。餐厅在环境上围绕这个主题进行装修装饰，甚至食品也与之相配合，营造出一种特殊的气氛，让顾客在某种情景体验中找到进餐的全新感觉。主题餐饮的出现，迎合了顾客日益变化的餐饮消费需求，它以定制化、个性化、特色化的产品和服务来感动消费者，使消费者在其巨大的吸引力下前来就餐。

④购物中心因消费需求而更青睐主题特色餐饮

消费疲软、电商冲击、同质化等问题不断涌现，使购物中心面临着巨大的经营压力，而餐饮业成为各大购物中心的救命稻草，纷纷引进大量的餐饮品牌来吸引人气。统计发现，对于餐饮品牌的引入，各大购物中心都更加青睐特色鲜明的主题餐饮品牌。具体情况见表 4.16。

表4.16 餐饮品牌进驻购物中心排行榜

品牌	进驻购物中心数量（家）	排名
肯德基	97	1
星巴克	94	2
海底捞	5	98
满记甜品	49	9
面包新语	54	7
汉拿山	30	15
一茶一坐	25	20
赛百味	37	12
俏江南	18	32
真功夫	25	21
必胜客	81	5
小南国	8	82
翡翠酒家	3	199

从表4.16中可以看出特色主题餐饮中的大众餐饮、轻餐饮更受购物中心的青睐，进驻购物中心的数量大大超过了高端餐饮。主题特色餐饮具有大众性、特色性，能够吸引更多的消费者，对提升购物中心的人气、留住消费者、延长消费时间从而增加消费者在购物中心的消费机会方面来说更具有意义。

三 休闲娱乐：提高购物中心体验、集客功能

随着市场竞争日趋激烈，购物中心发展开始步入成熟期，消费者对于购物中心细节的处理将提出更高的要求。受益于消费能力的提升，非生活必需品在2010—2020年将保持13.4%的年平均增长率。分析指出，新型消费者更倾向于花钱买高品质的商品和体验服务，这也为文化、娱乐业态带来了新的发展机遇。

业种一：真冰场

真冰场自身如果有强大的运营能力和吸客力，必然会给购物中心带来客流量和消费量的提升，故华润集团万象城、龙湖集团天街购物中心、兴隆集团兴隆天地旗下多家购物中心均设置了真冰场。真冰场的特点较为鲜明，具体情况见图4.21。

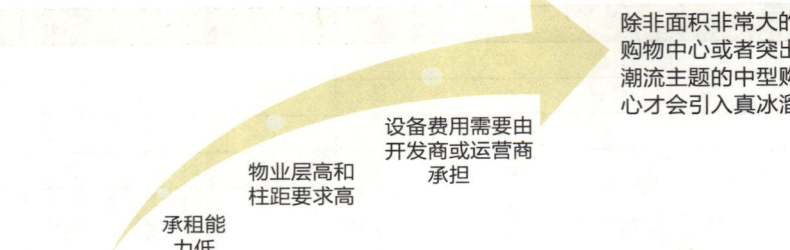

图 4.21　真冰场的特点

1999 — 2009 年，平均每年新增的商业真冰溜冰场不足 4 家，而 2010 年和 2011 年这两年则猛然提速，每年新增 10 家左右；2012 — 2015 年，增加到每年 20 ~25 家。可见商业运营的真冰溜冰场在我国正由市场培育期的导入阶段步入快速发展阶段。具体情况见表 4.17、表 4.18 和表 4.19。

表 4.17　深圳万象城真冰场

项目	具体内容
位置	4 层（两层通高）
面积	建筑面积 3600 平方米，冰面面积 1800 平方米
合作方式	自营，组建冰场运营团队
前期投入成本	约 3000 万元，含装修
月营运成本	约 100 万元
月营业额	约 150 万元
客流量	约 2.5 万人/月
收入构成	入场费 50%，学费 40%，活动出租 10%

表 4.18　香港又一城真冰场

项目	具体内容
冰场品牌	欢天雪地冰场
建筑面积	约 2378 平方米
冰面面积	1178 平方米
容量	220 人
客流量	约 30 万人/年
特色	拥有大型舞台灯光及优质的视听系统 设有溜冰学校，与香港滑冰联盟及其他机构携手合作，为学院提供一系列多元化的滑冰课程

表 4.19　重点商业项目冰场规划情况

项目	开业时间	冰面面积（平方米）	所处楼层
百年城奥特莱斯	2012 年	1000	N/A
长兴综合体	2012 年	约 800	L5

续表

项目	开业时间	冰面面积（平方米）	所处楼层
裕景中心	2014 年	N/A	N/A
恒隆广场	2015 年	约 1057	B1
益田假日广场	2015 年	1000	L4

业种二：健身会所

健身会所的进驻有利于填补购物中心在运动休闲版块的空缺，吸引中高端的城市人群聚集，并且提升了购物中心的档次。而健身会所则看中了购物中心所提供的一站式生活配套服务，可以说，两者的结盟是互惠互利的。

中国商业健身俱乐部约 5000 家，门店大多选址在繁华的 CBD 商业中心、高档商务写字楼、大型购物中心，以及高档住宅小区附近，其中选址在购物中心的占比约为 26%。

不过，相比于购物中心的其他体验业态，到健身会所消费耗时过多，与快节奏的城市生活方式脱离，似乎吸引力不够。

业种三：电玩城

电玩是年轻人娱乐放松的选择之一，深受青少年群体的青睐。现在的电玩城做得越来越完善，项目设置丰富，设备配置也相当高端，从最大程度上满足了消费者的娱乐需求。具体情况见表 4.20。

表 4.20　电玩城选址要求

项目	具体内容
需求面积	2500~8000 平方米（视具体商业环境而定）
建筑层高	层高 3.5 米以上
柱网间距	柱距原则上最好不小于 8.0 米
排水设施	有
其他要求	停车方便，注重隔音（部分音乐类模拟机应单独隔断，以避免噪声）

业种四：美容美体

中国的美容美体行业是一个新兴的行业，美容美体业正成为中国继房地产、汽车、旅游和电子通信之后的第五大消费热点。美容美体行业的发展前景十分广阔，近年来一直高速持续增长。

美容、造型、美甲等时尚休闲业态对于购物中心来说，地位越来越重要，占比有的甚至达到 15%，且主要是以大型门店连锁形式延伸至购物中心。具体情况见表 4.21、表 4.22 和表 4.23。

表4.21 美容美体业态的共性选址标准

项目	具体内容
商圈地段	成熟的综合体或者购物中心；高住宅小区附近；高档办公写字楼；时尚白领聚集地
商圈人口	超过15万人，日客流量6500人
消费能力	周边消费能力较强
租期	至少5年

表4.22 建筑要求

项目	具体内容
需求面积	100~8000平方米
楼层选择	2~5层
建筑层高	≥3米
开间宽度	8米
柱网间距	≥6米

表4.23 部分美容美体品牌门店选址

品牌名称	面积需求（平方米）	门店数量（家）	年开店增速（家）	门店主要分布区域	未来重点拓展区域/城市	合作客户	租金（天/平方米）
美丽田园	200~250	130	20	全国	北京、上海、深圳、海口、武汉、重庆、成都、大连	恒隆、华润置地、凯德、百联、德基、正佳、K11、大悦城、龙之梦、万象城、太古汇	视具体项目而定
奈瑞儿	1000~5000	7	10~15	广州、深圳、东莞、佛山、中山、珠海	北京、上海、南京、天津、杭州、长沙、武汉、重庆、成都	万达、正佳、丽影广场、天河城	视具体项目而定
可丽可心	200~300	2100	50~100	全国	全国一线、二线城市	区域性商业地产开发商	10~15元
佐登妮丝	200~300	1000	15	广州、上海、重庆、西安、武汉、成都、南宁、苏州、东莞、梅州、佛山、赣州	广州、上海、武汉、四川、浙江地区	万科、绿城集团、新世界、区域性商业地产开发商	3~5元
抗骏养生会馆	600~2000	52	—	全国	上海、北京、南京、成都、郑州	环球、百联、区域性商业地产开发商	—
百韵瘦身	400~1000	400	600	全国	全国一线、二线城市	华林国际、北城国际、国际城、区域性商业地产开发商	3~4元

续表

品牌名称	面积需求（平方米）	门店数量（家）	年开店增速（家）	门店主要分布区域	未来重点拓展区域/城市	合作客户	租金（天/平方米）
碧云雅诗	100~200	100	5~10	辽宁（沈阳）	辽宁	区域性商业地产开发商	5~10元
蕾蕾美颜	500~1000	20	2~3	浙江（杭州）	杭州	深蓝广场、颐景园、东方润园·润缘汇、银色港湾、区域性商业地产开发商	3~5元
风衣轩	400~3000	15	50	华北地区（北京）	北京	区域性商业地产开发商	5~8元
丽人纤体	200~250	13	50	华东地区（杭州）	杭州	区域性商业地产开发商	—
Yestar	2000~8000	12	3~5	全国	重庆、昆明、南京、贵阳、深圳、西安、太原、河南、郑州	区域性商业地产开发商	3~5元
S媚力	500~1000	7	—	西北地区（陕西）	陕西	区域性商业地产开发商	—
倾城美容会馆	500~600	3	1	山东（济南）	济南	区域性商业地产开发商	1~2元

注：以上数据截至2014年7月。

业种五：主题展

展览对于购物中心的销售具有直接的推动作用。在购物中心举办各种展览无疑会增加消费者在商场逗留的时间，从而增加消费的概率。

对于大多数展览公司而言，在购物中心举办展览的优点有两方面：一方面是看中商场的地理位置和人气；另一方面是由于政府的专业场馆多为公益性质，向公众免费开放或以较低的售价收取门票费用，因此在商场办展便于收回成本。在购物中心举办展览是一种市场化的尝试与探索。具体情况见表4.24。

表4.24　主题展给购物中心带来的好处

好处	具体内容
打造差异化，增强竞争力	购物中心主题展是开发商为了打造更强的竞争力，通过创新建筑形式、品牌内容或展示形式等举措来满足更细分群体的需求，对购物中心进行差异化改造

续表

好处	具体内容
功能复合型：1+1＞2	购物中心主题展可以诱发潜在消费，增加销售收入。消费者在购物中心内除购物以外，还有美食、娱乐、观光、休闲等主题内容可供消费，消费者在购物的同时，还可以就餐、游乐、看展览，于不知不觉间消除疲劳，同时增添消费的乐趣，延长逗留时间，无形当中增加了消费概率
同质化竞争降低	大大小小的购物中心分布在城市的各个角落，同质化的品牌也会使消费者产生视觉疲劳。所以，不一样的展览可以给顾客带来不一样的购物体验

业种六：影院

对于购物中心而言，影院在客流和销售额方面的带动作用十分明显。具体情况见图4.22。

图4.22　影院的带动作用

（1）丰富业态

在现实生活中，购物中心的主力店通常是知名百货商店、大型超市；而次主力店通常是知名餐饮店、电影院、大型书店或游乐场。主次主力店主导着购物中心的形象和档次，而诸多的小品牌店、专卖店和其他小业态店则对购物中心起着业态补充和功能完善作用，双方并存共荣，维持着购物中心商业生态圈的稳定发展。

购物中心业态在当前发展中面临的挑战主要是：各地开发商盲目跟风，导致购物中心数量超过当前需求，造成较高的商铺闲置率和社会资源的浪费；作为相对较新并且复杂的业态，购物中心在当前面临着严重的专业管理人才瓶颈，这也增加了购物中心的经营风险和难度。现实中，商家在大型购物中心选址投资做电影院项目，按照一定选择标准，也需要进行综合评估。

（2）增加顾客的滞留时间

消费者来到影院购票后，一般情况下还需等待15～30分钟，而看完一场电影至少需90分钟。观看电影是消费者自我放松的一种休闲方式，所以观影后大部分观众怀着一种轻松愉悦的心情走出影院，这时他们的冲动型消费可能性将大大增加（有关研究表明，冲动型消费占人们总消费行为的一半以上）。这样算下来，每个来观影的消费者，平均会在购物中心内滞留150分钟左右，滞留时间的大幅增加，有效延长了消费者在购物中心消费的时间，从而令顾客的提袋率或购物中心的营业额稳步增长。

（3）集客作用

影院为购物中心带来强大的消费群体，如一个2000座的电影院，当年票房收入达到3000万元时，按照25元的平均票价计算，意味着每年能给购物中心带来120万的人流。而且这些观影群体的年龄主要在15~35岁，是购买力最强的人群。

（4）导向作用

电影院会很好地帮助购物中心规划和组织设计。人流经过的地方人气会变旺，电影院能够让购物中心原来不旺的位置、不容易出租的楼层变得抢手。

（5）时尚作用

现在，每年都有新的电影，随之涌现出很多的明星，吸引了大批的追星族，电影院的存在使购物中心变得更时尚。

（6）节点控制作用

电影院能够让购物中心内人流的速度减缓下来，能够很有效地把人们的脚步放慢，把急匆匆的节奏控制下来。

（7）指导作用

电影院对时尚的消费引导作用非常明显。对于追星族而言，电影明星的穿着打扮深深地影响着他们的选择。电影院进入购物中心以后使得很多品牌的专卖店能够利用这一点来做促销。

电影院的观影人群以年轻人为主，这就要求购物中心应该布置得更时尚，这样才能够有效提升销售量。总而言之，电影院是整个商业中心的一部分，它和其他业态的关系应该是共存共融的，也是购物中心业态一个非常好的选项。

（8）增强体验感

体验式消费的特点就是重在体验，重在情感消费。购物可以，不购物也可以，到咖啡厅喝杯喜欢的咖啡，到 KTV 唱支自己最拿手的歌，到五星级电影院看一场动人的电影，甚至只是到商业街、商场内随意逛逛，放松一下紧张的神经，感受一下时尚气息，随意浏览一下商场内最新的商品与消费形式，并不以购物消费为专门目的。

电影院是体验式商业地产中高重复率的商业业态，随着中国内地市场电影票房的大幅提升，许多商业地产开发商也越来越看好中国电影市场的发展前景，特别是开发体验式商业地产的开发商，基本会引入电影院业态。

（9）广告效应

通常每一部电影在上映前，制片方都会在电视、报纸、电影、广播等立体化的媒体平台上做各种各样的宣传活动，这样影片还未上映，观众就对影片产生了很强的好奇心。在这个基础上，作为影片播放平台的电影院显然会受到当地消费者的强烈关注。同样，拥有影院的购物中心得到的关注也将大大高于没有电影院的购物中心。

另外，每当有大片上映或区域内有新店开业时，制片方还会邀请各类明星出席并组织宣传，这些活动带来的广告效应也是非常显著的。

四、文化业态：消费者精神层面需求的延伸

随着人们消费心态向精神层面的延伸，文化业态为消费者提供精神满足感的特点使其成为体验式商业重要的组成部分。文化品牌在运营管理过程中的复杂性，要求运营商在商品、信息、策划、设计、拓展等方面均需具备极强的专业能力。

文化消费是衡量社会文明的尺度之一，也是人们对于一种新的生活方式、生活态度的展示。纯粹的文化乏力，单一的商业乏味，而当商业和文化有机结合起来时，顾客体验到的就不仅仅是商业的便利，更包括内心的体验和触动，而这正是体验式商业的本质追求。

业种一：复合书店

传统书店的经营模式无法存活，购物中心寻求差异化，而代表着一种文化气质和生活方式的"书籍 +N"的商业模式实现了两者的共赢，这种体验丰富的复合书店已然成为商业文化休闲业态的新标配。

商业地产项目中的主要体验式业态 第二节

 方所书店

方所书店采取复合经营模式,开创了"书店+美学生活+咖啡+展览+服饰零售"的盈利模式,其提倡的"美学生活"理念深受白领、学生的欢迎,实质上是一种"文化生活空间"的营造。具体情况见图4.23。

在这里,你可以点一杯咖啡和三五好友小聚,也可以去聆听一场作家、学者的讲座,书店俨然已成为一个生活平台。

图4.23 广州方所书店

业种二:特色影院

传统影院虽然是购物中心娱乐业态的标准配置,但是其缺点也很明显:投资成本高昂导致租金承受能力低;上映同步影片让观众少了可选择性;大厅私密性也较差。这就为特色影院的出现提供了机会。

艾米 1895 影院

艾米 1895 影院是一种新型互动式的观影模式，采取"同步影厅+独立观影包厢"模式，并附带会所娱乐和餐饮衍生服务，它克服了传统影院的弱点，满足了不同受众多元化的观影需求。具体情况见图 4.24。

图 4.24　艾米 1895 影院

枫花园露天汽车影院

露天汽车影院是汽车文化与电影产业文化的复合体，选址一般位于距市区半小时车程的郊区，可附带设置汽车主题餐厅、汽车酒吧、汽车旅馆、车饰、影视制作、手工创意吧等，并承接试乘试驾、公司产品发布及庆典活动等场地租赁项目。露天汽车影院具有投资低、场所功能转换便利、衍生消费高、建设周期短的优点。

枫花园汽车影院是北京最早出现也是规模最大的露天汽车影院，其盈利模式为门票收入、活动承办场地费用和衍生消费收入等，单纯的门票收入无法满足其日常经营开支。

业种三：艺术展馆/画廊

艺术展馆入驻上海 K11 开创了艺术与商业结合的成功典范，后来北京侨福芳草地沿袭了这种打造艺术购物中心的思路。艺术与商业的结合是艺术源于生活、回归生活理念的体现，在物质供应过剩的时代满足了消费者追求高层次的精神文化需求，创造了艺术家、大众、商场三者共赢的局面。虽然这种模式有利于打造主题化、差异化的商场，但艺术展馆很难独立经营，所以如何平衡艺术的观赏性和商场的整体盈利是关键。

芳草地画廊

芳草地定位为文化艺术综合体，其产品设计和空间打造将艺术元素的应用发挥到了极致。公共空间内随处可见的 40 多件雕塑均出自著名现实主义雕塑大师萨尔瓦多·达利之手。地下二层还设有一座画廊，陈列着风格各异的壁画。

杜莎夫人蜡像馆

杜莎夫人蜡像馆是全世界知名度最高的蜡像馆，由蜡制雕塑家杜莎夫人建立。馆为陈列有政界历史名人、王室成员、体坛演艺、科技文化界明星等人物。武汉分馆是继上海之后的大陆第二家店，北京为第三家，成都、重庆分馆亦将相继成立。整个馆由 3 层楼及地下室组成，分 4 个展览层，占地约 1551 平方米，投资 8000 万元，主要以门票和纪念品的销售来盈利。

业种四：剧场

剧场传统上作为一种独立的商业业态经营，形式也比较多，包括永久性的大型剧院或开放式的露天舞台。随着商业向多功能、复合性、满足多元需求的方向发展，越来越多的剧场开始出现在众多大型商业综合体内。

汉秀剧场

汉秀剧场位于万达在武汉的文化综合体——楚河汉街项目内，由万达集团与弗兰克演艺公司合建。借助现代"Show"的演艺方式展示传统楚汉文化，糅合了音乐、舞蹈、杂技、高空跳水、特技动作等多种表演形式。

FOUR 第四章 商业地产打造体验式商业模式获取增值

户外剧场

大型的购物场所一般都会有方便人流聚集的入口广场或中央广场等。这种大型的人流节点如果能设置一些表演场地，结合人工水景和灯光，往往能起到活跃商业氛围、拉动人气的效果。日本东京六本木商业综合体在广场设置了一处露天音乐广场，上盖可缩放式穹顶，不定期安排演出活动，活跃了整个区域的氛围。

(五) 典型案例——复合书店：颠覆传统的个性书店

随着网络信息时代的到来，网络书店逐渐兴起。当当、卓越亚马逊、京东等国内各大电商纷纷抢滩图书市场，其巨大的价格优势对实体书店形成了不小的冲击。部分实体书店陷入倒闭的尴尬局面。在此背景下，小部分实体书店却一枝独秀，在激烈的竞争中稳步发展。

特色主题实体书店1：诚品书店

诚品书店的发展策略打破了传统书店的经营模式，先由品牌来奠定成功基础，再带动以商场、书店与零售相结合的"复合经营"的方式来补贴书店亏损以及盈利，诚品70%的收入来自文化展演、创意商品销售、餐饮等这些"副业"以及部分商铺租金。

(1) 经营顾客

①顾客份额

诚品核心经营策略，是对"顾客份额"的追求，而非"市场份额"。①

②精英定位

诚品书店以"精英"自诩，无论是产品还是品牌风格，都希望带给社会大众精致高贵的印象，但这种定位却让普罗大众望而却步。因此，在成立之初，诚品书店虽然提供了一个高品质的购书环境，但书籍过于偏向进口书及外文杂志，以当时台湾的消费水平，未免曲高和寡，所以在经营初期一直处

---

① "顾客份额"是指某产品或企业的销售量占一个顾客在该类消费中的比例，也称为"顾客的钱袋份额"，它是以单一的顾客为评估单位，因此，这种思想是将顾客看作不同的个体，尊重其个性化需求，并从顾客的行为特征来看问题；"市场份额"是指某产品或企业的销售量占该类市场总销售量的比例，它以顾客的群体为评估单位。

于亏损状态；但在经营者的坚持下，诚品分店一间一间地开，书种越来越齐全，达到一定市场规模后，从1999年开始转亏为盈，并对台湾连锁书店龙头——金石堂构成强大威胁。诚品这种精英化定位，不仅与其他书店在经营上有很大区别，也使得顾客在购书时"文化消费"的意味得以强烈提升。具体情况见图4.25。

图4.25 诚品书店的核心价值

③城市文化卖场

基于对CBD消费顾客行为特征的研究而出现的新业态，之所以称为"城市文化卖场"，是因为它不是针对周边稳定的居民消费群体，而是针对流动性客群，故称之为"城市卖场"；而之所以不是综合商厦，是因为它是以书业销售为主题的，因此称之为"文化卖场"。这种差异化策略成立的缘由，是基于追求"顾客份额"的消费者行为逻辑，如果仅仅从产品多元化的外在形态去分析，显然是远远不够的。

④动静结合的"延伸阅读"

在产品种类上，诚品书店不仅有中外图书，还有儿童用品、文具玩具、影音制品。店中甚至还设有餐厅、咖啡厅，以及家具、画廊、花店、瓷器、珠宝等场馆。同时，这种静态的阅读又结合了动态的阅读——音乐会、报告会、座谈会、表演与展览等各类活动，每年这种活动多达4500多场。

(2) 复合经营

诚品书店是典型的复合式经营的成功代表，在其所有门店中，根据店的大小，图书销售区面积占到20%~90%不等。在台北市信义、敦南，以及火车站这样的大店，图书销售区只占到总经营面积的20%~30%，其他销售区域引进了服装、箱包皮具、文具、家具、化妆品、手工艺品、美食广场、餐饮名店、艺术品、玩具、亲子乐园、艺术培训等多种业态。这些业态的引进不仅增加了诚品的租金收入，还大大提升了诚品的服务功能，让到店的消费者有更多的选择，提升了诚品书店的集客能力。

但是，这是在供应链管理基础下，需要将内外人力成本、人员管控、资源设备进行有效的整合，而不是简单地将这些产品聚合在一起。如书店内的咖啡店，咖啡店是独立招商，和书店是两头管控，不过在人员上是统一管理，但在人力成本的掌控上则由厂商个别处理。在管理上，会有一个团队负责管理整个复合商店，也会与各家厂商定期开会，检讨营运绩效。因为复合形态大部分都是在百货设点，所以在仓库的使用上，有些是厂商共用。

诚品书店之所以选择复合经营，不外乎是要降低运营成本，但在品牌、人员或者设备方面是共享的。

（3）品牌传播

诚品书店声名远播的主要原因之一，还在于其品牌的打造。诚品书店与台湾著名的意识形态广告公司合作多年，并因为意识形态广告公司独特的创意风格和品牌观念而使其一举一动都引领着台湾的时尚风潮。

①作为文化事业来经营

诚品将书店定义为多元、动态的文化事业，而非零售业，它在活动行销上的创意，更是让其他连锁书店望尘莫及。除了用精致优雅的阅读空间来展现阅读价值，更长期举办各项演讲、座谈、表演与展览等延伸阅读活动，每年至少举办 400～500 场演讲与展览活动，涵盖文学、戏剧、环保、舞蹈与美术等多个领域，开启了书店与读者进行对话的先河。

②另类的书种组合

书种的组合更是诚品书店的经营特色。"金石堂"首创台湾畅销书排行榜，以吸引爱书人的目光；但诚品书店坚持不做畅销书，反而推荐一些有点冷门的好书，即使已在书架上躺了 3 个月的书也不把它送入仓库，这就是诚品书店与传统书店的差异之处，并为爱书者所称道。事实上，这种看似逆势操作的手法，在诚品的悉心规划下，一些冷门书往往也大爆"冷门"，销售业绩奇佳。

此外，诚品书店首先打破传统的图书分类，经营初期便创新类别书区的规划及平台陈列方式，进而带动出版新象。如别具特色的性别研究、台湾地区研究与自然生态保护等，逐渐开发出了许多新的图书品种。

③因地制宜的经营创新

诚品书店每家分店的设立，都会依当地的人文色彩与生活习俗，设计出各异其趣的陈设风格，体现了区域结合的特色。如在青少年聚集的台北西门町，就加大了漫画与罗曼史图书的比重；天母店多摆放与休闲、旅游和家居有关的书籍；而中南部部分分店则是增加了中文书籍的比重。

诚品书店最大创新之处是翻新了"书店"的经营概念，将书店提升为新文化的休闲场所，尤其是自 1999 年 3 月起，在面积约 1653 平方米的诚品敦南总店，将营业时间开放为 24 小时。这项亚洲首创的举措收到热烈的回应，"夜猫族"不再无处可去，满足了现代人多元化的生活需求。

诚品书店的营运模式大受好评后，其他连锁书店也跟进模仿，在装潢、阅读空间、选书分类等方面向诚品书店看齐，一时之间各家大型书店都变得很有"气质"，但诚品书店的经营业绩还是无人能及。

特色主题实体书店2：西西弗书店

西西弗书店于1993年在遵义创办，随后走出贵州，相继入驻重庆、成都，目前已拥有14家连锁分店、6家矢量咖啡馆，已成为一家以图书零售为主，兼营咖啡、创意产品、文化艺术作品，提供图书行业咨询服务的具有一定行业和社会影响力的规模化现代连锁民营企业。

2008年3月29日，西西弗重庆三峡广场店开业，全新的"2.0模式"给读者提供了更加优良的阅读体验环境，这也是西西弗第一次走出贵州，来到直辖市重庆。2011年7月，西西弗成都龙湖天街三千集店开业，继重庆后，西西弗进入成都，更加强调阅读氛围与阅读体验的延伸。

（1）经营理念先进，注重与城市文化结合

西西弗书店将经营理念定位于"引领大众精品阅读"，有别于普通民营书店。西西弗书店很注重与城市文化相结合，其价值理念"参与构成本地精神文化，助益人们生活成长事业"在分店的扩展中体现得淋漓尽致。分店不只是简单地复制，而是要结合当地实际情况，打造属于城市和地域的独特标签，如成都西西弗书店更着重于强调阅读氛围与阅读体验的延伸。具体情况见表4.25和表4.26。

表4.25 营销方式多样

营销方式	具体内容
实行会员制	10元钱办一张会员卡，即可享受每周三8.8折的购书优惠
鼓励试读	西西弗书店充分发挥了实体书店的优势，欢迎广大读者前来翻阅，读者在西西弗待一天即便不做任何消费也不会被店员赶走
举办签售会活动或读书沙龙	邀请知名作家与读者互动，给读者提供近距离接触作家的机会，因此吸引了不少忠实的粉丝

表4.26 书店经营特色

经营特色	具体内容
注重书店装修风格	采用吊顶处理，打破了常规的书架排列方式，使读者在空间内不感觉到压抑
优化图书陈列方式	注重随意与严谨相结合，既有圆形的展览摊，也有直立的书架，且书架之间的行距充分遵循了人体学原理
设置休息区	西西弗在店中放置了柔软的沙发和梯形小凳，方便读者阅读和休憩
注重读者的反馈意见	用留言墙搭建起了书店与顾客双向沟通的桥梁

（2）咖啡馆、生活创意馆等多元产品经营

西西弗书店自2001年拥有了"元素咖啡馆"后，又成立了西西弗书友会所。除了书店本身，西西弗还开创了属于自己的文化品牌，如"UPCoffee矢量咖啡""Booartlife不二生活创意馆""SEXY色空艺术"等。成都西西弗书店，除了销售书籍外，还经营明信片、书签、特色笔记本等附带文化产

品，实现了多元化经营。

特色主题实体书店 3：方所书店

方所书店是中国内地首家进驻高级购物中心的多功能书店，广州太古汇方所书店是其第一家店，在1800平方米的空间内，融合进了书店、展示和销售设计品的美学馆、展览空间、服饰馆，以及咖啡馆（见图4.26）。它提供的产品，包括图书、服饰、美学生活产品、植物和咖啡，而且全部自营。

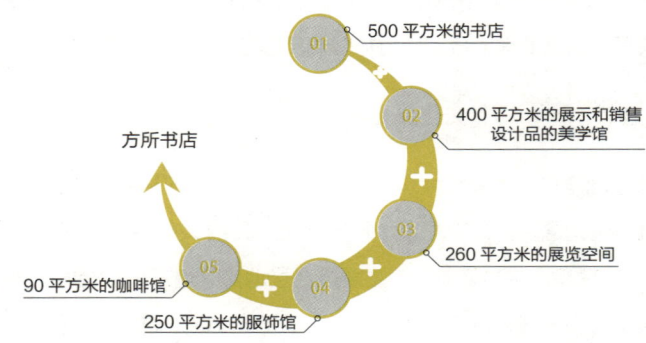

图 4.26　广州太古汇方所书店的主要空间构成

（1）密集讲座活动赢人气

方所书店在举办展览、讲座活动方面的执行力出众，两年间已举办 150 余场活动、22 场展览。梁文道、柴静等人的讲座固然全场爆满，一些在本地名气还不大的外地作家也常常是满座。这让方所书店既吸引了人气，又树立了品牌。具体情况见表 4.27。

表 4.27　方所书店举办讲座活动的策略

策略	具体内容
策略1：累积人气的法宝	书店讲座的演讲嘉宾阵容鼎盛，包括很少公开演讲的作家如廖一梅、冯唐等
策略2：把关严	一位业内人士在书店2周年庆上开玩笑说"方所歧视明星"，举办方温和地回应"方所不是谁都能来的"
策略3：策划能力强	方所每月都会定一个主题，展览和一系列讲座相配合，在连续"轰炸"下能让参与者印象更深

（2）小众主义路线

对于方所来说，"小众主义"已经是一个非常清晰的选书策略，目的就是"避开那些受到网络书店冲击最严重的种类"。目前，在方所的图书结构中，艺术设计类占了大部分，外版书数量占比更是高达40%。

(3)跨界经营但样样专业

比起"书店","文化组合空间"或许是方所更合适的名称。这种复合经营模式,在方所之外也有不少书店尝试过,却并非都能成功。方所的成功之处在于将每一个细节都做到了极致。具体情况见表4.28。

表4.28 书店的跨界经营

项目	具体内容
例外公司的衣服	"第一夫人"彭丽媛的出访着装品牌
设计师品牌	意大利品牌Seletti的佛罗伦萨宫殿造型餐具,英国建筑设计师戴维·奇普菲尔德的TONALE系列餐具、日本工业大师柳宗理的铁锅等
咖啡厅	能提供来自世界各地的咖啡豆
专业书籍	港台版、外版书多且全,专业的艺术、设计类书籍,还有一些销量虽小但重要的常备书

(4)追求精致生活的象征

广州太古汇的方所书店入口不大,但走进去却是别有洞天。广州人以懂生活闻名,而天河的白领新贵族更加追求精致生活。具体情况见表4.29。

表4.29 方所书店的精致追求

特点	具体内容
空间构成非常讲究	以咖啡厅为中心,围绕着展览区、植物区和美学生活区,再外面是服装和图书,坐在这里,可看到方所的所有区域
装修选用天然材质	方所的门头用料来自一棵400年的缅甸柚木,这柚木已在佛山的木材厂放置了80年。除了门头,店内收银台、咖啡吧台、咖啡桌的木材,也源自老木头的剩料; 在一张有400年历史的桌子上喝咖啡、工作,抬头能看到整个方所,这巧妙的设计不铺张,低调中透着奢华

特色主题实体书店4:Page One

1983年,在新加坡的一家购物中心出现了一间专卖艺术和设计类图书的小书店——Page One,日复一日,这家小小的书店逐渐培养起一批忠实的追随者。如今,Page One书店已发展为一个知名的书店品牌,在新加坡、马来西亚、中国香港、泰国和中国台湾声名显赫,尤其是在中国台湾,开出了超大书店(Mega-bookstore)概念店,并大获成功。

(1)书店定位小众化

面对房租的沉重压力,很多实体书店都进行复合式经营,如提供咖啡等饮品,以此来分担高额的房租租金。Page One 定位的市场较为小众，无法成为民营实体书店经营的普遍模式。

虽然目前国内也存在与 Page One 定位相似的书店，但外来书店 Page One 依靠多年的发展，已和国外多家出版社建立起了良好的联系与合作关系，这些出版社会在选书方面给予其指导。这是国内书店所不具备的优势。Page One 在大陆及北京仍能开拓自己的市场空间。具体情况见表 4.30。

表 4.30　Page One 的定位优势

两大优势	具体内容
1	原版艺术设计类图书的读者群体在北京就数量而言是庞大的，但这类图书在网上不太有吸引力，因为购买者只有看到里面的内容才可能会购买
2	英文图书的需求量正在不断增加，但目前没有一家好的英文书店

有鉴于此，Page One 将国贸店定位为一家以白领为主要读者的中高端书店，从书种和服务上区别于其他书店。对此，Page One 只想以自己的图书品种取胜，办一个真正的书店。

（2）品牌和服务是取胜关键

对于 Page One 来说，品牌与服务是其经营成功的关键因素。具体情况见表 4.31。

表 4.31　Page One 的品牌服务

服务	具体内容
手工包装透明的书皮	在 Page One 北京店里，很多设计类图书外面都包有透明的书皮，这是 Page One 北京店 25 名员工在开业一个多月的时间里一本一本手工包出来的。Page One 也提供印有店标字样的包装纸，如果客户需要，也会提供包装服务
提供了 4 种有价代金券	有价代金券可以作为礼品送给亲朋好友，与会员卡同时使用也能享受相应的图书折扣。Page One 也为儿童读者定制儿童会员卡，让他们也一样有身份认同感，这是其他店所没有的
专门做台版、港版和外文版书籍	Page One 对高端读者是极具吸引力的。目前，国内出版社出版的图书和原版有比较明显的差距。以 Page One 的资源来说，做国内版的图书没有意义，不如专门做台版、港版和外文版，也更加符合 Page One 书店一贯的品牌形象

第三节

用设计手法增加商业地产的体验化

借助独具特色的建筑设计,一个商业项目如果仅凭建筑本身就能够吸引人们前来观光,那么商业项目一定会很好运作。另外,消费者体验的基础实际上是要先解决便利性和可到达性的问题,在内部要让每个店铺都自然连接起来,没有死角,使顾客的整个购买过程都能顺畅。同时,通过提供一些便利的配套服务,融入与项目相关的特色文化理念,打造优雅的内外在环境等手段来达到吸引客户的目的。

一 体验式商业空间组合模式

体验性场所的塑造与其开发模式、空间组合方式等方面有着密不可分的关联性。根据调研,目前体验式商业的空间组合方式,大致可以分为"集中式""内街式"与"街区式"3种空间模式。这3种模式有各自的特点,具体情况见表4.32。

表4.32 体验式商业空间的3种模式特点

空间模式	位置	空间开发	交通	人流	主题营造	空间感受
集中式	城市商业中心区	竖向发展	交通便利,与地铁公交接轨、依靠公共交通输送人流	人流量较大	以中庭或空中大堂为主导空间、主题较为单一	空间较为封闭、垂直动向强、景观环境舒适度较差
内街式	城市商业中心区	横向发展、立体发展	交通便利,与地铁公交接轨、依靠公共交通输送人流	人流量非常大	以内街与节点为主导空间,主题丰富多样,与地域文化、人文景观结合	空间流动性强、层次丰富、感染力强、景观环境宜人
街区式	城市近郊	片状发展	交通不方便,依靠商场专车或自驾	人流量集中在周末	以街巷或广场为主导空间,主题较为丰富,一般与片区历史文化结合	空间开放性强、空间尺度宜人、景观环境与自然融合度较佳

1. "集中式"空间模式

"集中式"空间模式是指建筑体量集中，以中庭作为其主导空间，其他功能空间则围绕中庭布置。"集中式"空间模式一般是因用地面积紧张而采取的一种紧凑型布局方式。根据核心空间的数量可以分为单核式与多核式。根据核心空间的位置可以分为中庭式和中空大堂式。

（1）根据核心空间的数量划分

根据核心空间的数量可划分为4种类型的空间，具体情况见图4.27。

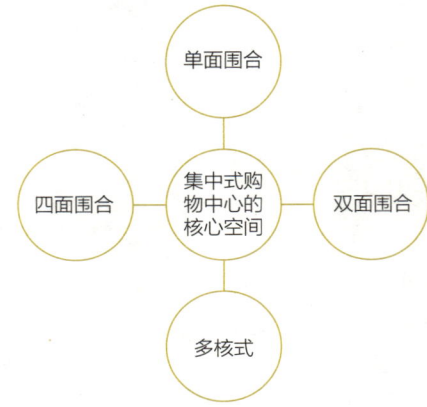

图4.27　集中式购物中心的核心空间

（2）按照其主体空间的不同划分

"集中式"购物中心按照其主体空间的不同，大致可分为集中式中庭和集中式空中大堂两类。在购物中心体验性设计的过程中，中庭和空中大堂无疑成为体验设计的最佳场所，是能够吸引消费人流、令人产生愉悦感和情感共鸣的最佳场所。根据其位置及空间围合度不同，可分为以下几种类型：

①体验式中庭

体验式消费文化下的人们对中庭空间环境的要求不断提高，消费者已不再满足单一消费的活动场所，而是希望能够在中庭这个传统的商业空间中得到全新的体验，能够获得对自身生存方式、身份地位、社会形象的认同感。因此，体验式中庭已成为集中型体验式商业的核心空间，是吸引消费者前来购物消费的主导因素。

②体验式空中大堂

体验式空中大堂有别于体验式中庭，它并不是完整的"庭"空间，它不再按照平面来布置核心空间，而是把几个核心空间采用竖向分布，形成大大小小的空中大堂，如香港朗豪坊空中大堂，它与边庭的结合形式，有效地解决了传统中庭在高层商业中容易产生的各楼层采光不均的问题，还可以最大限度地引入城市风光，一扫大多数购物中心封闭、沉闷的空间印象，通过塑造与众不同的空间特色给人以新奇的体验。

2. "内街式"空间模式

"内街式"空间开发模式是采用一条或者几条内街将各类空间串联在一起的空间模式，是现代购物中心最主流的形式。内街空间与节点空间的组合，形成了丰富的空间形态，它们在功能上不仅起着聚集和疏导人流、组织水平和垂直交通的作用，同时还精心布置了怡人的景观环境和娱乐休闲设施，为消费者营造了一个娱乐、休闲、交往的场所，是购物中心"体验式消费"精神的最集中体现。具体情况见图 4.28。

图 4.28 各种"内街式"空间

"内街式"商业空间模式已经成为大众喜爱的空间形式。购物中心的经营者也时常在"内街空间"中为商家举办活动，以满足购物者的需求。

购物中心是商店的组合，为了协调商店与商店、商店与购物者之间的联系，往往通过一条或几条商业内街来串联和组织人流，因此，购物中心的内街空间是组织和联系承租户的纽带，根据内街空间的空间形态，可将"内街式"购物中心分为 5 类，具体情况见图 4.29。

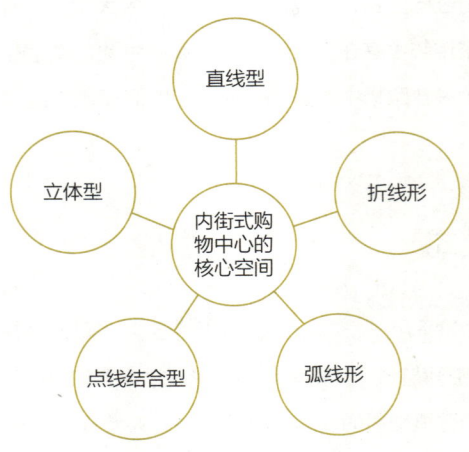

图 4.29　内街式购物中心的核心空间

(1) 线型内街空间

线型内街空间是指购物中心的公共空间呈流线型，通过一条主要的商业步行街来串联各个商业子空间，使之具有连续性，如阿尔卡拉·马格纳购物中心（见图 4.30）。线性空间也为人们的购物、休闲行为提供了一个活动场所。

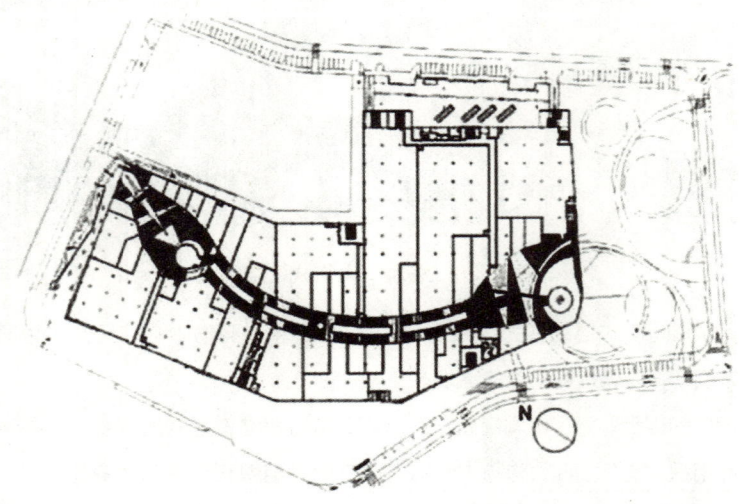

图 4.30　阿尔卡拉·马格纳购物中心

虽然线性空间模式的购物中心走向明确并且具有连续性，但是这种形式的流线比较单一，公共空间缺乏趣味性，如北京东方广场（见图 4.31）。

用设计手法增加商业地产的体验化 第三节

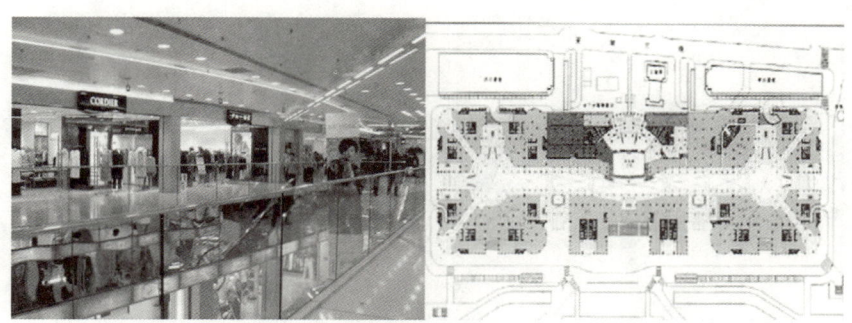

图 4.31 北京东方广场

（2）点线结合型内街空间

点线结合型内街空间是指线型空间与节点空间串联，然后在纯粹的线型空间中植入"中庭"并使之成为空间节点。各商业子空间的排列路径是由一个节点空间（中庭或中心广场）向一个方向或几个方向延伸出去，同时使整个公共空间增强应有的序列感，使空间的层次更加丰富，如上海正大广场（见图 4.32）。

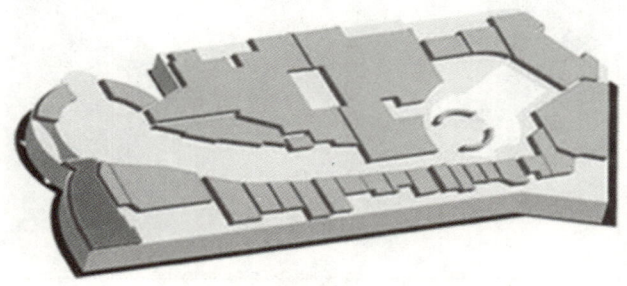

图 4.32 上海正大广场

（3）立体型内街空间

立体型内街空间是指步行街空间与多个节点空间通过多层次立体复合而产生的公共空间，如日本的博多水城，它通过架空、凹入、穿插等建筑空间形式的变化，被设计成一系列不同主次序列的内街空间（见图 4.33 和图 4.34）。

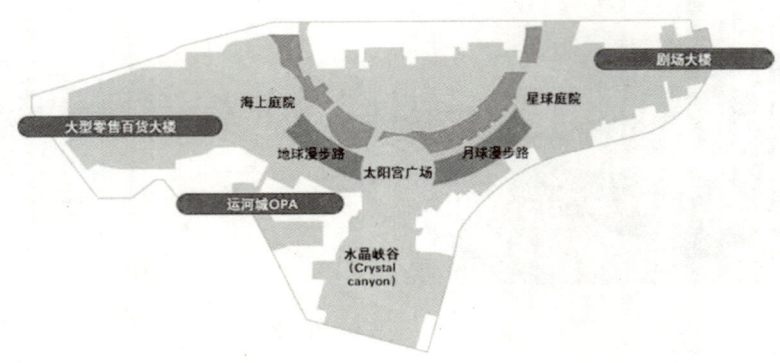

图 4.33 日本博多水城平面布局示意图

图 4.34 日本博多水城鸟瞰图

　　立体型内街空间承载着更多不同功能和形式的空间，如轨道交通的转换空间、出入口大堂、庭院空间、边庭空间、内广场等，这些不同功能和形式的空间通过步行街串联，形成立体化的内街空间系统。 在同一标高上运用步行街和节点空间将类型相同或关系紧密的功能设施组织起来；在立体空间上按照垂直分层的方式将功能差异较大的商业设施组织起来，从而形成向纵、横两个方向发展的空间形态。

　　随着空间层次的转移，立体型内街空间还可以由植物、水体、雕塑、廊道、环境小品、路径，以及地坪标高的变化等景观要素来界定空间。 立体型内街空间的可塑性强，形式自由，灵活多变。 因而这种空间形式十分丰富多样。

3. "街区式"空间模式

由于人们保护意识的增强,商业街区的改造更加关注人的需求,空间形态也变得更加丰富。入口广场的设置、街巷空间的变化、中心广场的营造、过街天桥的穿插等,使得"街区式"商业空间更加人性化,吸引着越来越多的消费者前来体验。

"街区式"空间模式的商业业态也具有复合型,它将购物、餐饮、娱乐等功能分别布置在各个单体建筑中,并通过街巷空间进行连接和组织空间序列。其公共空间主要有街巷空间和广场空间,在这些公共空间中,常常举行各种娱乐休闲活动,如商品展示、艺术展览、节日庆典、游戏娱乐等,因此,"街区式"空间模式的公共空间更具有一定的城市功能,成为城市活动中心。

根据其主导空间的不同,"街区式"空间模式可分为街道主导式、广场主导式两种。具体情况见表4.33。

表4.33 两种"街区式"空间模式分析

类别	具体内容
街道主导式	街道主导式的街区式购物中心,购物空间以街巷的形式出现,整体空间形态呈现出线形主轴与副轴交错模式,即空间主体为一条主要的街道直线形轴线贯穿,与其交错存在若干条直线形副轴街道
广场主导式	广场主导式的街区式购物中心,整体空间形态呈放射状模式,其核心空间是商业广场,通过商业广场联系若干条放射状的步行街,使商业广场成为整体空间的主体

二 营造体验式商业空间氛围的四大要素

购物中心的空间构成要素大致可分为以下四种:界面要素、景观要素、光色要素和传媒要素(见图4.35)。它们都是营造体验性场所的重要组成元素,起着烘托环境、催化体验的积极作用。在购物中心的体验性设计过程中,必须要将各种要素整合起来,围绕同一特定的主题来共同营造体验性场所。

图4.35 商业空间的构成要素

1. 界面要素

体验式商业空间的界面要素分为水平界面和垂直界面。具体情况见表4.34。

表4.34　体验式商业空间界面要素

类别	具体内容
水平界面	地面的铺装设计能够增强人们的视觉效果，引导人们的视线，使得消费者的体验具有更强的连续性。特殊处理的地面铺装还能引起人们的特别关注，增加空间的趣味性。此外，通过高差变化形成的下沉式、地台式的立体空间，能够更清晰地限定空间，形成更丰富的空间层次，聚集更多的人气，营造更丰富的空间体验； 顶棚有玻璃顶棚和人工吊顶两种，在空间环境中具有划分和调节空间尺度、烘托主题、增强视觉冲击力的作用
垂直界面	包括墙面、柱廊、玻璃隔断等。垂直界面对购物中心主题的表现、空间的序列、体验的营造都有重要影响。消费者在购物时，视线范围内出现最多的就是垂直界面，因此，垂直界面的风格和色彩的表达，是营造主题最有效、最直接的方式。垂直界面还可以成为品牌的展示区，购物中心内的大多数商铺都采用玻璃隔断来展示商品

2. 景观要素

景观要素主要是指商业项目的绿化景观、水体景观、景观小品和陈设等。具体情况见表4.35。

表4.35　体验式商业空间景观要素

类别	具体内容
绿化景观	主要包括绿化、水体、小品和陈设等景观。绿化景观的引入是营造体验性购物空间环境的重要因素，精心设计的绿化景观起到了划分空间、打造宜人尺度、调节微气候、净化空气的作用。绿化设计有多种方式，室内绿化可调节步行空间尺度，美化空间环境
水体景观	分为自然水体和人工水体。引入自然水体改善空间环境；人工水体则是购物中心景观中最活跃的元素，分为静态和动态两种。根据购物中心环境设计的需要，人工水体的大小、形态、位置等都可灵活布置，还可以结合绿化、雕塑、小品、茶座等设施共同美化商业空间环境
景观小品	是整个空间环境布置中的视觉焦点，具有画龙点睛的作用。景观小品的设计，除表现主题外还必须具有一定的艺术性，能够激发人们的想象力，给人们带来视觉冲击，激发人们的审美体验和情感体验
陈设	是营造空间环境的点缀元素，陈设的特色化设计可以呼应购物中心主题，凸显商品的个性，刺激消费者的购物欲望

3. 光色要素

人们感受外界环境的主要途径是依靠视觉，因此视觉的体验能够直接打动人心。舒适的色彩搭配能够带给人们愉悦的感受。色彩的表达是个性化的，不同的颜色可以带给人们不同的情感体验。如红色给人以热情、活跃、喜庆的心理感受，让人们联系到节日的喜悦。

光色要素包括灯光、灯饰、环境配色。它是对消费者视觉感官的刺激，具有烘托商业气氛、丰富空间层次、提高环境品质的积极作用。光环境的设计分为自然采光和人工采光两种，色彩被很多设计师称作"最经济的奢侈品"，因为色彩的合理运用能够为购物中心增加20％的整体效果。具体情况见图4.36。

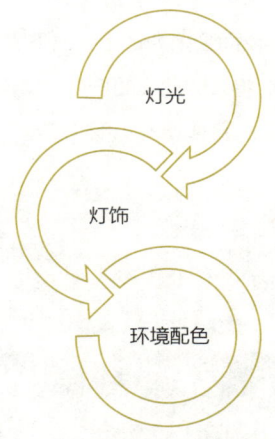

图4.36 购物中心光色要素

4. 传媒要素

传媒要素指的是电子屏幕、标识、平面广告等。它们都是用来传递信息的，也是购物中心空间环境中所不可缺少的构成要素。精心设计的商业标识系统，可以通过文字和图形来传递信息、指示方向、引导消费人流。商业标识系统的特色化设计也对购物中心主题的体现有积极作用，能带给消费者审美体验。电子媒体的使用，使得信息的传递更加直观、清晰、富有感染力，对营造特色体验也有着不容忽视的作用。如香港朗豪坊的电子天幕能够时刻呈现四季的美景。

三 体验式商业空间设计手法

根据目前体验式商业空间设计手法，大致可整理出以下几种设计方式：

1. 多首层设计，扩大商业聚拢人流功能

投资者与消费者最关注的问题是首层铺面。多首层设计是指通过缓坡、扶梯等建筑交通元素的布局应用，将一层与二层甚至三层步行街自然地贯通起来，将人在一层、二层之间传统的垂直动线转换为自然起伏的曲线，达到两个甚至三个首层的效果，扩大步行街聚拢人流的功能。跨街而立的南、北两区不仅不会隔断步行街动线的完整，反而会因为地上、地下贯通连廊和码头式的设计而形成连贯的步行街体系。商街在不同空间上回转，将人的动线曲折化、情趣化，为以后延长消费人群的停留时间创造条件，成为商铺可随时捕捉的商机。具体情况见图4.37。

图4.37　多首层设计

2. 情趣化街面，加强人流和商业物业间良性互动

体验式的休闲消费是以轻松娱乐、闲庭信步的方式开始的，结合顾客的消费心理和行为习惯，无疑就是要让他们随意漫步，要让所有的消费者都能在每一个不经意的瞬间就能被某一偶像零售店所吸引。

体验式商业步行街，不管是室内还是室外的，都要做到妙趣横生，它们是真正只有行人通行的步行街。诚然，宽阔的街道成就了体验式商业模式，如巴黎香榭丽舍大街、纽约第五大道，芝加哥北密歇根大街等就是成功的案例。

目前，世界成功的体验式商业模式开发经验表明，对街道尺度的不同要有不同的规划。具体情况见表4.36。

表4.36　不同街道尺度的规划

9~15米宽的街道	超过60米长的街道
为了获得预期的满足感和惊奇感，理想的购物娱乐大街应该是9~15米宽	如果街道超过60米长，宽度方面就应该有所变化，以避免视觉上的单调。拐弯的街道可以强化行人的体验与好奇心

同时为充分营造商业步行街的氛围，还应在每个路口建筑物裙楼间设置天桥，这样不仅可以让行人的通行更方便、安全，还可加强人流和商业物业之间的良性互动。

3. 注重环境塑造，建造有故事的广场

就体验式商业空间而言，广场的特色大多源于对环境的塑造，环境能为来访者创造一种地方感，为商户创造一种存在感，同时也能为顾客创造一种温馨的归属感。

国外大量成功案例表明：有经验的开发商会使用一整套的设计思路来塑造地方特色，创造出一个能够充分展示商户个体形象的地方。如广场上修复的教堂、中央喷泉及公共大台阶等，而且这种地方感同时又满足了大量偶像零售店和偶像餐馆对环境的需求。具体情况见图4.38。

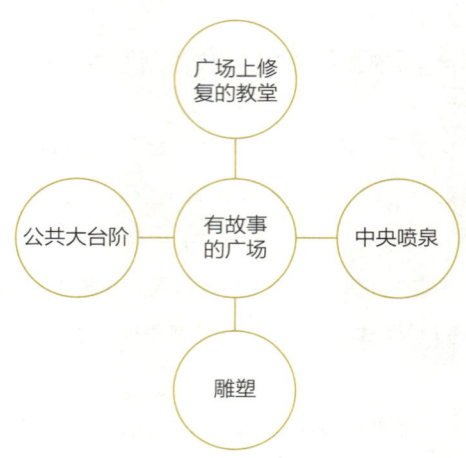

图 4.38　有故事的广场

4. 互动式的路线，延长顾客逗留时间

体验式商业不同于传统商业中心那种平铺直叙的商户构造，它更需要精心的规划和定制化，以满足分别在日间和夜间活动的消费者的不同需求。成功的体验式商业中心的空间布局一般具有 3 个特点，具体情况见表 4.37。

表 4.37　成功的体验式商业空间布局特点

特点	具体内容
组织专卖店	街道式空间可将一系列令人怦然心动的专卖店集合起来，从而强化消费者的日间购物活动；而零售店的设计也构成了街景的一部分，它把街上的客人吸引到由各种零售环境造就的体验空间中
餐饮设施围绕公共空间	餐饮设施倾向于围绕着广场等公共空间，或者就在拐角处和"十字路口"的街景中"扎堆"经营。餐饮经常充当起延伸 4 种主要活动路线的作用：购物活动、家庭郊游、晚间外出活动及游客游览活动
娱乐设施位置要考虑节假日活动需求	关于娱乐设施的位置，特别要考虑如何满足周末和晚间活动的需求：一方面，为了缓解高峰期的拥挤和排队现象，娱乐设施需要一定的相对独立空间；另一方面，娱乐设施的"外溢"现象也提供了一个促进零售店销售的机会。如把影院和娱乐设施与零售商店组织在一起来产生经济效益，激发顾客的消费欲望，延长顾客的逗留时间

㈣ 体验式商业空间环境的塑造

体验型商业空间环境意在创造一种人性化的开放式空间和互动式的综合性空间，通过商家在建筑形体、空间形态、界面形象、陈设造型、色彩光影等多方面的设计和营造，强调消费者在消费过程中对消费环境产生立体的感官享受和丰富的心理体验，进而巧妙而贴切地控制消费者的购物心情，在不知不觉中诱发消费者的购物冲动。如图4.39所示，体验型商业空间环境的营造有主题体验、情境体验、超现实幻象体验等类型。

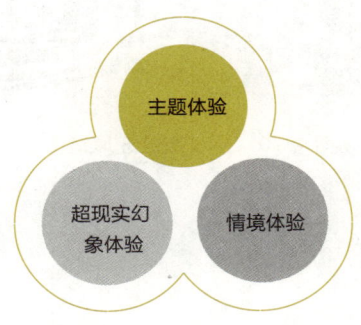

图4.39　体验型商业空间环境营造的类别

1. 主题文化体验：以设定主题为核心

主题是体验的基础，主题式体验型商业空间是以设定主题为核心，结合各类业态特色和多种空间处理手法，重在设计商业空间的"性格"，把其打造成为"有故事"的主题空间，以此吸引消费者来体验并诱导其进行消费。

主题是体验型商业空间设计定位和设计内容表现的第一要素，也是一种文化诉求，需要在挖掘主题文化底蕴的基础上进行主题空间的设计。主题式体验空间的营造应从一个或多个主题出发，并且所有设计要素都要围绕设定的主题展开，它是一种整体式设计，消费者的体验对象可以大到主题空间小到主题道具。

如图4.40所示，西班牙风情街是武汉光谷步行街的二期工程，是以西班牙独特风情为主题的步行街。它从空间布局、建筑造型到街道小品逐层展开，塑造了一个特色分明、风格典型的主题体验空间。6栋3~5层极具西班牙特色的建筑是风情街的主要载体：白墙、红瓦层级分布且错落有致；文化石外墙、手工抹灰墙、红陶筒瓦、铁艺床等元素混杂；弧形墙、一步阳台、圆弧檐口等抽象符号并列。

此外，风情街内还陈列有各式景观小品——斗牛士雕塑、陶艺小品等。

图 4.40　武汉西班牙风情街

2. 情境体验：塑造特别的场景

情境体验能够将商业空间环境塑造成某种特别的场景——通常是与审美有关的情感意义的场景，如由多种元素，即小桥流水、亭台楼阁、鲜花异草、咖啡厅、石桌、石椅等共同组合成情境体验空间，鼓励消费者在感官体验的基础上，享受眼前的即时感受，从而使消费者产生心理上的认同、情感上的渴望，最终改变自己的消费行为。

3. 超现实幻象体验：超意识的艺术设计理念

超现实是一种超理性、超意识的艺术设计理念，它不受理性主义的限制而凭本能及想象来展开。在超现实的体验空间设计中，人可以从感觉出发，创造富于美感的幻象世界。这种幻象世界令人生经验与审美体验发生共鸣，其实是另类意境体验的抒情化表达。

香港朗豪坊是集商务、购物、娱乐、休闲于一体的城市建筑综合体，裙房商业空间最具特色，多组场景——中庭、通天电梯、数码天幕和回转购物廊的同时交织造就了朗豪坊的超现实幻象。

整个朗豪坊的梦幻体验是从中庭底部的美食广场开始的，穿过夸张的金属树，怀着对 60 米高中庭的巨大空间尺度的震撼感登上通天电梯。它的商业空间环境在尺度、空间、图像、光影、质感上的种种强烈对比和梦幻变化超出了人在普通环境中的体验经验，在感官体验（如对尺度、画面和空间的体验）上给人们带来不确定感、失控感，以及幻境式的震撼感，从而令消费者产生强烈的超现实感。

（五）典型案例——武汉光谷西班牙风情街

武汉西班牙风情街是武汉世界城光谷步行街的第二期，世界城光谷步行街是融合了五星级酒店、高档写字楼、商业步行街区，以及高档住宅"四位一体"的大型城市中心建筑群，总建筑面积约180万平方米，其中商业近80万平方米、住宅近80万平方米，内有10000多个沿街当铺，于2008年1月开街营业。

长达1350米的光谷步行街自西向东依次规划为现代风情街、西班牙风情街、意大利风情街、法式风情街和北欧风情街。西班牙风情街，位于武汉光谷商圈——光谷广场东侧，整条街长329米，由6栋3~5层高的极具西班牙特色的建筑组成，中间串联弗拉门戈、西班牙、斗牛士三大广场。具体情况见图4.41。

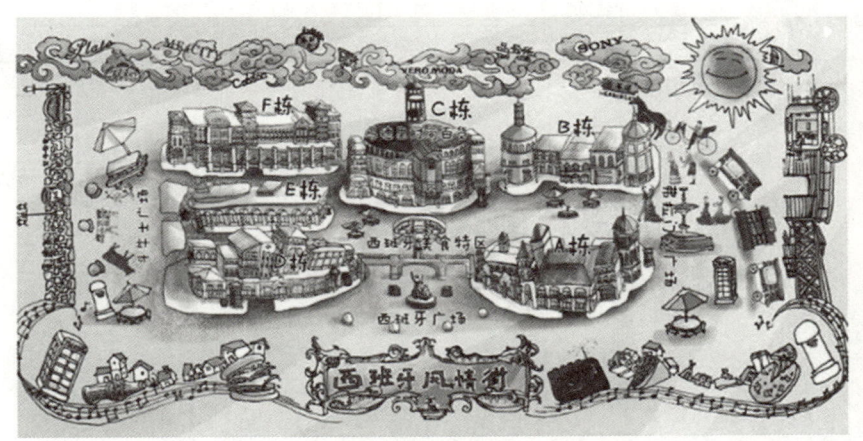

图4.41 西班牙风情街总体平面规划图

1.西班牙风情街商业业态

西班牙风情街由6栋不同风格的建筑组成，经营主题各异：A栋流行生活馆、B栋潮流旗舰店、C栋马德里时尚百货、D栋数码通信港、E栋创意漫画区、F栋个性淘衣坊。具体情况见表4.38和图4.42。

表4.38 西班牙风情街各楼层主题和主要品牌

主题风格	楼层	主要品牌
A栋 流行生活馆	1楼	雅戈尔、阿依莲、阿恩蓝拓、ZIPPO、Tao Zi、唐狮、苹果、SONY、KFC、仟吉蛋糕、泡沫剧
	2楼	欧斯奥丁、帕帕罗蒂、创意集、TH2011、优哈优哈、谭木匠、天乙银饰、莎茜、OPI、七分美、大雅、MISSHA
B栋 潮流旗舰店	1~2楼	美特斯邦威、ME&CITY、GXG、卡宾
C栋 马德里时尚百货	1楼	佰草集、浪漫屋药妆、杰克琼斯、艾格、IIXVIIX、ES、艾格周末、ONLY、HONEYS、VERO MODA、SELECTED
	2楼	阿依莲、E&JOY、拉夏贝尔、Ehomme
D栋 数码通信港	1楼	七匹狼、IAM服饰、Egou、海澜之家、Balabala、真维斯、佐丹奴、意尔康、玛格酒吧
	2楼	数码通信城、开运堂、小布与茶茶、SWJEANS
E栋 创意漫画区	1楼	SPR COFFER、DQ、翡冷翠、斯波蒂卡、一伍一拾、食百千、荷晚亭、北海道拉面、泡泡火锅、过锅瘾
	2楼	自然派、椰岛造型、足尚袜业、甜甜MiMi、伊多芬、ROSA、CHERRYCOCO
F栋 个性淘衣坊	1楼	品牌服饰、运动休闲、时尚餐厅（豪客来）
	2楼	潮流服饰、个性饰品、家居用品

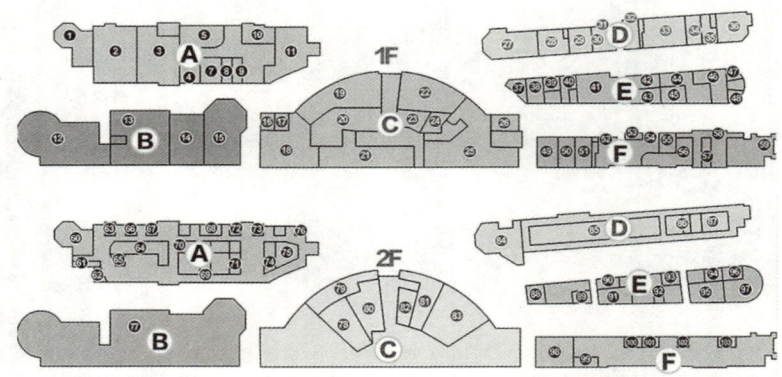

图4.42 西班牙风情街平面布局

2. 西班牙风情街动线设计

（1）"之"字形的动线

西班牙风情街以"街"作为动线，规划了一条巧妙的"之"字形的动线，区分主街、次街、内街；一条主街，九条辅街，串联形态各异的商业空间，实现了以"以街带店"的经营目标。具体情况见表

4.39和图4.43。

表4.39 西班牙风情街道尺度与特征

类别	具体内容
主街	主街巴塞罗那大街宽度设置为16~18米，承载客流聚集、休闲、景观等功能
次街	次街宽度多在6~8米，连接两条车行主干道，着重考虑店面互通，人们自由穿梭
内街	内街强调纯粹的购物行为，宽度多在3~4米。只要消费者沿着主街走"之"字形，两边逛，就能非常便利地到达任何一个区域

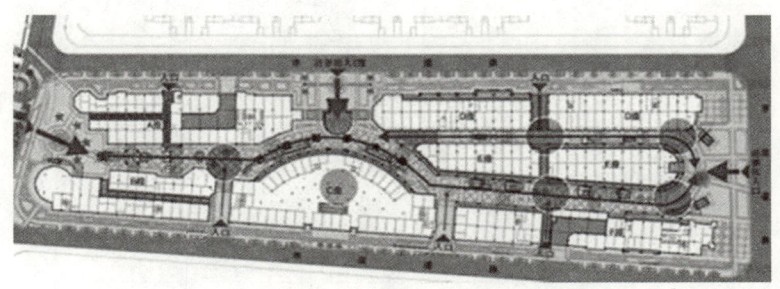

图4.43 西班牙风情街"之"字形的动线

（2）曲线式、多层次的空间交通体系

西班牙风情街从人流最旺的路段两端直接引入人流，通过3个导入式缓坡手扶电梯与步梯相结合，将人流直接导入2楼，将人流在一、二层之间传统的垂直动线模式转换为自然起伏的曲线模式，并在商步街的二层重要节点处设置8个过街连廊，将整个商业街自然连通，构筑立体步行购物系统，跨街而立的南、北两区不仅不会隔断步行街动线的完整，反而因为地上、地下的贯通连廊形成连贯的步行街体系，达到两个首层的效果。

同时，垂直电梯与步梯结合，建筑内步梯布局合理，极大地扩大了步行街聚拢人流的功能。多层次空间交通体系的应用，使得源源不断的人流在不同空间内回转。而逛街的动线也变得更加曲折化、情趣化，延长了消费人群的停留时间，为给店家带来更多的人气创造了有利条件。

3. 西班牙风情街公共空间特色

（1）西班牙风情广场

329米长的西班牙风情街，规划有四大休闲广场：弗拉门戈广场、骑士广场、西班牙广场、毕加索广场。四大广场的空间与步行街一体，中间穿插着无数的景观：塞维利亚庭院、马德里城堡、高迪之家，还有偷吃苹果的小熊、窗台上的爵士与公主、西红柿女郎等。

(2) 情趣化的街面

街铺最忌讳的是一通到底的直街，宽窄变化不明显，千店一面的业态、景观及规划。西班牙风情街的广场与景观小品相互穿插的规划则巧妙地规避了这个问题。拐弯的街道可以强化行人的体验，增加行人的好奇心，因为人们很想知道拐角的另一边到底还隐藏着什么东西。具体情况见图 4.44。

图 4.44　情趣化的街面

第四节

购物中心体验式营销是新型人气"吸金利器"

购物中心作为一种新兴的商业零售业态,集购物、娱乐、餐饮、休闲、商务等多种功能于一体,是一个随处充满着丰富体验和适宜开展体验营销的场所。然而,面对经济环境和消费者需求的变化,面对激烈的市场竞争,购物中心只有顺应变化,采取适当的策略和措施,才有可能获得持续的发展。通过导入体验营销并结合购物中心管理的客观规律,对购物中心的产品、氛围、服务设施等进行重新设计和定义,将有助于购物中心提升服务品质、增加客户价值,创造出令顾客难忘的购物体验,促进该行业更健康的发展。

一 购物中心开展体验式营销符合未来消费方式

近年来,中国的购物中心以每年300家的速度增长,并在2015年总量达到4000家。国内统计数据显示,48%的新开发购物中心内都包含有电影院、游乐场、溜冰场、健身娱乐部、书店等休闲娱乐设施,以娱乐带动零售,购物中心已日渐成为城市巨大的娱乐中心,这也符合购物中心"快乐消费"的理念,把消费变成一种日常的休闲和放松活动。从购物中心的发展趋势上看,休闲和娱乐功能正在增强,单纯零售面积的比例日益减少。提高餐饮、娱乐业态比例正成为购物中心实现体验式营销和延长顾客在购物中心滞留时间的手段,餐饮、娱乐往往成为购物中心招商的主要部分。

购物中心将各种各样的商业、服务功能和娱乐功能相互融合的做法,最终目标就是让消费者在娱乐的过程中消费,在消费的过程中享受到乐趣,实现"体验式消费"。

1. 符合现在消费者的消费需求和认知模式

对于购物中心来说,开展体验营销要面对的一个最直接问题也许就是能否符合中国人的消费需求和认知模式。虽然国外的购物中心经过长期的发展已经形成了一套成熟的经营管理和设计模式,但是中国的购物中心要想发展壮大,就必须走符合中国消费者消费需求和认知模式的道路。中国庞大的中产阶层和普通平民是中国购物中心的坚强基石,中国的购物中心只有经过全面深入的市场调查,并对消费者的心理和文化诉求进行充分探究,才能建立起具有中国特色的购物中心体验文化。

2. 深度挖掘和利用内在体验优势

优势品牌的聚集、多元的消费功能、复合型的零售业态和大型的设施等方面都是我国购物中心适合开展体验营销的优势所在。购物中心的体验营销关键在于能够充分挖掘和利用自身的优势，通过对产品、氛围、服务等要素的重新定义和包装，使购物中心内在独有的体验魅力得到充分发挥，形成特色鲜明的差别化营销模式。就当前我国的购物中心来说，要想在激烈的市场竞争中立于不败之地，深度挖掘和利用自身内在的体验优势是十分必要的。

3. 整合体验因素，提供全面完整的体验感知

全面完整的体验过程有助于消费者形成系统、深刻、持久的记忆。购物中心体验营销的实施是在整合购物中心零散、关联的体验因素的基础上，从产品、氛围设计、市场定位、服务和企业形象沟通这几大方面着手，创造出各式各样的体验来满足消费者在感官、情感、思考、行动和关联等方面的需求，从而使消费者对购物中心产生记忆深刻、完整而持久的美好体验。

二 主题营销活动对于购物中心的价值

消费者在购物的时候，已经不仅仅是为了满足自己物质上的消费需求。大大小小的购物中心分布在城市的各个角落，同质化的品牌也使消费者产生了视觉疲劳。主题营销活动就是在购物中心寻求差异化竞争的过程中产生的。

1. 主题营销活动能提升购物中心竞争力

同质化危机加剧了竞争，购物中心纷纷通过突出主题特色的方式来增加自身亮点、吸引客流。除了通过创新建筑设计、改变展示方法及增加文化特色和品牌资源以外，部分购物中心开始向多层次、多主题的功能复合型综合体方向发展，以满足不同消费者的需求。前有上海K11的莫奈展，后有淄博银泰城的连续性公益主题营销活动，主题营销活动方式正日益受到购物中心的青睐。具体情况见表4.40。

表 4.40　主题营销活动兴起的原因

原因	分析
体验消费是大势所趋	购物中心举办各种主题的体验活动，让自身附加值获得了很大提升。当购物中心逐渐从地标式建筑转型为更富内涵的主题旅游景点和展示人文历史的场所时，自然就能吸引更多的消费者到店，并延长消费者的在店时间，从而带动销售额的增长
同质化竞争严重	随着城市各大购物中心的相继修建和开业，其竞争已日渐进入白热化阶段。对购物中心而言，增加客流量是赢得市场占有率的第一要素。而购物中心主题展览无疑比常见的促销活动更具优势，甚至可以迅速提升购物中心的人气
消费者的猎奇需求	购物活动本身，已不再是消费者前往购物中心的充分理由，这需要购物中心要从消费者角度出发，重新思考购物中心的定位。过去的购物中心是渠道思维，只要把柜台铺面弄好、招商入驻并对其提供服务即可。但是，这种传统的商业地产服务模式已经无法适应如今的市场环境
公共空间的价值利用	购物中心的公共空间日渐成为城市公共空间的一部分，在购物中心中开展各类主题展，一方面丰富了城市居民的日常公共文化体验，另一方面也为商场营造了一种城市公共生活氛围。对于购物者而言，一旦将逛个商场当成自己日常生活的一部分，就会经常来这个商场消费

2. 主题营销活动给购物中心带来附加价值

在商业项目大规模开发、电商强力冲击的情况下，"体验"成为现今商业项目的"重头戏"。大大小小的主题营销活动成了各大商业项目逐渐重视的部分，也为购物中心带来了更多的附加价值。具体情况见表 4.41。

表 4.41　主题营销活动给购物中心带来的附加价值

附加价值	具体内容
打造差异化，增强竞争力	购物中心主题展是开发商为了打造更强的竞争力，通过在建筑形式、品牌内容和展示形式等方面进行创新以满足更细分群体的需求而对购物中心进行的差异化打造
功能复合型：1+1>2	购物中心主题展可以诱发潜在消费，增加销售收入。消费者在购物中心内除购物以外，还有美食、娱乐、观光、休闲等主题内容可供选择，消费者在购物的同时，还可以就餐、游乐、看展览，于不知不觉间消除了疲劳，同时增添了消费的乐趣，延长了逗留时间，无形中增加了消费概率
同质化竞争降低	现在都市人在购物的时候，已经不仅仅是为了满足自己物质上的消费需求。在物质稀缺的年代，只要有商品出售就能吸引人们去购买。现在购物中心同质化的经营已使消费者产生视觉疲劳，所以不一样的展览可以给顾客带来不一样的购物体验
保持时尚度和体验性	体验式业态在国内仍处于起步阶段，该阶段的特点就是"购物+餐饮+娱乐"模式，如今新开业的商场、购物中心已大多采用了这一模式，能满足一般消费者的基本需求
带来更多人流量，消费者看展、购物两不误	各种各样的展览设立在购物中心内，既有舒适的环境，又有便利的交通，能充分满足消费者审美或求知的欲望，既吸引了更多的人前来消费，又为购物中心增加了人气
延长逗留时间，促进商场"吸金"	购物中心已经进入"秀经济"时代，尤其是社区型购物中心，举办一些带有儿童成长记忆元素的展览活动，能够增加家庭顾客对购物中心的黏性，尤其是对餐饮、电影院的经营拉动力更大

3. 主题营销活动成为购物中心盈利的部分来源

一些品牌商家的主题营销活动，只要能吸引到大量人流来参与，一般都会愿意承担购物中心开出的租金。因此，主题营销活动的收入也是购物中心盈利的部分来源。

消费者之所以参与商场的主题营销活动，虽然是被营销活动的内容所吸引，但主要还是看中能享受到餐饮和休闲娱乐的"一站式"服务体验，消费者看完主题营销活动后可以通过就餐、观影等方式放松心情，消除疲劳。

有关调查显示，在来购物中心的消费者中，有一半的人是因为购物中心配套设施齐全。具体情况见图4.45。

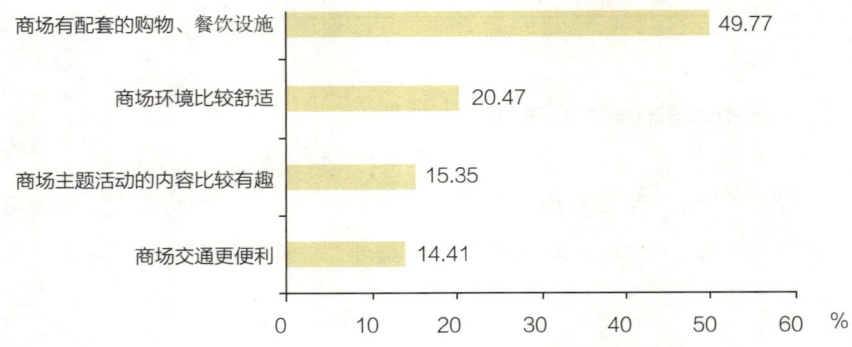

图4.45　消费者去购物中心看主题营销活动的原因

消费者专门到商场参加完主题营销活动后，有一半的人会顺便购物，可见主题营销活动在带来巨大人流量的同时，也是一个"吸金利器"。具体情况见图4.46。

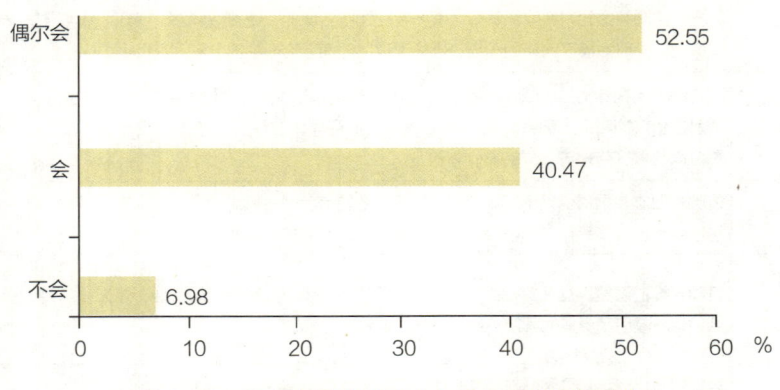

图4.46　参加主题营销活动之后是否会顺便购物

从图 4.45 和图 4.46 中可以看出，在购物中心内举行主题营销活动除了能给卖场提高知名度以外，还能带来更多的顾客。同时，参加主题营销活动的客流中会顺便消费的人也不在少数。

三 购物中心主题营销活动类型及适用性分析

由于各个阶层的消费者对消费的体验感、各自喜好不同，以及购物中心的定位不同，各个商家所举行的主题营销活动类型也就会有所不同，本书将购物中心的主题营销活动分为 8 类。

1. 艺术性主题营销活动

艺术性主题营销活动特点与适用性分析和案例情况见表 4.42、表 4.43、表 4.44、表 4.45、表 4.46、表 4.47、图 4.47、图 4.48、图 4.49、图 4.50 和图 4.51。

表 4.42　艺术性主题营销活动特点与适用性分析

相关方面	分析
特点	独特新颖、有想象力，是个性前卫的艺术展示形态
档次	中高档
类型	奢华、时尚、体验、休闲娱乐、主题型的购物中心
种类	绘画艺术展、摄影艺术展、设计艺术展、创新艺术展等
作用	能增加购物中心的体验性和客流量等

表 4.43　上海 K11 莫奈展

相关方面	分析
展览的时间	2014 年 3 月，上海 K11 举办了"印象派大师·莫奈特展"，该展览于 2014 年 6 月 15 日结束，共接待 40 万人。据 K11 统计，特展期间其日常营业额增长了 20%。这意味着零售品牌、公共空间及艺术融为了一体
展览的内容	此次特展共展出 40 幅莫奈的作品，包含了其晚年巨幅名作《紫藤》和《睡莲》，以及 3 件莫奈生前所用物品，是迄今为止来华规模最大的一次莫奈特展
展览的作用	与一般中高端的购物中心相比，K11 的商户配比并没有太大的差别。但是，K11 提供了如台湾诚品书店这样纯文化博览形态延伸出的购物体验，这些活动反过来也提升了 K11 的品牌影响力

图 4.47　莫奈展展出的作品

表 4.44　上海新天地时尚购物中心趣味"手作"艺术展

相关方面	分析
展览的时间和内容	上海新天地时尚购物中心于 2014 年 9 月推出趣味、时尚的"手作"展览,主要由十位国内外原创手作设计师,以"玩游戏——再造传统手工艺"为创作主题,围绕"质朴""玩酷""环保"等关键词,展出鞋履、玩具公仔、陶瓷、剪纸、甜点等原创"手作"设计
展览的作用	通过此次《Grand Design 创诣》"手作新天地"展览,上海新天地不仅让上海市民近距离感受到手作与设计碰撞出的精彩艺术火花,也提高了其知名度,同时切实地符合了上海新天地创新时尚的定位,更是激发了消费者进入购物中心的欲望

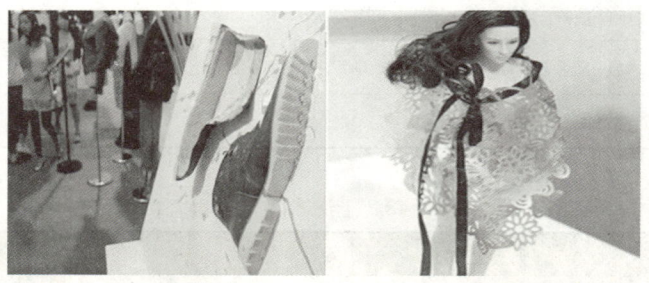

图 4.48　"手作"艺术展展出作品

表 4.45　德福广场吉尼斯高跟鞋珍藏品展览

相关方面	分析
展览的时间和内容	2014 年 4 月至 5 月,德福广场特别邀请吉尼斯世界纪录中收藏"鞋品"最多的 Darlene Flynn 来港,并带来总价值为 50 万英镑的过千件收藏品,于德福广场举办"吉尼斯小鞋子珍藏展 All About Shoes";这次展出的鞋品种类众多,部分展品更是首度曝光,包括限量版的童话玻璃鞋、家喻户晓的芭比高跟鞋、别具意思的魔丽鞋、千奇百趣的造型鞋等,绝大部分收藏品只有 10~23 厘米长,既迷你亦非常珍贵

续表

相关方面	分析
购物中心的相关分析	该展览位于德福广场2期3楼中庭，处于整个购物中心的核心位置，有利于汇集购物中心的人群，同时该购物中庭向上有垂直交通和空间廊道布置，既便于观赏展览，又能吸引购物中心的消费者
展览的作用	六个主题购物大道，处处迎合了顾客品味，商品紧贴市场趋势。而它所举办的吉尼斯高跟鞋珍藏品展览则符合购物中心高档、时尚的气质，增加了购物中心的人气

图 4.49　高跟鞋珍藏品展展出的作品

表 4.46　金融街购物中心唯美黑白摄影展

相关方面	分析
展览的时间和内容	2011年12月24日至25日，北京金融街购物中心推出《美丽银白世界的黑白摄影作品》圣诞摄影作品展。此次展览由摄影家协会提供展品，采用画布绷裱的方式进行展出
购物中心的相关分析	金融街购物中心力图打造成为北京乃至国内最具时尚品位购物场所的购物中心，为消费者提供高雅时尚的购物新体验，主要针对的客群是金融街及周边地区白领阶层的高端消费者
展览的作用	唯美黑白摄影展符合购物中心休闲、高雅的风格，通过展出具有一定审美观和艺术欣赏能力的消费者认可的作品，既烘托了购物中心的艺术品位又给购物中心带来了新客群，也给消费者带来了购物之外更多的附加价值和愉悦体验

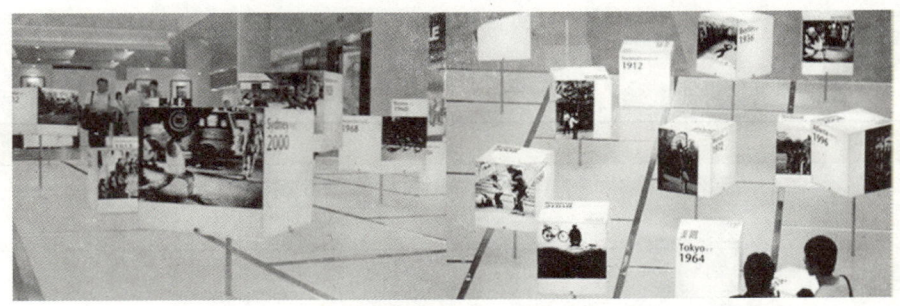

图 4.50　黑白摄影展展出的作品

表 4.47　北京金融街购物中心路易威登静态展

相关方面	分析
展览的时间	2014 年 9 月 19 日，北京金融街购物中心七周年庆序曲达到顶峰
展览的内容	（1）北京金融购物街集聚众多时尚潮流元素，打造"时尚秀"，上演全景时尚大观。除时装秀外，当红影、视、歌三栖明星钟欣桐还将于 19 日晚亮相金融街购物中心，召开北京签唱会，携全新专辑《完整爱》与众歌迷亲密接触； （2）2014 年 9 月 24 日至 10 月 3 日，举办国际一线奢侈品品牌——路易威登的"路易威登都市手袋进化论"静态展，展会通过激光投影的方式从另一个维度将这些经典包款所经历的材质变化及历史上与艺术家合作的特别图案一一呈现
展览的作用	将休闲融入时尚，将时尚带进生活；调动视觉与听觉，带来潮流品位的至高享受

图 4.51　路易威登展品

2. 科普性主题营销活动

科普性主题营销活动特点与适用性分析和案例情况见表 4.48、表 4.49、表 4.50、表 4.51、表 4.52、图 4.52、图 4.53 和图 4.54。

表 4.48　科普性主题营销活动特点与适用性分析

相关方面	分析
特点	以高科技展示为主，伴有与消费群体有记忆关联性的科教历史营销展示
档次	中高档
类型	休闲娱乐、生活、体验、生态类的购物中心
种类	航天科学展、生物科学展、历史科学展、科技展等
作用	吸引不同层次的消费者，提高购物中心的品牌影响力

表 4.49　正佳广场大型航天展

相关方面	分析
展览的时间	2012 年 9 月 3 日，正佳广场开展 "飞向太空 2012 大型航天展"
展览的内容	展区内除了可以看到天宫一号、神舟号飞船等模型，"太空人工作训练服""太空舱内服""太空人专用马桶""食品托盘""太空种子"等展品也将首度进入购物广场与市民接触。除了航天模型展示，互动体验区还设有三维滚环体验、人机对话体验，通过互动体验，市民们也能一窥航天员的日常工作情景
展览的作用	（1）这次展览是全国首个购物广场举办的大型航天展，是正佳广场继 2011 年暑期推出的大型恐龙展以后又一暑期活动； （2）在正佳广场内购物消费，同时又可观看正在举办的航天展；或者去正佳广场观看航天展，又可进行购物消费。这种利用商场场地和区位优势与公益性科普展览相结合的模式，吸引了不少的客流量

图 4.52　正佳广场航天展

表 4.50　南京德基广场猫科动物标本展览

相关方面	分析
展览的时间和内容	2013 年 6 月，来自上海科技馆的"猫科动物的奇幻世界"大型猫科动物标本生态展在南京德基广场举行，里面既有野生动物园般的场景，又有活灵活现的老虎、狮子和豹子标本
展览的作用	除了此次的猫科动物标本展览，德基广场还举办过极地动物标本展览、大型主题动物雕塑装置艺术展等活动，使购物中心具备十足的趣味和生活情趣，体现了德基广场购物中心别具一格的品牌气质，同时以这种艺术方式来传达保护动物的心声，提升了购物中心的品牌影响力

图 4.53　南京德基广场猫科动物标本展览

表 4.51　宁波万达广场恐龙化石展

相关方面	分析
展览的时间和内容	2009 年 10 月 28 日，宁波万达广场协同黑龙江省博物馆共同承办了"霸主归来，恐龙暨猛犸象古生物化石展"，展会现场展出了古生物化石标本 30 余件
展览的作用	宁波万达广场开展的恐龙展有利于吸引不同的消费者，特别是儿童阶层的消费者，为购物中心增加了人气及活力

图 4.54　宁波万达广场恐龙化石展

购物中心体验式营销是新型人气"吸金利器" 第四节

表 4.52　新奥购物中心科普展上看"加湿花"

相关方面	分析
展览的时间和内容	2013 年，设在奥林匹克公园新奥购物中心的科普展吸引了很多市民的目光，科普展由北京新材料发展中心与朝阳区科委共同举办，汇集了近两年北京的很多科技发明创造作品
展览的作用	最吸引市民眼光的是一簇簇色彩鲜艳的人造花，这可不是普通的人造花，而是用特殊材料做成、不用任何能源的空气加湿器。借科普展活动之际，新奥购物中心面向北京市民展现了其始终倡导的"品味文化，自在生活"的健康生活方式，同时提升了该购物中心在广大消费者心目中的品牌影响力

3. 公益性主题营销活动

公益与商业联姻现象很常见，商场里面的展览也不例外。借助商场的人气，能够使更多的人关注到慈善事业，同时也可以提升商城品牌的影响力。

公益性主题营销活动特点与适用性分析和案例情况见表 4.53、表 4.54、表 4.55、表 4.56 和图 4.55。

表 4.53　公益性主题营销活动特点与适用性分析

相关方面	分析
特点	该类型较为广泛，可以是以公益性为目的的各种活动
档次	各类档次
类型	各种类型
种类	爱心签售、艺术作品展、环保绿色公益活动等
作用	具有良好的品牌传播性，广泛的群众号召性，能吸引不同层次的消费者等

表 4.54　富邦中心的"绽放慧灵智障人士艺术作品展"

相关方面	分析
展览的时间和内容	广州市富邦中心 2013 年 12 月举行的"绽放慧灵智障人士艺术作品展"就是一场以公益为目的的展览；会场展出了几十件智障儿童创作的画作和陶艺作品，这些作品由丽丰控股有限公司董事刘树仁先生捐赠，作品可以在现场购买，价格为 300 元一件。善款将全部捐赠给广州慧灵智障人士服务机构
展览的作用	美丽的艺术画作提升了购物中心的艺术品位，同时提升了购物中心在消费者心目中的形象

表 4.55　赛特购物中心"爱心熊"义卖活动

相关方面	分析
展览的时间和内容	2012 年开年，十七周年店庆的赛特购物中心在推出多项回馈活动的同时，还开展"爱心熊"义卖公益活动，为社会献爱心。12 月，赛特启动了爱心熊义卖活动，取名为"尼克"的两千只特制爱心熊限量发售，若顾客自愿捐款 20 元，即可获赠一只做工精美的"尼克小熊"。募集的善款将于 2013 年新年伊始全部捐给北京青少年发展基金会，为贫困地区的孩子们送去冬天的温暖
展览的作用	"名店名品"是赛特购物中心的经营战略，公益活动的举办更进一步推广宣传了购物中心的经营战略

227

表 4.56　曲靖中天购物中心举办绿色环保志愿者公益活动

相关方面	分析
展览的时间和内容	2011 年，由曲靖中天购物中心发起并组织了以"从点滴做起，曲靖因你而美丽"为主题的公益环保活动，曲靖中天购物中心及云南佰力商业管理有限公司的部分员工共 200 余人参与了此次活动
购物中心相关分析	位于文昌街与麒麟南路交汇处的中天购物中心，是曲靖目前最高端的百货商场，中天购物中心从开业之初，就把社会公益事业带到了企业的经营管理中
展览的作用	这样的环保行动不仅成为曲靖市民关注环境、关注志愿者的契机，同时也为中天购物中心的宣传活动提供了很好的方式

图 4.55　展出的作品

4. 动漫性主题营销活动

动漫性主题营销活动特点与适用性分析和案例情况见表 4.57、表 4.58、表 4.59、表 4.60、图 4.56、图 4.57 和图 4.58。

表 4.57　动漫性主题营销活动特点与适用性分析

相关方面	分析
特点	趣味性强，能吸引有动漫情结的各年龄段消费群体
档次	中高档
类型	时尚体验类、休闲娱乐类及家庭型定位的购物中心
种类	电影动漫主题展、有名动漫人物展等
作用	吸引消费者，特别是儿童消费者，从而带动购物人气与活力等

表 4.58　深圳华润万象城华南地区最大泰迪熊展

相关方面	分析
购物中心以及展览的分析	深圳华润万象城是华润中心的购物及娱乐中心，建筑面积达 18.8 万平方米，是深圳最大的购物及娱乐中心，2014 年 8 月 8 日开展了华南地区最大泰迪熊展，加强了购物中心体验娱乐的主题定位
展览的作用	为了这次展览，万象城二期的 LV 广场特地搭设了巨型的薰衣草庄园，庄园中亦设有泰迪博物馆，让没有办法前往塔斯马尼亚看薰衣草熊或者去韩国泰迪博物馆了解熊仔历史的消费者在深圳万象城就可以嗅到、听到、感受到万象泰迪熊世界

图 4.56　深圳华润万象城泰迪熊展

表 4.59 香港海港城的史努比展

相关方面	分析
展览的时间和内容	2014 年 7 月 16 日至 8 月 12 日，香港海港城举办"梦想起航"史努比艺术及生活展览，以最具代表性的日本传统工艺制成的多件富有浓厚东方色彩的史努比艺术作品在海运大厦露天广场展出，这是全球最大的史努比巨型艺术作品展。展会还邀请了日本史努比艺术大师——大谷芳照（Yoshi Otani）与一众工艺大师出席
展览的作用	史努比展览会更加凸显了海港城在体验、休闲和娱乐等方面的市场定位，同时也提高了海港城的知名度。展会既带来了更多的消费者，又增加了海港城的利润

第四章 商业地产打造体验式商业模式获取增值

图 4.57 香港海港城的史努比展

表 4.60 广州正佳广场变形金刚 30 周年展

相关方面	分析
展览的时间和内容	2014 年 7 月 26 日至 9 月 8 日，正佳广场举行"缤纷漫博展广州站——暨变形金刚 30 周年展"。在此次展览中，变形金刚将联合孩之宝旗下的全明星阵容强势来袭；变形金刚将展示 30 年的精彩历程，从玩具模型到大荧幕的科技呈现。展览还有专门定制的异型结构 3D 投影技术，能使观众如置身于赛伯坦星球，亲身体验变形金刚的故事
展览的作用	正佳广场是亚洲最好的体验式购物中心之一，这次变形金刚 30 周年展的开展正是正佳广场体验式购物中心彰显其在体验、娱乐、休闲等方面特色的绝佳机会

图 4.58 变形金刚展

5. 商业主题营销活动

购物中心拥有开阔的空间、庞大的人潮，且顾客多为开车族，这些特点近年已被车商盯上，成为车商展售新车的重要场所，举办车展已成为各大购物中心的重要获利途径。购物中心举办车展的主要目的不是为了卖车，一方面是为了促进购物中心的消费，另一方面是为了吸引潜在的消费者。

商业主题营销活动的特点与适用性分析和案例情况见表 4.61、表 4.62 和图 4.59。

表 4.61　商业主题营销活动特点与适用性分析

相关方面	分析
特点	以产品形象展示为主要营销形态，也可以打折促销的形式出现
档次	各种档次
类型	各种类型
种类	名车展、促销展等
作用	增加购物中心利润，为购物中心带来话题性和消费者等

表 4.62　喜荟城购物中心名车展

相关方面	分析
展览的时间和内容	2013 年 8 月，深圳建达成名车中心巡演车展在喜荟城购物中心举办，建达成更是精心准备了 7 辆高端品牌车，其中包括悍马 H2 加长版、保时捷/帕纳美拉、奔驰 S300L、奔驰 E300L、宝马 530Li、路虎揽胜、奥迪 A6L、大众 CC
展览的作用	名车展的开展更好地促进了购物中心的特色化经营路线，同时也是实现利润与特色双赢的方式

图 4.59　喜荟城购物中心名车展

6. 文化性主题营销活动

文化性主题营销活动的特点与适用性分析和案例情况见表 4.63、表 4.64、表 4.65、图 4.60 和图 4.61。

表 4.63 文化性主题营销活动特点与适用性分析

相关方面	分析
特点	展示各种追忆和怀旧类型作品的主题营销活动
档次	中高档
类型	文化体验型购物中心
种类	影视主题展、怀旧主题展、历史文化展等
作用	增加购物中心的文化号召力，勾起消费者的历史文化情节，具有较好的品牌影响力

表 4.64 深圳 KK Mall 购物中心的文化体验秀

相关方面	分析
展览时间	2014 年 8 月 5—20 日，深圳 KK MALL 在中庭推出了一场以"字在中国，致敬活字"为主题的"字在 KK MALL"活动
展览内容	此次活动将有九万枚活字震撼呈现，全方位展出泥、锡、木、铅、铜、瓷等珍贵活字形态，还包括中国活字的千年技艺、文化历史，以及延伸开发的创意产品、活字工坊与装置艺术等内容，广大市民可以亲临 KK MALL 亲手体验活字拓印，在互动中体验活字之美
展览的作用	这次文化活动为购物中心营造了浓郁的文化氛围，提高了购物中心的文化影响力

图 4.60 KK Mall 购物中心推出文化体验秀

表 4.65　上海环球港购物中心热贡唐卡展

相关方面	分析
展览的时间和内容	2013 年 7 月 14 日，由上海市收藏协会主办，上海禧藏文化传播有限公司、青海热贡善缘唐卡藏文化艺术中心承办的"善缘·唐卡秘境——直通人性的慈悲艺术"热贡唐卡精品展在上海月星环球港（上海环球港购物中心）展出。 这是热贡精品唐卡艺术首次如此大规模地在上海展出，现场的唐卡价值超千万元。它传播的是一种传承"西藏古文明艺术精髓、发扬藏文化魅力哲学、传播智慧正能量"的核心理念
购物中心分析以及展览的作用	上海环球港购物中心在建设时就提出"商、旅、文"三大中心功能概念，其对于自身的定位是满足新时代的消费需求，为消费者提供一个展示世界东西方文明和高档生活品质的绚丽舞台。因此，文化展正是该购物中心展示其独特文化定位和魅力的一种方式

图 4.61　上海环球港购物中心展出的热贡唐卡精品

CHAPTER FIVE 伍

第五章

商业地产建立O2O模式来积极谋变

线上、线下互动的商业运营模式,让商业地产在经历"野蛮生长"后,又将回到新起点。以规模、业态品类取胜的传统商业将被淘汰;而以移动互联、大数据管理和满足消费者身心体验的特色商业将焕发商业地产的"第二春"。

O2O成为商业地产互联网改造的切入点,背后隐藏的逻辑是顺应整个产业格局的变化,即商业地产的盈利模式正在从以往追求销售规模,向以客户的需求为中心,为其提供高质量、全方位增值服务的模式转变。只有提供越来越完善的体验和服务,才能区别于其他竞争对手,获取客户的"真心"。

第一节

互联网思维颠覆下的商业地产

2014年,农历岁末年初,在郁亮的带领下,万科高层以迅雷不及掩耳之势快速拜访了腾讯、阿里巴巴、海尔、小米等企业,并且引发了业界针对房地产行业转型的深度思考。本节内容将探讨以下几个问题:互联网思维对商业地产发展有什么影响?龙头企业为何向互联网转型?商业地产如何应用互联网产生的大数据?开发商如何有效运用互联网思维?

互联网思维并不是基于互联网产品、技术简简单单的改革,也不是简单地通过将产品电商化、社交化来获取效益,更不完全是针对某一个行业的创新。针对传统行业而言,互联网思维是针对传统行业自身的行业属性,利用互联网使用者的习惯,遵循互联网的社会规则,基于传统行业产品本质,使用互联网技术,用极致的态度创新改造本行业产业链的规则,快速地形成口碑传播,从而获得互联网用户认同的颠覆性改造。具体情况见表5.1。

表5.1 7种互联网思维

类别	具体内容
用户思维	是互联网思维中最重要的一个,是指在价值链各个环节中都要"以用户为中心"去考虑问题。作为开发商,必须从整个价值链的环节,建立起"以用户为中心"的企业文化,只有深度理解用户才能生存
极致思维	就是把产品、服务和用户体验做到极致,超越用户预期。第一,需求要抓得准,切实掌握用户的需求点;第二,要逼得狠,做到自己能力的极限
迭代思维	意味着必须及时乃至实时关注消费者的需求,把握消费者需求的变化。运用迭代思维有两个方面:"微"和"快"。"微",指的是要从用户需求的细微之处入手,贴近用户心理,在用户参与和反馈过程中逐步改进自己;"快",只有快速地对消费者需求做出反应,产品才更容易贴近消费者需求
社会化思维	社会化商业的核心是"网",面对的客户以网的形式存在,这将改变企业生产、销售、营销等的整个形态。口碑营销不是自说自话,一定是站在用户的角度、以用户的方式和用户沟通,如鼓励用户将好的产品体验分享到其个人的微博、微信朋友圈中
大数据思维	是指对大数据的认识,对企业资产、关键竞争要素的理解。用户在网络上一般会产生信息、行为、关系三个层面的数据,这些数据的沉淀有助于企业进行预测和决策。一切皆可被数据化,企业必须构建自己的大数据平台
平台思维	就是开放、共享、共赢的思维。平台模式的精髓在于打造一个多主体共赢、互利的生态圈。如百度、阿里巴巴、腾讯三大互联网巨头围绕搜索、电商、社交各自构筑了强大的产业生态
跨界思维	随着互联网和新科技的发展,很多产业的边界变得模糊,互联网企业的触角已无孔不入,如零售、图书、金融、电信、娱乐、交通、媒体等。阿里巴巴、腾讯相继申办银行业务,小米做手机、做电视,都是这样的道理。用互联网思维,大胆进行颠覆式创新

随着互联网思维进入地产行业，对商业地产产生了很大的影响。面对迅猛增长的网络电商，实体商压力巨大。为了更好地将互联网信息系统用于商业地产，众多房企开始纷纷触网。

商业地产龙头——万达在2013年便开始大举筹备进军电商，计划将旗下的商业地产、酒店、电影院线、连锁百货、旅游度假五大主营业务打包上线。SOHO中国则直接与互联网公司联手，开展网上销售的合作。事实上，在互联网席卷各个行业后，房地产所面临的互联网冲击已引起了不少开发商的重视。具体情况见表5.2。

表5.2 龙头企业进军电商

企业	具体内容
万科	拜访了小米、阿里巴巴、腾讯等互联网公司，掀起了业界"居安思危"的热潮
花样年	将互联网思维总结为"用户至上"和"去中心化"两个核心
绿城	开始与阿里巴巴旗下的"来往"合作
龙湖	在重庆发布未来的转型战略，提出公司要从传统房企向具有互联网思维的现代房企转型升级

一 互联网思维对商业地产的直接影响

不同于以往营销渠道的单一属性，互联网在房地产经营中正扮演着更为重要的角色。随着越来越多的房企加入"触网"大军，地产与互联网的结合将成为未来开发商创新发展的重要方向之一。

房企与互联网的融合，不仅仅停留在业务层面上，还包括对房企经营思路的重塑。这种改变，也许不能在三五年内影响到行业现状，但是却折射出房地产未来的发展之路。从地产大佬对互联网的重视开始，互联网的思维模式将会逐步在房企的开发建设、产品定位、营销模式、资源整合等环节中逐步体现。

经历数十年"拿地—建房—卖房"的传统粗放式经营模式后，房地产行业已逐步走到转型的十字路口。基于对互联网的重视，出现了如房地产电商、移动互联网房产营销等新业态，代表的是房企对未来转型之路的探索。

1. 改变消费者购物方式

互联网时代，消费者的购物行为随之发生了四个方面的显著变化：购物空间立体化（全渠道购物）、时间碎片化、购物移动化、信息传播社交化。这四大方面的变化，直接颠覆了消费者原先在某一固定时间、固定场所进行商业消费的购物习惯，商业地产开始直接面临这种购物方式的冲击。

2013年的"双11"，天猫创下了350亿元的销售神话，凸显了在网络时代电子商务的巨大潜力。在电子商务发展如日中天的时代背景下，越来越多的传统行业纷纷试水电商。从目前来看，房地产电商已经不是一个陌生的概念。

随着以万科、保利、SOHO 中国等为代表的国内著名房产开发商开始试水房地产电子商务交易，房产电商热潮随之在全国开始迅速蔓延开来，龙头房企向互联网转型是时代所趋。

2. 移动互联网房产营销

2013 年也被称为"房地产移动互联网元年"，在大数据时代潮流冲击下，房地产移动互联网发展之火更是呈现出燎原之势。无论是万科、绿城这些早些年就提出构建社区化平台和网上卖房的企业，还是如德信、坤和、昆仑等开始尝试借助互联网整合营销的房企，都足以说明互联网思维已经与卖房紧密相连。

现在年轻人购房的比例正在逐渐增加，而微博、微信、APP 以及其他互联网平台的信息传达快且精准，房企不可能忽略这样的手段。目前，已经有开发商在研究如何设计出一款软件，能对已有客户、准业主，以及潜在客户的各种需求进行整合，做到更精准的信息传递。

3. 催生互联网金融

近几年，房企"跨界"经营的案例不断涌现。仅从业务内容上，便已从传统的住宅开发，转向商业、城市综合体开发，甚至是养老地产、文化旅游地产的建设。对于房地产巨大的产业链而言，上游涉及土地、钢铁、建材行业，下游更是涵盖了装饰、家电等领域，并与金融行业密不可分。正是这些先天优势，为地产商转型提供了诸多有利条件。此前，众多房企已涉足能源、矿业、体育等行业。另外，房企与金融业的融合更为显著，绿地、华润、万科等公司已相继进入金融领域。

从短期来看，房企跨界金融业主要出于房企对融资的需求和给购房者打通房贷渠道这两个目的；从长期来看，这是房企在布局金融衍生品业务，10～20 年后房地产需求将达到一定程度的饱和，消费者会将更多的资金用来谋求投资升值，而房地产跨界金融领域，未来可通过发行房地产信托基金以及债券等金融衍生品来吸引投资者的目光。

国内的互联网金融行业不断发展升级，从技术创新、大数据金融雏形初成，到 P2P 借贷火爆，逐渐改变了人们的理财方式。余额宝上线 9 个多月，用户数就已经超过 5000 万，余额宝支持的天弘增利宝基金规模已突破 5000 亿元，成为全国最大、世界排名第七的基金。互联网金融的异军突起，改变了国内金融市场的格局，成了让金融业界人士不得不直面的新潮流。与传统金融行业相比，互联网金融平台提供短期贷款的手续相对简单，成本也更低。互联网金融的巨大市场吸引着众多房企向互联网靠拢。

目前，互联网金融有三大支柱：支付、信息处理和资源配置（见图5.1）。此外，互联网金融还有六大模式：第三方支付、P2P网贷、大数据金融、众筹、信息化金融机构、互联网金融门户。由于互联网金融正处于快速发展期，目前的分类也仅仅是一个阶段的粗浅分类，因此，即使在将电子货币、虚拟货币归入第三方支付这一模式之后，六大模式也无法包容诸如比特币等新兴互联网金融创新产物。

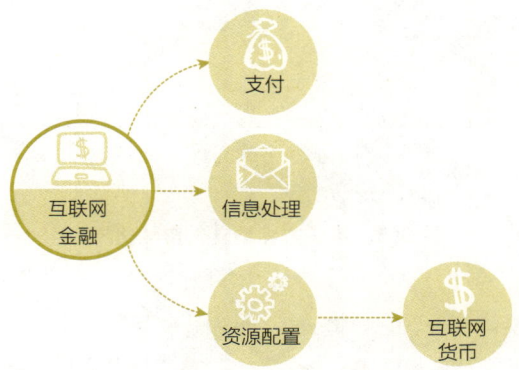

图5.1　互联网金融的三大支柱

模式1：第三方支付

根据央行2010年在《非金融机构支付服务管理办法》中给出了非金融机构支付服务的定义。从广义上讲，第三方支付是指非金融机构作为收、付款人的支付中介所提供的网络支付、预付卡、银行卡收单以及中国人民银行确定的其他支付服务。第三方支付已不仅仅局限于最初的互联网支付，而是成为线上线下全面覆盖，应用场景更为丰富的综合性支付工具。具体情况见图5.2、图5.3、图5.4、图5.5和图5.6。

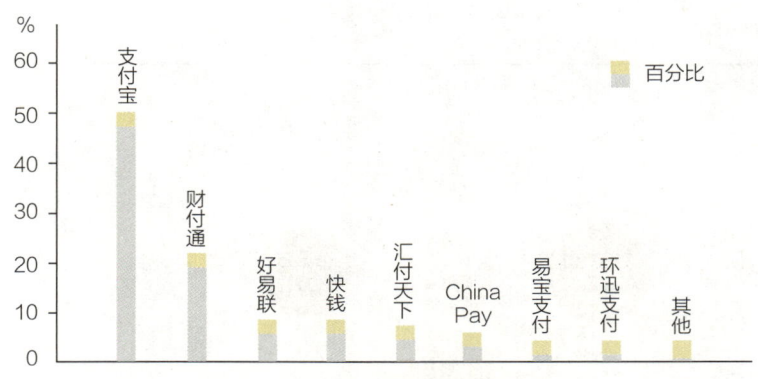

图5.2　第三方互联网支付市场格局

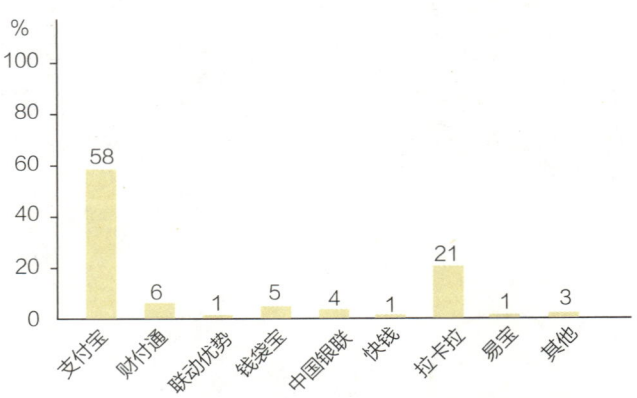

图 5.3　第三方移动支付市场格局

图 5.4　第三方支付的两种模式

表 5.3　不同的第三方支付分析

类别	具体内容
独立的第三方支付	完全独立于电子商务网站 仅提供支付产品和支付系统解决方案 平台前端连商户，后端连银行 不承担担保和账务清算业务
有电子交易平台的担保支付	依托自有的 B2C、C2C 电子商务网站 提供担保功能

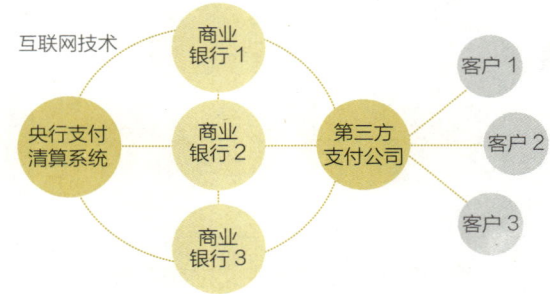

图 5.5　第三方支付方式

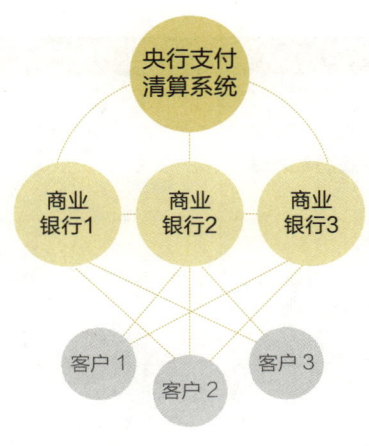

图 5.6　传统支付

模式 2：P2P 网贷

P2P 网贷是指通过第三方互联网平台对资金借、贷双方进行匹配，需要借贷的人群可以通过网站平台寻找到有出借能力并且愿意基于一定条件出借的人群，帮助贷款人通过和其他贷款人一起分担一笔借款额度来分散风险，也可以帮助借款人在充分比较的基础上选择更有吸引力的利率条件。具体情况见图 5.7 和表 5.4。

图 5.7　P2P 网贷方式

表 5.4　P2P 网贷模式分析

类别	具体内容
纯线上模式	资金借贷活动都通过线上进行，同时结合线下审核。通常这些企业采取的审核借款人资质的措施有：视频认证、查看银行流水账单、身份认证等

续表

类别	具体内容	
线上线下结合模式	借款人在线上提交借款申请后，平台通过所在城市的代理商采取入户调查的方式审核借款人的资信、还款能力等情况	人人贷 renrendai.com
债权转让模式	目前还处于质疑之中，这种模式是公司作为中间人对借款人进行筛选，以个人名义进行借贷之后再将债权转让	宜信 CreditEase
担保模式	P2P平台通过与担保公司或小贷公司合作，对借款方提供偿付违约担保，以传统金融机构较好的信用来为平台增信	陆金所 Lufax.com 中国平安集团成员

模式3：众筹融资

众筹融资主要有商品预售筹资平台和商业投资平台两类，具体情况见表5.5。

表5.5 众筹融资的商品预售筹资平台和商业投资平台

类别		具体内容
商品预售筹资平台	固定模式	筹款期结束时，如果达到预定的筹款目标，筹款人可以获得所有资金；反之，则不能获得任何资金
	灵活模式	无论是否达到预定的筹款目标，筹款人都可以获得筹集的资金，如果筹款人认为所筹款项不足以支撑项目目标，则可以选择把资金退还给投资者
	悬赏模式	谁完成项目，就把筹集到的资金给谁
商业投资平台		包括股权、债权、酬金、津贴、奖励等

模式4：大数据金融

基于大数据的金融平台主要是指拥有海量数据的电子商务企业开展的金融服务，目前，运营模式可以分为平台模式和供应链金融模式，具体情况见图5.8、图5.9和表5.6。

图5.8 基于大数据的金融平台的建立

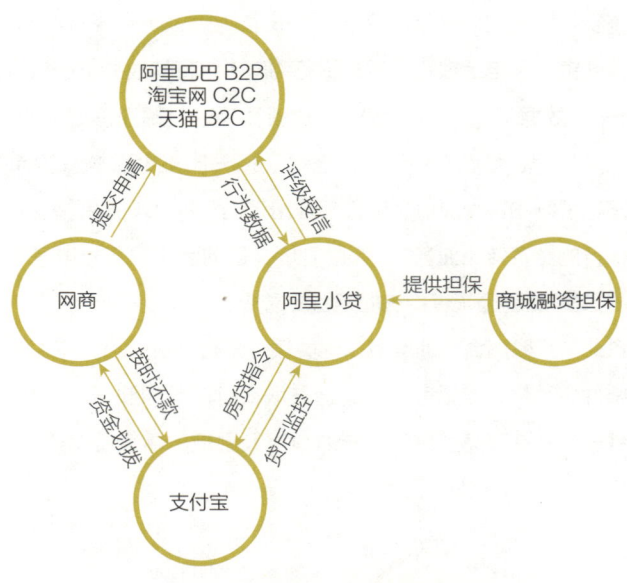

图5.9 阿里小贷的业务流程

表5.6 大数据金融的运营模式

类别	具体内容
平台模式	以阿里云为技术基础,淘宝网、天猫、一淘等平台的信息流入阿里云,阿里云对其进行专业化的分析和处理,加上通过各个渠道获得的信用记录、交易状况等信息出具信用评估报告,确定授信额度,然后,通过阿里金融发放贷款
供应链金融模式	以电商为核心企业,以未来收益的现金流为担保,获得银行授信,为供应商提供贷款,具体服务包括应收账款融资、订单融资、委托融资、协同融资、信托计划等

模式5:信息化金融机构

所谓信息化金融机构,是指通过采用信息技术,对传统运营流程进行改造或重构,以实现经营、管理全面电子化的银行、证券和保险等金融机构。金融信息化是金融业发展趋势之一,而信息化金融机构则是金融创新的产物。具体情况见图5.10。

图5.10 信息化金融机构

从整个金融行业来看,银行的信息化建设一直处于业内领先水平,不仅具有国际领先的金融信息技术平台,建成了由自助银行、电话银行、手机银行和网上银行构成的电子银行立体服务体系,而且凭借信息化的大手笔——数据集中工程,在业内独领风骚,其除了基于互联网的创新金融服务之外,还形成了"门户""网银、金融产品超市、电商"的一拖三的金融电商创新服务模式。

目前,中国五大国有银行和各大股份制银行都推出了自己的 iOS 版和 Android 版的手机银行并加大推广力度,如手机银行的免费转账业务。数据显示,目前上市银行的电子银行交易替代率已普遍超过 60%,电子银行的交易量远远超过传统的柜台交易量。

直销银行是金融企业与互联网合作的典范,这类银行没有营业网点,不发放实体银行卡,客户主要通过计算机、电子邮件、手机、电话等远程渠道获取银行产品和服务。由于没有网点经营费用,因而直销银行可以为客户提供更有竞争力的存贷款价格及更低的手续费率。降低运营成本、回馈客户是直销银行的核心价值。具体情况见图 5.11。

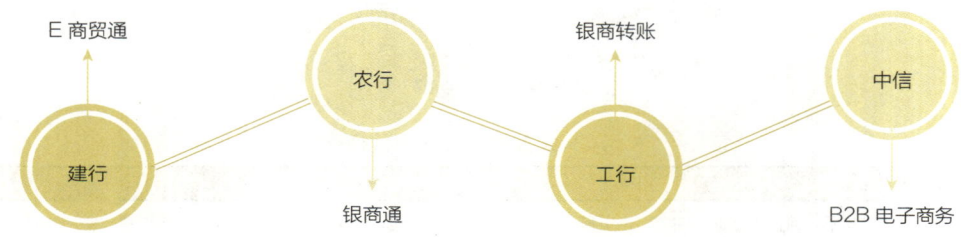

图 5.11 企业级电子商务支付系统

模式 6:互联网金融门户

互联网金融门户是指利用互联网进行金融产品的销售以及为金融产品销售提供第三方服务的平台。它的核心就是"搜索比价"的模式,采用金融产品垂直比价的方式,将各家金融机构的产品放在同一平台上,使用户可以通过对比来挑选合适的金融产品。

互联网金融门户的多元化创新发展,形成了提供高端理财投资服务和理财产品的第三方理财机构,以及提供保险产品咨询、比价、购买服务的保险门户网站等。这种模式不存在太多政策风险,因为其平台既不负责金融产品的实际销售,也不承担任何不良的风险,同时资金也完全不通过中间平台。具体情况见表 5.7。

表 5.7 互联网金融门户特性

项目	具体内容
定义	利用互联网进行金融产品的销售以及为金融产品销售提供第三方服务的平台。现有的互联网金融门户主要涵盖了 P2P 信贷、投资理财及保险等领域,聚拢了分门别类的金融产品

续表

项目	具体内容
分类	保险门户类：大童网 理财门户类：格上理财 P2P 网贷门户类：网贷之家 信用卡类：我爱卡 信贷类：融360、好贷网
核心	互联网金融门户的核心就是"搜索＋比价"的模式
价值	互联网金融门户最大的价值就在于它的渠道价值。当其发展到一定阶段就会成为各大金融机构的重要业务渠道，掌握互联网金融时代的互联网入口

二、开发商如何有效地运用互联网思维

从宏观角度上看，战略上高度重视互联网思维，将互联网变成房地产的交易平台，如通过电商、移动互联网来营销房地产等；从微观角度上看，应用伴随互联网产生的大数据实现精准营销，将互联网变成房地产的信息平台，开发商通过发展会员，可以收集大量的数据，如北京朝阳大悦城的大数据精准营销。

1. 战略上高度重视

高度重视指的就是由使用互联网以及针对互联网平台的应用为起始，在开发项目前期、招拍挂、项目规划、营销定位、开工建设、项目预热、蓄水、强销、持续销售、尾盘、交付等各个环节，企业用互联网的方式去换位思考和运营。

战略上高度重视互联网思维的代表性开发企业是万科和万达。万科的互联网学习之旅是战略上重视的典范；万达的"万汇"是互联网思维的典型应用。

万科的互联网学习之旅

万科是房企中最早拥抱互联网的企业之一，2013 年以来，由万科总裁郁亮带队的中高层管理团队拜访了阿里巴巴、腾讯、海尔、小米等公司，在房地产行业掀起了一股互联网热潮。2014 年，随着房地产市场趋冷，万科也将其互联网思维逐步集中到营销方面，并取得了很好的业绩。具体情况见表 5.8。

案例

表5.8 万科的互联网学习之旅

2013年10月31日	万科集团高层奔赴阿里巴巴总部交流学习
2013年12月9日	一支由200人组成的团队到腾讯总部"取经"
2014年1月18日	万科组织60多位中高层管理人员到海尔学习互联网思维
2014年2月11日	万科组织90位高管到访小米,学习其发展经验

案例

万达"万汇网"布局电商

2013年12月13日,"万汇网"及手机客户端"万汇"上线试运行,以全国的万达广场为依托,为用户实时提供最新的广场活动、商家资讯、商品导购、优惠折扣、电影资讯、美食团购、积分查询、礼品兑换等全方位资讯与服务。

与淘宝、京东等平台的模式不同,万达电商是O2O的模式,即借助电子商务,将丰富的线下资源与线上资源进行整合。如万达广场与"万汇"的智能Wi-Fi连接起来,广场级的Wi-Fi正是贯通线上线下的桥梁,不仅能够吸引客流,还能够很好地建立起商家与消费者的直接联系。简而言之,就是用户如果要用万达广场的Wi-Fi就必须经过广场内的Wi-Fi点。而用"下沉"到无线路由器的硬件来进行信息推送,同时可以获取到消费者在广场内的消费信息。

随着"万汇网"的上线,筹备已久的万达电商版图的雏形终于浮出水面。返点、抽奖等方式只是万达电商吸引会员的方法,其真正的核心是大会员大数据。目前,"万汇"还处于试运行阶段,仅对武汉、大连、郑州、福州4座城市的6个万达广场提供服务。未来,这一范围将延展至全国所有的万达广场。具体情况见图5.12。

图5.12 手机APP:"万汇"提供的服务

落实到具体层面,作为开发商,可以通过成立互联网部门、进行社会化营销等方式运用互联网思维。

①成立互联网部门

这个全新的部门,应该围绕结果确定全新的规范和流程;要有强大的执行力和管理能力;对于互联网的认识,应该更加接地气,能够根据时事热点进行有针对性的营销。

②进行社会化营销

进行社会化营销主要有四种途径:线上社会化营销产品的应用、线上社会化营销产品的互动、线下营销渠道植入互联网元素、定期组织线下活动。具体情况见表5.9。

表5.9 进行社会化营销的四种途径

途径	具体内容
线上社会化营销产品的应用	通过微博、微信、区域性网站的论坛、QQ群等途径对企业的产品、品牌进行营销传播
线上社会化营销产品的互动	时刻保持有效的互动,切忌外包网络公司维护,而是开发商负责把关,注重社会化口碑效应的专播。培养种子客户,善用自身老客户及品牌粉丝客户进行口碑传播
线下营销渠道植入互联网元素	对线下营销渠道进行整合包装,植入互联网元素。如添加二维码,可直接进入开发企业或项目的网站页面,了解相关信息,甚至实现网上交易
定期组织线下活动	对潜在客户多的城市或区域,定期组织线下活动,仅针对互联网客户,但绝非常规暖场活动,而是在互联网上与客户有良好的互动与传播

2. 充分运用大数据

与互联网思维伴随的是大数据,不是说有了互联网才有数据分析,而是互联网让数据的搜集和获取更加便捷。数据分析预测对于提升用户体验有非常重要的价值。具体情况见表5.10。

表5.10 大数据的特征

特征	具体内容
数据量大	大数据的起始计量单位至少是P(1000个T)、E(100万个T)或Z(10亿个T)
类型繁多	包括网络日志、音频、视频、图片、地理位置信息等,多类型的数据对数据的处理能力提出了更高的要求
价值密度低	随着物联网的广泛应用,信息感知无处不在,信息海量,但价值密度较低,如何通过强大的机器算法更迅速地完成数据的价值"提纯",是大数据时代亟待解决的难题
速度快、时效高	这是大数据区别于传统数据挖掘最显著的特征。既有的技术架构和路线,已经无法高效处理如此海量的数据。对于相关组织来说,如果耗费巨资采集的信息无法及时处理并有效反馈,那将是得不偿失的。可以说,大数据时代对人类的数据驾驭能力提出了新的挑战,也为人们获得更为深刻、全面的洞察能力提供了前所未有的空间与潜力

那么商业地产到底如何应用大数据思维来更好地经营项目,从而把客户身上产生的数据变成购买力呢?

（1）大数据搜集

从与客户的第一次接触开始，便要重视重要数据的搜集，挖掘行业上游数据、精准数据。或者与不同的平台进行资源互换，如阿里巴巴的支付宝、腾讯的微信，通过支付工具收集更有价值的数据。

开发商还可以利用自身平台优势（如万达的"万汇"及广场Wi-Fi），进行大面积的线上数据采集、线下数据收集，对活动现场、客户营销现场所产生的数据（如车流、人流、POS系统等方面的）也要一一收集起来。

尽可能多地发展会员。利用各种手段积累用户，培育购物中心的会员体系。在为消费者服务的过程中，利用各种手段采集会员数据，既包括线上数据也包括线下数据，不只是交易数据，还有行为数据。其中，线下数据被大多数人低估，仍有待深入挖掘。通过互联网发展新会员，如北京华润五彩城。

北京华润五彩城

2013年底，北京华润五彩城推出微信会员卡与实体卡融合、消费提醒、微信自定义菜单、移动客服、微信支付等众多功能。这是商业地产与互联网思维融合的很好案例。

事实上，早在2012年下半年，北京华润五彩城就开始与微生活会员卡合作，消费者只需扫描二维码即可享受五彩城店铺的各项优惠。通过一年来在微信推广营销活动，五彩城的微生活会员数量已经达到8万余人。北京华润五彩城的微信订阅号与微信服务号见图5.13。

图5.13　北京华润五彩城的微信订阅号与微信服务号

（2）大数据整合分析

本地平台数据，如购物中心不同业态的匹配（餐饮与服装、主力店与餐饮、主力店与服装等）所产生的数据要善于整合，并进行多次利用。

对于非本地平台的数据，要善于将陌生数据进行转化。如通过地图及 LBS 应用，获取关于项目的数据信息，以便进行更精准的数据营销推广活动。基于平台的资讯、论坛、专题等，都可以作为数据过滤的重要通道。

（3）大数据营销驱动

大数据营销驱动是指商家不再仅仅看到眼前的利益，而是通过一些免费或是其他有利于客户的活动来搜集客户信息，通过对数据的分析来了解客户的需求，利用会员大数据进行盈利模式创新，进而实现营销的目的。例如，为品牌进行精准推广，为商家提供精准营销，为消费者提供个性化服务和增值服务。

通过数据分析，提供给商家基于客户需求的整合营销服务。如组织团购，单品牌的精准营销推荐，提供商家资讯、广场活动、商品导购、优惠折扣、券包管理、积分兑换、积分查询及广场内多种智能服务，将数据转化成购买力。

第二节

从O2O大数据中挖掘商业价值

大数据中蕴含的机会和价值很多,关键是我们如何挖掘大数据中蕴含的商业价值。当Twitter都从自己的数据中获得不菲的利润时,那么任何有大数据的平台都蕴含着极大的商业价值,比如QQ、微信、淘宝、天猫、新浪微博等都是如此。只是如何把大数据中的商业价值挖掘出来并且合理地应用是一个难题,这也是大数据应用的价值所在。

为了探求其中蕴含的商业价值,对任何大数据进行应用、分析、整合都是非常必要的。具体情况见图5.14。

图5.14 大数据的商业价值

一、对购物中心的顾客群体进行细分

"大数据"可以对顾客群体进行细分,然后对每个群体"量体裁衣"般地采取有针对性的行动。瞄准特定的顾客群体来进行营销和服务是商家一直以来的追求。云存储的海量数据和大数据的分析技术使得商家对消费者的实时和极端的细分有了可能。具体情况见表5.11。

表 5.11　对购物中心顾客群体细分的流程

流程	具体内容
第一步，客户特征细分	一般客户的需求主要是由其社会和经济背景决定的，因此对客户的特征细分，也即是对其社会和经济背景所关联的要素进行细分。这些要素包括地理（如居住地、行政区、区域规模等）、社会（如年龄范围、性别、经济收入、工作行业、职位、受教育程度、宗教信仰、家庭成员数量等）、心理（如个性、生活形态等）和消费行为（如置业情况、购买动机类型、品牌忠诚度、对产品的态度等）等
第二步，客户价值区间细分	不同客户给企业带来的价值不同，有的客户可以连续不断地为企业创造价值和利益，因此企业需要为不同客户设定不同的价值目标。在经过基本特征的细分之后，需要对客户进行从高价值到低价值的区间分隔（如大客户、重要客户、普通客户、小客户等），以便锁定高价值客户。客户价值区间的变量包括：客户响应力、客户销售收入、客户利润贡献、忠诚度、推荐成交量等
第三步，客户共同需求细分	围绕客户细分和客户价值区间分隔，选定最有价值的客户群作为目标客户，提炼其共同需求，再以客户需求为导向来精确确定企业的业务流程，从而为每个细分的客户市场提供差异化的营销组合
第四步，选择细分的聚类技术	目前多采用聚类技术来进行客户细分。常用的聚类方法有 K - means、神经网络等，企业可以根据不同的数据情况和需要，选择不同聚类算法来进行客户细分
第五步，评估细分结果	在对客户群进行细分之后，会得到多个细分的客户群体，但是，并不是得到的每个细分客户群都是有效的。细分的结果应该通过下面几个标准来评估：与业务目标相关的程度；可理解性和是否容易特征化；基数是否足够大，以便保证能举办一个特别的宣传活动；是否容易开发出独特的宣传活动等

二　模拟实境与存储空间

1. 利用大数据进行模拟实境营销

云计算和大数据分析技术使得商家可以在成本效率较高的情况下，实时地把这些数据连同交易行为的数据进行储存和分析。交易过程、产品使用和人类行为都可以数据化。大数据技术可以把这些数据整合起来进行数据挖掘，从而通过模型来判断在不同变量（如不同地区的不同促销方案）的情况下何种方案回报最高。

2. 将大数据存入存储空间

企业和个人有着海量信息存储的需求，只有将数据妥善存储，才有可能进一步挖掘其潜在价值。具体而言，这块业务模式又可以细分为针对个人文件存储和针对企业用户存储两大类，主要是通过易于使用的应用程序接口（API），用户可以方便地将各种数据对象放在云端，然后再像使用水、电一样按用量收费。目前已有多个公司推出相应服务，如亚马逊、网易、诺基亚等。运营商也推出了相应的服务，如中国移动的彩云业务。

要提升竞争力，运营商应该在数据分析上下功夫。对于个人文件存储应在提升关系链管理、提升个人效率方面下功夫；而在企业服务上，将其从简单的文件存储、分项逐步扩展到数据聚合平台，以期打造未来的盈利模式。

三 提高投资回报率

提高大数据成果在各相关部门的分享程度，有助于提高整个管理链条和产业链条的投资回报率。大数据处理能力强的部门可以通过云计算、互联网和内部搜索引擎把大数据成果同大数据处理能力比较薄弱的部门分享，以帮助他们利用大数据来创造商业价值。

1. 让大数据产生高投资回报率的关键

根据预测，全球大数据技术和服务市场将以31.7%的年均复合增长率（CAGR）增长，预计2016年大数据市场规模将达238亿美元。随着越来越多的公司进入大数据领域，企业迫切需要解决的问题是如何让大数据产生高投资回报率。具体情况见表5.12。

表5.12　让大数据产生高投资回报率的3个关键点

3个关键点	具体内容
了解自己的目的	在处理大数据之前，需要有明确的目标，即希望用这些大数据做什么
检查数据样本	反映市场的数据不准确，就不会得到可靠的行动依据。所以，在应用大数据之前，要先确认这个大数据是否真正地代表整个市场
寻找方法来快速成功	制订一个新的大数据解决方案，要在12个月内看到它的实际投资回报率，可以先收获一些唾手可得的果实。有经验的人知道，当项目堆积起来时，宣传、产品发布会和品牌建设活动要放在首位，随后才是探索性的研究，这将有助于尽早获得大数据的成果

2. 影响大数据投资回报率的因素

对于大多数企业来说，大数据项目的投资回报率令人失望。从长远来看，企业期望的投资回报率是3～4倍。但是根据分析，目前企业获得的平均投资回报率仅约为55%。

对100位大数据从业者的调查结果显示，调查对象中有46%的人意识到他们的大数据部署只有"部分价值"，有2%的人认为他们的部署"彻底失败，没有任何价值"。

企业无法实现大数据投资回报率最大化的原因主要有3点：缺乏有经验的大数据专家、技术不成熟和缺乏迫切的需求。具体内容见表 5.13。

表 5.13 三大因素影响大数据投资回报率

三大因素	具体内容
缺乏有经验的大数据专家	公司的现有员工，可能会缺乏管理大数据技术的能力。这种困境在短期内为大数据服务的厂商提供了填补空白的机会
技术不成熟	大数据工具仍处于起步阶段，需要为更广泛的业务人员服务，而不只是训练有素的数据科学家，这是很多软件开发人员正在努力解决的问题
缺乏迫切的需求	企业往往在大数据项目上投资，却没有结合特定的、可预见的业务应用

四 管理客户关系

客户管理应用的目的是根据客户的属性（包括自然属性和行为属性），从不同角度深层次分析客户、了解客户，以此吸引新的客户，降低客户流失率，激发客户的消费欲望等。对中小客户来说，专门的客户关系管理软件显然大而贵。不少中小商家将即时通信工具作为客户关系管理软件来使用。比如把老客户加到通信群里，在群里发布新产品预告、特价销售通知，完成售前售后服务等。

五 个性化精准推荐

在运营商内部，根据用户喜好推荐各类业务或应用是常见的手段，比如应用商店软件推荐、IPTV 视频节目推荐等，而通过关联算法、文本摘要抽取、情感分析等智能分析算法后，可以将之延伸到商用化服务，利用数据挖掘技术帮助客户进行精准营销，将来的盈利可以来自客户增值部分的分成。

在移动互联网时代，Wi-Fi 几乎成了购物中心延长顾客逗留时间的不二选择。购物中心为消费者提供的免费 Wi-Fi 服务，可以了解消费者曾经去过哪里，在哪里停留过多长时间，以此作为购物中心对消费者精准推荐的基础。

1. Wi-Fi 的一系列功能易招揽客户

当前，用 Wi-Fi 上网在通常情况下比 3G 速度更稳更快，Wi-Fi 的作用、功能日益突出，已成为人们工作、生活、娱乐不可缺少的工具。具体情况见表 5.14。

表 5.14　Wi-Fi 的作用

作用	具体内容
广泛覆盖	移动互联网已融入市民生活，Wi-Fi 覆盖吃、喝、玩、乐、行、住、健康等消费场所，随时随地、全方位锁定受众人群的生活片段
强制收视，回忆率高	看品牌展示、答问题上网、互动自助，都能强化用户的记忆度
目标受众成本低，转化率高	目标受众近 100% 是持有智能手机的消费活跃群体，覆盖精准、细分的商圈人群，造就较高的转化率，使得目标受众成本降低
投放灵活	投放方式自主灵活，可根据需求量身定制最优推广方案。虽然当前全球无线城市计划的商业价值还没被完全发掘，但 Wi-Fi 热点所蕴含的商机却已开始凸显

2. 借用地理位置定位精确广告、细分营销

Wi-Fi 有个好用的功能，那就是热点或地理位置可定位的特点，由此可开展广告服务。购物中心可通过选择特定的地域和热点来推送广告，使广告能吸引最有可能购买其产品的潜在顾客。同时，广告还可以针对不同地理区域制订相应的特价促销或优惠活动方案，使广告的投放更加精准，更有针对性，能将定制化的信息推送给 Wi-Fi 顾客，从而进行有效的广告宣传。具体情况见表 5.15。

表 5.15　旅游服务和咖啡行业的精准广告推送

行业	具体内容
旅游服务	可针对景点设立 Wi-Fi 服务器，跟踪热点目标客户群，推送其广告
咖啡	可以在咖啡吧、餐饮店等特定的 Wi-Fi 热点位置，通过推送选项式广告去了解和发现目标客户群的习惯

建立个性化门户网站

建立登录个性化门户网站的广告页面，对提升 Wi-Fi 的营销功能也大有裨益。在 Wi-Fi 账号登录页面及登录后弹出页面上可放置商家个性化广告或市场调研选项，也可以为每个热点的商家独立设置个性化门户网站的页面，以进行广告宣传。

建立个性化门户网站广告页面，让特定个性化广告页面直达 Wi-Fi 用户，让用户在上网第一时间接触到商家的广告或市场调研选项，既可以凸显商家的形象，又是进行市场调研的一种好方法。

3. 提升店铺形象,彰显服务水准

购物中心认识到 Wi-Fi 网络的重要性,也为用户提供了免费的 Wi-Fi 信号,如果因为自身宽带问题或本身硬件问题,导致用户无法进行良好的上网体验,而且每次要咨询店员哪个是商家的免费 Wi-Fi,询问商家的 Wi-Fi 密码是多少,就不会获得良好的体验感。为此,Wi-Fi 实现名称中文化,让消费者进店使用 Wi-Fi 时能一目了然,则可以有效提升商家的品牌形象。

随着移动互联网时代的到来,商家利用智能 Wi-Fi 为用户提供免费 Wi-Fi,以满足顾客上网需求,可以提升店铺形象,并彰显出高端大气的服务水准,从而增加顾客黏性,提升顾客满意度。

4. 自动采集和分析顾客信息

免费 Wi-Fi 支持微博、微信和 QQ 账号登录,只要顾客利用 Wi-Fi 上网,就自动变成商家粉丝。商家发到 Wi-Fi 登录端的所有广告将实时发布在顾客的微博、微信和 QQ 等平台,以让广告发挥更大效果。具体情况见图 5.15。

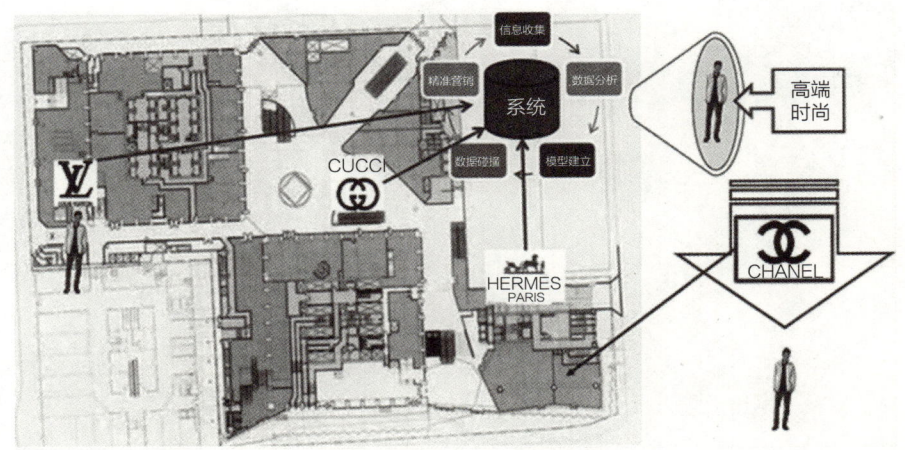

图 5.15 自动采集和分析顾客信息

顾客使用商家提供的免费 Wi-Fi 后,其手机、QQ、微信、微博等常用信息就会被自动抓取,此外,系统将自动对顾客的数据进行分析,商家可掌握实时在线人数、新老顾客比、客流量、消费水平、客户集中到店时间、广告效果等信息。

5. 精准高效的宣传促销效果

利用采集的顾客信息，商家可将新品上市、折扣优惠、活动庆典、限时抢购等信息免费发送给正在或曾经在本店消费的顾客，让其了解商家最新动态，以期提升广告效果，从而为商家带来可观的客流量和利润。

六 数据搜索

随着大数据时代的到来，人们对实时性、全范围搜索的需求也就变得越来越强烈。数据搜索的商业应用价值是将实时的数据处理与分析同广告联系起来，如开发实时广告业务等。

运营商掌握的用户网上行为信息，使得所获取的数据具备更全面维度，更多商业价值。典型应用如中国移动的"盘古搜索"。

第三节

商业地产的O2O转型策略

在"互联网+"的大潮下,如今各行各业都开始积极拥抱互联网,与单兵作战的小商家积极进取比较起来,传统商业的"互联网+"转型则显得谨小慎微,但是却暗藏着巨大的能量,也为O2O的发展带来了更大的空间和动力。

一 O2O模式带来的商业机遇

2012年,我国电子商务交易额达8.1万亿元,网购突破万亿元。互联网具备了替代店铺招揽客户的功能,商家可以低价租用非核心地点进行经营,这种经营模式对商业地产的影响较大;2013年,商业地产相继加入电商争夺战,如万达、天虹、王府井、红星美凯龙等纷纷"触电",期望能够深挖地产O2O垂直领域,建立商业地产O2O产业链;2014年,中国电子商务市场交易额达13.4万亿元,同比增长31.4%。

在此背景下,商业地产结合移动互联网打造O2O产业链至少可以带来3个方面的机遇。具体情况见表5.16。

表5.16 O2O模式给商业地产带来的发展机遇

特点	具体内容
植入地产业务	互联网"基因"有利于商业地产扩大招商,强大丰富的网络营销方式能够为地产商拓展品牌形象,降低营销成本,并且能有效获得潜在租户
聚集人气	商业地产的价值主要取决于人气的多少,商业地产的O2O主要为聚集人流服务,能够有效提升商业地产的价值,如目前流行的餐饮O2O能够为商业地产带来大量有效需求
O2O模式整合效应	一方面能满足部分客户网上购物的需求,方便其获取价格和产品信息,享受价格优惠;另一方面,线下实体可满足不同层次需求消费者的深度体验——实地购物需求,如提供电影、娱乐、餐饮等娱乐休闲体验场所等

O2O购物以消费者为中心,将不同消费渠道的购物体验实现无缝链接,大幅提升顾客的购物体验。为了重新获得与拥有更多消费者,商业全渠道向O2O延伸是大势所趋。

(二)购物中心 O2O 模式的建立方式

从目前来看,购物中心 O2O 模式主要有 3 种建立方式:自建 APP、联合电商和搭建 O2O 智能电子商务平台。具体情况见图 5.16。

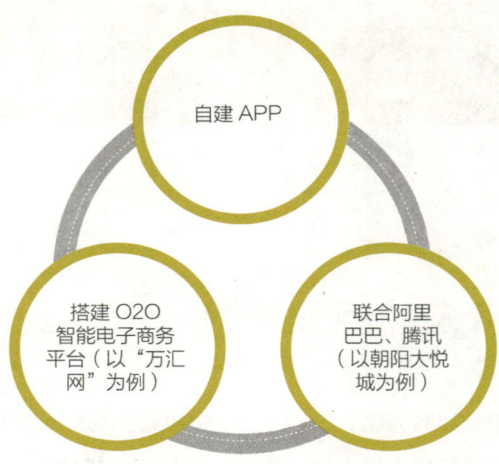

图 5.16 购物中心 O2O 模式的建立方式

方式 1:自建 APP

智能手机占据了消费者的生活,购物中心开启 APP 服务是大势所趋。但对于消费者来说,目前购物中心的 APP 却并非"必选项",因为目前大部分购物中心自建的 APP 功能都比较单一,能够实现的功能一般是购物中心店铺指南、优惠资讯、品牌信息,能提供便利的综合互动服务或实现让消费者能直接下单购买功能的 APP 少之又少。

对于消费者来说,更希望在购物中心的 APP 中得到更为人性化、互动化、差异化的服务,如消费记录查询、停车服务、在线餐厅排队,以及点单、便利支付、交通指引等。这些功能就非常实用,而不仅仅只是指引之类的"花架子"。

方式 2:联合电商

购物中心可以联合电商发展 O2O 模式。例如,2013 年,朝阳大悦城宣布将信微生活卡与实体会员卡"打通",尝试通过筛选品牌,为特定群体定制商品;通过微信细分人群,做零售的前端。对于朝阳大悦城而言,探索未来的顾客,把握消费者前期行为,对销售、品类做出预测,实现 O2O

才是更大的任务。

（1）经营方式数据化

2012 年，朝阳大悦城在购物中心的不同位置安装了约 200 个客流监控设备，通过 Wi–Fi 站点的访问记录获取客户的到店频率和逛店时间，通过与会员卡关联的优惠券得知哪些产品受消费者欢迎。

（2）超大规模品牌集群

朝阳大悦城开放楼层一共 11 层，400 多家商户分布其中，涉及的业态包括服饰、餐饮、娱乐、休闲等。朝阳大悦城数百个品牌线下店可以形成集群式配合，而只有形成一定的量，才能产生"共振效应"。此外，入驻朝阳大悦城的品牌吸引的消费群体大多为年轻时尚人群，而这部分人群对新营销工具的应用十分熟练。

朝阳大悦城对店内 400 多个商户有精准的分析和划分，这也给业务部门提供了参考。朝阳大悦城在借助微信进行 O2O 尝试的过程中，更清楚要重点推哪一些商户，以及以什么样的形式、在什么样的时间节点进行推送。

（3）对周边客群清晰掌握

朝阳大悦城通过采集微博活跃度、微信热度、网站浏览情况，以及周边二手房指数、项目地铁沿线媒体投放价格等大量非结构性辅助数据，与销售变化情况进行结构化分析，提前预测区域内客群结构的变化，分析客群的潜在需求，从而有针对性地进行新媒体（微信、二维码等）营销。

（4）品牌的精细化管理

有效的商户评价是商户管理的基础，朝阳大悦城信息部在租金销售的基础上加入了抽成、租售比与增长情况并建立了分析模型，能够全面评价商户的租金贡献性、销售成长性、单店盈亏收益性、诚信合规性，从而将商户进行精准分类。

通过数据分析，信息部对每一个商户在各个维度中的表现都进行了精准赋值。这样朝阳大悦城可以清楚地知道每一个商户销售变化的根本原因，知道哪一个维度是这个商户的短板，针对商户短板开展精准高效的市场营销活动，不但有效地提升了商户的经营水平，而且也使朝阳大悦城的销售额保持了近 40％的年均增长率。

（5）找出高消费、高转化用户

朝阳大悦城的 O2O 体验，除了瞄准年轻白领、时尚人群之外，高消费、高转化的用户也是朝阳大悦城在尝试打通线上线下通道时需要关注的重要群体。

此前，朝阳大悦城通过对车流数据的采集分析发现，具备较高消费能力的驾车用户是朝阳大悦城的主力消费群体，其贡献率超过 50%。通过测算，每辆车带来的消费额超过 700 元。因此，要让大悦城的微信、APP、各渠道的二维码达到最好的效果，就必须抓住驾车用户。

(6) 整合了 POS 和 CRM① 系统

此前，朝阳大悦城的 POS 系统和 CRM 系统是孤立的，现在，新的软件已经把两个系统的数据整合于一身。这样会员购买了什么东西便可一目了然。同时，数据团队开始推动品类管理，将零售、餐饮、娱乐等大的业态细分为 30 个品类，并将品类表现与细分客群结合起来进行研究，通过各具特色的数据分析模型，朝阳大悦城能够发现谁买什么、谁可能买什么、哪种商品和哪种商品的购买是相关联的。而这些用户的消费行为、消费偏好和关联消费数据对朝阳大悦城在吸引微信用户、移动端产品展示和搭配等方面又起到很大作用。

(7) 做好前期准备工作

朝阳大悦城的 APP 已经按照品牌、活动、新品、优惠等方式进行了划分，虽然目前还没有开通移动 APP 下单、支付等功能，但商铺信息、楼层、位置、联系方式等均有提供，而这正是培养用户习惯必不可少的步骤之一。

朝阳大悦城可以通过官方 APP 开拓会员招募渠道，增加会员黏度和消费满意度；通过移动终端会员招募渠道，提供积分查询、积分兑换、优惠券下载等专享服务；通过精准定向的活动及商户信息推送，提供点评功能，让顾客能分享消费体验。这些简单的操作都为大悦城发展 O2O 模式做好了铺垫。

方式 3：搭建 O2O 智能电子商务平台

购物中心可以自己搭建 O2O 智能电子商务平台。

例如，"万汇网"是万达广场的 O2O 智能电子商务平台，业务涵盖百货、美食、影院、KTV 等领域，隶属于万达集团。"万汇网"于 2013 年 12 月上线试运行，以全国万达广场为依托，为用户实时提供最新的广场活动、商家资讯、商品导购、优惠折扣、电影资讯、美食团购、积分查询、礼品兑换等全方位资讯与服务，不仅可以帮助消费者发现海量优惠且优质的商品，获得更高生活品质，而且还可以为光临万达广场的消费者提供免费 Wi-Fi、店铺导航、街景地图、智能寻车等一系列智能服

---

① CRM(Customer Relationship Management)，即客户关系管理。

务。不过这一类模式只适用于类似万达广场这种全国性的大型连锁购物中心项目。

这类模式的搭建须从五方面来实现：建立连接点掌握客户、增强智能化的购物体验、O2O用户开源与引导、数据化运营平台竞争、基于会员的大数据营销。具体情况见表5.17、表5.18、表5.19、表5.20和表5.21。

表5.17 连接点的建立目的和获取途径

项目	具体内容
目的	整合用户各种信息，拥有与其联系的渠道，关联用户行为，然后进行关联活动与营销
获取途径	Wi－Fi:免费Wi－Fi是获取用户信息的最佳方式； 微信：广场/商家/商品信息；活动、优惠、代金券、团购、预购等信息查询； 智能POS：会员积分累积/消耗、优惠券/代金券核销、支付宝/微信移动支付、交易明细获取，是O2O闭环的关键； 手机WAP：手机登录Wi－Fi访问时，自动定向访问网站，可以获取购物中心活动推荐、精品介绍、优惠券领取与APP下载等服务； 手机APP：为重度用户、老用户提供购物体验增值服务，包括停车寻车、排队等位、预订服务、购物指南等丰富的功能； 停车场应用：停车空位、寻车导航、停车券兑换等

注：WAP是无线应用协议。

表5.18 增强智能化的目的和需实现的功能

项目	具体内容
目的	构筑智能化购物体验平台，为消费者提供全新的购物体验，在线上积累深度客户
需实现的功能	提升购物体验，包括店铺导航、活动推荐、路径指引、服务预约、排队叫号、购物指南等线上功能

表5.19 O2O用户开源与引导的目的和需实现的功能

项目	具体内容
目的	通过线上的客流数据来源引导至线下进行消费，扩大销售的辐射半径，还可根据客户的消费行为来进行准确的营销推广
需实现的功能	用户购物行为比较：在只有实体店时，消费者购物仅需简单地完成"来店—购买—离店"行为即可，在离开商店之后用户很容易就流失了；而在网络全面"入侵"零售行业之后，消费者的行为转变为找东西、比价、购买、分享体验，其中分享体验的作用很大，很多时候甚至可以抵过商家举办促销宣传活动的作用； 线上客流导入线下商家：借助连接移动技术与实体零售店内的移动购物应用，让消费者可以通过线上线下结合签到、任务、返利、活动、兑换礼物、浏览等功能，分享和互动购物的兴趣，同时让消费者通过活动获得积分，然后到实体店去兑换奖品，小小的奖品会带来意想不到的效果

表5.20 数据化运营的目的和功能实现

项目	具体内容
目的	O2O作为一种电商工具，最重要的意义就是实现数据监测与业务指标预警，继而通过快速调优，实现平效与周转率的提升
需实现功能	关注访客变化，测试流量数据源： 进场访客 → 获取Mac-ID → 判断访客来源 → 测试访客变化 → 调整数据源合作 定义热点区域，优化动线与布局： 经过访客 → Wi-Fi定位 → 停留时间 → 近点次数 → 优化动线与布局 对比访问量与购买量，设置业务预警指标： 访问量 → 购买量 → 设置预警指标 → 提醒店铺优化

注：平效是指每平方米的平均销售金额。

表5.21 基于会员大数据营销的目的和获取途径

项目	具体内容
目的	根据会员数据进行建模，为商家输出精准、优质的顾客信息；洞悉大会员数据，并结合大数据的应用与商业活动，进行组合式营销
获取途径	整合用户数据：利用移动互联网、互联网与商业数据形成大数据来助推线下商业； 数据分析与建模：基于数据分析与建模技术，洞悉会员特征与需求，实现精准营销； 大数据会员生日/纪念日等营销：会员生日前为会员发送优惠信息及优惠券，这样不仅可以让会员享受更多优惠，而且可以延长会员的逛店时间并间接刺激消费，打造购物中心和顾客"双赢"的局面； 精准推送方案：将商家的优惠信息在最适当的时机推送给最适合的客群

三 购物中心基于O2O的运作方式

面对电商的冲击，只有O2O模式才能发挥传统行业的优势。对购物中心来说，通过运营O2O平台引流，增加销售，挖掘消费者的潜在价值，使线下人气更旺，购物中心的租金才会增加，也才能实现资产的保值与增值。具体情况见表5.22。

表 5.22 购物中心"触电"案例

购物中心	具体内容
正佳广场	在微信平台上拥有一个具备服务号功能的订阅号,自 2012 年 9 月上线至今,已拥有超过 20 万的稳定粉丝,公众账号能推送信息从而吸引消费者,而消息推送是商家与消费者沟通的最直接桥梁
百信广场	在微信平台上订阅号和服务号相互配合,订阅号做资讯推送,像一个宣传窗口;而服务号承载更多功能,比如会员体系的构建,以电子会员卡替代了实物会员卡
天河城	搭建自己的网上商城,作为实体店的补充

1. O2O 的购物方式:线上线下互通

(1)先网店后门店

消费者先登录商户的网站,在网站上选定商品后,进行支付,然后获取交易凭证。顾客在合适的时间到达线下门店,获取商品。具体情况见图 5.17。

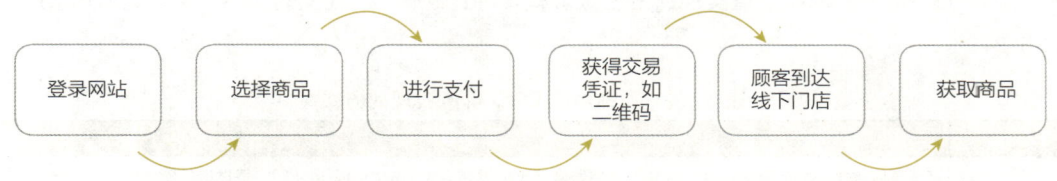

图 5.17 先网店后门店购物方式

(2)先门店后网店

消费者先逛门店,在门店选购一些产品后,为避免因货物重而不易携带或其他不方便之处等问题,则可以回家或者现场用智能手机等 PC 端登录该品牌的 O2O 网站,选购、网上支付货款后,选择传统快递或者 O2O 本地快递进行送货上门服务。支付可以在 O2O 门店现场完成或者回家后登录 O2O 网站用网络支付等方式完成(见图 5.18)。

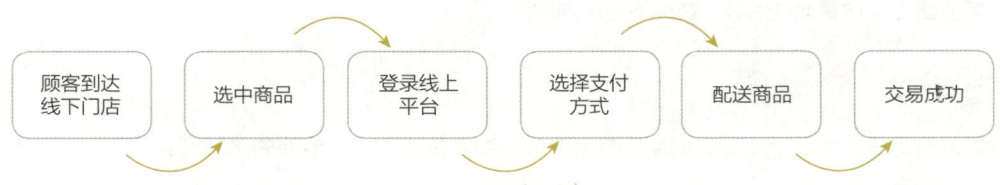

图 5.18 先门店后网店购物方式

2. O2O 的实现目的:流量积累和变现是终极目标

购物中心要做的就是积累用户的购物体验,而这部分流量又能够便利地导流到线上,从而形成 O2O 循环。这里有两个环节必须完成:转化体系和数据控制。具体情况见表 5.23。

表 5.23 购物中心形成 O2O 循环的两个环节

环节	具体内容
转化体系	方便消费者在体验完以后能够方便地对接到线上
数据控制	转化体系的数据为购物中心所控制,能够利用该数据,形成购买力

移动互联网的终极入口就是空间和时间,而购物中心提供的恰恰是一个空间,并且能够让消费者在这一空间里待上一段时间,所以购物中心 O2O 的根本是积聚线下流量,并把这部分流量逐渐转化到购物中心所能掌控的线上平台上去。

购物中心的流量基础就是线下流量。商业项目的 O2O 是一个从线下到线上的过程,只有通过不断地把线下流量转化到线,才能有效发挥移动互联网入口的作用。

目前,购物中心 O2O 价值实现的主流做法有 3 种:做推广、促交易和增服务。具体情况见表 5.24。

表 5.24 购物中心 O2O 价值实现的方式

方式	具体内容
做推广	把线下购物中心的信息放到线上,从而让消费者从手机端获得线下购物中心最及时、最准确的购物信息,如活动信息、优惠信息
促交易	自有 APP 能促进交易,如银泰百货、中央购物中心的做法
增服务	把购物中心原来的面对面的本地服务线上化,用手机 APP 或者"轻应用"体系来优化消费者在购物中心消费的体验,如餐饮排号预订点菜、电影院买票、室内导航、优惠电子券、电子会员卡等,让消费者在购物中心消费的过程中获得更多的方便

购物中心需要的 O2O 模式要按顺序实现 3 个目的:

(1) 做好推广

能让消费者从手机端获得购物中心最及时、最准确的活动和优惠信息,让消费者从 DM[①]、导视屏上解放出来,这是典型的线上往线下导流的做法。

(2) 做好服务

本地服务线上化,让消费者借助手机就能解决到实体购物中心消费的各种"痛点",享受到线

---

① 快讯商品广告。

上服务的便利性，这一点在各种 O2O 工具的推广中是最省钱、最省力的，这是典型的线下往线上导流的做法。

（3）流量变现

流量变现是指将购物中心的流量变成收益。变现也不一定要做交易，导流给电商平台也能获得收益。但无论如何变现一定是建立在大量线上会员的基础之上的，没有线上的会员和黏性，变现就无从谈起。

对于购物中心的 O2O 而言，推广是基础，服务是根本，流量积累和变现是终极目标。

3. O2O 的体系构建：全方位进行系统升级

（1）将购物中心的本地服务云端化

本地服务的云端化就是把购物中心原来在本地面对面做的服务，变成消费者可以从手机端直接享受的服务。例如，餐饮若要实现手机端排号、预订、点菜、支付功能，就必须对餐饮商家的系统予以改造，或者做接口对接，让本地服务能从互联网进行访问。

（2）对移动端进行覆盖

购物中心 O2O 平台通过推送资讯等方式，能够提高消费者的购物效率，给消费者提供获取信息更简易的渠道，具有优惠性、便利性、社交娱乐性等优点，进而可以增加用户黏性，在已有客流的基础上挖掘更多潜力。

对移动端进行覆盖的渠道包括 APP、轻应用体系以及微信服务号，三者各有利弊。具体情况见表 5.25。

表 5.25　对移动端进行覆盖的渠道的优缺点

移动端渠道	优点	缺点
自有 APP	（1）原生的、可控的，其好坏取决于购物中心的运营能力； （2）可以获得最好的交互体验； （3）可以和消费者持续关联； （4）产生的用户数据流量为购物中心所掌握，在未来可以变现	需要消费者单独下载 APP，推广成本较高

续表

移动端渠道	优点	缺点
轻应用体系	方便、快捷,无须下载 APP;通过位置感知,在消费者打开浏览器时,直接打开所在场景的解决方案;如消费者在购物中心的电影院附近时,此时浏览器打开的是影院选座买票的页面	在购物中心外无法利用,无法和消费者构建长期的关联
微信	(1)微信服务号、订阅号依附在微信大平台上,无须消费者下载 APP,覆盖范围较广,能快速把推广覆盖面拉开; (2)提供多种推广方式,如发展会员、预约宣传、互动、分享等	(1)只适合于信息类发布和轻交互应用功能,而像导航、反向寻车等复杂功能无法实现; (2)不能提供购物中心本地服务云端化的服务; (3)微信的数据流量未来不可以变现或者难以变现,因为数据接口为微信所有

关于移动端的覆盖,具体采用 3 种方式:微信、轻应用体系和自有 APP。具体情况见表 5.26。

表 5.26 对移动端覆盖的 3 种方式

移动端	具体内容
微信	承担信息传播功能,建立浅层次关联
轻应用体系	承担 APP 体验角色,化整为零,消费者在需要的时候都可以从手机浏览器获得所需要的解决方案,让消费者在无形中能不断体验到 APP 的各种功能
自有 APP	购物中心原生 APP 作为 O2O 最终的载体,可以转化数据流量,促进交易

(3)搭建室内定位系统

室内定位功能主要应用于空间较大的商业项目,三四十万平方米的购物中心往往是应用室内定位的最佳场景,用户在大空间内的定位需求会更强。目前,万达广场已将室内的定位系统内置在万汇 APP 中。采用同样做法的商家还有燕莎、朝阳大悦城、龙湖等。

室内定位绝不仅仅是为定位而生,其中蕴含着较大的数据价值。目前,普遍的室内定位精确度在 3~5 米,有些技术精度可以达到"货架"级别乃至 1 米级。高精度的定位是为了实现用户行为的精确测量,如在哪个货架停留、时间是多长,从而获取消费者的行为习惯和购物偏好。室内定位的数据价值,就是利用 O2O 平台做精准推送,促进交易。

4. O2O 的价值评估:提升客流、提升销售和提升体验

O2O 策略的内在逻辑应是线上与线下的循环。如图 5.19 所示,O2O 线上与线下的循环分两步走。

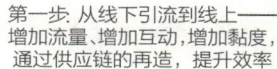

第一步：从线下引流到线上——增加流量、增加互动，增加黏度，通过供应链的再造，提升效率

第二步：从线上推动到线下——提升客流，提升销售，提升体验

图 5.19　O2O 线上与线下循环分两步走

可以用 O2O 的价值评估指标来反映零售企业的经营绩效，该指标包括：线下门店客流量及销售增长量、供应链效率提升率、品牌提升率和营销方式改变程度。具体情况见表 5.27。

表 5.27　O2O 的价值评估指标

指标	具体内容
线下门店客流量及销售增长量	通过门店定位、促销信息推送等方式，告知消费者门店经营信息，从而引来客流，实现销售业绩增长的目标
供应链效率提升率	相对于传统的广告方式，O2O 策略下获取客户的成本应该更低；同时，通过互动可以更准确地把握消费者需求或改善库存结构，可以带来毛利率的改善或费用率的下降
品牌提升率	通过更好地传播品牌形象、设计理念及推动消费者交流感受，来实现品牌形象和品牌溢价的提升
营销方式改变程度	通过对消费者关注信息的挖掘分析，可以更好地理解消费者需求和购买特点，从而进行更精准的营销，改善消费者体验，提高消费者黏度

四 O2O 潮流下的购物中心业态调整

商业地产企业已经在线下积累了丰富的商业运作经验，通过将经营理念贯彻到线上开发口、注重产品品质的打造和线上商业的运营等方式，从资源整合策划、商业管理、产品创新、多样化合作等角度来塑造从线上到线下的商业地产运营全价值链。

1. 改变原有的业态布局，增加体验业态

体验式业态已经在商业地产中占据主流地位，商业地产 O2O 也将从一站式购物中心的线上运营模式找到突破口。以百货商店为代表的传统商业，其零售类业态的占比能达到 70%～80%，是商业体中的绝对主导；而在体验式购物中心，以餐饮、休闲娱乐、儿童教育等为代表的体验式业态，在购物中心的占比可达到 30%～50%，甚至更高。

数据显示，消费者在超市逗留的平均时间是 45 分钟，而在体验式购物中心消费者真正的逗留时间为 2.5～3 个小时，购物时间是逛购物中心总时间的 1/4。在如今的购物中心，购物已不是人们的主要目的，消费者将更多的时间花在了购物之外的吃喝玩乐上，更加注重消费体验。休闲、运动、

社交、娱乐、餐饮、教育等物质文化消费需求只能通过体验式消费、体验式服务获得。

因此，开发商在商业开发的体验战略方面，不断创新体验模式是服务好客户并保持持续发展的重要途径，如品牌体验、业态组合、服务体验等。

(1) 调整购物中心餐饮业态比例

目前，购物中心的餐饮业态比例达到甚至超过 20%，最乐观者可达到 20%～40%。

以广州正佳广场为例，在其新增 4000 平方米的餐饮面积后，餐饮业态比重达到 18% 左右。正佳广场以其占地 20 多万平方米的基础面积，承载了约 93 间餐饮店，在全国单一项目购物中心餐饮业态比重排名中位列前茅。

此外，正佳广场还通过举办美食活动吸引游客。例如，"连吃 11 天"的美食节，正佳广场利用其占地面积优势，在广场中庭提供了厨艺比拼等多种活动，让观众和消费者参与其中。

(2) 在商业中注入文化和艺术元素

购物中心也开始在商业活动中注入文化和艺术元素，尝试新的"文艺 Style"。

以小众创意商品为卖点的"正佳 Hi 生活概念馆"于 2012 年 10 月 25 日正式开业，这也是天河路商圈中首个告别租赁制、以全买手模式运营的百货品牌。

"正佳 Hi 生活概念馆"的营业面积为 3000 平方米，分为书店、家居、饰品、陶瓷，以及专业红酒用具、咖啡等主题体验区。具体情况见图 5.20。

图 5.20 "正佳 Hi 生活概念馆"销售充满设计味的产品

从"正佳 Hi 生活概念馆"到第四届广州三年展，以及正在筹建的正佳艺术中心，正佳广场开始不断探索新的商业模式，在商业中注入艺术与文化的元素，试图破解购物中心同质化迷局。

2. 挖掘细分性业态和新鲜业态

一个完整的 Shopping Mall 通常都由百货商店、专卖店、超市、餐厅、电影院、娱乐设施组成，提供给顾客的是集购物、美食、娱乐、休闲、康体和服务于一体的综合空间，未来商业地产 O2O 线上的店铺也将涵盖这些领域。

购物中心需要增加更多的体验性、时尚感和新鲜的业态（如在 O2O 餐厅现场点菜等），和线上的消费群产生良性的互动，增加消费者对线下实体店的体验。通过各种活动及方式来增加目标消费群的互动，让整个购物中心的运转更加良性，从而使购物中心资产质量有一个提升。

在体验式经济发展的背景下，购物中心的业态将不再仅仅是传统的零售业态。例如，主力店的份额将随着不同项目的定位而变化。主力店并非完全是超市百货业态，其内涵和经营形式与以往不同，将有新的业态成为主力店，像博物馆、海洋馆等新型业态都有成为主力店的可能。

正佳广场的海洋馆与艺术馆

为了和天河商圈其他购物中心形成差异化竞争格局，正佳广场在 2014 年推出了两个体验式项目：其一，打造一个巨型的海洋馆，于 2015 年 12 月底推出（见图 5.21）；其二，专门辟出 3000 多平方米场地作艺术馆，已于 2015 年 8 月开馆。正佳试图借此改变纯粹的零售业态，通过丰富的业态在商圈中可以保有自己的一席之地，以完成 O2O 形式的业态转型。

图 5.21　正佳广场海洋馆

五 知名企业 O2O 模式进行时

在拥抱互联网的大浪潮冲击下,传统零售商对 O2O 模式的探索成为新趋势。例如,万达广场自己搭建O2O平台"万汇网"及新电商平台"飞凡网"已经于 2015 年 3 月底面世;京东深入 15 个城市和 1 万多个便利店进行全面合作。从 2013 开始,包括正佳广场、天河城、海印又一城等在内的多家购物中心都纷纷"触电",但方式各种各样。

万、百、腾的"桃源三结义"

2014 年 8 月,王健林宣布与百度、腾讯共同在香港注册成立电子商务公司,三大巨头共同搭建电商平台"飞凡网",一期投资 50 亿元人民币,其中万达持股 70%,腾讯和百度各持股 15%,计划未来 5 年,总投资近 200 亿元人民币,或引入新的投资者。根据协议,万达、百度、腾讯将进行账号体系打通、会员体系、支付与互联网金融产品、建立通用积分联盟、大数据融合、Wi–Fi 共享、产品整合、流量引入等方面的合作。

1. 万达:O2O 情人节活动

2014 年 2 月 14 日,万达广场在情人节推出了主题为"旷世情侣令"的活动,在每个开业的城市送出 2 支令牌,内含总统套房、影院包场、万元积分卡、礼宾车接送等价值几十万的豪华礼包。活动信息通过"社交网络+线下实体"业态广泛传播。

万达广场还充分利用其全国连锁商业规模最大、业态最丰富的优势,在各地广场开展"人肉接吻优惠券""0 元玫瑰花""马上有全套"、大歌星情侣对唱等活动,极大地激发了人们的参与热情。具体情况见表 5.28 和表 5.29。

表 5.28　万达广场情人节活动:O2O 方式

三种方式	具体内容
1	线上:用户在"万汇"官网、APP 参加情侣穿越测试游戏即可报名
2	线下:报名情侣到场,全场围观 20:14 公证摇号开奖
3	线上:信息公布到微博、微信上,情侣用令时全程摄像,进行二次传播

表 5.29　O2O 活动模式总结

活动模式	具体内容
鼓励分享	在活动中设计分享给好友，以吸引更多人次参与
有话题性	选择最潮、最酷、最有话题性的东西，与当时的节日、热点相结合
奖品有吸引力	用户晒奖品可产生多次传播，鼓励其他人参与
数据二次传播	从线上到线下，再从线下到线上，引起二次传播，达到广为宣传的效果

2. 万科：利用广点通进行 O2O 营销

2013 年 9 月 18 日到 10 月 6 日，万科低调试水了一次 O2O 营销，利用广点通广告平台的 LBS① 定向能力，向深圳部分区域的 QQ 用户投放精准营销广告，效果明显。万科投入 3 万元，获得 2000 万次的曝光，数万的广告点击人数，最终成交额为 400 万元。具体情况见图 5.22、表 5.30、表 5.31 和表 5.32。

图 5.22　活动营销流程

表 5.30　万科与广点通的 O2O 营销方案

项目	具体内容
广告时间	（1）2013 年 9 月 18 日—2013 年 9 月 30 日预热限时投放； （2）2013 年 9 月 30 日—2013 年 10 月 7 日提价全天投放
广告位	（1）QQ 客户端 QQ 秀； （2）QQ 客户端 Banner
目标客群	（1）年龄：18 岁及以上； （2）地域：以深圳为主
素材	图片，突出 77～89 平方米样板房信息

表 5.31　活动各阶段任务

活动	具体内容
广告预热	通过广点通系统精准定位人群；9 月中旬开始限时预热投放，9 月底全天强投放
预约看房	整合万科推广资源及 QQ 客户端平台资源等进行精准投放
线下交易	"十一"看房高峰期间，通过广点通电话专线转至线下沟通
延续	基于社交化传播的话题运营和新闻造势；公关传播持续发酵，引发行业内外广泛关注

---

① 定位服务。

表 5.32　万科与广点通的广告投放效果（18 天）

广告曝光量	广告点击量	成交金额（元）	广告总投入（元）	投资回报率（%）
>2000 万	>1 万	400 万	3 万	133

万科 O2O 卖房的独特之处在于找到了大数据的支点。作为腾讯开放平台重要组成部分的广点通每天开放出来的流量约 100 亿。广点通进行的数据挖掘分析主要是从"行为"与"人群"两个维度进行。具体情况见表 5.33。

表 5.33　万科 O2O 卖房活动总结

类别	具体内容
行为数据	主要包括受众广告点击行为、潜在付费行为、垂直网站注册与浏览行为等
人群数据	主要是对用户群进行属性的细化分类，比如可以按照消费能力、用户兴趣图谱（快消、母婴、3C）、生命周期状态（未婚、已婚、生育）等方面来划分

万科的做法是，先把符合年龄、学历等条件的客户群进行了匹配，然后利用广点通 LBS 的定向能力，对深圳一些有消费实力的商圈进行挑选，最终选择了历史成交记录比较优异的罗湖、盐田区和福田区等区域。然后，万科在广点通的后台选择定投在国人最熟悉的 QQ 聊天窗口上，2000 多万次的曝光即由此而来，最终促成了 400 万元的成交记录。这次活动凸显出房地产 O2O 的潜力。

3. 中粮：大悦城打通线上线下通路

2014 年 3 月 3 日，朝阳大悦城、上海大悦城与阿里巴巴合作，在 3 月 8 日当天打通支付宝移动支付功能，从而打通线上线下通路。

（1）线上引流到线下

上海大悦城和朝阳大悦城开通微淘公众账号平台，淘宝用户及大悦城粉丝，在"三八妇女节"之前可以通过两个大悦城的微淘账号，免费领取两个大悦城内的商户优惠券、红包以及各种品牌折扣券等。而在节日当天，消费者可在两个大悦城使用淘宝手机支付平台进行购物结算。

大悦城和阿里巴巴的合作模式，与上线 APP、打通线上线下的模式不同。在 3 月 1—8 日，消费者关注朝阳大悦城和上海大悦城微淘账户，秒杀优惠券或现金券，领取的卡券将分别于 3 月 8 日在朝阳大悦城、上海大悦城消费时予以兑现。这种传播方式的目的是实现实体商业的网络传播及线上引流。

当消费者完成秒杀优惠券之后，在 3 月 8 日当天来到两个大悦城，消费者只需开通手机淘宝支付功能，在活动商户使用淘宝手机支付平台进行购物结算，即可参与支付宝抽奖免单活动。这一营销手段是通过高中奖率的免单活动来刺激淘宝手机端的下载量和支付频率。

(2)从购物到体验式消费

到大悦城购物只是完成了营销的一小步,当消费者购物累了的时候,下一步的消费场所就转变为餐饮和娱乐。阿里巴巴对 3 月 8 日朝阳大悦城、上海大悦城内的影院、KTV 和部分餐饮商户的商品、电影票和食品提前预买,之后以 3.8 元或 3.8 折的优惠价格交由网友抢购,从而提升消费者体验式消费感受。

(3)线上线下循环

先是在线上吸引人气,然后把人流吸引到两个大悦城,在顾客来到大悦城时,又运用营销手段刺激消费者在线上埋单。"线上—线下—线上"的循环,使消费者得到的是线上秒杀和付费、线下享受美食和娱乐带来的多重体验。

朝阳大悦城有 380 家、近 90% 的品牌参与手机支付。"手机淘宝 3·8 生活节"吸引了大量线下传统企业的参与,包括全国范围内的 37 家大型百货购物中心、1500 个品牌专柜、230 家 KTV、288 家影院和 800 家餐厅。

(4)O2O 会员体系

2014 年,大悦城目前已经全面打通会员体系,搭建了包括 APP 端、微信端、官网等渠道一体化的 360 度会员服务平台,真正实现了电子会员卡功能,同时利用移动支付、O2O、大数据营销等手段尝试创新。

大悦城的主力客户群是 18~35 岁的城市青年。只要能给消费者提供一个更加便捷、有趣和前沿的支付方式,并且该方式更符合消费者逐渐改变的消费习惯,就可以提升实体商业的终端体验和支付效率,增强主力客户群对大悦城品牌的忠诚度。而从大悦城的 POS 机系统、客流统计系统,到全国统一的会员体系建立,完善的大数据体系保证大悦城在打通移动支付时,能够顺利解决最关键的入账、分账、返款等一系列问题。

阿里巴巴方面提供网络平台、线上客群引流、优惠活动资源,大悦城负责活动落地、线下客流、租户支付系统打通等工作。在客户资源相互引流的基础上,尝试线下手机移动支付这一全新的购物方式,无疑将为消费者提供更优质、便捷的购物体验。

4. 龙湖:携手阿里巴巴的"淘宝生活节"

中国 O2O 市场的领头羊阿里巴巴,已经和国内著名的商业地产开发及运营商——龙湖开展战略合作,其首次合作的项目,已登陆西南商业重镇——成都。成都这座城市既是阿里巴巴在西部地区的重要基地,也是龙湖全国商业战略的重要市场,目前已有 4 个购物中心落户于此,数量仅次于龙湖的"大本营"——重庆。

2014 年 5 月 31 日至 6 月 2 日,一场名为"成都淘宝生活节"的活动在成都龙湖北城天街展开,这场由阿里淘宝平台携手龙湖北城天街联袂举办的大型活动,首次打通线上线下购物通道,将时下流行的 O2O 消费体验第一次运用到成都的大型购物中心。

此次龙湖"淘宝生活节",进驻北城天街的远东百货、苏宁电器、永辉超市、卢米埃影城、KTV,以及 300 多家餐饮、服饰珠宝品牌悉数参加,且大部分支持支付宝支付。 这次活动参与业态之广、参与品牌之多、合作内容之深,在全国均属首次。

5. 保利:打造社区 O2O 商业品牌"若比邻"

2015 年,保利在全国 245 个社区约 5000 万平方米物业的基础上,通过线上线下联动的"若比邻"商业品牌打造社区 O2O,通过若比邻社区中心实体店和若比邻 APP 打通线上线下通道作为保利社区的商业模型(见图 5.23)。 在生活配套、购物休闲方面,"若比邻"采用"1 + X"模式,即以自营的社区超市为驱动核心,搭配其他内外部延展商家的 12 项社区基本功能。

图 5.23 若比邻中心完整模型

第四节

购物中心升级产品——O2O智慧商城

智慧商城就是在传统商城和文化商城的基础上,运用物联网、云计算、移动商务和电子商务等新兴科技手段对传统商城进行数字化、智能化的改变,就是让人与人、物与物更智能、更便捷地交流,它将给每个人的生活采购方式带来改变。

智慧商城正让城市越来越"聪明",百姓的生活采购越来越"便捷"。智慧商城建设正依托云计算、物联网、高端软件、第四代移动通信技术等一系列新技术,为传统商城构建起智能网络、智能管理、智能物业、智能商业、智能监管、智能预警等功能。同时,智慧商城本身也孕育着一批新兴业态,特别是互动共享、数字商铺、专业资讯服务等高端信息服务业。

一 什么是智慧商城

智慧商城有三重价值:本质价值、相关价值、衍生价值。 理论研究表明,基础产业产值每增加1%,现代服务业产值随之上升0.3565%。 据世界银行测算,一个10万人口以上的智慧商城的建成,在投入不变的条件下,实施全方位的信息管理将能为城市增加发展红利2.5～3倍,这意味着智慧商城可促进实现4倍左右的可持续发展目标,并且引领未来中国城市化发展的方向。

1. 智慧商城的形成

智慧商城是在传统商城规划和定义的基础上,先将商城的产业拉"长",细分到行业和领域内的前位;同时将商城的功能做"厚",复合成为"跨界"与"混搭"的先驱,增加商城的附加值;最后才将商城进行创新,即在上述基础上,将云计算、物联网、全程电子商务等新一代信息技术、智能工程和科技手段集成和嵌入商城中,打造成智慧商城。

智慧商城的发展共经历4个阶段。 第一阶段:环境工程,主要是硬件和功能的提升;第二阶段:虚拟空间,主要以互联网的应用为主;第三阶段:数字化建设,主要是对物体的智能化提升;第四阶段:智慧互动,主要是人和物要实现智慧结合,以构成网络化、数字化、智能化、集约化的智慧商城。 具体情况见图5.24。

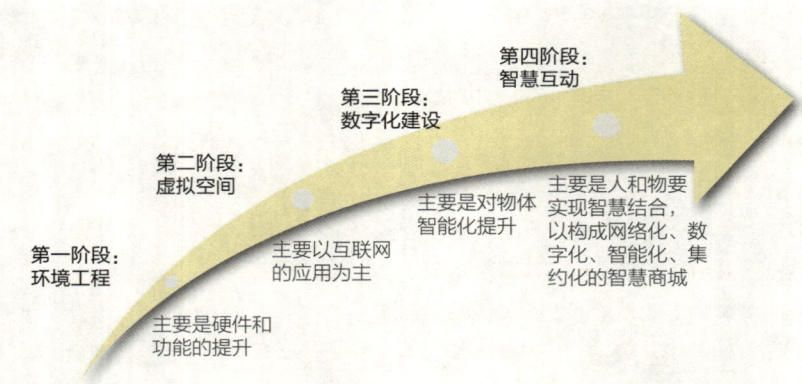

图 5.24 智慧商城发展的 4 个阶段

由此可见，以上前 3 个阶段的集成和复合才能称为"智慧商城"。智慧商城不仅是一个阶段和名称，更重要的是代表了一个城市的发展过程和积累过程。具体情况见图 5.25。

全程互联
智慧商城将借助物联网和云计算的方式，实现商城运营的全程电子商务

数字贸易
不仅是单纯的商品交易，而且借助互联网的基本功能和特点，整合商家、商铺资源，进行数字化拓展，进而实现数字贸易

云端共享
智能传感设备将商城设施物联成网，对商城运行的核心系统实时感测

集成整合
物联网与互联网系统完全连接和融合，将数据整合为商城核心系统的运行全图，提供智慧的基础设施

平台创新
鼓励商城、商家和商铺在智慧基础设施之上进行科技和业务的创新应用，为智慧商城提供源源不断的发展动力

协同运作
基于智慧的基础设施，商城里的各个关键系统和参与者进行和谐高效的协作，实现商城运行的最佳效果

图 5.25 智慧商城构成的特征

2. 智慧商城的建立与构成

智慧商城的规划和定位应重视两方面的内容：

一是以智慧商铺、智能物业、智慧商家为代表的商城应用领域。这些与商城的建设水平、运营能力、服务质量密切相关，并推动传统商城可持续发展。

二是商业地产产业发展领域，包括智慧商城产业发展、传统商业地产产业改造与升级，选择、引进、培育和发展战略性新兴产业中的物联网核心产业及相关产业，充分利用物联网技术对传统商业地产产业进行改造与提升，促进产业之间互动等。

（1）智慧商城的基础结构

随着网络化社会的全面到来，网络商城成为互联网社会背景下的新型商城形态。在这一阶段，互联网产业成为经济增长的重要引擎、电子商务模式和服务的主流模式，网络化电子商务的方式得到广泛普及。如今，电子商务、网络信息和数字贸易等网络化应用，都已在很多商城得到实现。方兴未艾的中国商城网络化电子商务大潮，经历了信息商城、网络商城、数字商城3个阶段，开始迈向智慧商城。具体情况见图5.26、图5.27、图5.28、图5.29和图5.30。

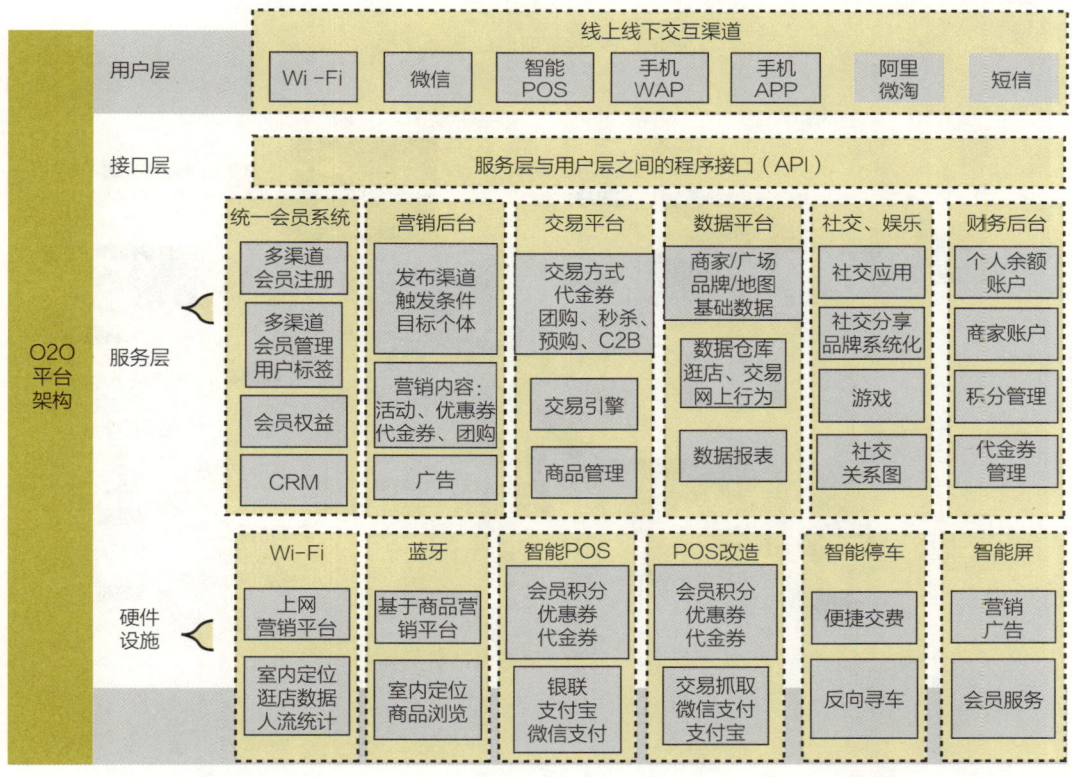

图5.26　智慧商城的O2O平台架构

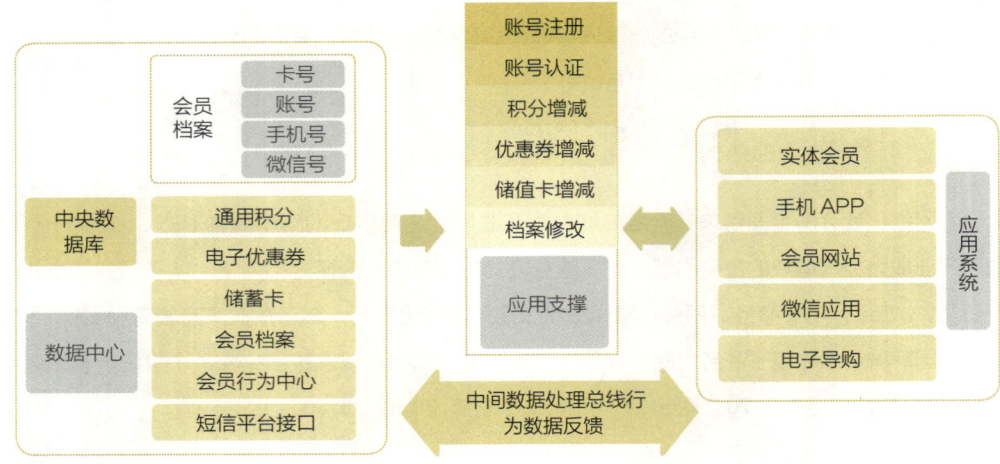

图5.27 智慧商城的数据架构

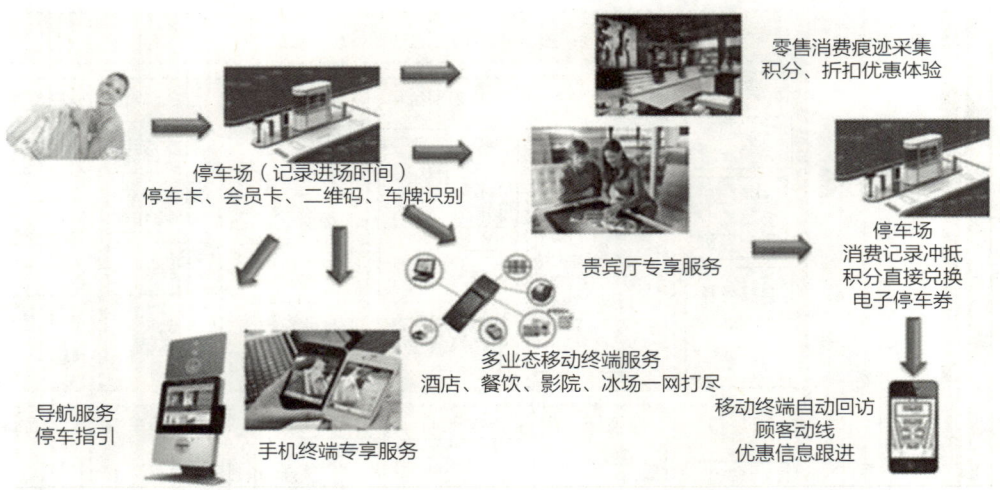

图5.28 应用:消费者的进场体验

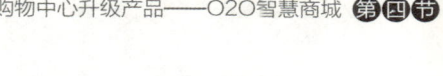

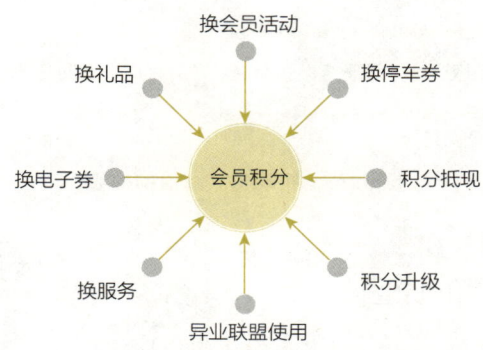

图 5.29　智慧商城的会员积分价值体现

图 5.30　智慧商城的会员卡以及"一卡通"

（2）有效运用智慧商城产业

首先，要从更高起点和总体架构的角度进行商城智能化基础设施的建设，从而有效解决商业地产产业规划中的重复建设和"一建就落后"的问题；其次，应重视新兴智慧商城产业的选择与培育，在精选的基础上进行壮大，并带动其他产业发展；最后，还应重视对传统商业地产产业的智慧改造，营造智慧化的商城经营环境，以及智能化的企业和商业服务体系。

智慧商城的建设应该突破单纯的技术主导路线，实施投资、开发、建设、定位、招商、运营、管理相融合的一揽子解决方案，这样才能更好地推进智慧商城的总体发展，实现商城资产的保值与增值。 具体情况见图 5.31。

图 5.31　实现资产增值的核心

3. 催动智慧商城形成的原因

2013 年，手机淘宝 "双 11" 整体支付宝成交额达 53.5 亿元，是 2012 年的 5.6 倍。中国的移动客户端流量正以惊人的速度增长，尤其是即时通信和在线支付。而 QQ 和微信成为 APP 日均覆盖人数的冠军、亚军。2012 年 8 月—2013 年 2 月，PC 客户端的日均覆盖人数呈下降趋势，而在移动客户端该数据却直线上升。无论是移动网页还是 APP 日均覆盖人数的增长率半年里都超过了 40%，其中，移动端的即时通信服务增长明显。在 APP 日均覆盖人数中，QQ、微信、UC 手机浏览器分别位居状元、榜眼和探花。

随着消费者行为习惯的改变、电子技术的不断创新、消费模式的不断升级，逐渐催生出了智慧商城业态。

（1）年轻用户的行为习惯

在这个移动互联网改变世界的年代，人们的购物观念已经发生改变，从以前的逛街购物到现在的动动手指就购物，加之现在的年轻人工作繁忙，空闲时间少，耗时费力的逛街购物全被网上购物代替。消费者的习惯逐渐改变，传统的购物中心经营模式只能随之改变。具体情况见图 5.32 和图 5.33。

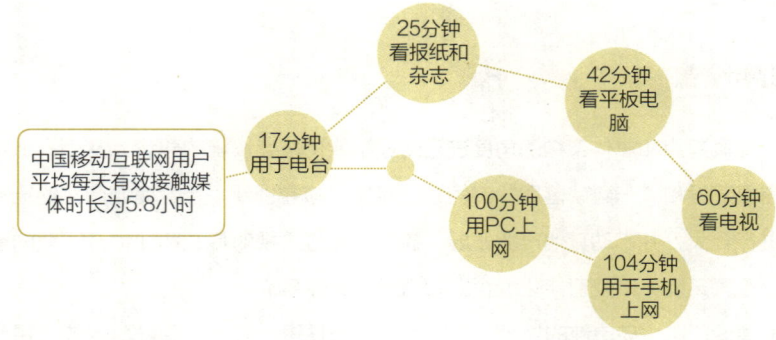

图 5.32　移动互联网用户媒体使用习惯

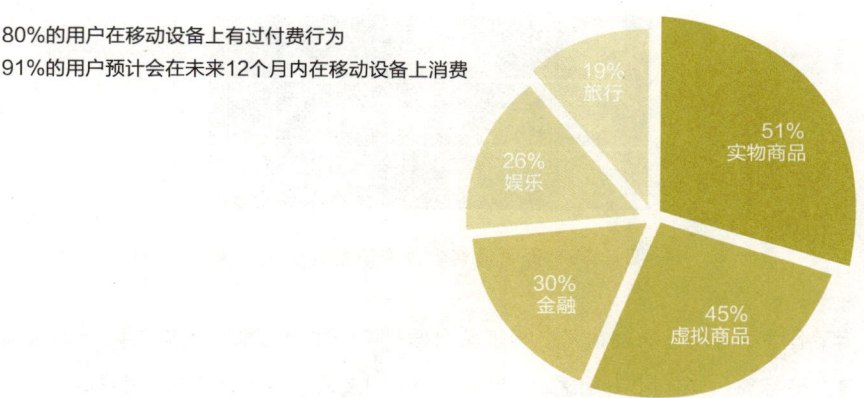

图 5.33　移动电商和购物

(2) 新技术不断涌现

如图 5.34 所示，由于新技术的不断出现，绝大多数人的消费习惯随之发生改变，这种情况直接导致传统意义上的购物中心置身于"水深火热"之中，为了生存，购物中心需要根据现实情况去调整自己的经营模式。但是，如何改变是商家亟待解决的问题。

图 5.34　不断涌现的新技术

(3) 消费者消费习惯与需求的改变

目前，我国快递业务量的 40％ 来自电子商务，而电子商务的快速发展，让很多消费者改变了消费习惯。具体情况见图 5.35。

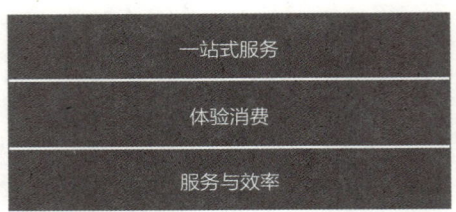

图 5.35 影响消费者改变消费习惯的因素

2014 年，国家统计局首次发布网上零售额数据，第一季度限额以上单位网上零售额为 815 亿元，同比增长 51.7%。各行业开始试水互联网平台，以消费者需求为导向研发产品，并已有企业尝到了甜头。而在挖掘消费者需求的过程中，相比互联网企业，传统企业经历了一个摸索的过程，并开始傍上"大数据"。随着互联网、移动互联网的发展以及"80 后""90 后"成为新的消费主力，消费者的消费习惯已发生变化，在这种变化趋势下，企业在应对策略和商业模式上也开始做出调整。

互联网、社交平台等逐渐成为最受客户欢迎和依赖的商品推荐来源，不少企业都已在移动互联网层面将营销、销售和售后服务等业务打通，利用移动互联网技术加大对消费者需求的挖掘，从产品制造商逐步成为针对消费者需求的服务商。具体情况见表 5.34。

表 5.34 对互联网平台的运用

特点	具体内容
移动平台消费成为重要方式	伴随 4G 网络的提速以及智能手机、智能电视等移动互联网终端的普及，网络消费成为近年来越来越火的一种业态
品牌营销"触网"	品牌营销已成为社交平台最重要的组成部分，随着 APP、微信平台及微博商业化运用的普及和深入，企业也开始积极利用这类平台进行营销活动，电子化平台的完善也将企业产品的销售纳入其中
企业转型为"服务商"	目前，企业在品牌打造上更多呈现出以用户需求为导向的"微创新"，并且开始有从"制造商"到"服务商"的转型意识，将"互联网思维"运用到方方面面

（4）知名企业向 O2O 的转变

2013 年，商业地产加入电商争夺战，如万达、天虹、王府井、红星美凯龙等企业纷纷"触电"，期望能够深挖地产 O2O 垂直领域，建立商业地产 O2O 产业链。具体情况见表 5.35 和表 5.36。

表 5.35　零售企业的 O2O 模式

企业	具体内容
苏宁	线下店要实时盯准线上价格；在剥离线下原有毛利的基础上还要加大运营效率；集团原有的业务组织架构都须进行重新梳理
银泰	一直在低调测试线下会员信息采集与个性化推荐，从而打通双线数据，实现精准营销。银泰方向十分明确，即识别、定位和交互。区别于传统零售和 PC 端电子商务精准营销逻辑，银泰更看重锁定通信 ID。在线下运营及筹建的大型百货商城和购物中心，现在也基本完成了全场 Wi-Fi 的覆盖
天虹	天虹"微信逛街"的概念曾引发其股票的连续涨停，连锁反应带来了王府井等百货商场的相继跟风，并提比 O2O 布局。随后"天虹微店"紧随上线，两个移动应用平台在天虹全国门店都已上线
上品折扣	上品折扣在线上依托移动端和微信开通的服务号联线下进行 O2O 试水；通过为导购员配备手持终端进行商品录入及收银，构建商品信息数据库，实现线上线下商品、库存及物流信息的实时传输和共享，从而掌握商品经营能力，实现了联营框架下的单品管理目标
居然之家	以 O2O 的模式切入，按地区设立分站点，根据同一经营主体、同一产品、同一价格、同一服务的"四同一"原则，居然之家让电商与线下家居卖场之间发生了真正的"化学反应"

表 5.36　知名项目的 O2O 模式

购物中心	具体内容
正佳广场	2014 年 4 月 2 日至 4 月 7 日，正佳广场首届旅游季拉开序幕。正佳广场首次"触电"，携手"美团网"推出"美食娱乐代金券欢乐购"活动，进行线上线下互动
上海 K11	2014 年初，K11 在线上与线下同时开展了 K11 FASHION STAR 艺潮领袖的征集活动，目的是让消费者及网民在活动的参与中体验 K11 不同的艺术欣赏与人文理念
大悦城	2014 年 3 月 3 日，朝阳大悦城、上海大悦城与阿里巴巴合作，在 3 月 8 日当天打通支付宝移动支付功能，打通线上线下通路

（5）购物中心将成为最大的消费目的地

从 20 世纪 50 年代到 90 年代，美国购物中心经历了 40 年的大发展。90 年代美国人在购物中心里的消费额超过整体消费额的 50%，而目前在中国这个数字是 8%。据此推算，购物中心将成为中国第一大消费目的地，未来这个数字会涨到 50%。

据统计，美国现在 4 万平方米以上的购物中心有 2500 家，估计 10 年之后中国接近 1 万家，并且中国的地产商更有实力，这个行业会有更大发展。此外，对于像购物中心这样的现代化商业地产而言，实现 O2O 还需要借鉴互联网和电商的许多技术及运营思路。用户、大数据、数据化运营和勇于创新这四点将至关重要。

二 智慧商城能为消费者带来什么

1. 优惠信息与实惠购物

智慧商城采用的新技术能让消费者及时获取商品的优惠信息，让其购物更实惠。具体情况见图5.36。

融合线上线下资源，传递最实时的信息
融合微信、大众点评、格瓦拉等优质线上SNS资源，为线下服务，只需打开手机即可了解商城活动、电影资讯、打折促销、商户指南等信息

基于室内微定位技术提供LBS服务，凸显线下优势
身边感知和情景化推送功能，提升购物乐趣，活跃商城现场交互服务，凸显线下优势。手机品牌了解、打折优惠、彩蛋惊喜

商城平面指示电子化，更快捷方便
商城平面图，快速查找位置，如商户、洗手间、电梯、休闲区等

智慧车库，解决寻车困扰
泊车位置iBeacon一键记录，一键反向寻车，停车费用移动支付或者积分抵扣

图5.36 运用iBeacon微定位技术实现的功能

注：SNS是指帮助人们建立社会性网络的互联网应用服务；iBeacon是苹果公司2013年9月发布的给移动设备操作系统配备的新功能。

当用户到达iBeacon基站附近时，如图5.37所示，APP身边功能可显示身边的商户、折扣等数字化信息。

图5.37 消费者能够获取的优惠信息

2. 为消费者提供体验式消费

构筑智能化购物体验平台，为消费者提供全新的购物体验，在线上积累深度客户。

(1) 提升消费者购物体验和趣味

在移动互联网时代，微信与 APP 等智能化购物平台为用户带来更多购物体验，内容包括店铺导航、活动推荐、路引指导、扫码停车、服务预约、排队区号和购物指南等丰富的线上功能。具体情况见图 5.38 和图 5.39。

图 5.38 购物 APP 体验

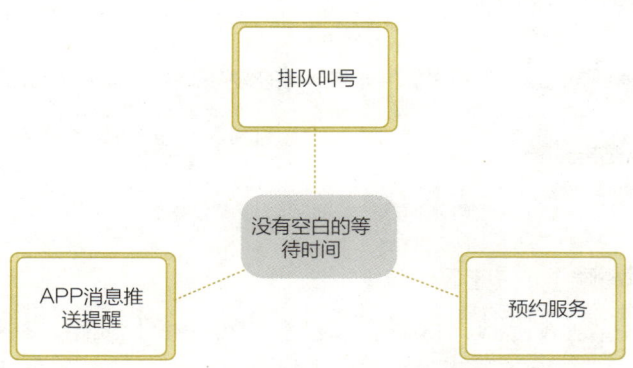

图 5.39 为客户带来没有空白的等待时间

（2）为消费者提供立体式的室内导航

智慧商城可以为消费者提供立体式室内导航。例如，立体式商场指南可解决寻店、寻车难题，让购物体验更便捷。同时，消费积分可直接兑换停车券，从而进一步提高消费者的到场率。具体情况见图5.40和图5.41。

图5.40 立体式停车全过程

图5.41 找车引导服务

3. 便利消费者购物与出行

智慧商城后台管理系统能够为消费者提供非常便利的购物条件。具体情况见图5.42和图5.43。

商家自营平台
及时、便捷的商家云服务后台
为商家经营提供线上营销（折扣/彩蛋）、商户信息、资源融合（大众点评/微信）、数据统计等功能模块

商城运营平台
功能齐全、使用方便的商城云服务后台
为商城运营提供线上营销（活动/彩蛋）、影讯管理、商户管理、会员管理、地图管理、内容审核、数据统计等功能模块

图5.42 商场平台的建立

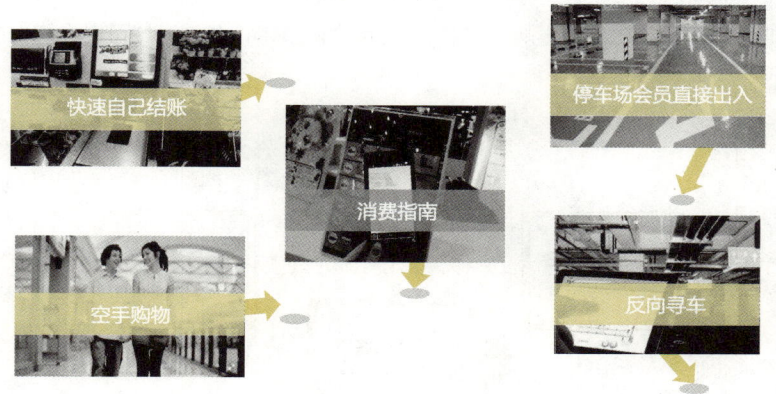

图 5.43 便利的购物环境

4. 在购物中心进行娱乐与社交活动

购物中心发展步入快速轨道,新主题的时尚购物中心如雨后春笋般涌现。如今,人类社会已从互联网时代迈入移动互联时代,消费者的消费习惯发生了再次转移。未来,购物中心承载的功能越来越多元化,已逐渐演变成一个社交型的消费平台,以供消费者体验、交流。具体情况见图5.44。

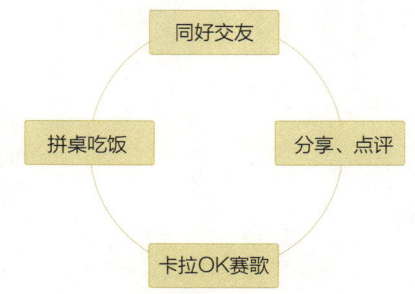

图 5.44 消费者在购物中心进行娱乐与社交活动

三 智慧商城能为购物中心带来什么

智慧商城的诞生很大程度上得益于电子商务的广泛普及和移动信息技术的突飞猛进。运用互联网、移动网络和电子商务等新兴科技手段,通过超级 Wi-Fi、多媒体互动平台、LED 大屏、手机和 PAD 客户端等智能工具,对实体商场进行数字化、智能化的嵌入,这种实体消费与虚拟消费完美融合的销售模式创新当属国内首次。它为传统商贸产业的突围、升级提供了不一样的路径选择，同时也给如火如荼的电子商务界带来巨大影响。利用移动互联网技术，智慧商城可以为购物中心提供五大功能。具体情况见图5.45。

图 5.45　智慧商城能够实现的功能

1. 增强体验，建立渠道链接点获取/服务用户

智慧商城依托线上、线下各类资源，全面覆盖、立体整合用户接触渠道，为商家提供立体化全面营销的渠道、精准的数据分析和标准化的营销工具。具体情况见图5.46。

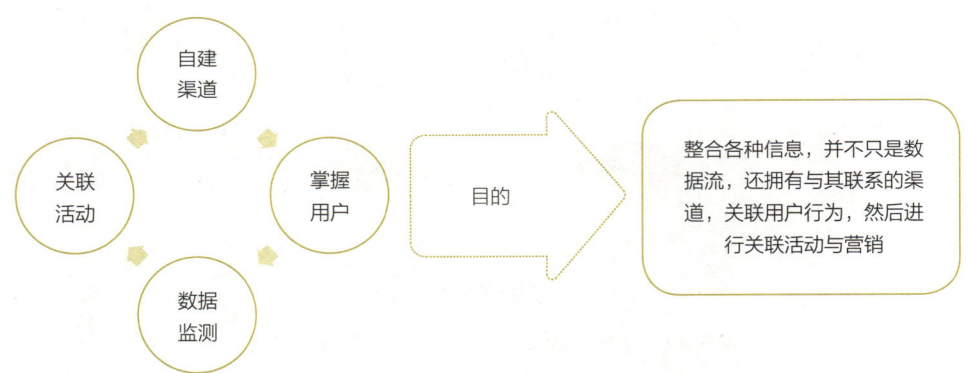

图 5.46　建立渠道链接点的目的

（1）建立用户渠道链接点

消费者进入购物中心的消费目的不一，在这种情况下其购买行为事先又很难判断，因此增加数据来源十分重要。具体情况见图5.47。

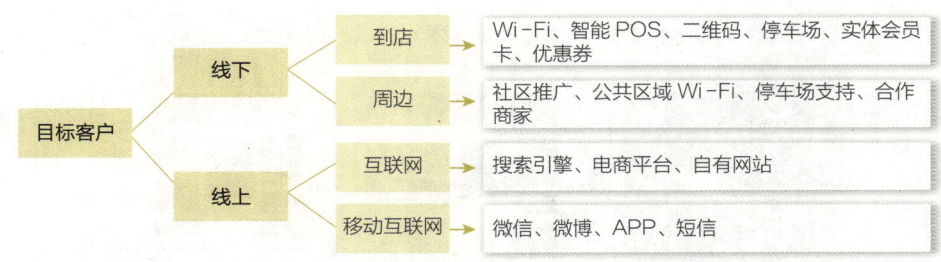

图 5.47　建立用户渠道链接点

（2）动态感测网络，掌握客户信息

未来，综合开发商必然会选择通过大数据以及互联网技术手段，将购物中心的商业行为与社区管理的服务体系以及终端连接起来。未来，Wi-Fi 并不是手机联网的唯一途径，手机运营商本身就能提供各种服务支持。如果在社区内提供一个互联网套餐，那么消费者就可以不用 Wi-Fi 入网，所以，未来将会有多种掌握客户信息的途径。

就像手机导航能通过手机信号基站进行定位一样，无线感测网能够通过 Wi-Fi 电磁波对进场用户的手机进行定位，感知哪一台终端设备进入了哪些区域。具体情况见图 5.48、图 5.49 和图 5.50。

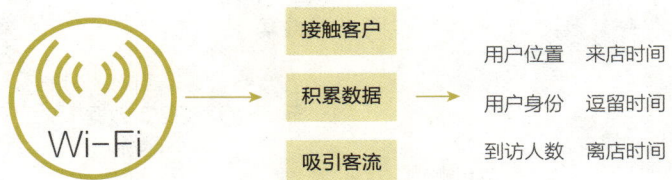

图 5.48　基于 Wi-Fi 的动态感测

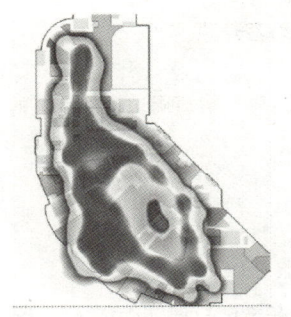

图 5.49　掌握顾客动线轨迹

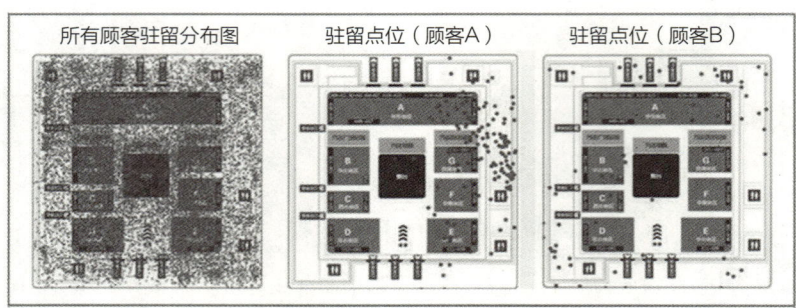

图 5.50　分析顾客偏好

（3）掌握周边客户信息

采集附近登录微博与微信的人、浏览网站周边 IP 地址的信息，以及周边停车场、公共 Wi-Fi 使用人数等大量非结构性辅助数据，与销售变化进行结构化分析，提前预测区域内客群结构的变化。具体情况见图 5.51。

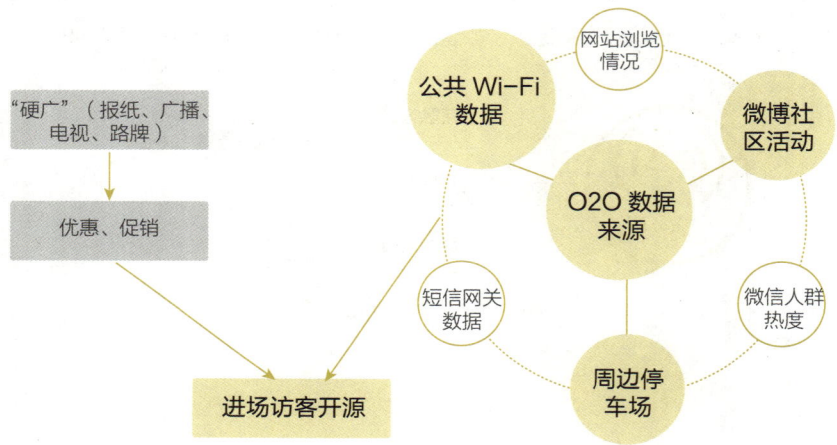

图 5.51　掌握周边客户信息的方式

注：硬广指硬广告，是宣传产品的纯广告。

（4）找出高消费、高转化用户

高消费、高转化用户是购物中心在尝试打通线上线下通路时的重要群体。例如，为了吸引具备较高消费能力的驾车用户，可以与周边停车场合作。具体情况见图 5.52。

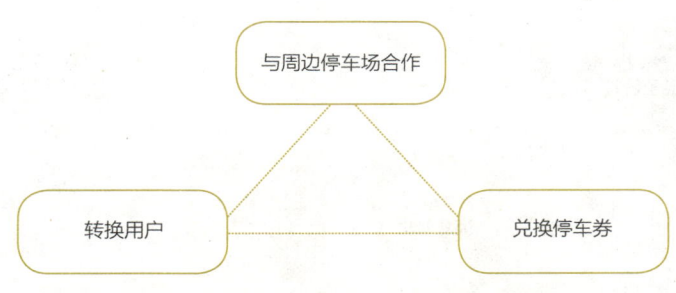

图 5.52　利用周边停车场找出高消费、高转化用户

（5）移动互联网增强购物体验

构筑智能化购物体验平台，让购物中心资源服务动态化，给予商家更多的曝光机会；利用智能化购物平台给消费者提供差异化体验，为购物中心积累线上用户。具体情况见图 5.53。

图 5.53　差异化体验积累线上用户

2. 业务监控，提供数据化的运营平台

O2O 作为一个电商工具，最重要的意义就是对相关信息实时数据监测与业务指标预警，继而通过快速调优，实现平效与周转率的提升。一个具备 O2O 能力的购物中心可以借鉴 B2C 商城的思维来运营。

（1）购物中心实行电商化运营模式

面对电商的冲击，为了摆脱网购"试衣间"的命运，不少零售商乃至以购物中心为首的商业地产，也开始向天猫、苏宁学习，将目光投向了电子商务，试图以电商战电商。具体情况见图 5.54 和表 5.37。

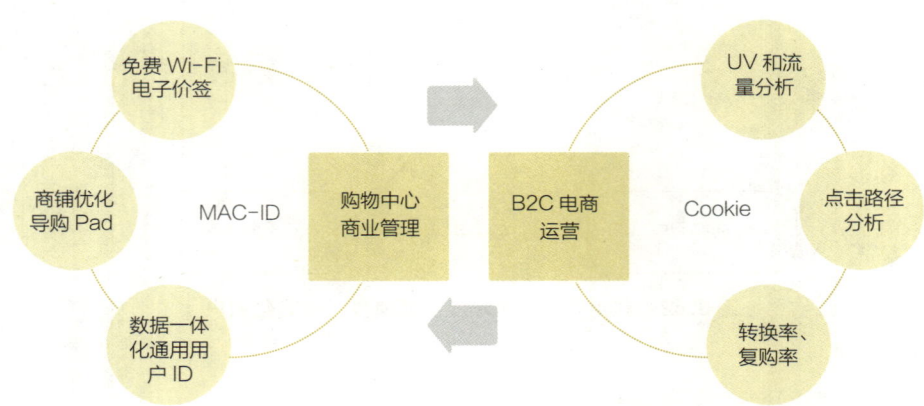

图 5.54　购物中心的电商化运营模式

表 5.37　电商与实体店的运营比较

类别	UV 和流量	PV 和跳出率	曝光率	转化率
电商	UV 主要用于分析有多少用户前来访问，准确判断客流变化。B2C 网站都会经历一段流量质量测试阶段，从而分析出哪些通过购买的流量对自己的精准营销有用并且性价比是合适的	用户在网站的 PV 数越大，说明停留时间越长，网站对消费者的黏度越高。如果在某一个访问路径页面的分析上，跳出率过高，也说明用户无法在短时间内找到自己需要的信息而逃离。电商运营的关键是不断优化素材和展现方式	曝光测试主要是解决商品的列表逻辑与排序问题。在 B2C 网站上，通常会给所有新品一个公平的曝光量，通过曝光后的转化和销售数据决定商品的销售策略定位，如爆款商品、主力销售商品、打折商品、长尾商品等	转化率在没有举办大型促销活动或大规模流量导入时，它基本上是恒定的。电商人每天都在想办法提高转化率。实际转化率受促销设计、商品排序、展示效果等综合因素的影响
实体店	线下零售一直是一个"黑匣子"，在多数情况下，只有在用户刷卡交钱之后，才能够产生一个订单数据，它对客流的变化感知较为迟钝。而将来 O2O 的导入流量一定也会趋向多而杂的局面，分析和关注用户的实时变化，同时开展和调整其他数据源的合作，实时监测线下店运营状况	线下零售运营，主要是动线与布局的优化问题，但此前几乎都是依赖人工经验判断，目前的定位 Wi-Fi 已经能相对精确定位一个热点区域了，商管可以根据消费者的停留时间、进店次数等相关信息科学地进行动线和布局优化处理	线下运营对应的是商品陈列问题，室内 Wi-Fi 的定位技术可以直接解决特定区域的可测试性问题。用户 ID（MAC-ID）、用户进入特定区域的时间、用户离开特定区域的时间，这 3 个数据的分析，可以精确地分析用户在测试区域的行为	零售的线下店是无法分析转化率的，只能从平效等最终销售维度进行事后分析，而忽略掉以人为维度的指标。所以可以将线下的每一个店铺看成线上网站的一个子类目或专题页，以此对比访问量与购买量，就可以为店面设置一个类似转化率的业务预警指标
总结	关注访客变化，测试流量数据源	定义热点区域，优化动线与布局	对比访问量与购买量，设置业务预警指标	对比访问量与购买量，设置业务预警指标

注：UV 指访问某个站点或点击某条新闻的不同 IP 地址的人数；PV 指页面浏览量或点击量。

(2)图形化数据输出

各种数据都可以用图形或图表的形式直观表达出来,具体情况见图5.55。

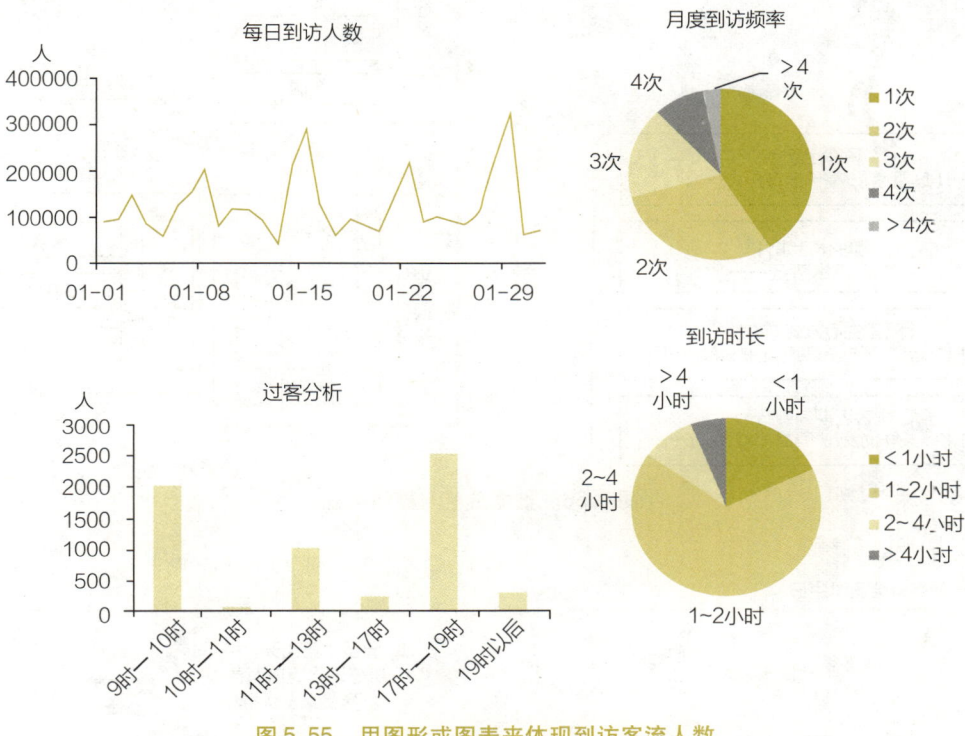

图5.55 用图形或图表来体现到访客流人数

(3)以大数据为基础进行营销

整合跨业界、跨地域、跨线上线下的优质会员用户数据,根据会员数据进行模板建立,将会员数据与商业活动相结合进行组合式营销。

①整合三方用户数据

在O2O平台之间,整合各个渠道获取的数据,可以利用移动互联网、互联网与商业数据形成大数据。大会员数据管理平台通过整合三方的用户数据,对数据进行清理、加工和建模,为企业的经营提供各种数据产品和应用。

②将大数据运用到商业活动中

大数据在数据分析与模板建立、商场的营销方式和营销方案、信息的精准推送等方面发挥了巨大作用。具体情况见图5.56、图5.57、图5.58和图5.59。

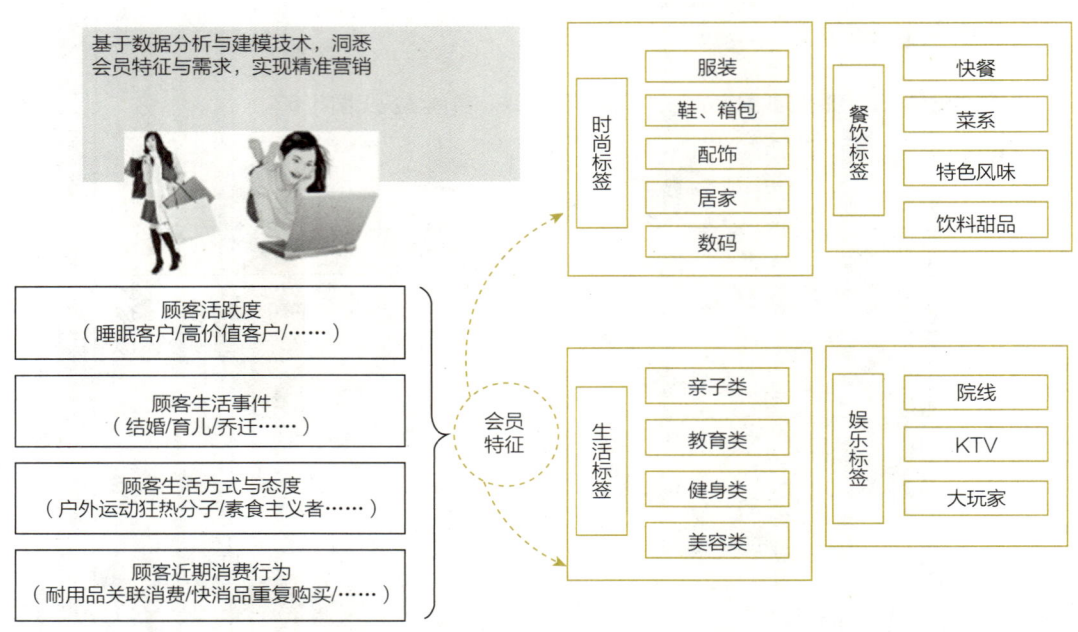

图 5.56　数据分析与模板建立

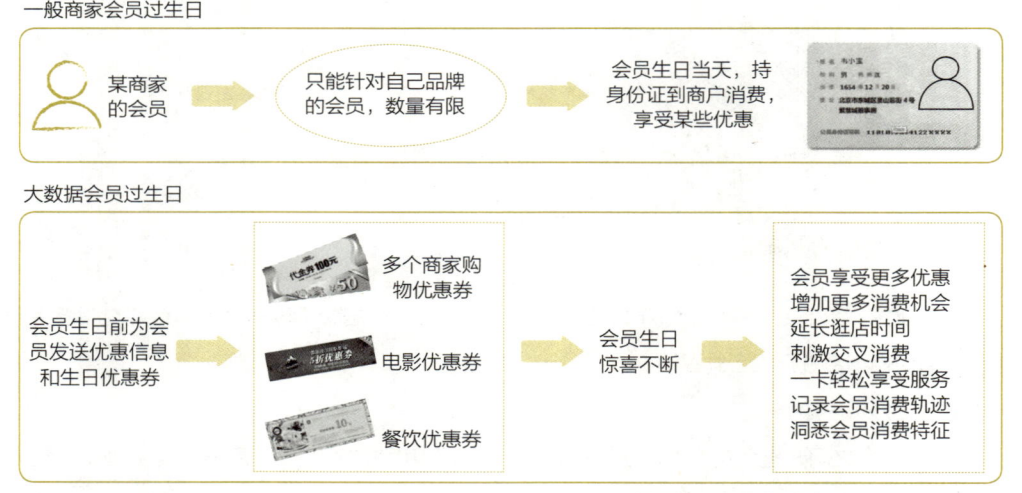

图 5.57　会员生日的营销方式

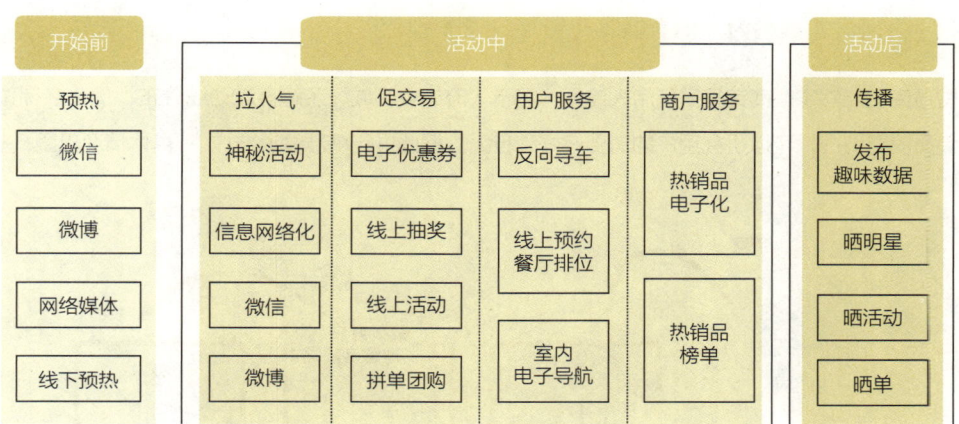

图 5.58　活动的组合营销方案

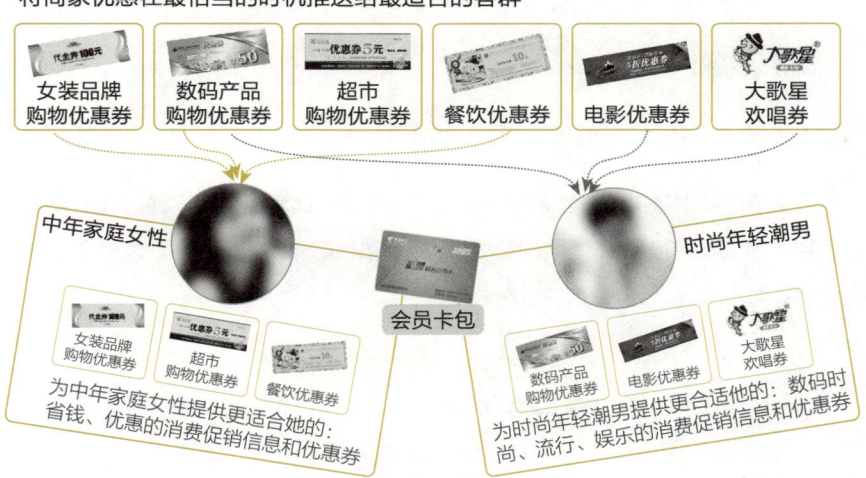

图 5.59　对消费者的精准推送方案

3. 精准营销，利用 O2O 开源与引导客流

购物中心可以通过线上吸引客流，然后再采取有效措施将客流引导至线下进行消费，以此来促进销售。同时，购物中心可以根据客户的行为与消费数据进行精准的营销推广。

（1）根据消费者行为与消费数据进行精准营销推广

智慧商城能够掌握商铺每日到店人流量、显示人流热点区域、了解客流动线分布、优化店铺位置、获取会员消费情况，可以研究用户的消费偏好和行为，据此进行精准营销推广。具体情况见图5.60。

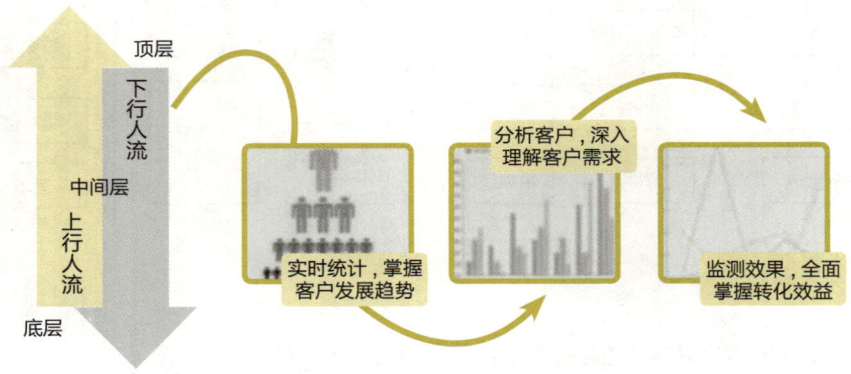

图 5.60　进行精准营销推广

（2）通过数据有效引导线下的客流

借助一个连接移动技术与实体零售店内的移动购物应用，让消费者可以通过线上线下相结合的签到、任务、返利、活动、兑换礼物、浏览等功能，分享和互动购物的兴趣点，同时让消费者通过活动获得积分，然后去兑换奖品。具体情况见图5.61。

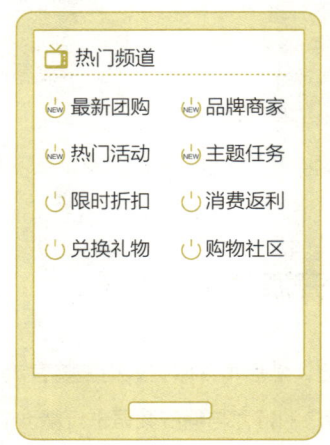

图 5.61　购物中心 APP 热门频道

同时，收集、整理、关联、引导、扩散用户，完成线上线下用户 O2O 转换的闭环；通过服务、体验与优惠来拉动线上用户到线下消费。具体情况见图 5.62。

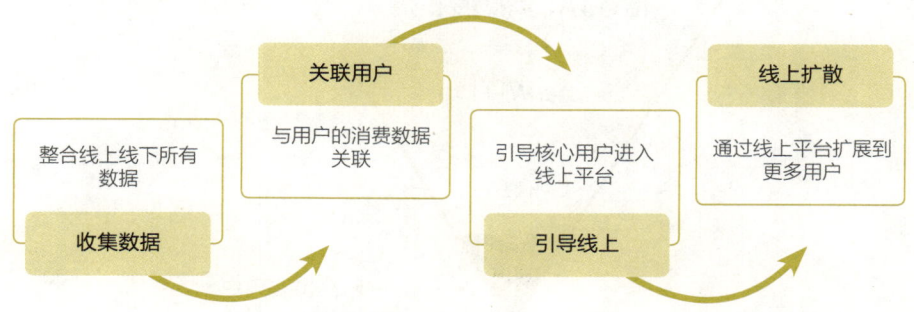

图 5.62　线上线下用户 O2O 转换

(3) 线上线下同步销售扩大销售，辐射半径

线上商品零售与线下商品零售唯一能竞争的是价格。线下零售商相对于电商最大的成本来源有：店铺租金、库存、人工。

如果在价格相差不大的情况下，基于信任和体验的缘故，那么大多数消费者都会选择线下购买。于是，线下零售商便可以通过扩大销量、减少库存的方式来增强盈利能力，减少与线上电商之间的价格竞争差距。预订业务能帮助线下商户有效地减少库存，更大程度地利用和展现空间，提高平效。具体情况见图 5.63。

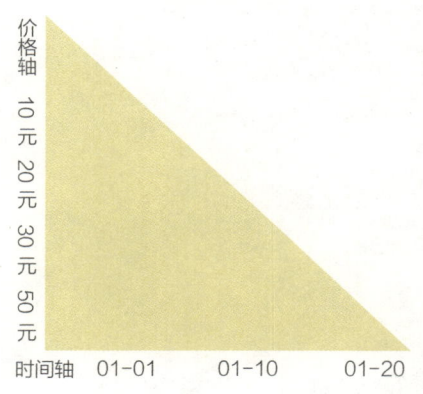

★ 随时下单，立即购买，随时发货，价格：50元

★ 1月1日至1月20日，下单购买，25日发货，最低预订数量50，最高预订数量100，商品价格：20元

★ 1月1日至1月10日，下单购买，15日发货，最低预订数量30，最高预订数量60，商品价格：25元

★ 1月1日至1月5日，下单购买，10日发货，最低预订数量20，最高预订数量40，商品价格：20元

★ 预订业务能帮助线下商户有效地减少库存，更大程度地利用和展现空间，提高平效

图 5.63　预订业务流程

最终的 APP 客户将来会成为深度与重度用户。通过微信与微博做营销平台，通过 APP 来增强客户黏度（见图 5.64）。实体与虚拟之间最大的区别就是体验，强化社交与体验，淡化营销。例如，小米手机宣传拥有 800 万左右用户，其中深度用户约有 30 万，但通过这约 30 万用户的扩散，

2013年小米手机售出大概1870万台,销售额达到3000多亿元。

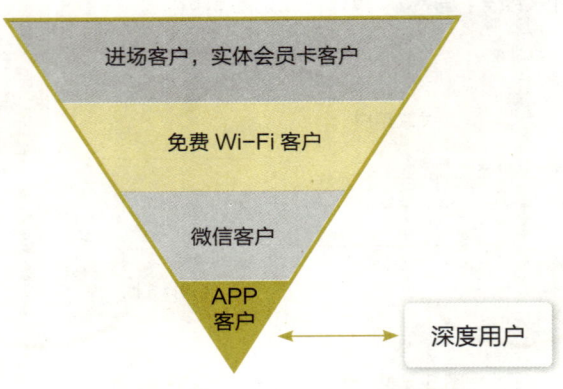

图 5.64 "客户漏斗"形成聚焦

第六章

商业地产进行"轻资产"转型,博弈多元化布局

"新常态"下,房地产行业的"生态"随之变化,房地产企业的高额投资囤地、金融杠杆等"重资产"盈利模式面临挑战,想要摆脱传统模式对未来发展的束缚成为企业思考和探索的重点。部分领先的大型房地产企业借鉴美国、新加坡等国的成熟经验,利用品牌、专业技术、管理能力等无形资产输出,转向"轻资产"运营,驱动企业持续发展,优化盈利模式。

第一节

商业地产"轻资产"运营模式

近来,包括运洋地产、万科、保利地产、在内的龙头企业都相继提出了往"轻资产"方向发展的战略转型口号。在不少业内人士看来,随着行业利润率和杠杆率的长期下降,"重资产"将不再是房企的最佳选择,而"轻资产"模式则会有越来越多的用武之地。

"轻资产"运营模式是指充分利用各种外界资源,减少自身投入,集中自身资源于产业链利润最高的阶段,以提高企业的盈利能力。具体情况见图6.1。

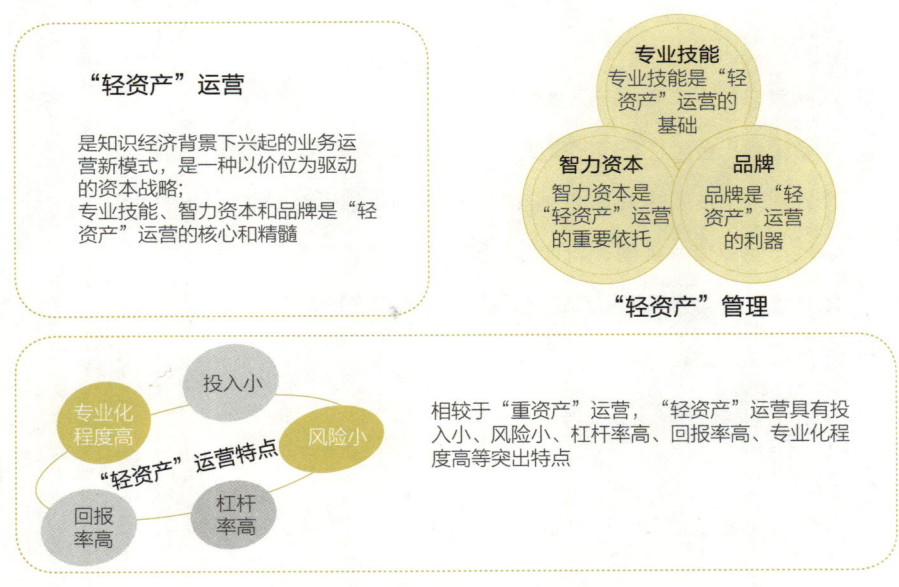

图6.1 "轻资产"运营模式

龙头企业的"轻资产"战略转型的具体情况见表 6.1。

表 6.1　龙头企业的"轻资产"战略转型

企业	具体内容
远洋地产	未来，远洋地产将把以持有型为主的"重资产"和以房地产基金合作为主的"轻资产"合在一起。 据了解，远洋地产为此已经聘请中国人寿投资管理部的高管担任副总裁，未来将负责投资管理业务。 而中国人寿在远洋地产的持股权益为 29%
万科	其在 2014 年初宣布发展的"小股操盘"、社区服务等业务都属于"轻资产"概念。 万科的"小股操盘"属于"轻资产"的一种尝试，即以占用自己资金最少化来达到利润最大化
保利地产	大力发展房地产基金业务以及养老社区运营平台，也是属于"轻资产"模式。 其信保房地产基金是该领域的代表。 保利 2013 年年报显示，该基金于 2013 年管理规模已经突破 200 亿元，并实现净利润 2.75 亿元。 信保房地产基金有望在未来 3 ~ 5 年为公司贡献 5% ~ 10% 的净利润，成为公司新的利润增长点

一　开发商由"重资产"转向"轻、重资产"并行

在房地产的"黄金时期"，商业地产开发商因看好物业升值前景，惯常采用自己开发和持有运营的"重资产"模式。 但是，地产企业的"重资产"模式已经难以适应当前的政策环境和市场形势，单打独斗、统包统揽的粗放型运作模式盈利日益困难，地产企业盈利模式需要摆脱"重型化"，转向"轻资产"模式。

在以万达为代表的一些专业商业地产企业的引导下，商业地产行业的"轻资产"模式悄然兴起。 将地产投资与商业运营分离其实是国际商业地产界的主流做法，这一模式在中国的出现是行业洗牌的开始，也是行业走向专业化、走向成熟的必由之路。 具体情况见表 6.2。

表 6.2　导致企业向"轻资产"转型的原因

原因	具体内容
市场竞争压力	从一线城市到二线、三线城市，数量众多的地产企业在产业链各个环节参与市场竞争
企业运营压力	缺乏资金的企业经营只能局限于一定区域或开发有限的地产项目
政策税收压力	土地增值税、限价政策降低了企业利润，限购政策降低了市场活跃度

二　认识"轻资产"和"重资产"

以万达为例：

什么是"重资产"？ 万达商业地产的主要产品是城市综合体，这种产品模式就是建设一个大型万达广场，旁边配套建设一些写字楼、商铺、住宅等，把配套物业进行销售，用销售产生的现金流投

资持有的万达广场。因为中国没有支持长期不动产投资的金融产品,所以万达只能以"售"养"租"。万达广场建成后自己持有经营,全部租金收益归万达,这就是万达的"重资产"模式。

什么是"轻资产"?投资建设万达广场,全部资金别人出,万达负责选址、设计、建造、招商和管理,使用万达广场品牌和万达全球独创的商业信息化管理"慧云"系统。所产生的租金收益万达与投资方按一定比例分成。这是一种全新模式,万达从 2014 年开始研发,现在已开始运行。这就是万达的"轻资产"模式。

"轻资产"公司与"重资产"公司的差异情况见表 6.3。

表 6.3 "轻资产"公司与"重资产"公司的差异

类别	定义	适合的企业或行业	投资回报率
"轻资产"公司	是指以较少的资金投入,获得较大的利润回报,利润率较高,以达到利润最大化的目的	以强大的品牌获得利润的公司:如高档酒、名牌服装等;固定资产投入较少的行业:如商业、银行等	由于折旧率低、利润率较高,利润再投入后会产生更高的回报
"重资产"公司	是指以较大的资金投入,获得较少的利润回报,利润率较低	固定资产投入较大,产品更新后需要更新生产线,资产折旧率高,如大多数机械制造企业	生产线需要不断更新,折旧率高,产品需要不断更新,新产品研发费用高,更新生产线投入大

1. 不是所有的企业都适合"轻资产"战略

"轻资产"战略不可否认是个好战略。投资者都青睐"轻资产"的公司,因为资产的回报率高、发展快,但是商业模式的选择要符合行业发展的自然规律。"轻资产"战略可能并不适用于所有的行业或企业,因为容易出现质量失控问题。例如,麦肯锡公司给企业开药方时也尽力避免"锤子效应"。对不适合"轻资产"的公司,避免开"轻资产"的"药方"。

奶业"轻资产"之痛

据中国奶业协会理事王丁棉介绍,从整个奶业产业链环节来看,奶牛养殖生产、奶品加工、奶品销售的资金占用比例大约为 6:3:1,而 3 个环节的利润比则为 0.8:3:6.2。具体以一个日产量为 100 吨的中型乳品工厂为例,在养殖环节,如果要做到奶源完全自给,至少需要 7000 头牛,按照每头牛 1.5 万元的投资额来计算,总投资额为 1 亿元以上;而加工环节的厂房设备投资,只需 5000 万元左右;销售环节的投入更低,大约仅为设备投资的 1/3。

2. 不是所有的企业都能承受高净资产收益率

"轻资产"的公司，一般净资产收益率比较高，按市盈率定价的话，会导致基本都是高市净率公司，这样的公司有一个问题，就是要求行业壁垒很高。其中，行业壁垒很重要，高净资产溢价不是随便什么公司都能享受的。

2008年1月，香港上市企业味千控股的股价达到了13元以上，市净率达7倍左右。由于该企业的行业壁垒性不强，一旦业绩不如预期，股价就会大跌。后来，由于业绩下滑，其股价直接跌到了3元以下。可见能享受高市净率的公司一定是少数。

三、"轻资产"战略的决策维度与价值空间

"轻资产"战略，既是一个商业创新模式，又是一个金融创新模式，它由3个决策维度组成：业务线选择、价值链定位、资本资源整合。具体情况见表6.4。

表6.4 "轻资产"战略的3个决策维度

决策维度	具体内容
业务线选择	主要根据企业自身资源禀赋和外部市场环境来选择适合自己的一种或者几种产品线，比如，住宅、酒店、商场、写字楼、工业地产、养老地产、城市综合体等
价值链定位	在业务线选择的基础上，企业会根据自身的人力资本构成和在价值链各环节上与行业标杆企业效率对标分析来定位自己的价值链优势，在拿地、开发、销售、招租、物业管理、商业运营等哪个环节或者哪几个环节上能够创造出优于同行的效率回报，从而借助相应的商业模式创新，比如，代工模式、拓宽模式等来把效率放大
资本资源整合	随着产业链的延伸，企业需要借助资本杠杆进一步放大效率优势，这就需要搭建一个资本资源的平台，包括基金平台、私募债券平台、证券化平台，每个平台又可以细分为若干种金融工具组合，形成一个更多样化的资本组合

以上3个决策维度又构成了"轻资产"战略的3个价值空间：现有战略资源的优化空间、商业模式的创新空间和金融模式的创新空间。具体情况见表6.5。

表 6.5 "轻资产"战略的 3 个价值空间

价值空间	具体内容
现有战略资源的优化空间	现有战略资源的优化空间，由业务线选择、价值链定位两个维度构成，通过将企业现有资源集中配置在优势的产品线、产业环节上巩固强化企业的效率优势，为"轻资产"战略转型奠定基础
商业模式的创新空间	商业模式的创新空间、价值链的定位和资本资源的整合构成商业模式的创新氛围，能以最恰当的方式吸引资本资源
金融模式的创新空间	由业务的选择和资本资源的选择构成，根据风险收益特性匹配最适合的金融投资人

四、已有的房地产"轻资产"模式

有业内人士认为：所有参与方投入资金都较少、风险都较低的模式，才能被称作真正的"轻资产"模式。目前已经出现的绝对"轻资产"模式有以下几种：

模式 1：房地产开发众筹模式

上海有开发商尝试通过集资建房模式，让目标客户群参与投资，共同购买土地并共同开发。这种模式类似房屋众筹，它的好处是可以在销售之前，通过以让目标购房者购买理财产品的办法为开发商蓄客。如果房地产开发众筹模式获得成功，不仅解决了开发资金的需求，而且真正实现了房地产开发和经营的低风险。但是，这种模式存在 3 个难点。具体情况见表 6.6。

表 6.6 房地产开发众筹模式的难点

三大难点	具体内容
1	一旦开发商开始由资金的主要投入者转变为房地产项目的代建和管理者，对项目的约束力有可能会下降，最终可能会导致产品无法按时竣工或出现质量问题
2	如果购买基金产品的购房者最终都选择以房屋分配方式分配收益，会存在分配问题。因为房地产产品和金融产品相比，标准化程度要弱很多
3	纯股权类的基金产品，发行难度较大

模式 2：资本代建模式与政府代建模式

资本代建模式即品牌房企与外部资本对接，提供投资咨询、项目开发管理等一系列服务。具体来说也就是成立平台公司募集资金，品牌房企负责开发建设，并与投资方共享收益。这样的话，各投资方投入的资金都不多，且风险较小。

政府代建模式就是品牌房企与政府安置房建设对接，承接安置房、限价房等保障性住房和大型公共服务配套的建设管理，由品牌房企的专业团队承担项目开发任务，并根据项目的销售额或利润额提取分红。在这种模式下，因为地价由政府内部沟通解决，房屋也不需要市场化销售，不存在库存压力，所以是真正的"轻资产"模式。

模式3：商业运营管理技术输出模式

这一模式针对商业地产。品牌企业提供从前期定位规划、招商到开业及后期运营管理的全流程支持，以及管理团队、技术团队的输出。品牌企业转变角色成为一家独立的商业公司，以"轻资产"的模式快速扩张。

模式4：社区O2O服务模式

社区O2O模式，指地产商从房地产开发商变成社区服务商，在已经入住的社区为业主提供社区O2O服务。地产商通过移动互联网进行推广和普及社区O2O服务，整合线下资源为业主提供一站式服务。因此，地产商能够掌握社区用户的大数据，并能进一步开发业主用户的潜在价值。其间，地产商通过并购物业公司及为物业公司提供顾问服务来推进社区O2O服务，并购物业公司后通过实施标准化、集约化、自动化的物业管理服务来降低成本，提升效率，大幅提高物业服务的盈利能力。

社区O2O服务模式代表性的尝试是社区服务应用APP，该软件整合了物业服务、O2O服务、虚拟服务、商品服务、智能管家、连锁经营6个板块，为业主提供物业费和停车费缴纳、投诉报修、小区通知、周边优惠、天天特价、生活超市、彩票等10多项服务。

模式5：已有社区、房产的适老化改造

不同的企业在这一领域也有不同的做法。一般来说是将适老产品植入成熟的城市社区，从规划、开发、运营、服务整个环节，提供适合老年人的产品和生活配套，满足老年人与子女既相对独立又共同居住的需求。

这一领域企业的主要做法是在社区规划建设适老住宅和老龄公寓，以社区硬件配套为平台，结合会所和社区配套，增设"老年大学、活动中心、康体中心、日间照料中心"等基础配套，打通社区与街道卫生、医疗、文体等部门的职能衔接，发挥综合效益。

一些地产还构建了"一地入会，多地养老"的异地候鸟式分时度假养老模式，以整合系统内旅游度假资源，建立会员制并统一经营，来实现品牌连锁，在旅游目的地项目中建设有专业护理机构的养

老度假公寓，提供专业养老、医疗服务。

总的来说，上述 5 种"轻资产"模式，前 2 种侧重增加投资者数量，从而分散资金压力和风险。后 3 种侧重企业从以开发为主要业务，转变为以运营、服务为主要业务，这是一种观念的转变，也是房企转型的主要方向。

第二节

商业地产进行"轻资产"转型的模式与途径

在国外,成熟的商业地产运营模式早已经告别"重资产"模式,并进入了"轻资产"运营时代。因此,业内人士纷纷建议,为了商业地产更好的发展,应该推出"轻资产"运营模式,即在城市综合体或者商场兴建之前与相关机构合作,构思设计好综合体未来的发展方向,一起开发,最终将其发展成房地产信托投资基金(REITs)。

近来,以万达、万科为代表的开发商告别传统开发模式,纷纷开启了商业地产"轻资产"运营模式。

一 图解房产巨头开启"轻资产"模式

2015年4月30日,中央政治局会议对房地产市场发出了明确的信号,同时要完善市场环境、盘活存量资产、建立房地产健康发展的长效机制。如今,政策红利和人口红利都在逐渐消失,政策开始变调转向去行政化,行业开始变形走向转型升级,市场开始迈向洗牌和低利润时代。在这种情况下,万科、绿地、恒大和万达等房产巨头开始开启自己的"轻资产"模式。具体情况见图6.2、图6.3、图6.4、图6.5和图6.6。

图6.2 万科:城市配套服务商

第六章 商业地产进行"轻资产"转型，博弈多元化布局

2015年绿地经营目标直指4500亿元
2020年目标8000亿元

五年规划构建"3+X"绿地系产业集群

2015年将投资在国内建造多条地铁线路

将进军战略性新兴产业

如互联网金融服务与阿里巴巴、中国平安等合作

"大消费"领域则以收购海外食品基地和采购中心为切入口

图6.3 绿地：全球化和多元化

2013年在恒大足球队夺下亚冠冠军后，恒大接连推出恒大冰泉、恒大粮油、咔哇熊婴幼儿奶粉，全力切入快速消费品市场

许家印
"世界500强发展到一定程度后都会走多元化的道路"

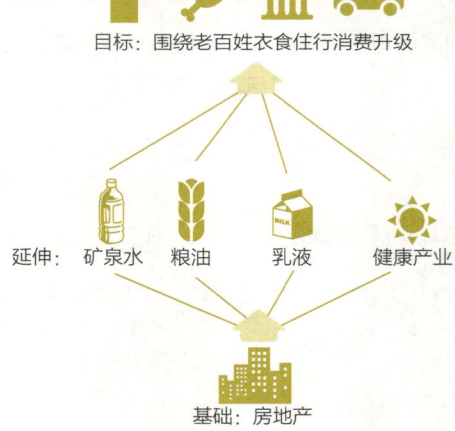

图6.4 恒大：以地产资本哺育新产业

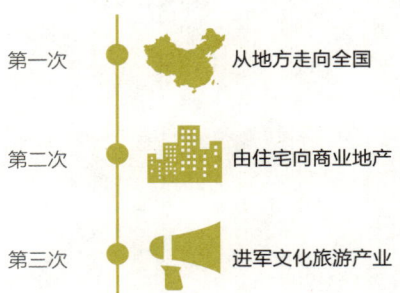

已经在谋划第四次转型

第一次　　从地方走向全国
第二次　　由住宅向商业地产
第三次　　进军文化旅游产业

国际化：2020年资产1万亿元
"轻资产"：万达的品牌，别人的投资
服务业：从以房地产为主的企业转型为以服务业为主的企业
主要方式：融合

王健林
减少对地产销售收入的依赖

图6.5　万达：国际化、服务业、"轻资产"

商业地产
2012年成立了保利商业地产投资管理有限公司

养老地产
2013年12月发布居家、社区、机构"三位一体"的养老战略
2014年10月养老公寓上海"西塘和熹会"投入使用

旅游地产
2011年第一个项目就已经开盘

进军非洲市场……

保利地产最重要的转型实际尚未开始，即保利地产与保利置业的"大整合"

图6.6　保利：全业态发展

二 国内房地产企业向"轻资产"转型

　　万科和万达启动商业地产的"轻资产"模式，引发行业热议，并引领行业的发展方向。实际上，从业务线选择、价值链定位及资本资源整合3个方面来判断，商业地产领域已经形成了3种主流的"轻资产"运行模式。具体情况见图6.7。

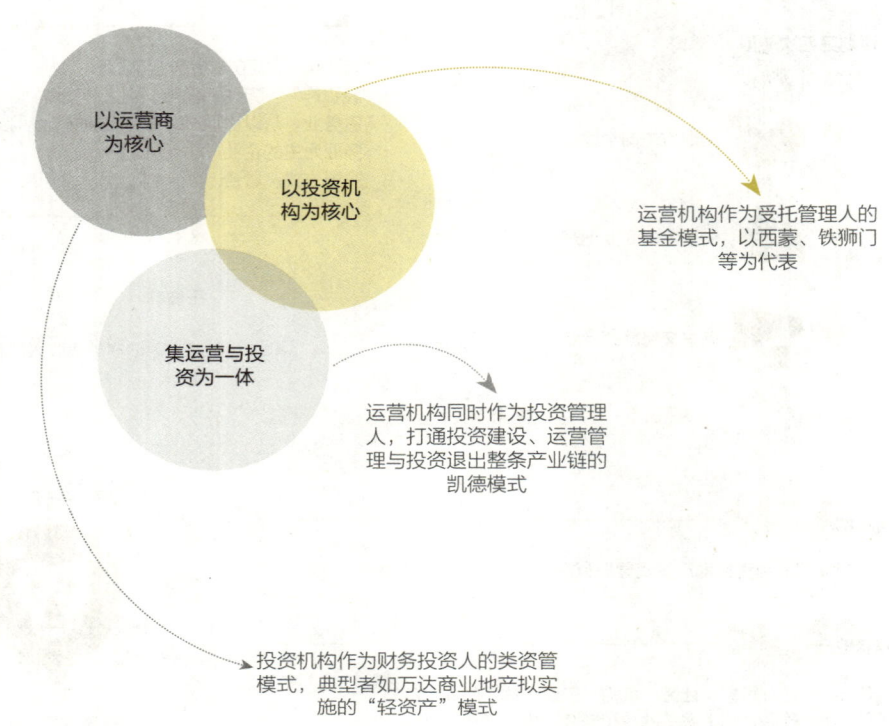

图6.7 商业地产3种主流"轻资产"运行模式

模式1：以运营商为核心的"万达模式"

这种模式在欧美商业地产非常盛行。如RTM创格奥特莱斯（北京）商业管理有限公司直接以商业地产运营商为自身定位，用专业运营经验和资源服务于商业地产开发商的模式。又如万达商业地产拟实施的"轻资产"模式就是选择了用新建项目与投资机构合作的方式。

作为中国最大的商业地产商，万达早期的模式一方面是以低成本获取土地，另一方面是用销售物业回流的现金来弥补百货、酒店等持有物业的资金"沉淀"。

模式2：以投资机构为核心"铁狮门基金运作模式"

"铁狮门基金运作模式"主要是指合资基金模式，从根本上来说，是通过发行基金后，借助财务杠杆，实现成本放大收益的过程。发行的基金则通过投资或收购各种物业，以获取物业自身经营现金流和资产增值作为收入来源。通过该模式铁狮门不仅实现了加速扩张，而且能够以不到5%（通常只有1%）的资本投入，却分享项目40%以上的收益。具体情况见图6.8。

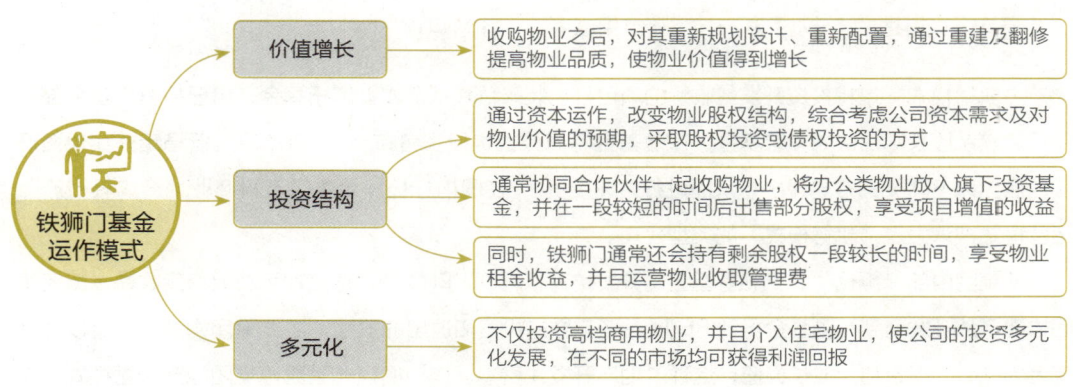

图 6.8　铁狮门基金运作模式

铁狮门基金的运作，分别由其澳大利亚子公司和总部的全球投资组合管理部完成。前者负责铁狮门旗下唯一一只在澳大利亚上市 REITs 基金的发行管理工作，后者负责其余 12 只非上市房地产投资基金的运营管理工作。具体情况见图 6.9。

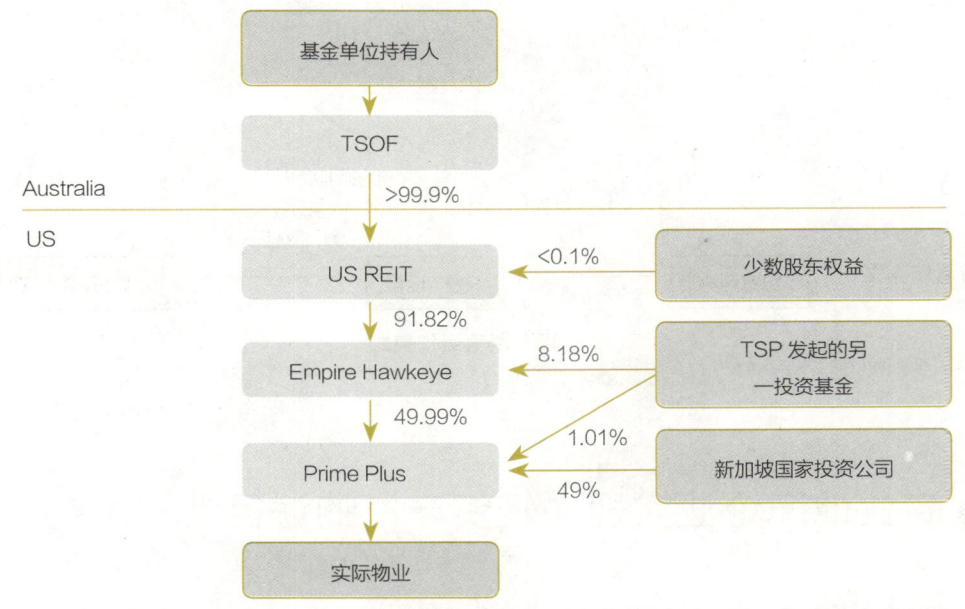

图 6.9　铁狮门合资基金（TSOF）的所有权结构

铁狮门凭借其过硬的开发运营技能和基金管理技术，游走于实体与金融之间，一度风生水起，赚得盆满钵满，直至 2007 年与雷曼合作埋下祸根。

模式 3：集运营与投资为一体"凯德模式"

"凯德模式"是将投资开发或收购的项目打包装入私募基金或者信托基金，自己持有该基金部分股权，其余股权则由诸如养老基金、保险基金等海外机构投资者持有。待项目运营稳定并实现资产增值后，以 REITs 的方式退出，从而进行循环投资。在国内标杆房企中，万科商业地产"轻资产"运营模式被认为是"凯德模式"的典型代表。

从集团内部"孵化"，到私募基金的开发培育，再到 REITs 的价值变现和获取稳定收益，凯德集团构建了从开发商到私募基金再到 REITs 一条完整的投资和退出的流程，凯德集团构造了一个以地产基金为核心的投资物业成长通道，这种"地产开发+资本运作"的模式是凯德集团地产经营模式的核心。具体情况见图 6.10。

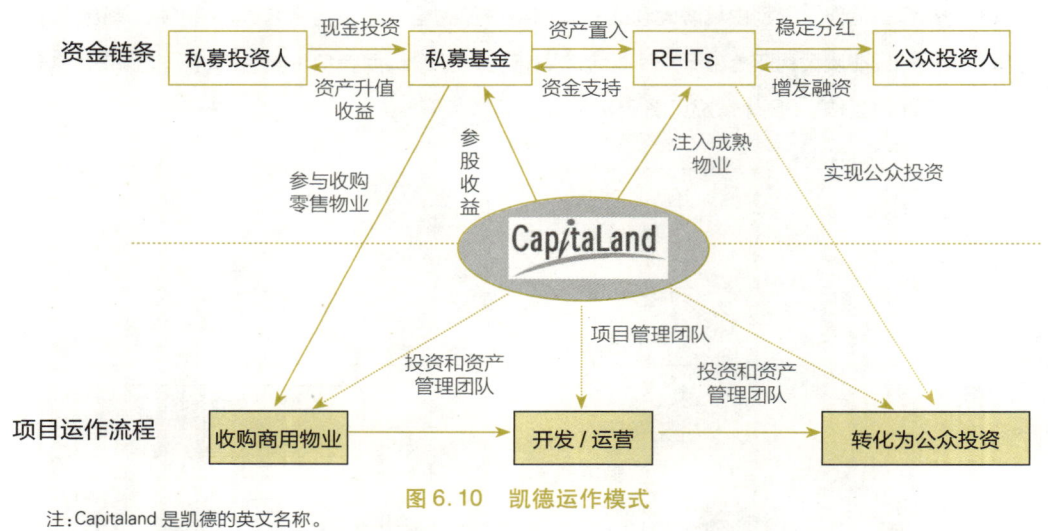

图 6.10　凯德运作模式

注：Capitaland 是凯德的英文名称。

三 商业地产企业实现"轻资产"的途径

商业地产企业实现"轻资产"化经营的途径主要有 REITs、商业信托、合作开发等。具体情况见表 6.7。

表 6.7　REITs、商业信托、合作开发 3 种模式的优、劣势

优、劣势	REITs	商业信托	合作开发
优势	集合了中小投资人的资金投资于成熟的商用物业，聘请专业机构作为物业运营管理人，以租金支持来实现投资的安全性，以上市交易来实现投资的流动性。无论是股权型 REITs 还是债权型 REITs 都能够实现安全性、收益性和流动性三者较好的结合与平衡，是成熟期商用物业最适合的融资工具之一	商业信托允许将开发中的物业与待开发的物业打入资产包，也没有必须将 90% 以上的租金收入分配给投资者的规定。商业信托这一融资方式还可以留下部分发行收入，在项目早期收入较低时用于对投资人支付收益回报	能充分互补，降低风险
劣势	由于过高的物业价格造成过高的租售比，使得租金收入通常只有 2%～5%，难以覆盖同期银行贷款利率。在基本的商业逻辑上难以成立，我国商业地产的行业现实也不太能够支持 REITs 的实现	与 REITs 类似	可能受制于人

1. 利用 REITs 实现"轻资产"化

REITs 基本都能够达到安全性、收益性和流动性三者较好的结合与平衡，是成熟期商用物业最适合的融资工具之一。但是，我国的商业地产的行业现实不太能够支持 REITs 的实现，主要是由于过高的物业价格造成过高的租售比，在基本的商业逻辑上难以成立。

值得注意的是，近年来，决策层对 REITs 的态度明显转向。2014 年 9 月 30 日，银监会在《关于进一步做好住房金融服务工作的通知》中提出了积极稳妥开展 REITs 试点工作；住建部也发布了《关于加快培育和发展住房租赁市场的指导意见》，更是明确了建立多种渠道发展租赁市场，推进了 REITs 试点。正因为如此，现实中的 REITs 一般以两种形式出现，具体情况见表 6.8。

表 6.8　REITs 的两种形式

形式	具体内容
搭建境外架构	将资产权益移出境外，按照境外的法律环境进行 REITs 操作与运营管理，典型的案例有长江实业以位于北京王府井地段的东方广场物业租金为支持在香港发行的 REITs、新加坡凯德集团以位于中国的多个商用物业租金为支持在新加坡发行的多个 REITs
中式 REITs	是在我国现有法律和监管政策框架下对商业地产金融支持的创新。如海印股份发行的专项资产管理计划以租金收益权为信托标的，而资产并未隔离和出表；"中信启航·苏宁云商"专项资产管理计划虽然进行了资产转让，但仍为私募型的资产管理计划，并未以信托的形式出现，但其好处是实现了资产出表

2. 以商业信托实现"轻资产"化

商业信托是近年来中国香港地区与新加坡资本市场针对商业地产金融支持的一种创新产品与融资工具，与 REITs 类似，但又比 REITs 具有较高的灵活性，可以说是 REITs 的升级版。

表6.9 商业信托的特征

三大特征	具体内容
1	商业信托允许将开发中的物业与待开发的物业打入资产包，但没有必须将90%以上的租金收入分配给投资者的规定
2	商业信托这一融资方式还可以留下部分发行收入，在项目早期收入较低时用于对投资人支付收益回报
3	商业信托成为开发商及商业地产运营商在资本市场上融资以发展新物业或者用于收购商用物业的非常适合的工具

商业信托一个突出的好处是可以实现资产出表或者大部分出表，是实现资产轻型化或者以"轻资产"方式进行商业地产扩展的非常好的金融支持工具。

在这种金融工具的支持下，开发商可以实现"轻资产+重经营"，实现"小股操盘"，而专业的商业地产运营商可以解决资金不足问题，实现在商业信托支持下的运营扩张。

正如商业信托是 REITs 的升级版一样，商业信托在我国同样面临着 REITs 所面临的所有问题。

3. 以合作开发来实现"轻资产"化发展

在目前国内金融支持工具不足、资产或者权益出境尚有较大难度、投资机构规模普遍偏小难以支持大体量商业地产项目或者大型地产企业实现"轻资产"化的情况下，合作开发或者与专业投资管理机构的合作就成为地产商更为现实的选择。自2014年下半年以来，以万科、万达为代表的地产开发企业纷纷启动了其商业地产业务的"轻资产"化模式。先是万科在2014年9月与凯雷达成合作协议，将自己9个商业地产项目90%的股权出让给凯雷，自己变身为"打工仔"，实现了万科商业地产的"轻资产、重运营"目标。万达商业地产2015年初就公布了与光大控股旗下的光大安石、嘉实基金、四川信托和快钱公司签署的投资框架协议，首批投资额约240亿元。万达方面对外表示，这标志着万达商业地产"轻资产"模式正式启动。"两万"启动商业地产的"轻资产"模式，引发行业热议，并引领了行业发展方向。具体情况见图6.11。

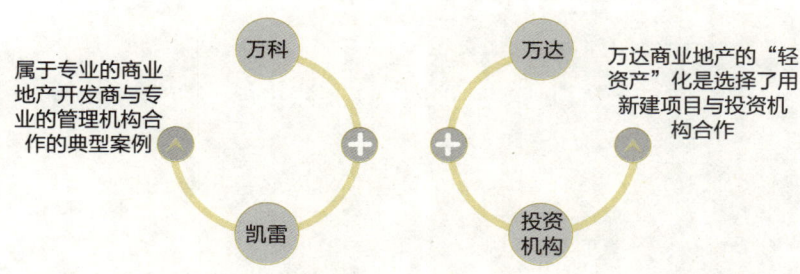

图 6.11　万科与万达各自的合作开发模式

上市后的万达商业地产改变了"现金流滚资产"和"以售补租"模式，将走上"轻重并举"的发展道路。

"重资产"抑或"轻资产"运营，是企业根据发展环境以及企业战略需要进行的理性选择，不存在孰优孰劣的问题，甚至"轻重"之间的转换也只是企业发展的暂时之需。在互联网技术快速进步助推经济虚拟化的时代大背景下，财富观与企业理念也在与时俱进，资产的内涵与外延也在不断发展变化，而服务于企业的可持续、健康发展才是资产经营的永恒诉求。

第三节

国内地产企业的"轻资产"转型模式

本节内容将对万达、花样年、保利地产企业的"轻资产"模式进行分析。

一 万达:"服务"换"收益"模式

万达的"轻资产"模式是以运营商为核心、投资机构作为财务投资人的类资管模式。未来,万达广场的设计、建造、招商、营运、信息系统、电子商务都由万达做,但投资全部来自机构,资产归投资者所有,双方从净租金收益中进行分成。

2015年1月14日,万达对外宣布已经与光大安石(北京)房地产投资顾问(中国光大控股附属公司)、嘉实资本管理、四川信托及快钱支付4家公司,分别签署了有关设立合作投资消费平台的框架协议,4家投资机构拟出资240亿元用于投资20座万达广场,万达商业只负责项目的建设和管理。

不同于万科转让成熟的商业地产项目给凯雷,万达商业地产的"轻资产"化选择了用新建项目与投资机构进行合作。

万达已经用数年的时间证明了其项目运营能力,而且与政府建立了良好的合作关系,目前公司的很多楼盘都位于城市的核心地段,未来还将有新增项目入市,对于投资人来说有利可图,值得期待。具体情况见图6.12。

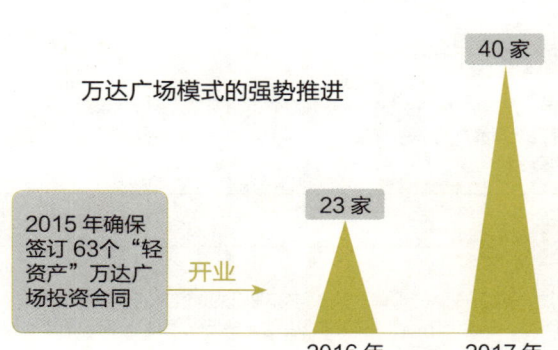

图 6.12　万达广场模式的推进

2015年万达要开始第四次,也是范围更广、力度更大的一次全新转型。万达集团转型分为两方面:从空间上看,是从国内企业转型为跨国企业;从内容上看,是从以房地产为主的企业转型为以服务业为主的企业。万达商业地产的转型力度较以往更大,主要是力推"轻资产"模式。具体情况见图 6.13。

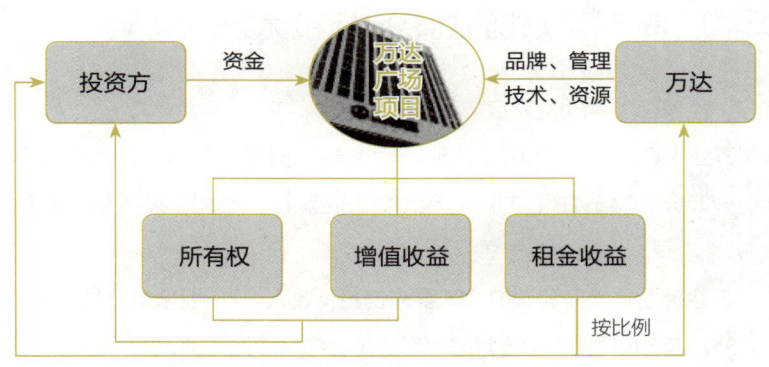

图 6.13　万达商业地产的"轻资产"模式

1. 万达广场"轻资产"模式

由合作机构专项基金投资万达广场项目,万达只负责设计、建设、招商、运营,项目使用万达广场品牌、"慧云"信息管理系统、电子商务系统等。项目资产归投资方所有,投资者除了获得现金回报外,还可享受投资资产的全部增值收益,万达与投资方按一定比例分享所获得的租金净收益。这是一种全新模式,万达于2014年开始研发,现在已开始运行。具体情况见图 6.14。

品牌资源

截至2014年底，万达广场已在全国开业109个，积累了深厚的品牌影响力，独有的商家合作伙伴资源就是其核心竞争优势，企业与全球众多500强商业巨头和国内实力商业连锁企业均有合作

专业技术

万达商业已形成一整套成熟的订单式开发与管理模式，实现了信息化、模块化计划管控，2015年初"总包交钥匙"管控模式启动，使万达商业生态链更加合理高效

运营能力

通过对广场的环境、经营、服务和租赁等方面的严格管理，保障了企业的良好运营，随着移动互联网的快速发展，积极融入电商和大数据，提升产品和服务推送的精准性。

图 6.14　万达广场"轻资产"模式特征

2. 万达广场"轻资产"模式的战略目标和优势

万达的"轻资产"模式有两个战略目标：

一是2020年开业400～500个万达广场。原来的"重资产"模式万达给自己定的目标是到2020年开业240～250个广场，现在的目标是数量接近翻番。万达到2025年争取开业1000个万达广场。

二是2020年万达商业地产净利润的2/3要来自租赁收入。一般来讲，如果一个公司净利润的2/3来自房地产之外，这个公司就不能再叫房地产公司，将来"万达商业地产股份有限公司"可能去掉"地产"二字，去房地产化将实现万达商业地产的全面转型。

万达广场"轻资产"模式有自己的优势，具体情况见表6.10。

表 6.10　万达广场"轻资产"模式优势

优势	具体内容
降低投资风险	万达广场模式突破了传统商业地产上的资产模式，减少了万达商业地产的资金压力，降低了企业的投资风险
稳定收入来源	万达广场模式的收入来源于租金分成，受房地产市场波动影响较小，从而使收入更加稳定
提升净利润率	万达广场模式不投入自有资金，而以管理和服务获取收益，有效提升了企业的净利润和净资产收益率
提高市场占有率	万达广场模式有利于企业利用外部资金快速扩大规模，提高市场占有率

二 花样年：社区服务运营模式

2014年11月，花样年发布全新的品牌形象，并宣布公司未来经营将以社区服务运营为核心，从房地产开发商向社区服务运营商转型，全面布局地产开发运营、彩生活住宅社区服务、社区金融服务、国际商务物业、社区文化旅游、社区商业管理、社区养老和社区教育产业八大业务板块（见图6.15），从服务与金融两大领域同时发力，初步搭建起中国最大的社区服务运营平台，树立起房企转型的"花样年模式"。

图6.15 花样年商业"轻资产"化的路径

目前，花样年的"轻资产"转型正在全面提速，步伐不断加快。在物业管理、小微贷先行之后，花样年在商业资产管理方面同时也在发力，其"轻资产"商业管理模式初具雏形。具体情况见图6.16和表6.11。

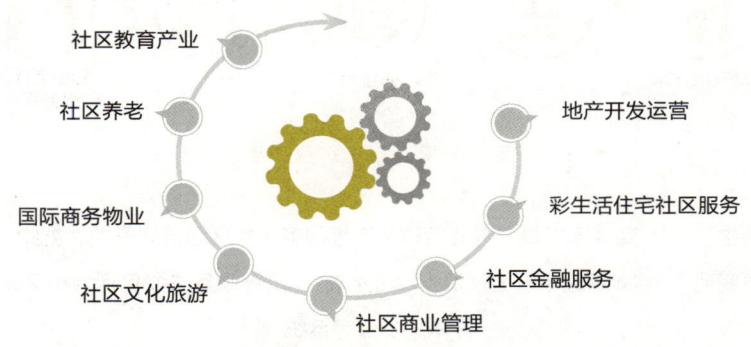

图6.16 花样年向"轻资产"转型的八大业务板块

表 6.11　2014 年花样年其他业务板块也在加速发展

三大领域	具体内容
商业	开始依托资本和专业实力，探索以管理和品牌输出为主的"轻资产"商业发展模式。截至 2014 年 12 月底，花样年商业已在成都、合肥、长沙、扬州等城市成功签约 4 个"轻资产"管理项目。截至 2015 年底，花样年商业"轻资产"管理项目已超过 10 个
高端商务物业	外接项目涵盖了重庆腾讯、深圳长富金茂大厦、成都壹中心、贵阳凯里东方文化大厦、拉萨中太城市广场、天津水岸唐宁、杭州新天地东方茂、东莞松山湖创意谷等 10 多个大型项目，管理面积超过 1400 万平方米
金融服务	提出了"社区金融"的概念，创造性地利用互联网金融模式，实现集团各大板块之间的金融价值链建设和产融结合。目前，花样年金融板块已形成小额贷款、融资租赁及 P2P 网络金融平台三大业务模式

集团旗下住宅物业服务集团彩生活已于 2014 年 6 月 30 日在香港联交所上市，成为国内首只社区服务运营股，花样年一举进入双资本平台时代。剥离彩生活单独上市，这是花样年转向"轻资产"运营的重要一步。借助 APP 和网络平台，彩生活为其管理的 465 个小区打造出一个生活服务的"云平台"。截至 2014 年 12 月 31 日，彩生活在全国拓展和管理的物业面积总量已经超过 2 亿平方米，签约管理项目超过 1000 个。

1. 彩生活模式

彩生活创造性地将"房子 + 社区 + 技术 + 服务"完美地结合起来，通过互联网和云计算技术，为社区业主提供全家、全生命周期的居家生活服务体验，致力于建立一个满足用户需求的信息产品服务交流平台。具体情况见图 6.17。

图 6.17　彩生活社区服务平台

花样年的彩生活 APP 商业模式是"物业管理 + 工程服务 + 社区增值服务"，把物业亏损通过增值业务将公共资源变现。物业管理收取管理费 10% 的酬金，工程服务主要包括为小区采买、安装和养护闸机、远程监控、楼宇对讲、报警器、停车场安保等系统。

社区增值服务则是彩生活中最富想象力的板块，除了有公共空间设置户外广告、出租房源中介业务等外，还包括彩生活空间，即大米、瓶装水、食用油、水果等日常用品的展示售卖空间，并收取介绍费。具体情况见图 6.18。

图6.18　彩生活模式的三大引擎

彩生活模式将难以为继的劳动密集型项目变成智力密集型项目，形成自动化智慧社区，通过为社区住户提供除基础物业管理服务外的增值服务来创造商业价值。未来，彩生活将以深圳、上海、成都、西安、北京、广州等城市为核心，以物业代理为主要经营模式，同时发展社区业务。

2. 彩生活收益模式

彩生活收益的主要来源是物业管理服务、工程服务和增值服务（见图6.19）。其中，增值服务增长最快，成为彩生活社区O2O模式成功的有力见证。彩生活的增值服务包括基础的物业管理、投诉和报修、物业缴费，还有水电煤的代收代交、房屋增值业务、B2F[①]及集成业主日常所需的虚拟服务等。具体情况见图6.20和图6.21。

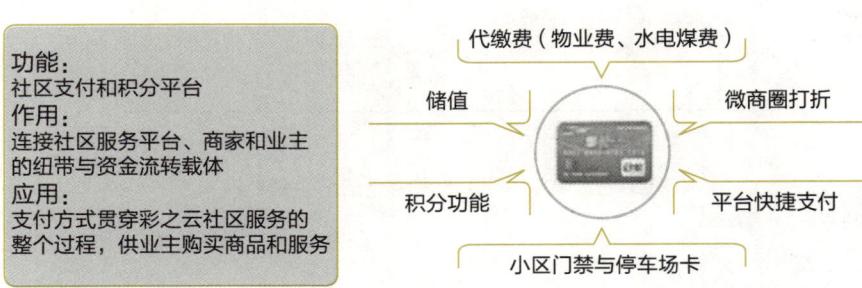

图6.19　彩生活收益的主要来源

---

① Business to Family，家居生活业务。

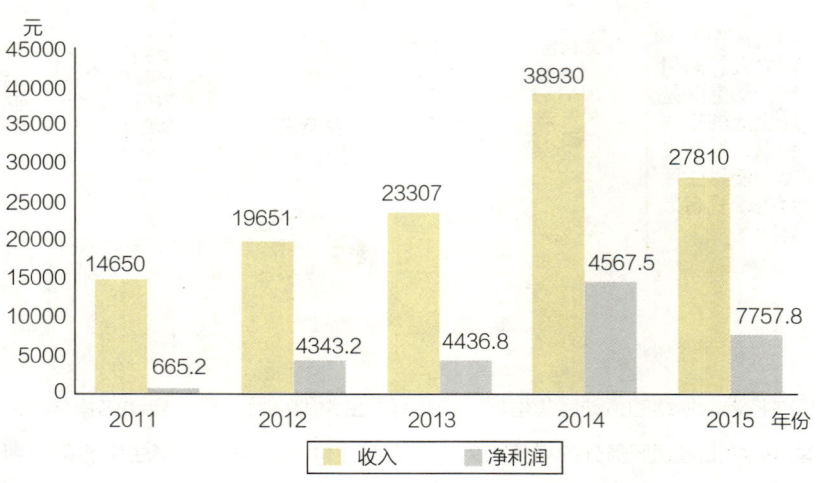

图 6.20　2011—2015 年彩生活的年收入和净利润

注：2015 年为上半年数据。

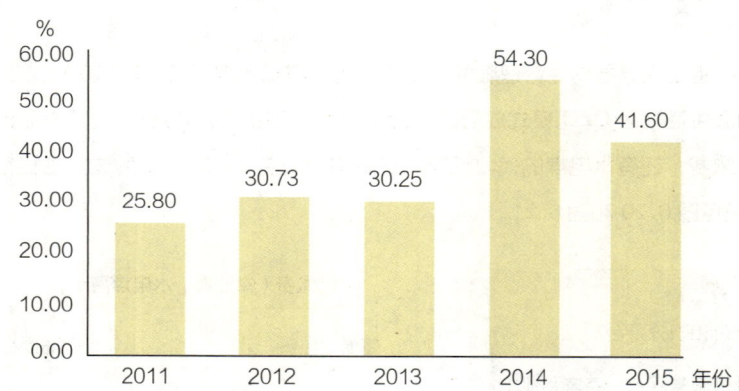

图 6.21　2011—2015 年彩生活的主营利润率

注：2015 年为上半年数据。

三　保利地产：地产基金模式

保利地产凭借强势的品牌优势、专业的开业能力，被中信证券认可并共建基金团队（见图 6.22），以"轻资产"、金融服务为特征的产业为保利地产带来巨大的盈利与发展空间。

保利地产"信保基金"凭借较高的公信力和募资能力，有效降低项目投入，增加投资回报率，通过优化资本结构来加速企业向"轻资产"的转型升级,增强竞争优势。具体情况见表6.12。

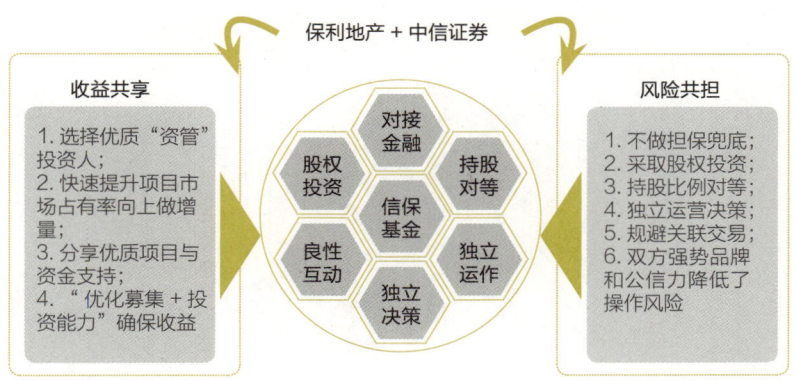

图 6.22　信保基金

表 6.12　信保基金运营特点

类别	具体内容
基金定位	是企业的一项产业,而不仅是融资平台
治理结构	科学规范化。如两大股东的持股比例完全对等,采取股权性投资及独立的运营决策模式以规避利益输送
项目选择	两大原则确保公众投资者的收益:(1)重视项目抗风险能力:项目的税前成本利润率不低于20%;(2)重视对投资人的回报能力:项目 IRR 不低于20%

注:IRR 为内部收益率。

CHAPTER SEVEN

第七章

展示标杆，学习标杆

2014年，"主题""O2O""IPO""跨界""体验式商业"等词纷纷登上商业地产年度热词榜，热词的背后是商业地产正在新形势下不断创新求变。

本章内容主要以"O2O""大数据""轻资产"和"艺术体验"为主题，分析并借鉴标杆企业是如何运作和应用上述主题的。

第一节

O2O大数据应用——朝阳大悦城如何成为大数据营销典范

在过去两年多时间里，传统零售企业面临着诸多挑战：大环境的不景气、电商的不断冲击、客户消费习惯的改变、营销同质化竞争等，使得购物中心的经营压力持续增大。而作为北京潮流新地标的朝阳大悦城却表现出另一番欣欣向荣的景象：2010年5月开业；2011年销售额突破10亿元；2012年销售额近14亿元；2013年更是站上21亿元的新高峰，销售同比增长超过50%，客流量超过2100万，同比增长45%。现在的朝阳大悦城周围车来车往、地铁穿梭，场内熙熙攘攘，人声鼎沸，"朝青板块"在其带动下已由单纯的地产概念华丽变身为"朝青商圈"。

一 朝阳大悦城对大数据的运用

朝阳大悦城开业时，正处于零售环境大改变时期。 在电商的冲击下，传统的做法已经无法再满足消费者的需求，加上所处地段的商业氛围不够浓厚，导致朝阳大悦城开业初期面临很大的经营压力。压力产生动力，要生存，就要研究并掌握市场的规律，不断创新走出新路。 如图7.1所示，朝阳大悦

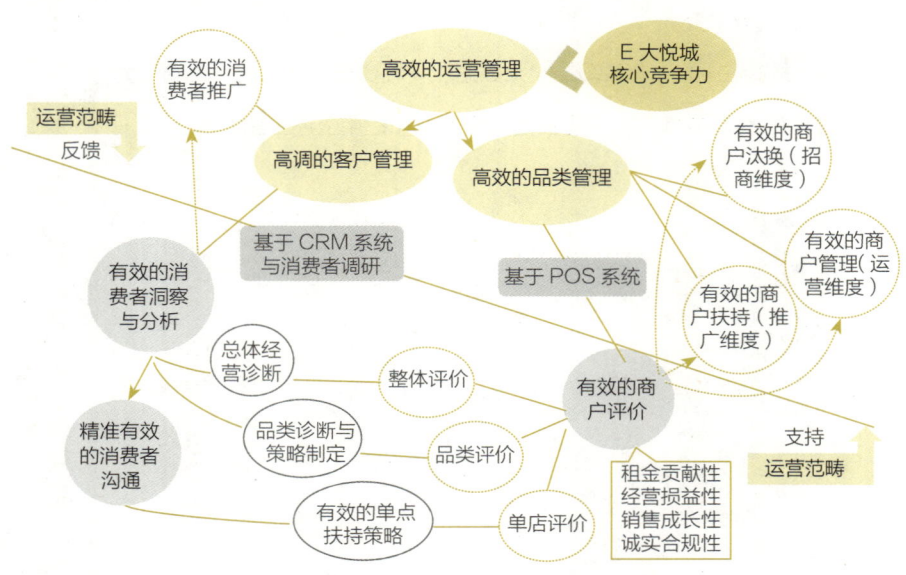

图7.1 朝阳大悦城大数据研究阶段性思路

城极为重视对大数据的运用。

1. 善用大数据工具

在永旺 Jusco（佳世客）撤出后，原 1～4 层近 3 万平方米的商业面积就空置下来。 对于朝阳大悦城而言，空置面积如何使用成为决定其未来发展方向和道路的关键所在。 在业态调整和招商规划过程中，大悦城一直重视的数据团队派上了用场。

作为 2010 年开业的购物中心，朝阳大悦城对大数据的重视程度远超"前辈"，其运营管理以大数据为基础来部署，所有的营销、招商、运营和活动推广，都围绕着大数据的分析报告来进行。

2012 年，朝阳大悦城在商场的不同位置安装了将近 200 个客流监控设备，并通过 Wi－F 站点的登录情况获知客户的到店频率，通过与会员卡关联的优惠券得知受消费者欢迎的优惠产品。 通过基于 POS 系统对销售收入的分析、基于 CRM 系统对商户的研究和消费者调研，朝阳大悦城得以掌握客群特质。 具体情况见表 7.1。

表 7.1 朝阳大悦城数据来源

数据来源	数据分析	改造
POS 系统：任何一笔收入都进入该系统	朝阳大悦城通过对车流数据的采集并分析发现，具备较高消费能力的驾车客户是朝阳大悦城的主要销售贡献者，商场销售额的变化与车流变化幅度有将近 92% 的相关度	朝阳大悦城对停车场进行了改造，如增加车辆进出坡道、升级车牌自动识别系统、调整车位导识体系等，力争吸引驾车客户。 此外，朝阳大悦城还调整了停车场附近的商户布局，极大地提高了优质驾车客群的到店频率
CRM 系统：该系统与人关联，便于对客户进行研究	经过客流统计系统的追踪分析，配上有针对性的解决方案，有效改善消费者动线并拉动销售是数据营销的又一成果。 朝阳大悦城 4 层的新区开业之后客人总是不愿意往里走，由于很少有顾客光顾，导致该区域的销售业绩一直不尽如人意	大悦城在 4 层的新老交接区的空区开发了休闲水吧，打造成欧洲风情街，并提供 iPac 无线急速上网休息区。 通过精心设计，街区亮相后新区销售有了明显的改观
消费者调研：通过调研问卷、小组座谈、深度访谈，清晰掌握客群特质	通过消费者座谈会发现，家庭生命周期对于女性的购物习惯有着至关重要的影响，其中是否怀孕是重要的转折点，怀孕之前对服装的要求与怀孕后明显不一样。 在进行深入访谈时发现，35～45 岁的大部分女性并不盲目追求奢侈品，但对单价在 2000 元以上的大淑女装品牌、设计师女装品类有着突出的需求	朝阳大悦城在 2 层集中打造了一个女大淑、设计师女装品牌专卖区，销售情况良好，像爱特爱等品牌日均平效能达到 200 元左右

2013 年 9 月 19 日，朝阳大悦城店庆活动在策划之初，团队内部也曾产生过分歧，到底应不应该在商业的淡季做这样大规模的促销活动。 为此，朝阳大悦城信息部调取了 3 年来小长假的数据记录进行分析，根据销售曲线变化，最终决定把销售冲高的日子放在中秋节，并最终核算定下了 1500 万元的销售任务。 同时，还分析出完成任务的两个关键点（见表 7.2）。

表7.2　朝阳大悦城完成销售任务的两个关键点

两个关键点	具体内容
1	在商户大力促销及活动充分宣传的基础上,预期客流与提袋率增长相对容易实现,但客单价的大幅增长较为困难
2	根据历史经验,单日销售冲高最大的动力来自零售业态,而零售的释放一般集中于下午和晚上,上午时段的销售增长成为增量的关键时段

在大量数据研究的基础上,朝阳大悦城认为会员是解决这两大难题的重要手段,必须想办法将把最优质的会员吸引到店并刺激其充分购物。根据超过100万条会员刷卡数据的购物篮清单,将喜好不同品类、不同品牌的会员进行分类,并将会员喜好的个性化品牌促销信息进行精准的通知。同时设置会员到店礼、高额买赠等活动。还根据会员的消费记录,抓取出了在零售方面最有爆发力的TOP100会员,并对其进行电话邀约,针对这些高端VIP推出了当日满万赠全年免费停车的优惠措施。

通过以上措施,活动当天会员销售集中爆发,根据朝阳大悦城数据统计,当日销售总额、会员销售、坪效同比之前最高纪录增幅达46.9%、142.2%和45.3%(见图7.2)。其中,会员销售额占全场销售额的73%;会员人均消费近2000元,有力地拉动了全场的客单价,为全天销售大幅超过既定目标奠定了坚实基础。

有数据表明,朝阳大悦城的到店客人有超过50%是驾车客群,于是朝阳大悦城与之应对的策略是在电台做足广播,同时在地下车库坡道灯箱、电梯间等候屏、电梯门、电梯轿厢广告等位置做好对此部分客人的信息推送。前期的数据测算、周密地推广策划加上与运营租户的沟通,使本次活动最后的销售额达到了1715万元。

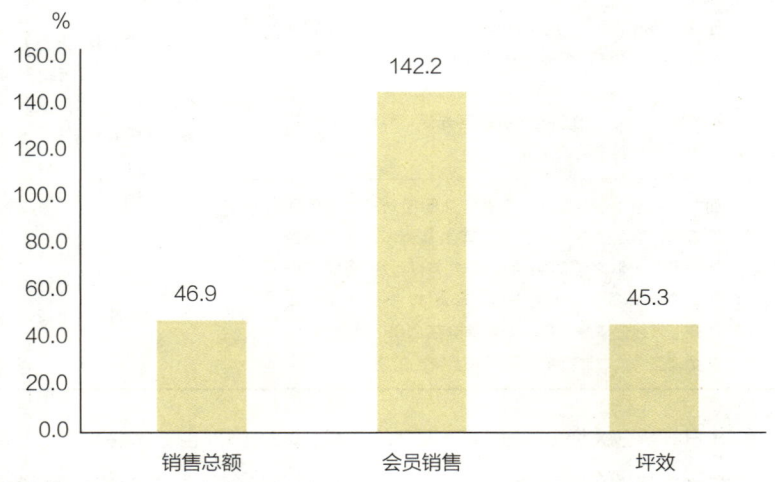

图7.2　2013年9月19日当日销售增长幅度

注:坪效,源于中国台湾商业领域的常用术语,是用来计算商场经营效益的指标。

2. 精准管理

在大数据工具的帮助下,朝阳大悦城得到了有效的商户评价,并以此来指导运营方进行商户扶持、商户管理和商户汰换。 具体情况见表7.3。

有效的商户评价是商户管理的基础,朝阳大悦城在租金销售矩阵的基础上根据抽成、租售比与增长情况建立了一组分析模型,能够全面评价商户的租金贡献性,销售成长性,单店盈亏收益性,诚信合规性,从而将商户进行分类,并且定期得出不同名单,帮助招商运营推广部门找到重点对象。

表7.3 基于大数据的精准管理方式

类别	具体内容	
销售好、租金高的属于明星类租户	在明星类租户中重点区分是否能抽成	抽成的商户进入白名单,是推广亮点商户
		在抽成临界点故意徘徊的商户纳入"黑名单",交给运营部门重点稽核
销售差、租金高的商户属于现金流租户	此类商户重点看是否亏损	亏损的商户也纳入"白名单",是推广扶持商户。 在推广扶持几个周期后,还要看其成长情况,如果成长仍然不理想,则进入"灰名单"给到招商部门,重点观察是否进行汰换

除此之外,朝阳大悦城还通过采集微博活跃度、微信热度、网站浏览情况,以及周边二手房指数、项目地铁沿线媒体投放价格等大量非结构性辅助数据,与销售变化进行结构化分析,提前预测区域内客群结构的变化,分析客群的潜在需求,有针对性地进行自我营销,以期在消费客群心目中树立品牌、赢得口碑。

〇 朝阳大悦城发现新的业务增长点

大数据的运用给朝阳大悦城带来的不仅是精准管理和销售额,还有新的业务增长点和发展空间。

1. 朝阳大悦城首家微信企业账号

朝阳大悦城在2010年正式开业之前,就有了自己的官方微博。 之后,朝阳大悦城还举办了多场大型活动,如"哆啦A梦诞生前100周年纪念特展""开往春天的地下铁——几米异想之旅"及"百店新开,时尚升级"等活动。 针对以上相关活动,朝阳大悦城都将微信账号作为对外发布包括图片、语音、文字等信息的首选互动平台,关注朝阳大悦城微信的用户,总是在第一时间就能获悉朝阳大悦城的动态信息,这使得朝阳大悦城微信账号具备完善的信息发布功能。 具体情况见表7.4。

表7.4 朝阳大悦城的微博、微信活动

日期	具体内容
2012 年	朝阳大悦城连续做调查，通过对到店消费者进行访问，了解消费者获取店内活动信息的渠道，而每次调查均显示，通过微博获悉朝阳大悦城活动信息的比例总是一次比一次高
2012 年 6 月	朝阳大悦城与腾讯微生活签署了合约。自此，大悦城微信微生活会员账号成为所有北京购物中心里的第一个企业账号
2012 年 7 月 1 日	北京朝阳大悦城举行了开通微生活会员卡有奖活动。当时，朝阳大悦城的星巴克、西堤牛排、将太无二、蜜桃餐厅等知名餐饮商家，Levis、玛花纤体、贝黎诗等近 30 家朝阳大悦城品牌商户成为商城微生活会员卡首批支持商家

这种与粉丝的密切互动和充满新意的微信活动，使得朝阳大悦城品牌得到了很好的传播。朝阳大悦城在圣诞期间做过的一次调研活动显示，有近 20% 的人是通过微信了解到大悦城的。具体情况见表 7.5。

表7.5 朝阳大悦城增加用户黏度的活动

活动	具体内容
几米中国好乡音	共征集到了 400 余位用户参加用家乡话朗读几米绘本的经典语句，而将这些用户的家乡拼在一起，几乎就是一张完整的中国地图
元宵灯谜"一猜到底"	在信息下发 3 个小时内就有近 2000 用户参与答题，且最终参与答题的用户达到 5000 人

针对以上的每次互动，朝阳大悦城都会利用微信后台分析活动效果，如掉粉率、动卡率等指标，了解活动的具体效果以便在下次活动时有的放矢。同时也将消费者通过微信查询、互动的内容进行数据分析，将微信作为了解顾客需求的观察室。

(1) 吸引线上人群到线下购物

朝阳大悦城通过各种宣传渠道大力推送，并在 500 余家商户中宣扬微生活会员卡，并协助商户与微信沟通，开通自己的专属会员卡，从而使得朝阳大悦城内的各商户微生活会员卡及朝阳大悦城微生活会员卡形成良性互动，扩大微生活会员卡的影响力及使用范围。

为了争取到商户给予微信会员更多折扣和优惠，朝阳大悦城在召开商户店长会时，邀请微信微生活工作人员与众多店长见面，亲自讲解微生活会员卡的魅力，使得商户更有信心加入到微信微生活的大家庭。同时，顾客来到朝阳大悦城，只要打开微信，即可享受到多家美食餐厅以及玩具反斗城、儿童职业体验馆等零售、体验、纤体类商户的优惠特权。

据统计，朝阳大悦城共有近 200 家商户参与过朝阳大悦城微信微生活的优惠折扣，而不少商户也是在参加完活动后，主动开通了自身的微生活卡，使得朝阳大悦城整体的新媒体营销提升不少。

(2) 微信会员卡与实体卡打通

随着微信微生活卡与实体会员卡的打通，朝阳大悦城也成为京城首家实现这一功能的购物中心。打通后朝阳大悦城的近20万的微信会员和12万实体会员将同时拥有实体会员卡和微信会员卡。微信会员卡会员不仅能享受到和实体会员卡会员一样的特权，还将可以通过扫描会员条形码进行消费积分，并享受积分提醒、积分查询、购物中心信息浏览、互动活动等服务。这次打通行为不仅将为30万会员提供便利和优惠，更蕴藏着O2O的更多可能，代表着实体商业和社交媒体合作共赢的趋势。

2. 大悦城首家试水手机淘宝支付体系

2014年3月8日，朝阳大悦城与电商巨头阿里巴巴展开合作，以三八妇女节档期为契机率先试水淘宝移动支付，并尝试打通线上线下通路，成为首家试水手机淘宝支付体系的大卖场。

（1）创新方式上下联动

目前，国内最大的移动购物入口——手机淘宝的微淘公众账号平台已经进驻了朝阳大悦城，用户在三八妇女节之前可以通过朝阳大悦城的微淘账号，免费领取朝阳大悦城商户的优惠券、红包及各种品牌折扣券等。具体情况见表7.6。

表7.6　朝阳大悦城与阿里巴巴就"3.8手机淘宝生活节"的合作

主题	内容
线上红包，线下消费	消费者在活动期间，关注朝阳大悦城微淘账户或"3.8手机淘宝生活节"相关活动页面，领取线下商家优惠券或秒杀购物红包，领取的优惠券或红包可于3月8日在朝阳大悦城消费时予以兑现，有效实现了实体商业的网络传播及线上引流目的
悦城请客，阿里埋单	朝阳大悦城于3月8日当天开通手机淘宝支付功能，消费者在活动商户使用淘宝手机支付平台进行购物结算时，即可参与支付抽奖免单活动，中奖概率高达10%（单笔消费最高免单金额不超过500元）。通过高中奖率的免单活动，刺激淘宝手机端的下载量和支付频率
既然是3.8，就要3.8	阿里巴巴对2014年3月8日朝阳大悦城内的影院、KTV和部分餐饮商户的电影票、使用卷和食品进行提前预买，之后以3.8元或3.8折的优惠价格交由网友抢购，这种直接让利的方式让消费者切实感受到线上线下资源的联动的"甜头"，也有效刺激了线上客流到实体店来体验

此次"手机淘宝3.8生活节"吸引了大量线下传统企业的参与，包括全国范围内的37家大型百货商场、1500个品牌专柜、230家KTV、288家影院、800家餐厅等。

（2）探索创新商业

在朝阳大悦城与手机淘宝联手"启动首届3.8生活节，打造移动端11.11"活动的同时，双方也将继续"以长补长"，探索对商业模式进行创新。双方正在积极探索O2O领域相关的发展计划，除线上线下流量互通及营销层面的合作外，双方的合作还将深入到支付、数据、会员管理、地理位置等方面。

三 朝阳大悦城大数据与 O2O 规划

作为国内目前发展势头最好、引领创新、颠覆传统的代表，大悦城也有着一套自己的发展逻辑，即用大数据来实现企业商业价值的最大化。

1. 以大数据为基础的 O2O 闭环

打造 O2O 闭环：O2O 闭环是一个闭合环路的商业逻辑，真正打通线上线下通路，将无论来自哪个方向的流量，成功转化为在本环路内的支付行为，完成 O2O 闭环。具体情况见图 7.3。

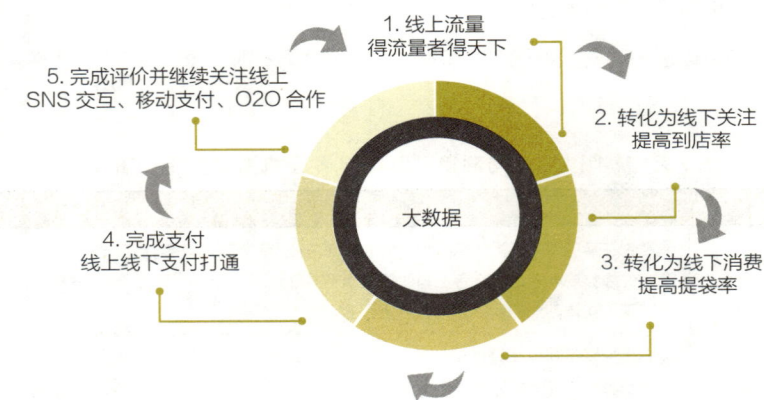

图 7.3　大悦城以大数据为基础的 O2O 闭环

2. 大数据资源的战略合作选择

大悦城大数据资源的战略合作选择就是：与线上资源充分融合，将线上流量有效导入线下，通过线下资源的逆向匹配，或者更多线上的轨迹，做好服务。即做好增量，盘活存量。具体情况见图 7.4。

图 7.4　大数据资源的战略合作选择

3. 大悦城 O2O 发展的阶段规划

大悦城 O2O 的发展规划共分 4 个阶段：大数据基础、SNS[①] 体系、B2C[②] 平台和 C2B[③] 模式。具体情况见图 7.5。

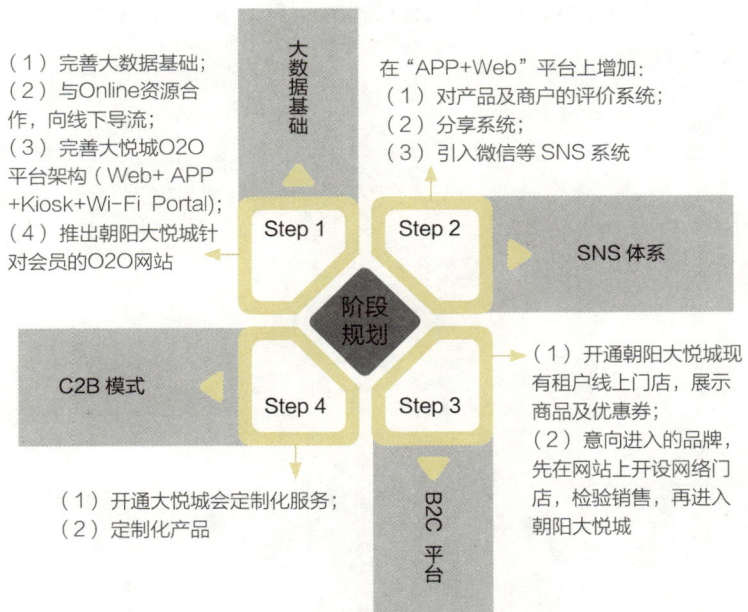

图 7.5　朝阳大悦城 O2O 发展的阶段规划

[①] 社交网站。
[②] 直接面向消费者销售产品和服务的商业零售模式。
[③] 消费者根据自身需求向企业定制产品模式。

（四）朝阳大悦城大数据的八大创新应用

应用1：数据抓取

数据抓取作为大数据建设的基础，可以提供最广泛的数据来源。具体情况见图7.6。

图7.6 数据抓取的途径

应用2：客流管理

客流管理是对客流数据加以统计和分析，进行多维度研究。例如，西单大悦城对Wi-Fi热点的捕捉与统计。具体情况见图7.7和图7.8。

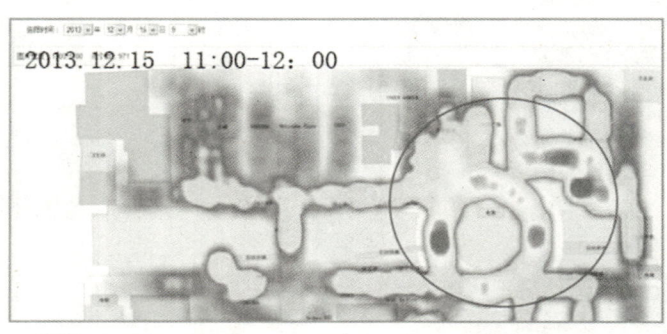

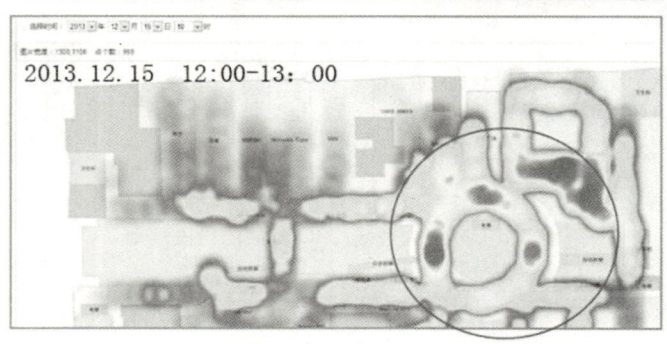

图7.7 1小时内特定区域人流涨幅查看

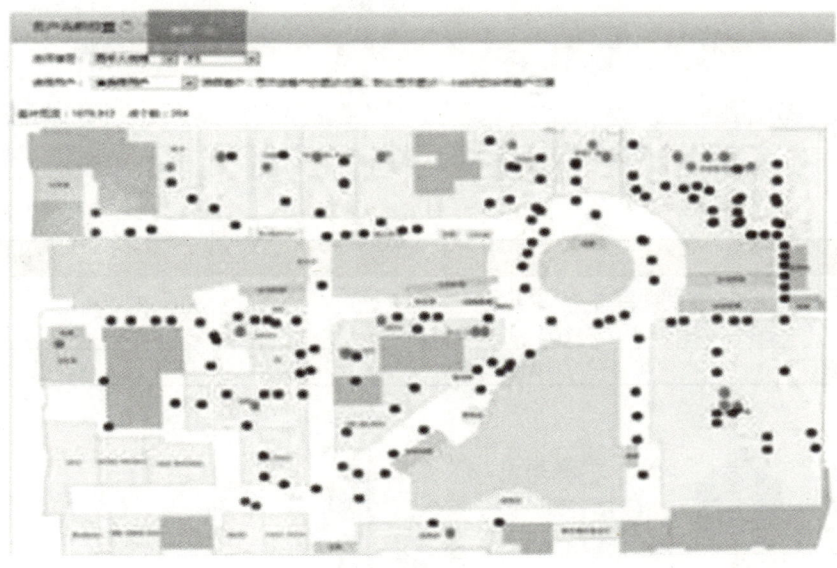

图 7.8　店内实时人流统计

应用 3：CRM 社群

自建大数据体系，依托完善的经营数据与消费轨迹数据，精准分析并进行营销投送，节省营销费用，增强传递效果。

通过与微信的合作，朝阳大悦城将微生活会员卡与实体会员卡打通，实现了精准会员管理与营销推送。具体情况见图 7.9。

图 7.9　朝阳大悦城与微信的合作

应用 4：精准营销

依靠消费结账"水单"为载体，结合大数据模型分析和信息的定向及统计功能，达到向目标客群精准推送的目的。具体情况见表 7.7 和图 7.10。

表 7.7 "水单"营销

类别	具体内容
自媒体传播	自媒体传播日益成为互联网社会最核心的传播途径
购物篮	"购物篮"分析是消费者精细化购物指导的核心沉淀
"水单"营销	"水单"营销开辟了对消费者行为习惯"最后一厘米"的管理

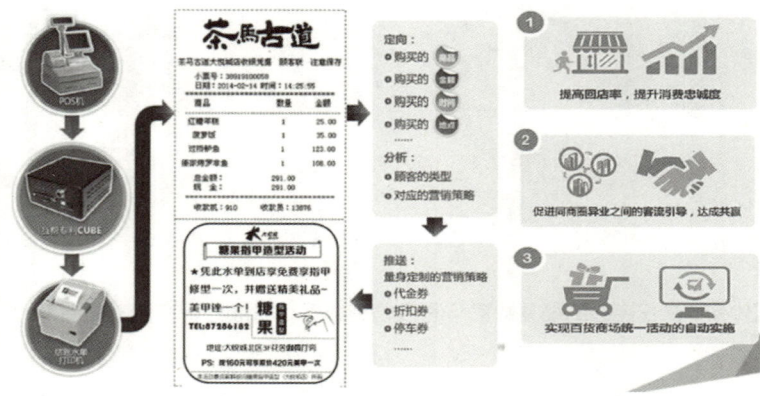

图 7.10 "水单"营销

应用 5：交互服务

基础服务功能：优惠信息、楼层导航、品牌导购、商场简介、交通信息。购物中心拥有独立后台，可随时远程更新所有商场基本信息、商场新闻和动态消费者能轻松了解商场的最新信息、动态，及交通信息。

商场商户信息发布体系：商场信息通过权限验证、发布、同步 3 个过程，保证精准、快速地发布到商场终端机、商场官方首页以及手机 APP 上。具体情况见表 7.8 和图 7.11。

表 7.8 交互服务

类别	具体内容
APP	大悦城 APP 应用成为移动终端的"吸客利器"
容易网终端	引入容易网终端，加强用户交互体验
iBeacon 技术	新技术为消费者带来更多融入购物中心的理由

O2O大数据应用——朝阳大悦城如何成为大数据营销典范

图 7.11　商场商户信息发布流程

应用 6：移动支付

朝阳大悦城与阿里巴巴合作发起"手机淘宝 3.8 生活节"活动。具体情况见图 7.12。

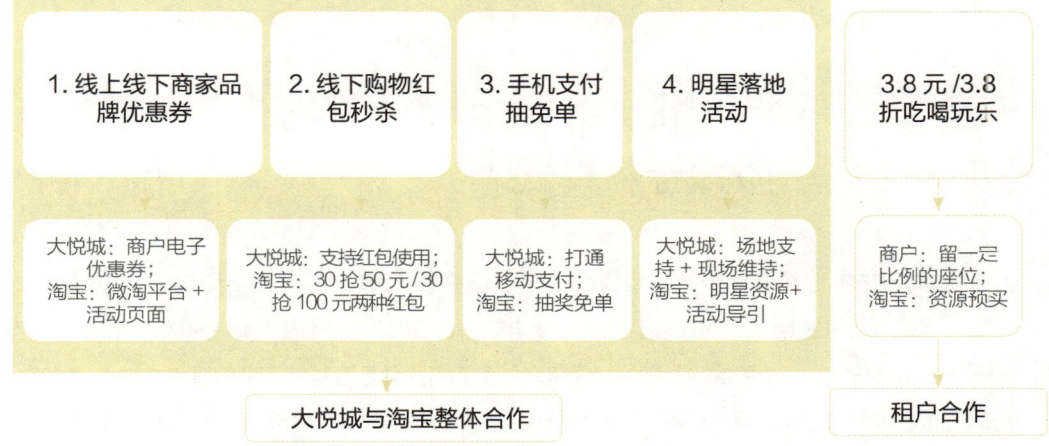

图 7.12　手机淘宝 3.8 生活节

应用 7：平台延伸

大悦城利用自身平台的优越性，面向小型电商平台，对平台进行充分的延伸与扩展。

应用 8：创新店铺

"我买网"虚拟超市入驻大悦城。

第二节

"轻资产"运营——万科与凯德的案例

万科的"小股操盘"被认为是借鉴了凯德置地对商业项目的运作模式,而毛大庆在来到万科之前,在凯德工作了15年。

在凯德,投资开发或收购的项目,会被打包装入境外成立的私募基金或者信托基金,凯德通常自己持有该基金一半左右的股权,另一半股权则由诸如养老基金、保险基金等海外机构投资者持有。当项目运作成熟并实现资产增值后,凯德又会以REITs的方式退出,再进行循环投资。

一、万科:"小股操盘"模式

万科的 2013 年年报数据显示,公司的净资产收益率自 1993 年以来不断上升,2013 年已达 19.66%。但是,公司的结算利润率已经连续 3 年下滑,2013 年同比下降 1.07 个百分点,至 12.01%。面对此形式,"小股操盘"下的"轻资产"运营模式会是万科接下来的重点方向。

目前,北京的金隅万科广场,已将 90% 的股份卖出,万科只占 10% 的股份;而深圳万科广场也正在寻找买方准备全部卖出。

1. 万科的"小股操盘"模式

2014 年 3 月,万科首次正式对外提出,未来企业在新获取项目中,将探索"小股操盘"的"轻资产"运营模式。万科的"小股操盘"是万科合作开发模式的进一步深化:企业在合作项目中不再投入资金,但项目仍由万科团队操盘,使用万科的品牌和产品体系,共享其信用资源和采购资源,通过输出管理和品牌获取管理费用和股权收益,从而实现以小股投资撬动大额收益的目标。具体情况见图 7.13 和图 7.14。

图7.13　万科的"小股操盘"模式

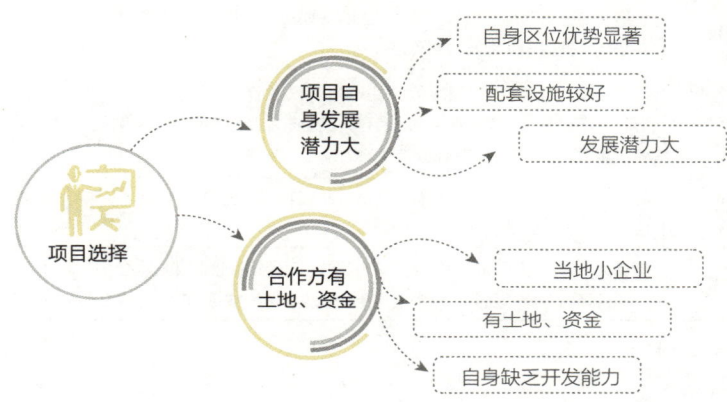

图7.14　万科"小股操盘"模式的项目选择标准

万科通过"小股操盘"模式获取管理费用、股权收益和超额收益。具体情况见表7.9。

表7.9　万科通过"小股操盘"模式获取的收益

三大收益	具体内容
1	凭借管理能力和专业技术，获取管理费用
2	凭借项目的小股投入，获取股权收益
3	凭借品牌溢价，根据与合作方的事先约定，在项目收益超过约定标准后，获取超额利润收益

2. 万科"小股操盘"模式解读

"小股操盘"的前提是万科的操盘能力、品牌能力能够获取足够的信任。具体情况见表7.10、表7.11、图7.15和图7.16。

表 7.10　万科"小股操盘"基本模式

模式	具体内容
小股	项目经营管理方（操盘者）持有一定股份，但不控股，甚至持股比例可低到 10% 左右
操盘	由项目经营管理方（操盘者）全权经营管理项目，其他投资人无论是否控股（在有多个财务投资人的情况下，可能不存在控股股东），均不干预项目具体经营管理
收益方式	操盘者先按照销售收入收取一定比例的管理费，然后按照股权比例进行收益分配； 分配比例与持股比例不一定相同，操盘者可以和其他投资人签订协议，按照项目最终的收益情况，设立浮动的分配方案

表 7.11　万科"小股操盘"模式细节

模式	具体内容
经营管理权/控制权	董事会席位应保障万科方有共同控制权（如对方有并表要求除外）； 总经理及管理团队为万科方委派
注册资金以外的其他投入	同股通投，同步拟对投资比例收回投资；不为合作方收回投资提供担保或承诺； 万科方不垫资；如有特殊情况、合作方资金未能及时到位，万科需要短时垫付资金的，须收取资金占用费/息（年利息 12% 以上）
分红/超额利润分配	除了按照实际投资比例分红外，还鼓励超额利润分配向万科倾斜，项目收益超过约定的标准后，增加万科方分红比例
管理人成本（品牌管理费）	管理人成本不低于项目销售金额 2.5% 的，可另行商谈收取日常技术支持服务费； 项目公司行政管理费用、营销费用另行据实列支，或按项目销售金额的一定比例（4% 左右）包干

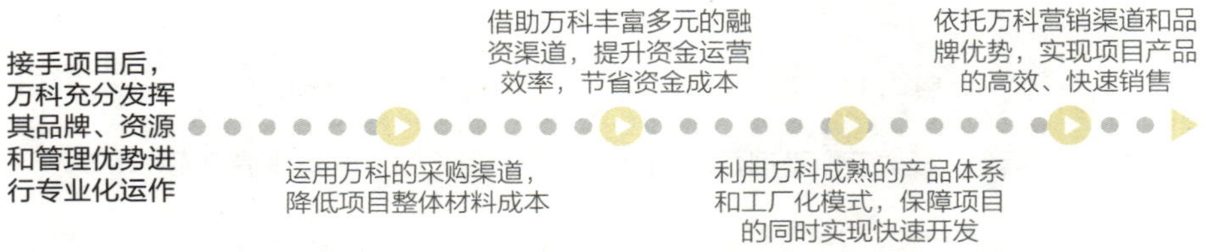

图 7.15　万科"小股操盘"运作流程

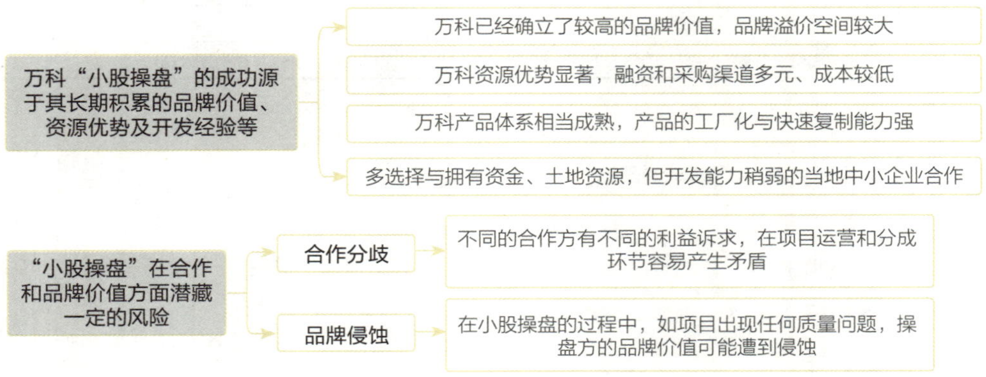

接手项目后，万科充分发挥其品牌、资源和管理优势进行专业化运作
- 运用万科的采购渠道，降低项目整体材料成本
- 借助万科丰富多元的融资渠道，提升资金运营效率，节省资金成本
- 利用万科成熟的产品体系和工厂化模式，保障项目的同时实现快速开发
- 依托万科营销渠道和品牌优势，实现项目产品的高效、快速销售

图 7.16　万科"小股操盘"模式评价

万科"小股操盘"的成功源于其长期积累的品牌价值、资源优势及开发经验等
- 万科已经确立了较高的品牌价值，品牌溢价空间较大
- 万科资源优势显著，融资和采购渠道多元、成本较低
- 万科产品体系相当成熟，产品的工厂化与快速复制能力强
- 多选择与拥有资金、土地资源，但开发能力稍弱的当地中小企业合作

"小股操盘"在合作和品牌价值方面潜藏一定的风险
- 合作分歧：不同的合作方有不同的利益诉求，在项目运营和分成环节容易产生矛盾
- 品牌侵蚀：在小股操盘的过程中，如项目出现任何质量问题，操盘方的品牌价值可能遭到侵蚀

二、凯德:"地产开发+资本运作"模式

凯德集团地产经营模式的核心是"地产开发+资本运作"的模式。凯德集团主要是通过凯德商用[①]中国发展基金以及凯德商用中国孵化基金进行资产收购(见表7.12),再通过让凯德商用中国信托(原"嘉茂零售中国信托")使用优先认购权的形式收购凯德集团在中国控股的商用物业。对于这些基金投资的物业,凯德商用中国信托拥有优先购买权。具体情况见图7.17。

表 7.12 凯德商用基金

类别	具体内容
凯德商用中国发展基金	属于私募基金,主要投资于中国零售商场,规模约6亿美元
凯德商用中国孵化基金	专注于购入中国国内已建成的零售商场,并进一步实现其重组、增值和出租目标

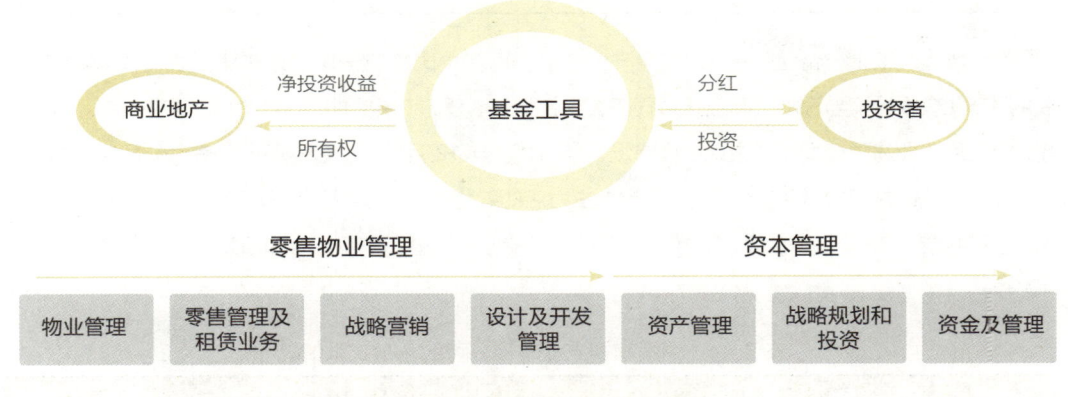

图 7.17 凯德商用的全业务链条

凯德集团在房地产金融业务方面走在了亚洲前列,融资成本低且运营管理能力强,截至2014年3月,旗下共管理6只房地产投资信托基金和17只私募基金。其中,投资中国的私募基金有12只(见表7.13),总规模约77亿美元;2只在华持有优质项目的房地产投资信托基金,在华资产总值约131亿元人民币,市值约140亿元人民币。支持凯德集团在中国房地产开发的基金和信托总规模超过100亿美元。

---

① 是新加坡凯德商用产业有限公司在中国设立的企业。

表 7.13　凯德集团在中国的 12 只私募基金（2014 年数据）

基金	金额（亿美元）	范围	地点	状况
凯德中国发展基金 I	4.00	住宅	中国	2005 年 10 月截止认购
凯德商用中国入息基金 II	4.25	具有升值潜力的商场物业	中国	2006 年 6 月截止认购
凯德商用中国入息基金	9.00	商场	中国	2006 年 6 月截止认购 2011 年 5 月兑换
雅诗阁中国基金	5.00	具有资产升值潜力的服务公寓项目	中国	2007 年 6 月截止认购
凯德商用中国发展基金 II	9.00	商场	中国	2007 年 9 月截止认购
凯德商用中国发展基金 III	10.00	主要开发零售物业	中国	2020 年到期
凯德中国发展基金 II	2.40	住宅	中国	2008 年 7 月截止认购
中国来福士基金	11.80	综合商用物业	中国门户城市	2008 年 12 月截止认购
长宁来福士合资基金	10.03	优质综合商业房产	中国	2010 年 10 月截止认购
朝天门地产信托	11.20	黄金地块项目	中国重庆	2012 年 9 月截止认购
CapitaLand Township Development Fund I	2.50	住宅开发	中国	2008 年 12 月截止认购
CapitaLand Township Development Fund II	2.00	住宅开发	中国	2013 年 3 月截止认购

　　凯德集团旗下上市企业——凯德商用产业有限公司在中国曾有一段迅速扩张期。2004 年底，凯德商用产业有限公司与深圳国际信托公司签署合作协议，双方在中国联合收购大型购物中心，这标志着凯德商用产业有限公司正式进入中国市场。自 2004 年 12 月起，凯德商用产业有限公司与深国投商用置业有限公司共同投资了 33 个以沃尔玛为主力店的购物中心。2009 年资产置换后，凯德商用产业有限公司共获得 22 个项目的全部股权，深国投商用置业有限公司获得 4 个项目及深国投广场的全部所有者权益及管理权。具体情况见表 7.14。

表 7.14　凯德商用产业有限公司的业务扩张情况

日期	具体内容
2005 年	2005 年初，凯德商用产业有限公司携手北京华联集团投资控股有限公司进军北方市场。当年 1 月，凯德商用产业有限公司便斥约 17.5 亿元收购了北京华联旗下的安贞华联商厦和望京华联商厦
2006 年	2006 年 10 月，又斥资 3 亿元将北京华联郑州店收入囊中。虽然凯德商用产业有限公司收购的项目租金均有增长，但是受购物中心自身设计、布局和主力店长期租约的制约，部分项目租金增长率很低
2012 年	2012 年 7 月初，设立资金总额为 10 亿美元、投资期限为 8 年的凯德商用中国发展基金 III，是截至目前凯德商用发起的最大私募基金，它现已投资于成都、上海两地的 3 个大型购物中心项目
2014 年 6 月	由于凯德商用产业有限公司将被 Sound Investment Holdings 完成收购后从港交所退市，因此凯德商用产业有限公司被剔出恒生环球综合指数及恒生外国公司综合指数成分股。从新加坡和中国香港地区相继退市后，上市还不足 6 年的凯德商用产业有限公司将重回母公司凯德集团的怀抱

1. 私募基金：有效减少资金沉淀，实现资产的快速周转

私募基金是凯德集团成功运作的重要支撑，在与机构投资者合作发起基金的过程中，凯德集团充分发挥了自己在房地产投资领域的专业优势，在按照一定比例出资的同时，还充当基金管理人，不但可以获得不菲的管理收入，还可以拓展房地产资产管理领域的业务，从而为凯德集团提供了长期的、稳定的资金来源。凯德集团参与发起的私募基金积极介入房地产开发环节，等到项目培育成熟之后，再把这些资产注入上市基金 REITs 里或者转手出售，在实现项目推出的同时，获得较高的溢价收益。

凯德集团可以将物业资产出售给旗下的 REITs，所得资金用于房地产市场的拓展扩张。这样可以有效减少资金沉淀，实现资产的快速周转，进而显著提高资金的利用效率。

早在 2003 年，凯德集团便成立了"凯德置地中国住宅基金"，筹集资金 0.61 亿美元，全部投放于凯德中国位于上海和北京的项目。鉴于中国对外资进行严格的审查和监管，该基金的发起实际上是凯德集团对中国房地产投资的一次"投石问路"过程。

在"凯德置地中国住宅基金"成功运作的基础上，凯德集团于 2005 年成立"凯德中国发展基金"，私募规模达到 4 亿美元。该基金成立 7 天之后，凯德中国就把部分资金投向考察已久的宁波市场，以 10.7 亿元拿下宁波江北区一块 9.8 万平方米的土地。

2. 上市 REITs：将成熟商业项目注入套现

目前，凯德集团旗下有 6 只上市 REITs，其中雅诗阁公寓信托（ART）和凯德商用中国信托在中国境内持有物业（见表 7.15）。凯德商用中国信托于 2006 年 12 月 8 日在新加坡证券交易所上市，是新加坡首只且唯一一只专注投资于中国购物中心的房地产投资信托。凯德商用中国信托基金的长期目标是投资位于中国（包括中国香港和中国澳门地区）、以零售商业地产为主的多元化收益型物业组合（见图 7.18）。

表 7.15　凯德集团在中国成立的两只信托（2014 年数据）

基金	金额（亿新加坡元）	范围	地点	状况
雅诗阁公寓信托	28.10	服务公寓	亚太、欧洲	2006 年 3 月截止认购
凯德商用中国信托	15.00	商场	呼和浩特、北京、郑州、上海、芜湖、武汉	2006 年 12 月截止认购

注：1 新加坡元约等于人民币 4.6 元。

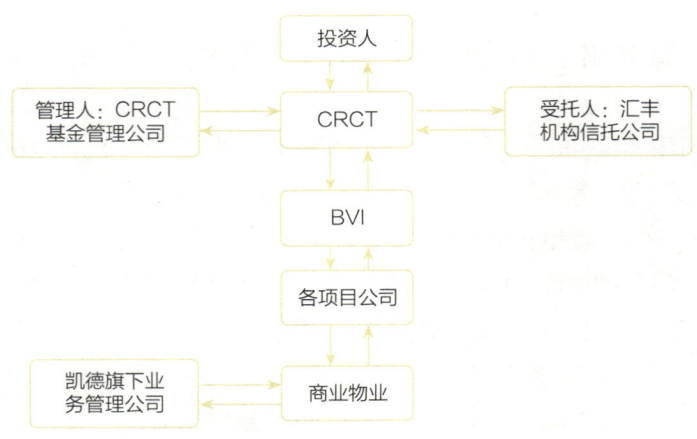

图 7.18 REITs 一般采用的架构方式

注：CRCT 即为凯德商用中国信托。

凯德商用中国信托在新加坡交易所上市，接受投资人认购基金单位，由凯德商用中国基金管理公司担当凯德商用中国信托基金的管理人，该基金通过离岸注册的壳公司持有位于中国境内的购物中心资产。与此同时，也为凯德旗下的商用物业管理公司提供物业服务。

由此可见，为凯德商用中国信托提供基金管理和物业管理的公司都是凯德的子公司，这样，凯德集团在持有商业物业一定比例权益、获取租金和升值收益的同时，还可以通过提供基金管理服务和物业管理服务收取费用。

通过 REITs 结构，凯德集团可以不断地将成熟商业项目注入套现，从而减少商业项目中的资金沉淀，加速资本的高效流动，充分提高资金利用率。

截至 2013 年 12 月 31 日，凯德商用拥有凯德商用中国信托 25.55% 的实际权益。凯德商用中国信托的物业组合包括分布于中国 6 座城市的 10 家购物中心，定位于一站式家庭型的购物、餐饮和娱乐中心。主力店包括沃尔玛、家乐福和北京华联等。截至 2014 年 3 月 31 日，凯德商用中国信托的资产规模约合 22 亿新加坡元。同时，由凯德商用管理的 3 只上市房地产投资信托及 6 只私募基金的资产总规模达 253 亿新加坡元。

3. 私募基金与 REITs 的互动

凯德集团自 1990 年参与发起了第一只私募基金后，2002 年又发起设立了第一只 REITs，此后就开始了"两条腿走路"的地产金融模式。特别是进入 2006 年以后，凯德集团开始有意识地在重点市场进行私募与 REITs 的"配对"发展。

(1) 凯德集团构建完善的投资物业成长通道

凯德集团（中国）主要是通过凯德商用中国发展基金及凯德商用中国孵化基金进行资产收购，再让凯德商用中国信托以优先认购权的形式收购凯德在内地控股的商用物业。地产基金化道路、成熟的全业务链与雄厚的人才积淀成为支撑凯德集团价值链的坚实基础。

凯德商用中国信托是新加坡第一只专注投资于中国商用地产的REITS；凯德商用同时还是中国香港地区第一只上市REITs——领汇房地产投资信托基金的战略顾问。此外，凯德商用旗下还拥有凯德商用中国发展基金Ⅰ、凯德商用中国发展基金Ⅱ、凯德商用中国孵化基金等多个私募地产投资基金。这样，凯德商用就同时拥有上市基金和私募基金等房地产金融工具，有助于其进一步完善在中国发展商用地产的一体化战略。具体情况见图7.19。

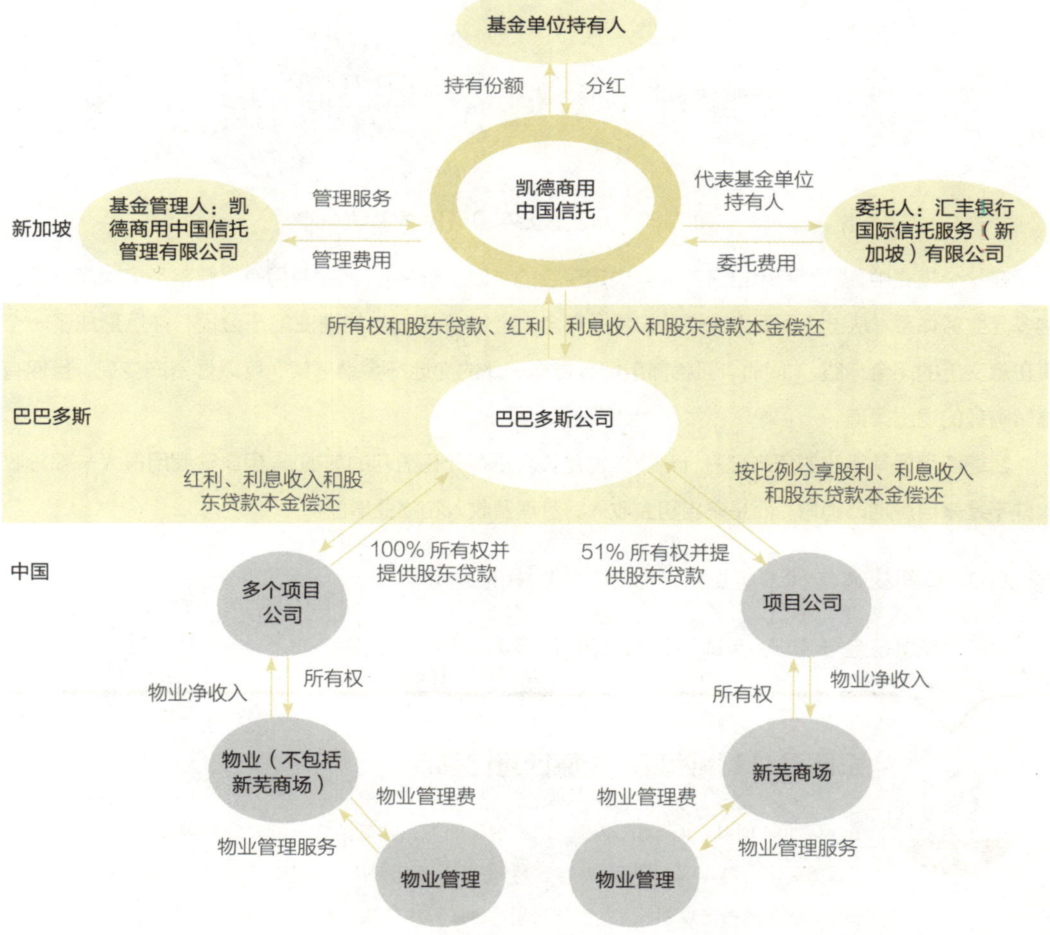

图7.19 凯德商用中国信托的资本运作

按照规定，凯德商用中国信托对凯德商用中国旗下的另外两只私募基金（凯德商用中国发展基金、凯德商用中国产业孵化基金）所持的物业拥有优先收购权，也就是说，两只私募基金持有的购物中心以后有可能通过卖给凯德商用中国信托来实现对上市 REITs 的资产注入。

基于 REITs 只能吸收成熟物业，而孵化和培育优质投资物业的工作则需要借助集团和私募投资人的力量，也就是说，REITs 为私募基金提供了退出渠道，而私募基金则为 REITs 输送了成熟物业项目，彼此间的相互支持成为凯德基金模式的关键，所以这种模式在每个地区同时推进了私募地产基金与 REITs 的发展。

（2）凯德商用对"私募基金与 REITs 互动"模式的运用

凯德商用的"私募基金＋REITs"模式是由于国内商业地产企业受制于金融环境的不配套而探索出的租售结合模式，同时，凯德商用这种畅通的资本渠道优势是先天性的。具体情况见图 7.20。

私募基金介入风险高、收益高的开发和并购环节，待购物中心培育成熟后再出售给 REITs，以实现资产的快速周转，显著提高资金利用效率

通过旗下的几只基金构成一条完整的闭合链条，从开发或收购到持有，从培育到上市套现，都可以在体系内部完成

图 7.20　私募基金与 REITs 的互动

在这个模式中，凯德商用自身的优势决定了它的难以复制性。凯德商用有贯穿整条房地产价值链的多元业务体系，从这个层面上来说，它是拥有全产业链价值优势的商业地产公司，并且形成了一个真正意义上的闭合环路。同时，凯德商用拥有贯通一体的房地产金融框架，可以做资产变现，且拥有非常有效的退出渠道。

凯德商用拥有系统的资产提升计划，这也是其获得多元化盈利的前提。但凯德商用很大一部分收入并不是来自房地产销售，而是来自租金收入、管理费收入和物业增值。

（3）"私募基金与 REITs 互动"模式在项目中的运用

关于"私募基金与 REITs 互动"模式的运用问题见如下两个案例：

凯德 MALL·西直门（原西直门嘉茂）

以凯德 MALL·西直门为例，凯德集团旗下私募基金之一的凯德商用中国产业孵化基金（凯德商用出资 30%）于 2006 年 5 月斥资 13.2 亿元从金融街建设手中买入西直门购物中心一期，之后的资产规划、设备重整和租赁运作等环节共投入资金大概 1.5 亿元。

案例

改造后的凯德MALL·西直门于2007年9月15日开始试营业,凯德商用中国信托(凯德持股6.3%)于2007年10月宣布准备以3.36亿新加坡元的价格收购凯德MALL·西直门一期,比当初孵化基金的收购价高出约30%,即使将凯德商用的后续改造投入计算在内,这次转手的溢价也高达16%。 2008年2月收购交易完成。 与此同时,凯德商用中国信托通过股票增发筹集了1.88亿新加坡元的资金用于此宗收购案,其余缺口则通过贷款解决。 增发价格是每股1.36新加坡元,而收购交易之前和之后的每股净资产分别为0.98新加坡元和1.06新加坡元,相当于投资者花费1.36新加坡元认购真实价值在1新加坡元左右的股票,溢价率在30%以上。 这样,凯德MALL·西直门就顺利完成了从私募基金到公开上市REITs的转移,从收购环节开始,凯德商用可以从资产管理、物业管理和基金管理等多个环节获得诱人的收益。

案例

凯德MALL·大峡谷(原首地大峡谷)

2013年,凯德商用通过首地大峡谷购物中心项目再次演练其拿手的"私募基金与REITs互动"模式,将首地大峡谷购物中心转手于凯德商用中国信托。 首地大峡谷是凯德商用全资附属公司CRI旗下物业,此次交易包括该购物中心所属公司CRI的16.7万股已发行股本以及2.15亿元股东贷款。 上述转让全部完成后,CRI不再为凯德商用的全资附属公司。 早在2013年7月通过CRI收购首地大峡谷时,凯德集团就在公告中指出,在凯德商用成功标得首地大峡谷购物中心后,凯德商用中国信托的管理人通过信托的托管人——汇丰机构信托服务(新加坡)有限公司,行使了优先购买权并与凯德商用签订了购买该购物中心的有条件协议。 首地大峡谷于2014年5月更名为凯德MALL·大峡谷。

综上所述,可以看出万科与凯德在资本运作方面有明显的差异。

③ 第三节

文化艺术体验——新世界K11购物艺术中心

上海K11购物中心由香港新世界集团开发，也是其旗下内地首个K11购物艺术中心，预计到2018年，香港新世界集团将在内地开出19个K11购物艺术中心。K11项目所挑选的地段均位于蕴藏丰富文化传统的城市心脏地带，对周边社区的本地文化传统、人文生活及历史地理等进行多维度的梳理与整合。上海K11项目打造了300平方米的市内生态互动体验种植区，有从33米高空飞泻而下的人工水景瀑布，整个建筑采用了大量的垂直绿化墙设计。

上海 K11 购物中心的具体情况见表 7.16 和表 7.17。

表 7.16　上海 K11 的基本信息

类别	具体内容	类别	具体内容
项目名称	上海 K11	商业物业类型	购物中心
开发商	新世界集团	商业总建筑面积	4 万平方米
项目位置	卢湾区淮海中路 300 号	铺位数量	120 个
项目总投资额	5 亿元	主要进驻品牌	Chloé、DOLCE&GABBANA、Max Mara、Vivienne Westwood
总建筑面积	4 万平方米	出租率	100%
项目开业时间	2013 年 6 月 28 日	日均人流量	每月人流 100 万
停车位	270 个	年租金或营业额	店铺日均收入在 20 万~40 万元人民币

表 7.17　上海 K11 的项目定位

类别	具体内容
总体定位	购物艺术中心和艺术舞台
客群定位	25～50 岁的中产阶级，拥有一定的经济能力，懂得享受并追求生活品位的消费者
类型定位	ShoppingMall，主题 Mall
经营定位	中档偏高消费
形象定位	艺术和文化象征及地标
风格定位	艺术·人文·自然相互融合
业态定位	时装配饰+餐饮+美容护理+生活配套

一 区域分析:上海淮海路商圈地标建筑

上海 K11 于 2013 年 6 月 28 日正式开业,位于上海黄金商务区的香港新世界大厦,经营场所为地下三层至地上六层,面积约 4 万平方米,周围配套设施成熟。西邻马当路,东靠黄陂南路,北依金陵路,前身为"香港新世界大厦购物广场"。周围有超过 15 家甲级写字楼及数十家五星级酒店,地下二层直接与轨道交通一号线黄陂南路站地下通道相连,地理位置得天独厚,是淮海路商圈地标性建筑。具体情况见图 7.21 和图 7.22。

图 7.21　上海 K11 主体建筑

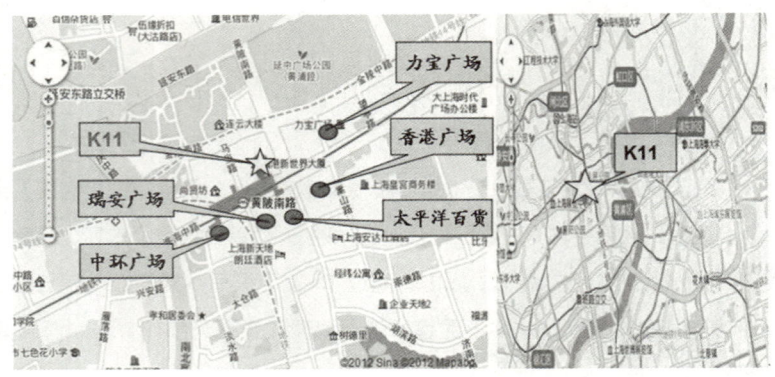

图 7.22　上海 K11 区位

二 品牌策略：近 20% 的零售品牌首次入驻上海

上海 K11 艺术购物中心的租户有 78 家，其中近 20% 的零售及餐饮品牌为首次入驻上海。该中心引进了国际品牌、时尚潮牌、特色美食和生活百货等近 80 个品牌，其中约 12% 的零售及餐饮品牌为首次入驻中国。

K11 购物艺术中心除引入零售、餐饮等业态外，还将艺术欣赏、人文体验、自然环保与商业进行融合。商场各处分布着 17 组国内外知名当代艺术家的作品，顾客可到咨询台进行免费艺游线路预约，在客服人员的讲解下参观游览。互动是商场的另一大特色，K11 地下三层近 3000 平方米的艺术空间将定期举办艺术展览、教育讲座及互动工作坊活动，而三楼的都市农庄也会每周进行互动种植。具体情况见图 7.23、表 7.18 和表 7.19。

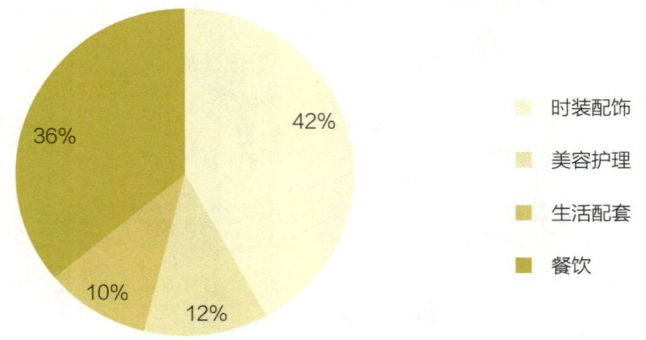

图 7.23　业态配比

表 7.18　K11 各层业态分布

楼层	业态分布
B3	3000 平方米的艺术中心免费提供不定期艺术作品展览，开设不同类型的艺术空间 主要打造成为女性生活馆，包含女性服装、配饰、美甲、美容等国内外知名品牌
B2	休闲轻食 代表品牌：ECCO、mrkt、ABC cooking studio、CHAME、食之秘
B1	时尚配饰、丽人美容 代表品牌：COCCINELLE、刘娟美甲沙龙、YAANG life、BAKER&SPICE
L1/L2	国际一线品牌 代表品牌：Max Mara、Chloé、Bally、巴宝莉
L3/L4	特色美食 代表品牌：极食餐厅、港丽餐厅、新元素、鸿星荟海鲜酒家 （L4 楼餐饮为复式双层，因此没有 L5 楼）
L6/L7/L8/L9	空中花园/停车场

表 7.19　K11 各业态主要入驻品牌

业态	入驻品牌
时装配饰	axes femme、巴利、Be in Lover、贝丽飞、巴宝莉、Chloé、可奇奈尔、collect point、杜嘉班纳、d'zzit、爱步、佐丹奴、哈瓦那/杜德/都达斯、意布鲁斯、睛姿、LOCE MOSCHINO、麦克斯·马勒、美思嘉、Morellato、马克兔、ON&ON/W. doubleudot/lapalette、PAULE KA、P. PLUS、RED Valentino、retrogallery、rosebullet、铁达时、斯帕颂、Vivienne Westwood、零一零眼镜店
美容护理	CellCare、梵珀巴黎法式发艺、Green Massage、刘娟美甲沙龙、Neroly、有机家、魅丽奇、思亲肤、羱臣氏
生活	ABC 料理工作室、趣奇、宜丽客、创 e 品位、物心、Sanrio、婷意花宇、托尼诺·兰博基尼、YAANG life
美食	阿吾罗日本料理·铁板烧、Azul Urban、铭品番茄、港丽餐厅、新元素、合点寿司、极食餐厅、花丸乌冬面、HOME THAI RESTAURANT、九点半、比萨马上诺、鸿星荟海鲜酒家
咖啡	BAKER&SPICE、咖世家咖啡、Cova、简单生活、Musk Cat Coffee
甜品	琳、宝珠奶酪、茶米、宝珠奶酪、茶米、西树泡芙/洛林挞屋

三　建筑设计：获得美国 LEED 金奖的认证

作为中国内地首家购物艺术中心，上海 K11 秉承将艺术、人文、自然三大核心元素相融合的品牌价值，为公众带来集艺术欣赏、人文体验、自然环保与购物休闲于一体的优质生活，其绿色设计、可持续发展的环保理念更获得了美国 LEED 金奖的认证。

K11 中庭有一个 33 米（9 层楼）高的人造瀑布"飞流直泻"（见图 7.24）。在中庭广场，除了有瀑布、阳光顶外，还有大面积绿叶成茵的垂直绿化墙，一年四季都郁郁葱葱。

图 7.24　商场中庭 33 米（9 层楼）高的人造瀑布

在 3 楼的都市农庄一角，K11 将流行游戏"开心农场"实体化，把 300 平方米空间打造成室内生态互动体验种植区，养起了香猪，采用多种高科技种植技术，模拟蔬菜的室外生长环境，种植了奶油生菜、菠菜等，并专门辟出了体验种植区，让来到 K11 的所有顾客"零距离"接近自然，体验种植的乐趣。具体情况见图 7.25。

图 7.25　K11 室内的"开心农场"

上海 K11 外观采用垂直绿化墙设计并在六楼天台建有屋顶花园,在地下 3 层有一个 3000 平方米的艺术空间,定期举行向公众免费开放的艺术展览、工作坊、艺术家沙龙和教育讲座等,以此构建艺术家与公众的交流平台。 同时,还设有受白领青睐的"K11 文化学院"等。

K11 临淮海中路沿街安装了形态各异的装饰木马,与正门环形旋转木马相呼应,色彩鲜明、生动有趣,充满艺术气息。 每整点钟木马就开始十分钟的环绕活动,十分有趣,但其不足之处在于仅限观赏,不包含其他游玩功能(见图 7.26)。

图 7.26　上海 K11 的装饰木马

由钢管、不锈钢、三角玻璃打造的大树完美地将屋顶玻璃幕墙延伸至室内圆形休息椅处,不仅增加了休憩处的美感,还完美地融进自然元素,令整棵由现代材质打造的大树在 B1 楼的中庭上空不显突兀(见图 7.27)。 如此设计,首先,令建筑物具有采光、遮阳、避雨的功能;其次,能让消费者便捷、快速地到达 B1 楼,从而增加 B1 楼的客流量。 同时,类似于美术馆的现代设计风格增加了其高端奢华的感受。

图 7.27　由现代材质打造的大树

标志性的垂直绿化墙与年轻艺术家打造的金属蝴蝶融为一体,平面钢板镂空切割的蝴蝶在变化的灯光下幻化出不同色彩(见图7.28)。 垂直摆放的绿色植物是K11的一大亮点,是对"环保"主题的精准诠释。 远远看去绿植排布规整、色彩清晰,其创意理念和技术支持令人叹为观止。

图 7.28　垂直绿化墙与金属蝴蝶

四　借鉴意义

1. 运营特色

商场的休息处、电梯内、扶梯旁,随处可见国内外知名设计师的创作(见图7.29),作为购物中心的新兴业态,K11似乎更能完美地融合艺术与商业。 让大众在休闲或购物的同时,可欣赏到不同的艺术作品,既可培养市民对艺术的欣赏,也可让年轻艺术家获得更多机会创作及发表作品。

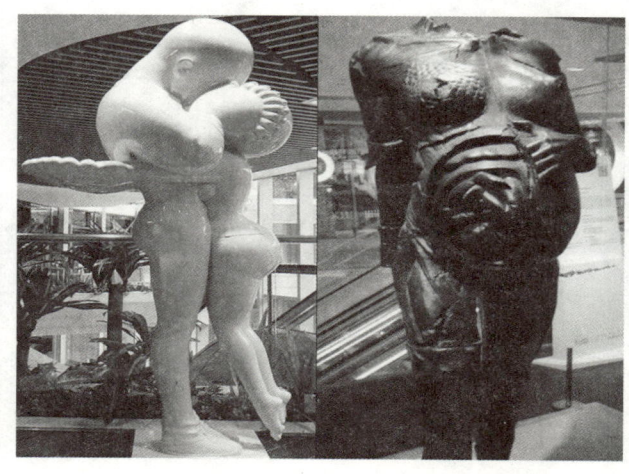

图 7.29　设计师的创意作品

与其他商场不同的是，K11 在 B2 楼开辟了一个小小的吸烟室，解决了某些烟民逛商场的苦恼；吸烟室对面为 ATM 取款室，里面安置了 4 台不同银行的自动柜员机。

K11 的精致体现于在任何角落都能发现呈现给顾客的诚意，不管是扶梯下的动感体验机还是垃圾桶、楼梯角落标志性的 3 盏提灯及洗手间就近的走廊上设置的一排木质长椅，都让人感觉到一分的舒适惬意。具体情况见图 7.30。

图 7.30　上海 K11 的布置细节

位于 3 楼的极食餐厅将自然与环保融入精美的菜色中（见图 7.31）。整片的玻璃幕墙内种植着各类的菌菇与各种绿色蔬菜，与 3 楼 K11 的都市农庄有机地结合在一起，既肯定了品牌的特色又增加了对客户的视觉冲击力。

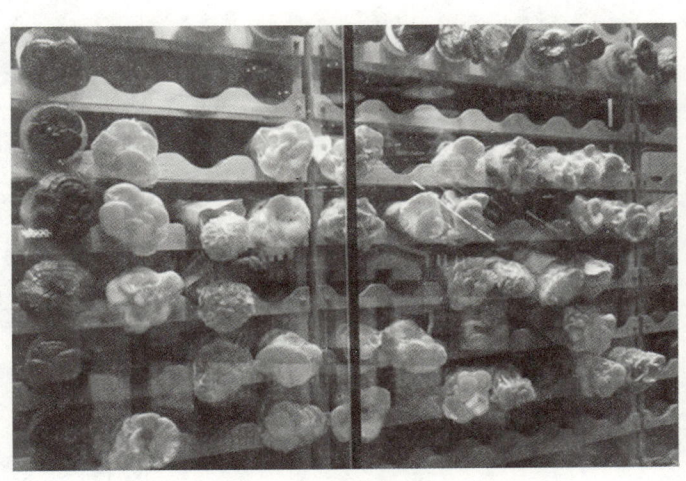

图 7.31　上海 K11 的极食餐厅

2. 优势和不足之处

香港新世界集团开发的 K11 优劣势同样明显，具体情况见表 7.20。

表 7.20　K11 的优势和不足之处

优势	不足之处
（1）K11 将艺术欣赏、人文体验、自然环保完美结合和互动，创造出具有无限创意、自由及个性化的生活品牌，为大众带来前所未有的感官体验； （2）独特的主题性购物中心结构、浓重的小资情调吸纳了众多年轻时尚的消费客群； （3）注重细节，品质优越； （4）项目的各个角落都有艺术品，在逛商场的同时可以给人带来惊喜，增长顾客逗留时间； （5）"五官营销"运用娴熟	（1）对城市规模、地理位置、物业条件要求较高； （2）艺术资源的可持续消费有待观察； （3）过于强调互动、体验的业态，对能否带动零售销售，需要再观察； （4）停车位太少，仅为 270 个

注："五官营销"是指以"体验"为核心，按照人的五大感官进行分类和组织的营销宣传手段。

第八章

大数据告诉你
未来商业地产的发展趋势

在商用土地方面,其市场历经两年的火热,开发企业手中已握有充足的土地。从目前各级城市的表现来看,不同级别的城市商用土地呈现出明显的分化:一线城市主城区优质土地因稀缺仍然呈高溢价态势;而二线城市的土地市场则因大型房企规避风险调转方向回归一线城市,溢价率下降明显。

在品牌商户方面,餐饮和零售业态因电商的可替代性不同,展现出不同的拓展姿态,餐饮开店意愿明显,而更多零售品牌则积极尝试在线上开店。

因受电商冲击较大,零售行业持续萎缩,高奢及轻奢品牌的开店步伐依然停滞不前;而之前积极开店的快时尚品牌也放缓了开店节奏,态度趋于谨慎,选址上更倾向于市中心核心商圈,对于偏远地区的新兴商圈,则不敢盲目进入。此外,零售品牌积极尝试线上平台的搭建,进驻天猫,如Zara、CalvinKlein,均开设了线上销售业务;而A&F、H&M和Hollister等时尚休闲品牌在中国的网上商店也正式上线。

为此,本章内容将根据近几年商用土地交易、商用项目开发、热点零售业三大方面的数据来分析商业地产未来的发展趋势。

第一节

从商用土地交易数据看商业地产未来的开发规模

根据2014年全国商用土地交易数据,从区域来看,华东地区商用土地成交占比达34%,位居全国第一;居第二位的是西北地区,商用土地成交占比为17%;以下依次为:西南地区商用土地成交占比为15%,华中地区和华北地区商用土地成交占比均为11%,东北地区和华南地区商用土地成交占比均为6%。

2014年全国各区域商用土地成交占比具体情况见图8.1。

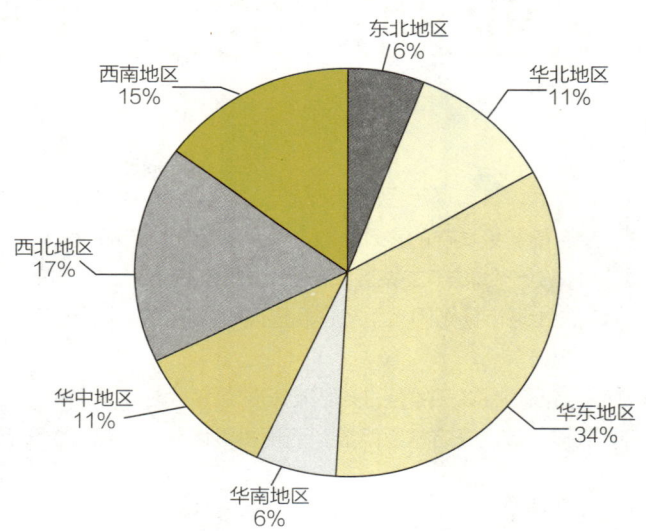

图8.1　2014年全国各区域商用土地成交占比

资料来源:赢商控股战略研究中心。

从成交面积来看,2014年,华东地区商用土地成交面积达8513万平方米,位居第一;其次是表现较为活跃的西北地区,商用土地成交面积达4080万平方米。从同比增长情况来看,全国各大区域商用土地成交面积均低于2013年同期。其中,华东地区商用土地成交面积下降幅度最大,同比下降50%;其次为华北地区,同比下降42%。具体情况见图8.2。

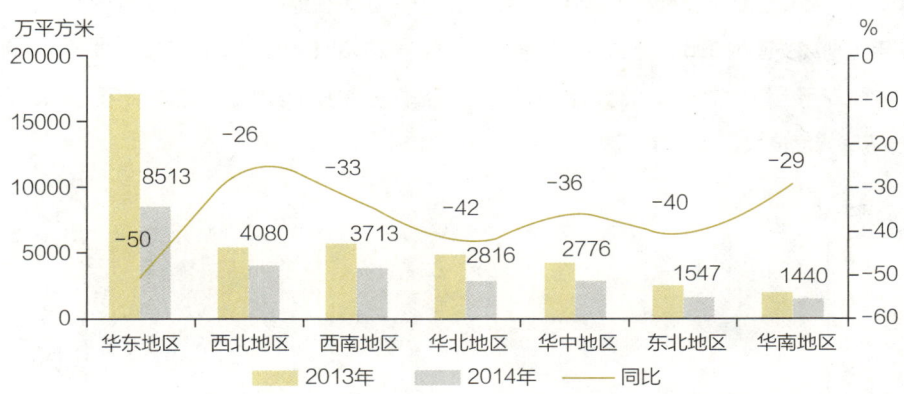

图 8.2　2013 — 2014 年各大区域商用土地数据成交面积

资料来源：赢商控股战略研究中心。

从各大区域来看，预计到 2017 年，华东地区新增商业面积 5108 万平方米，位居全国第一；其次是西北地区，预计新增商业面积 2448 万平方米。具体情况见图 8.3。

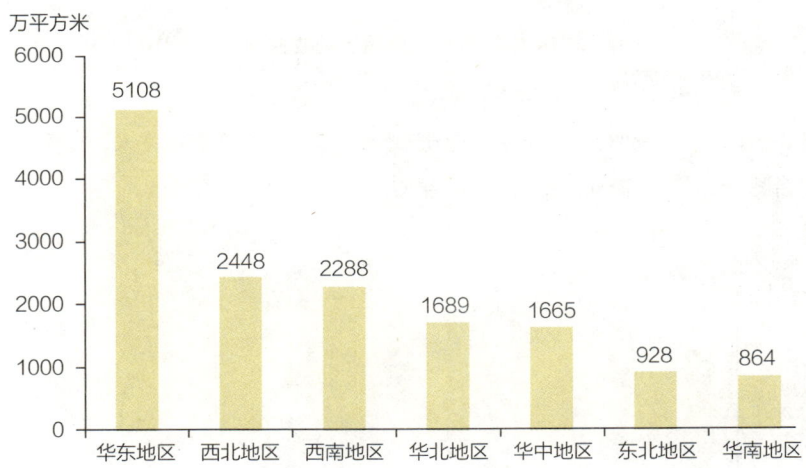

图 8.3　预计到 2017 年全国各区域新增商业面积

资料来源：赢商控股战略研究中心。

一 华东地区典型城市商用土地成交 TOP10

从商用土地成交面积来看，2014 年，华东地区商用土地成交面积排名前 10 的城市分别是：维坊、合肥、徐州、宿迁、盐城、湖州、上海、济宁、芜湖、常州。

其中，潍坊商用土地成交面积为854万平方米，位居据华东地区第一，同比增长127%；其次是合肥，商用土地成交面积396万平方米，位居第二，但与2013年相比，同比下降11%。从同比涨跌幅来看，湖州商用土地成交面积同比增长638%，增幅位居华东地区第一；盐城商用土地成交面积下降63%，下降幅度最大。具体情况见图8.4。

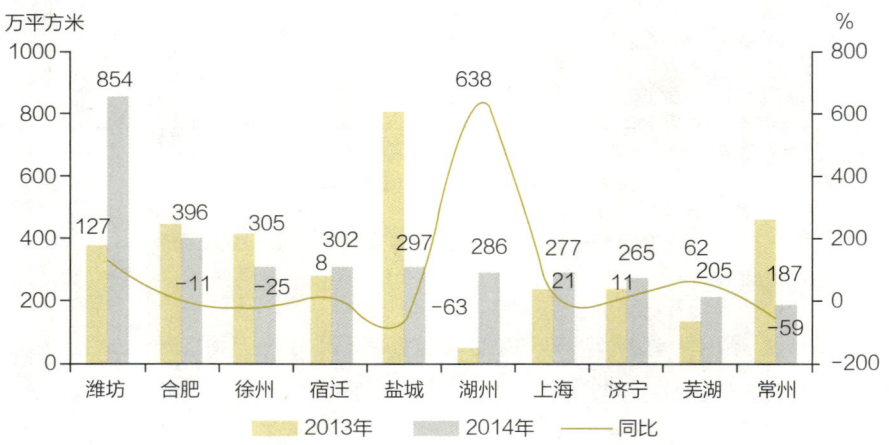

图8.4　2014年华东地区商用土地成交面积TOP10

资料来源：赢商控股战略研究中心。

预计到2017年，在华东地区各城市中，潍坊新增商业面积为512万平方米，位居第一，远超其他城市；其次是合肥，预计新增商业面积为237万平方米。具体情况见图8.5。

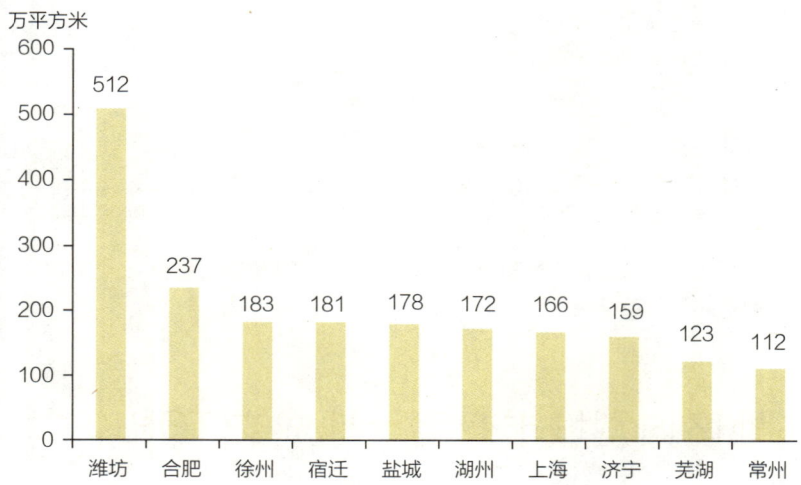

图8.5　预计2017年华东地区新增商业面积

资料来源：赢商控股战略研究中心。

二 华南地区典型城市商用土地成交 TOP10

从商用土地成交面积来看，2014 年，华南地区商用土地成交面积排名前 10 的城市分别是：深圳、珠海、佛山、河池、韶关、梅州、揭阳、河源、广州、惠州。

其中，深圳商用土地成交面积为 212 万平方米，位居华南区各大城市第一，同比增长 637%，增长幅度位于华南地区第一；其次是珠海，商用土地成交面积 115 万平方米，位居第二，与 2013 年相比，同比增长 142%。从同比涨跌幅来看，惠州商用土地成交面积下降 42%，下降幅度最大。具体情况见图 8.6。

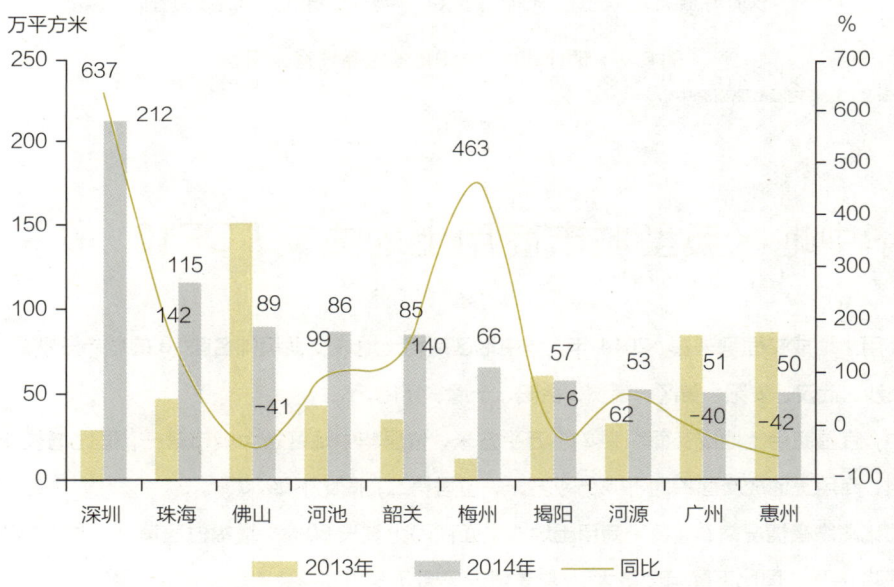

图 8.6 2014 年华南区商用土地成交面积 TOP10

资料来源：赢商控股战略研究中心。

预计到 2017 年，在华南区各城市中，深圳新增商业面积为 127 万平方米，位居第一，远超其他城市；其次是珠海，预计新增商业面积为 69 万平方米。具体情况见图 8.7。

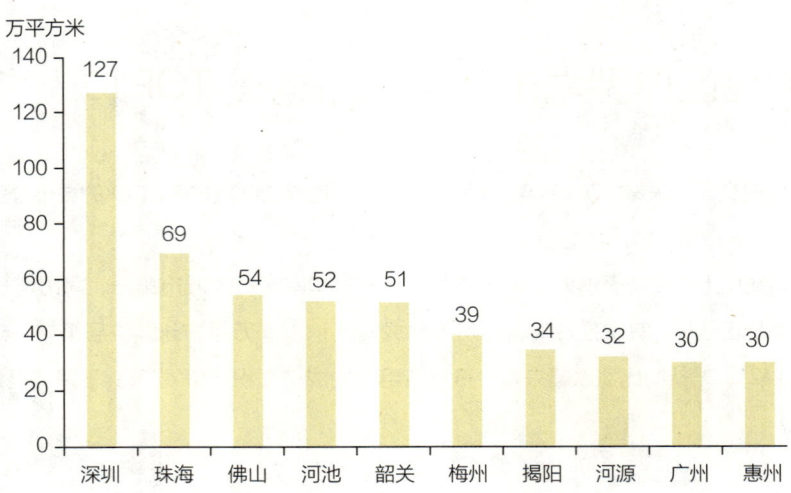

图 8.7　预计 2017 年华南地区新增商业面积

资料来源：赢商控股战略研究中心。

三 华中地区典型城市商用土地成交 TOP10

从商用土地成交面积来看，2014 年，华中地区商用土地成交面积排名前 10 的城市分别是：宜昌、郑州、长沙、武汉、安阳、黄冈、襄樊、岳阳、十堰、怀化。

其中，宜昌商用土地成交面积为 211 万平方米，位居华中地区各大城市第一，同比增长 65%；其次是郑州，商用土地成交面积为 175 万平方米，位居第二，同比下降 30%。

从同比涨跌幅情况来看，黄冈商用土地成交面积同比增长 80%，增幅位居第一；长沙商用土地成交面积下降 54%，同比下降幅度最大。具体情况见图 8.8。

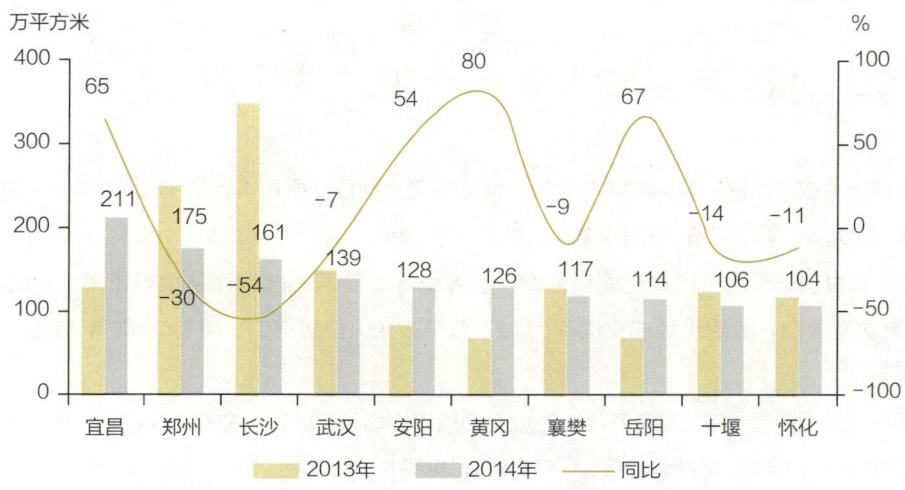

图 8.8 2014 年华中地区商用土地成交面积 TOP10

资料来源：赢商控股战略研究中心。

预计到 2017 年，在华中地区各城市中，宜昌新增商业面积 127 万平方米，位居第一；其次是郑州，预计新增商业面积 105 万平方米。具体情况见图 8.9。

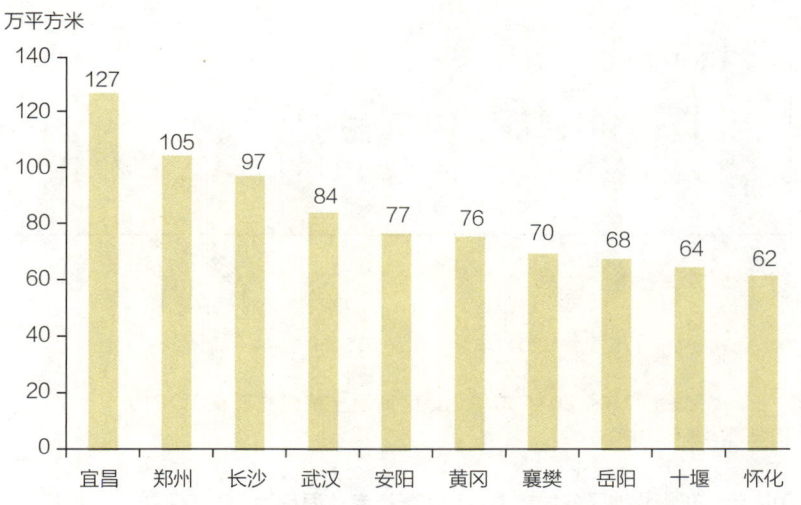

图 8.9 预计 2017 年华中地区新增商业面积

资料来源：赢商控股战略研究中心。

四 华北地区典型城市商用土地成交 TOP10

从商用土地成交面积来看，2014 年，华北地区商用土地成交面积排名前 10 的城市分别是：乌兰察布、唐山、北京、鄂尔多斯、天津、赤峰、呼伦贝尔、保定、沧州、廊坊。

其中，乌兰察布商用土地成交面积为 304 万平方米，位居华北地区各大城市第一，同比增长 221%；其次是唐山，商用土地成交面积为 277 万平方米，位居第二，但与 2013 年相比，同比下降 3%。

从同比涨跌幅来看，乌兰察布商用土地成交面积同比增长 221%，增幅位居第一；鄂尔多斯商用土地成交面积下降 68%，下降幅度最大。具体情况见图 8.10。

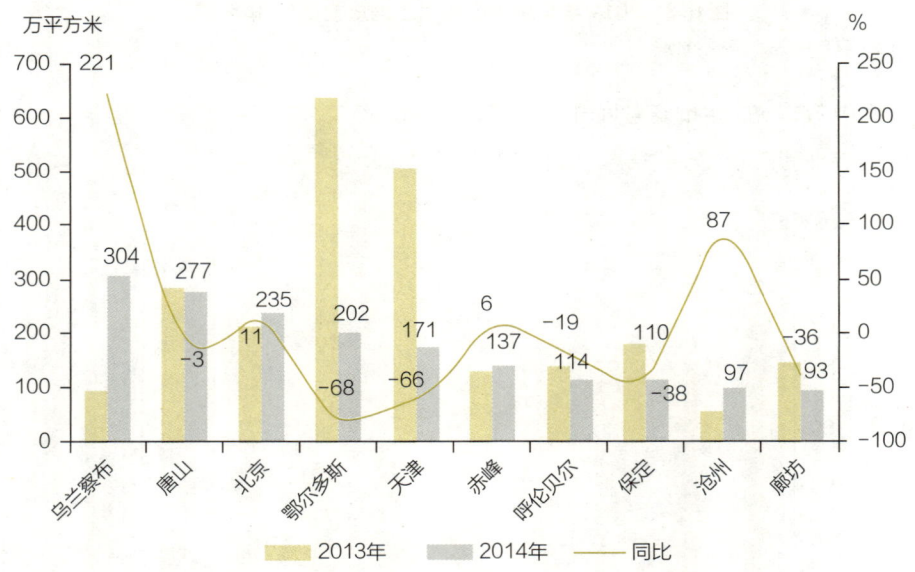

图 8.10　2014 年华北地区商用土地成交面积 TOP10

资料来源：赢商控股战略研究中心。

预计到 2017 年，在华北地区各城市中，北京新增商业面积为 141 万平方米，位居第一；其次是天津，预计新增商业面积为 103 万平方米。具体情况见图 8.11。

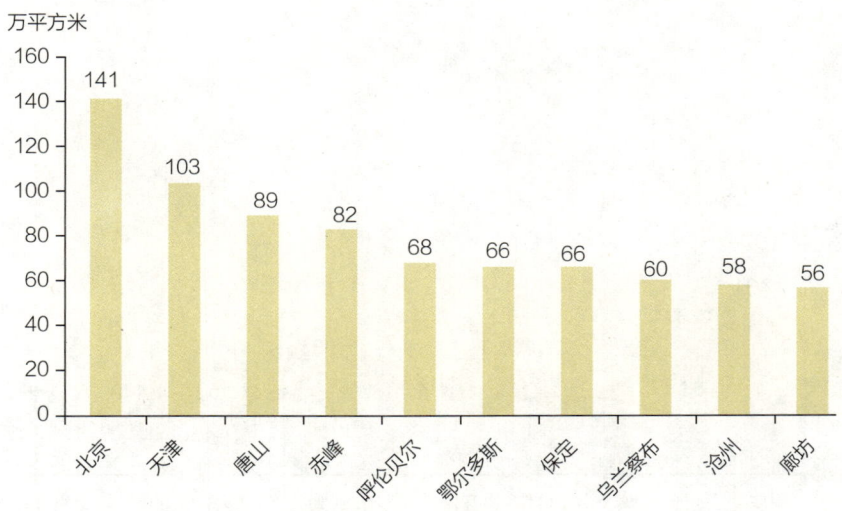

图 8.11　预计 2017 年华北地区新增商业面积

资料来源：赢商控股战略研究中心。

（五）西南地区典型城市商用土地成交 TOP10

从商用土地成交面积来看，2014 年，西南地区商用土地成交面积排名前 10 的城市分别是：重庆、成都、遵义、黔南、昆明、眉山、临沧、贵阳、资阳、南充。

其中，重庆商用土地成交面积为 401 万平方米，位居西南地区各大城市第一，同比增长 2%；其次是成都，商用土地成交面积为 334 万平方米，位居第二，与 2013 年相比，同比下降 63%。

从同比涨跌幅情况来看，南充商用土地成交面积同比增长 694%，增幅位居第一，成交面积为 143 万平方米；昆明商用土地成交面积下降 49%，下降幅度较大，成交面积为 158 万平方米。具体情况见图 8.12。

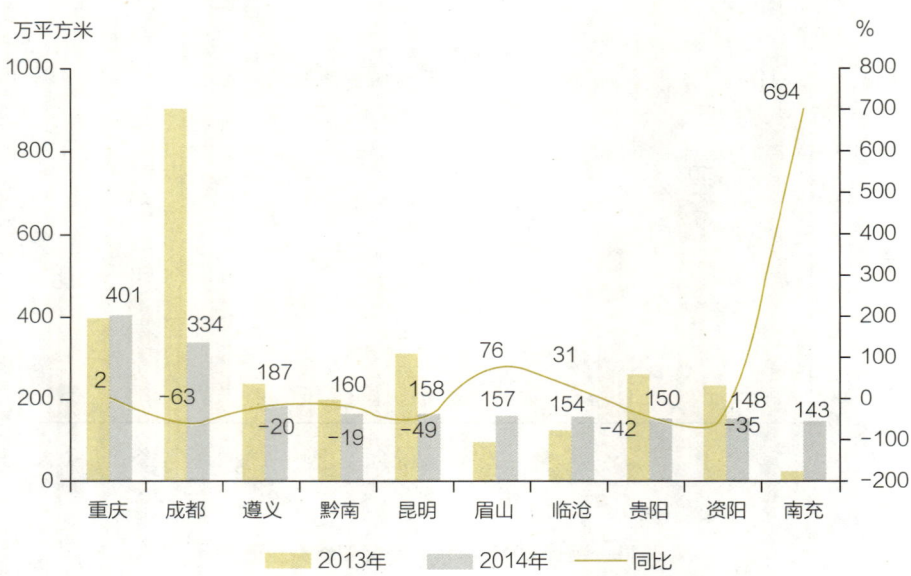

图 8.12　2013 — 2014 年西南地区商用土地成交面积 TOP10

资料来源：赢商控股战略研究中心。

预计到 2017 年，在西南地区各城市中，重庆新增商业面积 240 万平方米，位居第一；其次是成都，预计新增商业面积为 201 万平方米。具体情况见图 8.13。

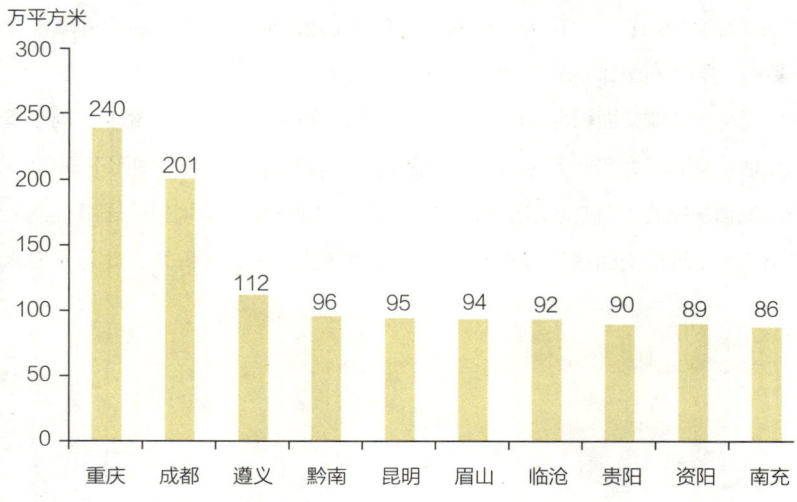

图 8.13　预计 2017 年西南地区新增商业面积

资料来源：赢商控股战略研究中心。

第二节

从购物中心开发数据看未来商业体量

随着中国经济快速发展,城市持续扩容,当下一线城市已具备发展郊区购物中心的条件,而一些郊区"商业基因"也正逐渐形成。另外,根据世界城市化发展引起零售业变迁规律的判断,由于中国一线城市的城镇化率均超70%,因此某些城市的商圈发展已处于高级阶段,核心商圈、次级商圈、边缘商圈各自发展,形成商圈多中心集聚现象。

一 一线城市购物中心体量分析

经过多年的发展,中国一线城市商业地产市场逐渐成熟,市场不断向郊区外延,土地供应紧张态势加剧,开发商对市区零星地块的开发格外精细。目前,中国一线城市的大部分新增购物中心均集中在城市外围非核心商圈。

1. 广州购物中心开业面积遥遥领先

在统计期间,广州、深圳、天津[1]等城市购物中心的发展正处于高速增长阶段,这3个城市购物中心的发展历史相对较短、成熟度稍弱;而北京、上海的购物中心发展较早、成熟度较高,在统计期间刚好处于平稳增长阶段。

从购物中心开业面积来看,广州购物中心开业以339万平方米面积居一线城市首位;天津发展相对落后,购物中心开业面积仅为143万平方米。具体情况见图8.14。

---

[1] 为了便于比较分析,本节内容把天津纳入一线城市范围。

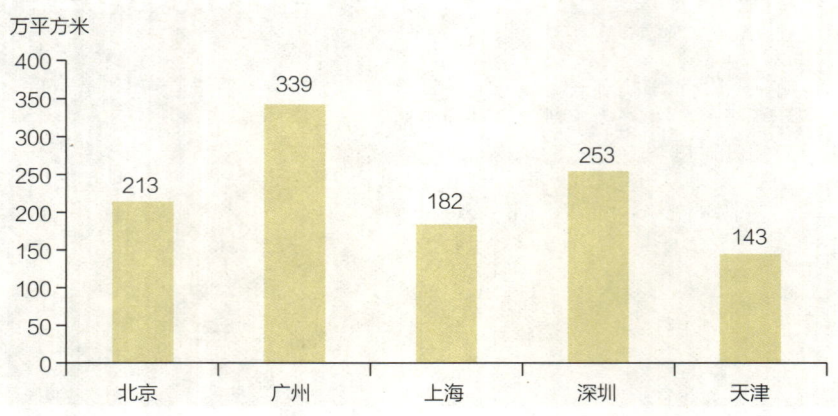

图 8.14 一线城市购物中心开业面积

从购物中心开业数量来看,广州购物中心开业数量依然占一线城市首位,天津开业数量同样较少;而需注意的是,上海购物中心开业数量较多,但是开业面积相对较少,意味着上海购物中心趋于小型化发展。具体情况见图 8.15。

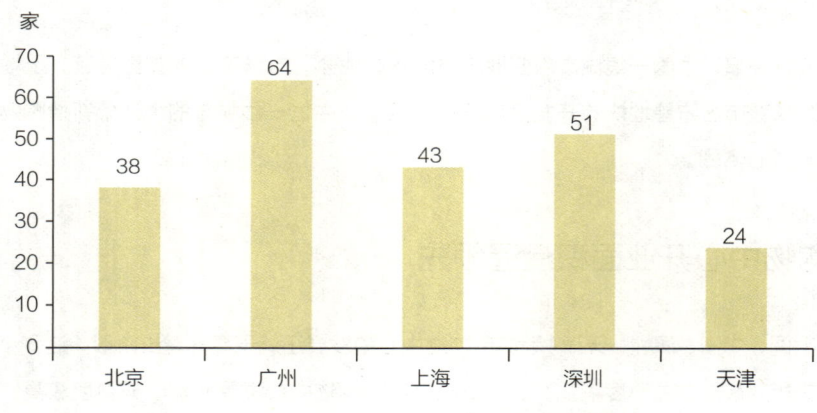

图 8.15 一线城市购物中心开业数量

2. 2013 年是一线城市购物中心入市爆发年

近年来,中国城市化进程持续提速,越来越多的农村人口涌向城市,这使得市场对城市商业面积的需求量大增。城市化进程是导致购物中心数量大幅增加的主要原因。因此,自 2012 年起,购物中心作为零售渠道的新主导力量正快速崛起,而一线城市在 2013 — 2014 年购物中心的入市量出现爆发性增长。

其中,广州和深圳在 2013 年购物中心的开业面积均超 100 万平方米;各城市在 2014 年开业的购物中心面积均超 60 万平方米。具体情况见图 8.16。

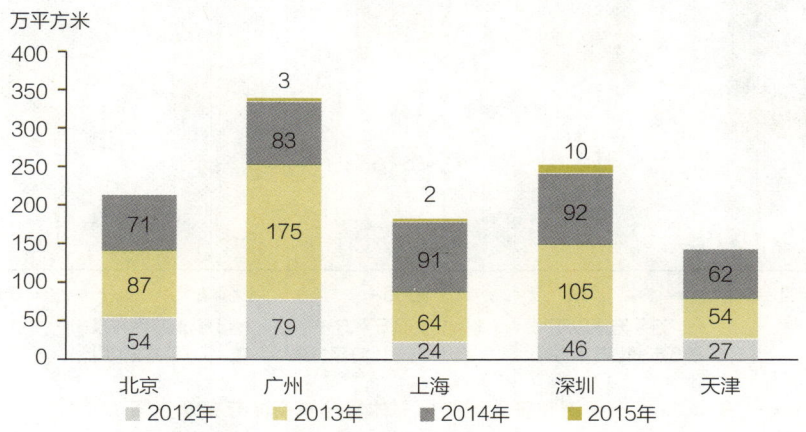

图 8.16　2012 — 2015 年一线城市购物中心开业面积对比

二、一线城市购物中心体量分布及发展分析

目前,中国一线城市购物中心平均空置率接近 10%;在二线城市中,重庆、沈阳、青岛与厦门等几个城市由于部分项目招商未达到市场预期,购物中心空置率更是高达 15%~20%。从一线、二线城市情况来看,购物中心总量早已饱和,其开发速度远远超过当地实际购买水平。

1. 一线城市以中小型购物中心为主

目前,在区域型、都市型的购物中心数量已经接近饱和的情况下,从 2012 年开始,社区型的购物中心赢得了更多的发展机会,国内购物中心的主体类型逐渐演变为社区型购物中心,超区域型购物中心数量将逐渐减少。因此,营业面积在 5 万平方米以下的中小型社区购物中心的成长潜力较大、发展前景较好。

从购物中心体量分布来看,除北京外,其他一线城市均以中小型购物中心为主,营业面积低于 5 万平方米的购物中心占比均超过 50%。在统计期间,北京大型购物中心开业数量的占比相对较高。具体情况见图 8.17。

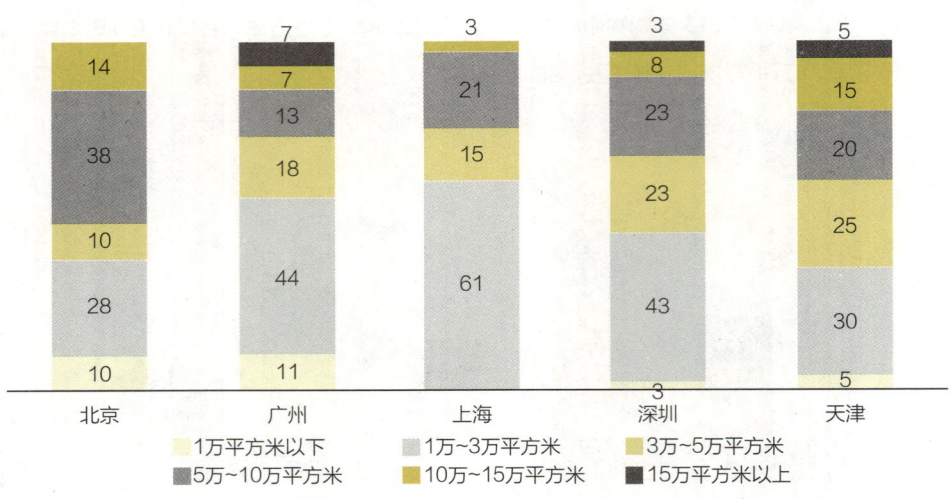

图 8.17 一线城市开业购物中心体量分布商圈分布示意图（%）

2. 各城市购物中心体量分布趋向

（1）北京市："小而美"的社区商业渐成开发商认可的商业地产主流

对于购物中心发展较为成熟的北京而言，商业地产的社区化、精致化是发展趋势。小容量的、更有针对性的商业设施和商业模式，定位更明确的点对点的商业服务机构，更便于服务到人、服务到家庭。

从数据上看，在 2013 年及以前，北京市所有购物中心的面积均大于 1 万平方米；但是在 2014 年开业的购物中心中，其面积小于 1 万平方米的占比已经达到 21%，意味着"小而美"的社区商业成为新发展趋势。具体情况见图 8.18。

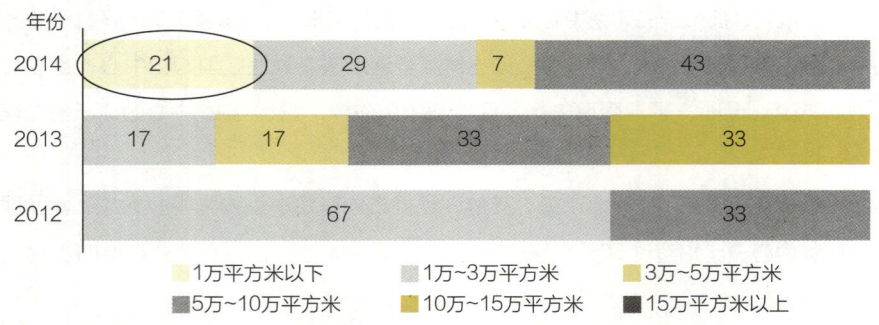

图 8.18 2012 — 2014 年北京开业的购物中心体量分布示意图（%）

(2) 广州市：购物中心已呈现由大型化向中型化、小型化回归的趋势

从国际购物中心的发展历程来看，"大型"和"豪华"已经不再是购物中心发展的唯一目标。随着人们生活水平的提高及对购物便利性需求的增加，社区型购物中心成为购物中心发展的又一个热点。广州购物中心也开始呈现向小型化转变的趋势。

如图8.19所示，广州开业面积小于3万平方米购物中心的占比已经从2012年的0，发展为2013年、2014年的59%、55%。这意味着广州的购物中心已呈现由大型化向中型化、小型化回归的趋势。

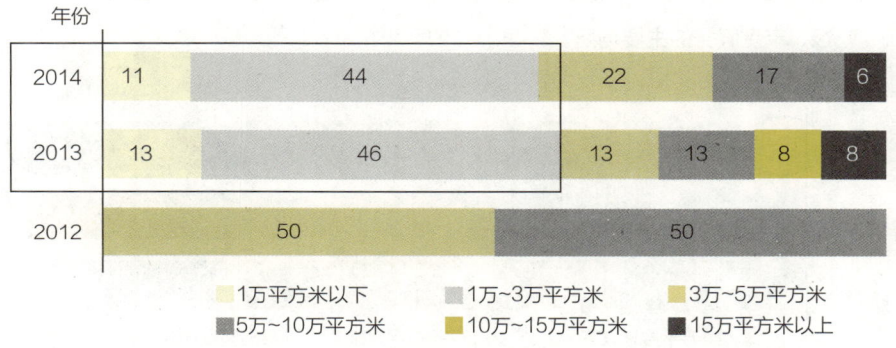

图8.19　2012 — 2014年广州开业购物中心体量分布示意图（%）

(3) 上海市：大体量购物中心的开发热度上升，或将成为未来的销售主力

近几年，上海购物中心大体量化的发展趋势十分明显。大体量的购物中心业态相对更多元、更丰富，业态组合后的抗压能力更强，在市场上更具有竞争力。因此，新开业和计划开业的购物中心都倾向更大的体量。

如图8.20所示，2012年开业的购物中心面积均为1万~3万平方米；而2013年后，5万平方米以上的购物中心不断涌现，占比超过20%。

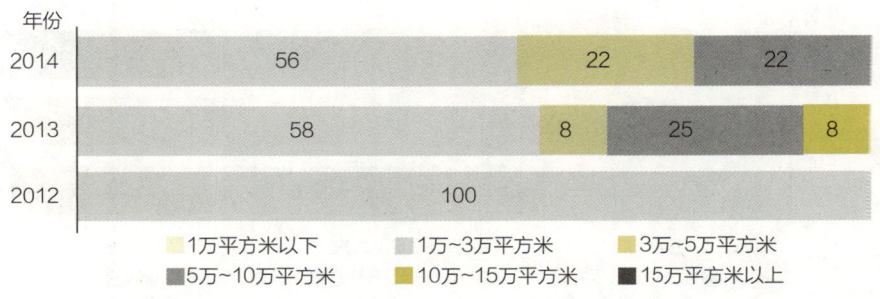

图8.20　2012 — 2014年上海开业的购物中心体量分布示意图（%）

(4)深圳市：整体朝"两极化"方向发展

随着开发商越来越成熟与务实，深圳近几年开业的购物中心大多属于社区型购物中心及地区型购物中心。如图8.21所示，深圳购物中心体量正在朝"两极化"方向发展，小型社区化购物中心及大型购物中心开始涌现。

另外，据相关调查显示，深圳零售业正在悄然变化，购物中心社区化是未来深圳市购物中心的发展趋势，广大消费者对购物中心能够容纳更多的社区服务功能寄予很高期望，社区购物中心可以更多地引进与社区居民生活息息相关的项目，牢牢吸引社区消费家庭。让购物中心成为社区居民休闲、娱乐、逛街、吃饭、享受服务的主要场所。

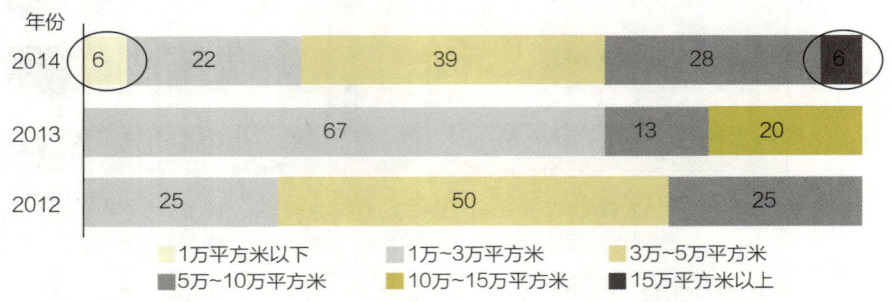

图8.21　2012 — 2014年深圳开业的购物中心体量分布示意图（%）

(5)天津市：各体量分布阶段覆盖，全面发展

统计期间，天津市购物中心遍地开花，呈现粗放化发展趋势，同质化严重，并非所有的购物中心都如预期的那样运营良好。这种现象说明了天津市购物中心的发展成熟度较低，创新与突破应该成为天津市购物中心的追求目标。因此，商家应积极、全面地探索各种运营模式。

2012 — 2014年天津开业的购物中心体量分布情况见图8.22。

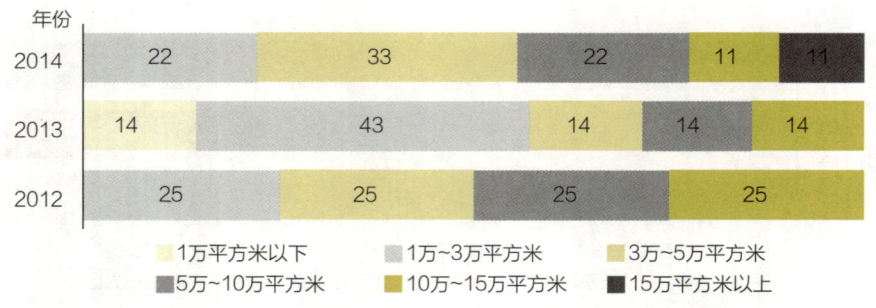

图8.22　2012 — 2014年天津开业的购物中心体量分布示意图（%）

三、一线城市购物中心商圈发展趋势分析

1. 一线城市商圈发展处于高级阶段

根据世界城市化发展引起零售业变迁的规律（见表 8.1），中国一线城市的城镇化率均超 70%，因此，国内的商圈发展正处于高级阶段。

表 8.1　世界城市化发展引起零售业变迁的规律

阶段	城市化率	零售业态调整
初级	<30%	向城市化的几何中心聚集
中级	30%~70%	商业向几何中心发展
高级	>70%	离开几何中心，向郊区聚集

从各城市购物中心开业面积商圈分布的数据来看，一线城市商圈发展逐步由城市核心商圈向城市非核心商圈及远郊区商圈发展，呈现多个商圈共同发展的趋势。其中，上海市表现得最为明显，城市核心商圈饱和度高，正逐步往外释放。具体情况见图 8.23。

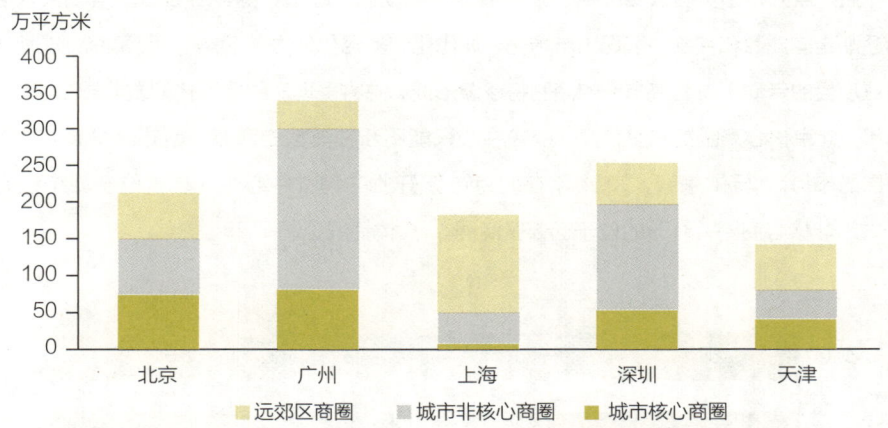

图 8.23　一线城市购物中心开业面积所在商圈分布

从各城市购物中心开业数量所在商圈的分布来看，一线城市发展的重点为城市非核心商圈及远郊区商圈，同样反映了一线城市商圈的发展高度成熟。具体情况见图 8.24。

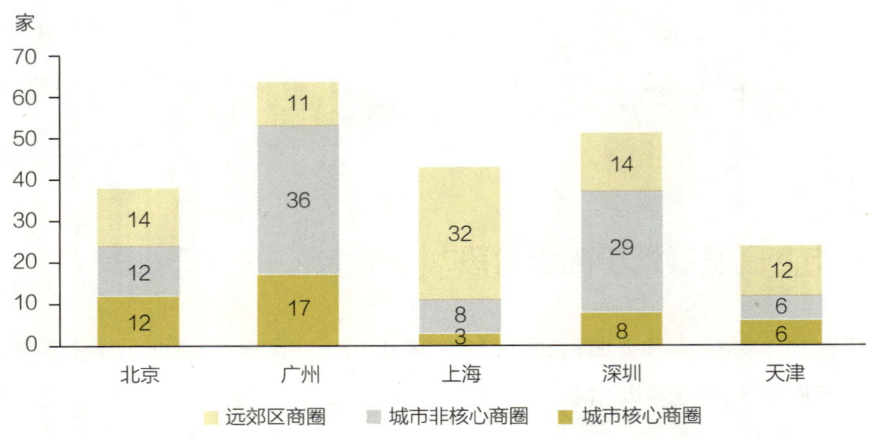

图 8.24　一线城市购物中心开业数量所在商圈分布

2. 各城市购物中心商圈分布发展趋势分析

（1）北京市：商圈多元化发展

北京商业市场在自身结构多次调整的情况下，发展水平已明显提高，现阶段已基本形成竞争性商业格局，商业网点分布逐步由从城市中心区向边缘区域发展，超市、便利店业态取得较大发展，商业市场开始逐渐走向成熟和完善，呈现出市场化、现代化、多元化的发展趋势。随着商业规划的发展，在新的商业项目的带动下，北京市新的商圈将逐渐形成，并将呈现商圈多元化的发展态势。

近几年，北京核心商圈饱和度较高，购物中心只能不断往非核心商圈、远郊区发展，呈现多个商圈共同发展的态势。具体来看，2014 年在北京市新开业的购物中心中，25％位于城市核心商圈，44％位于城市非核心商圈，31％的位于远郊区商圈。具体情况见图 8.25。

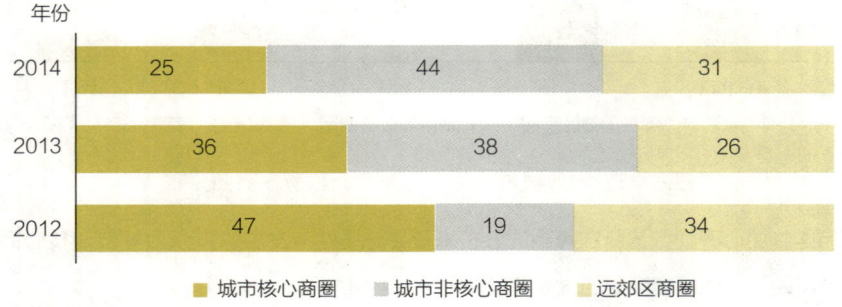

图 8.25　2012 — 2014 年北京开业的购物中心商圈分布示意图（％）

(2) 广州市：商圈发展正从"单中心"向"多中心"格局转变

广州商圈发展正从"单中心"向"多中心"格局转变，"多中心"的城市商业发展态势正成为广州市商业发展的主流，改变着广州市的商业格局，这将有效提升城市居民的生活质量，给城市居民带来更多的便利，也给城市带来更大的繁荣。

广州近年的商圈发展，呈现从"单中心"向"多中心"格局转变的态势。历经第一代、第二代、第三代商圈后，新兴的第四代商圈正在崛起。从广州地理版图来看，广州商贸重地主要在城区西部，如荔湾区和越秀区，西部地区很早便是内外贸易繁盛之地，形成广州第一代商圈——十三行、上下九商圈。而越秀区为广州城市中轴线所在地，形成羊城商业旅游区、广州第二代商圈——北京路商圈。随着广州城市中心的东移及城市新中轴线的确立，天河商业迅速崛起，在天河体育中心一带形成广州第三代商圈——天河商圈。随着"大广州"概念的形成，城市不断向外围扩张，广州番禺区提出广州第四代商圈的概念，第四代商圈未来将在广州南部崛起。

近几年，购物中心正不断往城市非核心商圈拓展，形式非常明显，从2012年的43％到2013年的69％，再到2014年的79％；此外，广州购物中心也开始向郊区商圈发展，郊区每年开业的购物中心面积均超广州市开业总面积的10％。具体情况见图8.26。

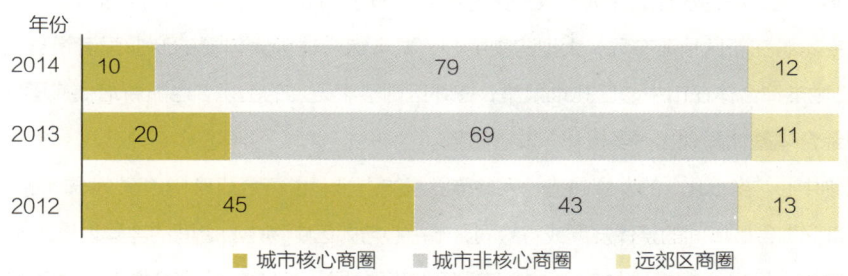

图8.26　2012—2014年广州开业的购物中心商圈分布示意图（％）

(3) 上海市：城市商圈大扩容

上海购物中心发展之初，多分布在中心城区核心商圈，出现了局部区域项目扎堆的现象。随着城镇化建设向外扩散，"后世博"时代上海的城市建设重点开始从中心城区转向郊区新城，郊区已成为上海城市空间布局调整的关键所在。

上海市中心高昂的房价及郊区越来越便捷的交通网络和完善的宜居配套设施，使得越来越多的人口开始向郊区新城扩散。而最先出现在人民广场、徐家汇、南京西路、中山公园等市级商圈的商业项目，也开始随着中心城区人口外溢的大潮由市区向外围区域延伸，大型商业项目纷纷跟进，就近便利消费渐趋主流。这种情况促进了上海郊区经济的繁荣与发展，说明了郊区是购物中心发展的重要增长区域。

上海市商务委员会表示,"十二五"期间将成为上海市郊商业的爆发期,《上海市商业网点布局规划(2014—2020年)》正式对外发布,上海将规划形成15个市级商业中心,这意味着上海城市商圈不断扩容。

上海购物中心向郊区商圈扩展速度非常惊人,2014年在郊区商圈开业的购物中心数量占了当年上海市开业购物中心总数的78%。具体情况见图8.27。

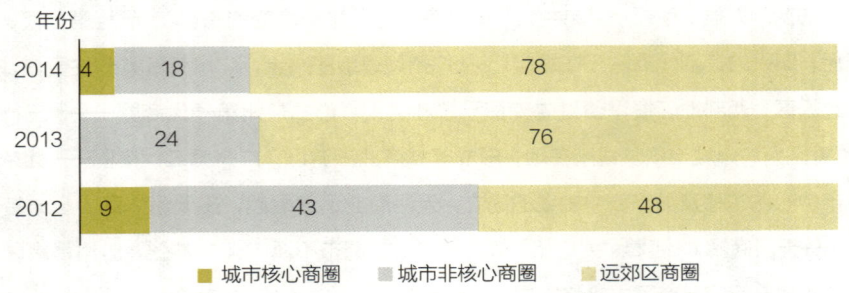

图8.27 2012—2014年上海开业的购物中心商圈分布示意图(%)

(4)深圳市:购物中心整体朝"多极化"方向发展

伴随着城市化进程的加速,深圳新兴片区的基础建设已得到大力发展,在深圳市政府的支持和配合下,开发商纷纷在新区抢滩布局,大型购物中心、城市综合体等大体量的商业配套设施陆续拔地而起。而以往城市综合体在市中心区扎堆聚集、在郊区则寥寥无几的困境,也随新增供应面的扩大而被打破,城市综合体整体呈现出"多极化"发展趋势。

深圳购物中心"多极化"的发展趋势代表城市发展的进步,也符合政府构建多个城市副中心的发展规划,在未来深圳各区域间的整体发展或将趋同,市中心与郊区购物中心之间的差异也将逐渐减小。

深圳购物中心已经大规模往城市非核心商圈和郊区发展,2014年核心商圈开业的购物中心仅有11%,65%的购物中心位于城市非核心商圈,24%的购物中心位于远郊区商圈。具体情况见图8.28。

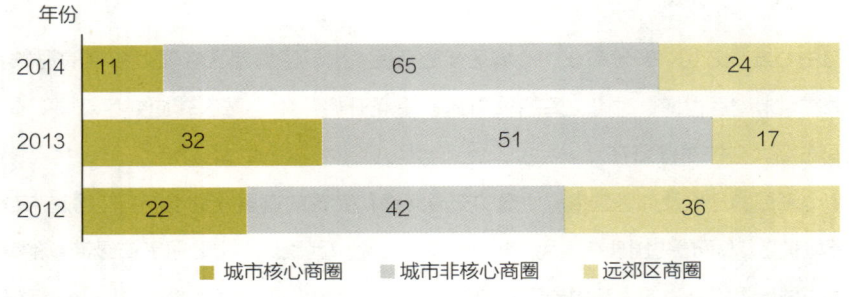

图8.28 2012—2014年深圳开业的购物中心商圈分布示意图(%)

(5)天津市：多中心商圈发展趋势明显

多商业中心格局是一个城市商业地产发展成熟的重要标志，天津就是很好的例子，多个商圈正随着城市的发展开始崛起。具体情况见表8.2。

表8.2 天津商圈分布情况

商圈	具体内容
南京路	位于市区中心部位，为生活性景观道路，以"新、洋、实、精"为主题思想
小白楼	较为繁华的主要商业街区，集聚了大小商家、商号、商行和购物步行街
鼓楼	位于老城乡中心，集旅游、文化、购物、休闲于一体的大型商贸旅游步行街
奥体	由生态商业、智能商务和住宅组成，多类别、多层次业态满足人们游乐购
天拖	立足西南板块，中环线上最大商圈，服务全天津，服务人群高达300万人

天津购物中心所在商圈逐渐由核心商圈向城市非核心商圈及郊区商圈发展，形成明显的多商圈发展格局。2014年，核心商圈购物中心开业面积占开业总面积的19％；城市非核心商圈购物中心开业面积占比为40％；远郊区商圈购物中心开业面积占比为41％，高于城市的核心和非核心商圈。具体情况见图8.29。

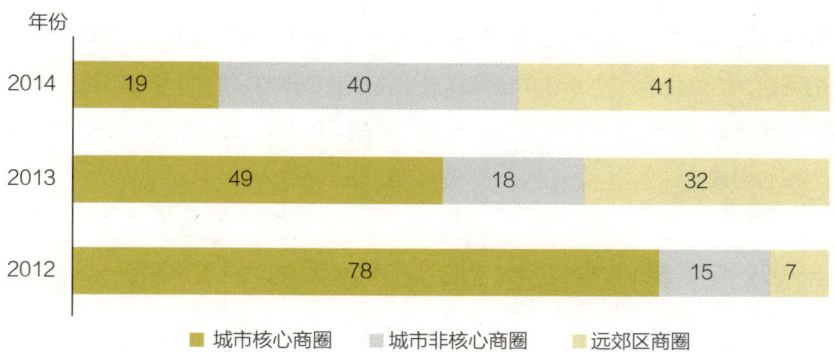

图8.29 2012—2014年天津市开业的购物中心商圈分布示意图（％）

第三节

从消费数据看未来孕婴童市场的消费前景

精明的犹太商人说,孩子和女人的钱最好赚。的确,根据中国第六次人口普查,我国人口中0~6岁儿童已有约1.3亿人,约占人口总数的10%,而在未来10年,预计新增人口1.9亿。中国新生代孕婴童群体人均年消费为5000~18000元,到2015年,中国孕婴童市场总量将达到2万亿元。

一、2014年中国孕婴童消费市场情况分析总结

根据对北京、上海、广州、成都、长春、南京、昆明、乌鲁木齐等城市的3360位准妈妈及0~3岁宝宝妈妈的调查,结果显示:2014年中国育儿支出占家庭总体收入的11%~13%,消费市场潜力巨大;母婴店仍是消费者最常购买孕婴童产品的渠道;价格、服务、口碑成为购物关注的焦点;品质安全和舒适仍为核心因素。

1. 整体消费状况:育儿支出占家庭总体收入的11%~13%

2014年有0~3岁宝宝的家庭月均育儿支出达1000元以上,各年龄段育儿支出差距不大,育儿支出占家庭总体收入的11%~13%。与此同时,不同城市和不同年龄段妈妈的家庭月均育儿支出差异不大,说明育儿消费是每个家庭的刚性需求。具体情况见图8.30和表8.3。

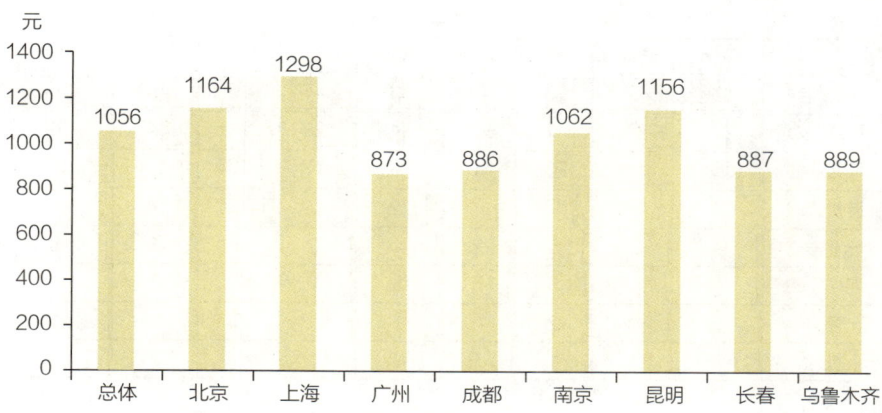

图 8.30　不同城市家庭的月均育儿支出

表 8.3　母婴市场整体消费状况

城市	总体	北京	上海	广州	成都	南京	昆明	长春	乌鲁木齐
家庭月均收入（元）	9408	9736	13664	7949	6282	7467	7764	6431	6220
月支出（元）	1056	1164	1298	873	886	1062	1156	887	889
支出占比（%）	11	12	9	11	14	14	15	14	14

国家二胎政策的实行，有利于未来母婴市场的发展。在未来1~2年，有17%的妈妈表示有生二胎的计划，这显示出未来母婴市场前景乐观，仍有巨大的潜在发展空间。具体情况见图8.31。

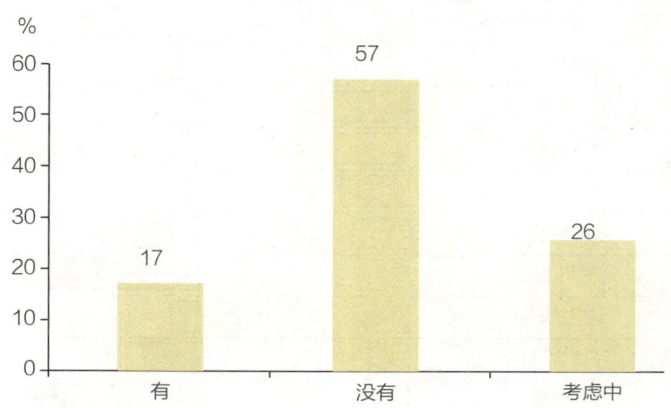

图 8.31　未来 1~2 年妈妈是否有生二胎的计划

2. 消费渠道选择：母婴店仍是消费者最常购买孕婴童产品的渠道

2014年，母婴店仍是消费者购买孕婴童产品的最常见渠道，相比2013年，母婴店所占比例得到进一步提升，各城市在购买渠道的比重上略有差异。具体情况见表8.4。

	总体	北京	上海	广州	成都	南京	昆明	长春	乌鲁木齐
母婴店	43	42	33	41	38	47	49	45	50
超市/大卖场	23	24	17	25	31	28	23	24	22
网络购物	15	15	23	15	13	13	13	12	13
百货公司	11	10	13	11	12	7	12	14	9
批发市场	3	2	6	2	4	2	1	4	3
海外代购	3	5	5	5	1	2	2	0	1
要点	1	1	2	0	1	1	0	1	0
其他	1	1	1	1	0	0	0	0	1

表8.4 购买孕婴童产品的最常见渠道及占比（%）

通过对母婴店与网络购物渠道的优劣势进行比较，可以发现"产品质量有保障""产品齐全""产品分类清晰容易找到""购物环境好"成为母婴店的主要优势；"购物便利""送货上门""节约时间""价格便宜"成为网络购物的主要优势。其中，"价格便宜"是消费者支持网络购物渠道的核心因素。具体情况见表8.5。

	选择母婴店购物	选择网店购物
产品质量有保障	58	10
产品齐全	51	40
产品分类清晰易找到	28	32
购物环境好	28	13
有专业导购推导产品	26	2
购物便利	26	50
售后服务好	20	4
优惠促销多	17	26
送货上门	14	48
退换货方便	13	9
不太会缺货	12	16
节约时间	11	44
价格便宜	11	50
有游乐及其他服务	7	0
随时都能购买	0	37

表8.5 选择母婴店和网络购物的原因（%）

3. 消费发展趋势：价格、服务、口碑成购物关注焦点

价格成为影响消费者购物决定的最主要因素，2013 年"价格便宜"在消费者选择网络购物的原因排名中排第四位，而在 2014 年已跃居第一位。而从母婴店情况来看，2013 年"价格比较贵"在消费者不选择在母婴店购物的原因中只排第四位，2014 年同时跃居第一位，显示消费者对价格的敏感度在快速提升。具体情况见表 8.6。

	总体		北京	上海	广州	成都	南京
价格比较贵	49	④	38	59	39	64	40
家附近没有	47	①	58	47	45	50	33
没有时间外出购物	30	②	35	24	34	29	40
货品种类单一	23		27	27	29	0	7
不能送货上门	18	③	8	17	26	7	27
停车不方便	13		12	15	13	0	20
国际品牌数量少	12		19	5	18	7	13
其他	7		8	8	3	7	7
没有导购推荐	2		4	0	5	0	0
没有退换货服务	1		0	0	5	0	0

表 8.6　不常选择母婴店购物的原因（%）

注：此项可以多选，色条为 2014 年排名，①②③④为 2013 年排名。

就服务而言，2014 年母婴店最吸引消费者的"宝宝游戏""游乐园玩耍区""产品试用体验"及"育儿讲座"服务项目位置与 2013 年基本一致，但消费者更希望得到多元化的服务项目。而从信息获取方式来看，"朋友推荐"取代"网络"成为消费者获取孕婴童产品信息的首要渠道，这提示商家需要更加注重口碑营销。具体情况见表 8.7 和表 8.8。

	总体	北京	上海	广州	成都	南京	昆明	长春	乌鲁木齐
宝宝游泳	31 ③	27	21	34	35	32	47	15	34
游乐园玩耍区	27 ①	35	28	33	23	30	14	12	19
产品试用体验	27 ②	33	22	29	26	30	18	25	18
育儿讲座	26 ④	27	54	25	18	18	15	22	16
有专人照顾宝宝	22	45	40	25	15	9	7	12	5
宝宝理发	22	14	23	15	43	17	21	13	34
早教	17	17	38	20	9	10	14	14	11
宝宝摄影	15	16	12	18	6	15	9	12	29
哺乳室	13	10	18	12	9	18	14	17	13
手脚印/胎毛笔制作室	11	15	19	12	10	3	6	8	12
其他	10	3	6	7	12	11	16	25	11
休息区	10	12	8	10	10	10	8	9	5
婴儿推车	8	5	12	9	6	6	8	12	8

表 8.7　母婴店最吸引消费者的服务项目（%）

注：此项可以多选，色条为 2014 年排名，①②③④为 2013 年排名。

	总体	北京	上海	广州	成都	南京	昆明	长春	乌鲁木齐
朋友推荐	34	24	22	40	40	30	45	43	45
商店/卖场	18 ③	21	13	18	23	18	19	13	18
报纸/杂志	14 ②	11	13	15	8	22	18	13	11
网络	13 ①	9	26	6	9	10	8	7	11
电视/电台	13 ④	23	11	16	10	10	4	16	8
展览会	4	7	11	1	3	6	1	4	2
其他	3	1	0	2	6	2	4	3	3
直邮/邮购目录	2	3	4	1	1	2	1	0	1

表 8.8　消费者最常获取产品信息的渠道

注：色条为 2014 年排名，①②③④为 2013 年排名。

4. 消费选购因素：品质安全和舒适仍为核心因素

　　总体而言，品质安全是消费者在选购母婴产品时是最看重的因素。在选购奶粉、辅食时，消费者同时看重产品的营养成分；在选购孕妇装、童装时，同时看重产品的舒适性。除此之外，环保因素在消费者选购各类产品时看重因素的排名中位置有显著提升。

5. 渠道商家发展：渠道"下沉"，发展自有品牌

（1）品牌商：渠道"下沉"需求上升，需更注重售后服务

2014年，由于一线、二线城市品牌商之间的竞争加剧和三线、四线、五线城市表现出来的发展潜力，使得品牌商对渠道"下沉"的需求较2013年显著上升，提升幅度为14%。同时，由于中国孕婴童市场的容量和潜力巨大，未来将会有更多国际品牌进入中国市场。从整个产业链选择品牌商时所看重的因素排名来看，"产品品质"已连续3年位居首位；"售后服务"居代理商和零售商选择品牌商最看重因素的第二位。但在品牌商自身最看重因素的排名中，"售后服务"却从2013年的第二位，降至2014年的第五位，这种情况需引起品牌商的重视。

（2）代理商：涉足零售、发展下线城市，合作模式成为选择代理商的首要因素

2014年，代理商的发展趋势出现较大变化。更多代理商将会涉足零售业，代理商涉足零售业的比例已从2013年的37%上升至53%；同时49%的代理商将发展下线城市，体现渠道"下沉"需求。另外，"合作模式"成为全产业选择代理商的首要因素，零售商希望代理商可以分担更多的售后服务，从全产业选择代理商所看重的因素来看，产业链各环节对代理商的要求呈现多元化。

（3）零售商：大型连锁化减缓、发展自有品牌、更多零售渠道加入

大型零售连锁化有所减缓，但会进一步加强自有品牌，更多其他零售渠道的商家加入将加剧零售业的竞争。在整个产业链中，"经营理念"上升为选择零售商所看重的首要因素；而对于"活动配合"因素，此前零售商较为看重，却没有得到品牌商和代理商的足够重视，2014年调查结果显示该因素已经得到上述三方的共同认可。

（4）电子商务：77%的企业电子商务盈利没有超过预期

虽然整个行业认为商品在线上销售的比重将会进一步提高，但47%的企业认为电子商务更多起到的只是推广作用。同时，从已开展电子商务企业的投入与实际产出来看，76%的企业电子商务销售额占比在10%以下，77%的企业盈利没有超过预期。

二、2014 年孕婴童市场消费特征分析与总结

1. 消费者追求产品的品牌与安全性

根据中国孕婴童市场的消费状况，2013 年相关机构曾对上海、北京、杭州、深圳、广州这 5 个在孕婴童市场中消费能力相对比较强大的中国城市的消费者进行了调研。分别从消费金额、消费类别、消费习惯和消费潜力四大方面分析了不同市场的消费方式与其背后的现象。当然，这些城市所代表的显然是中国孕婴童行业的中高端市场和消费者。

调研结果显示，这 5 个城市的家庭分别有怀孕待产的准妈妈或 3 岁以内的孩子，在孩子身上的年均消费额为 20797 元，约占家庭日常消费的 28%（不含房贷）。其中，上海的消费额最高，达到 29460 元。品牌、产品质量与安全是消费者最重视的因素。具体情况见图 8.32。

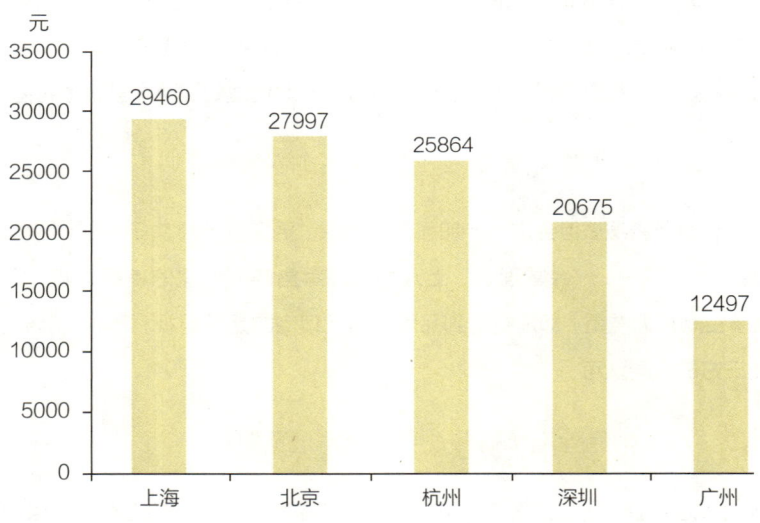

图 8.32　2013 年相关城市孕婴童年均消费额

（1）基本上重复购买已信任的品牌

在消费习惯上，纸尿布、奶粉和辅食等产品基本上重复购买已信任的品牌；服装等产品则通常不依赖某个品牌；而手推车等则倾向口碑佳、质量好、实用和功能性强的名牌产品。在教育和运动方面的消费，则希望通过朋友介绍，或从网络和媒体等渠道获得信息，以此做出选择。

在大城市，虽然有92%的父母表示，价格不是其考虑的首要因素，但同时在这些父母中有71%的人抱怨市场缺乏有性价比的中价位产品，因为现在所购买的产品较贵。这一问题不单单是出现在婴童用品方面，目前国内消费者在生活中的各方面均会遇到该问题。因为消费者的选择很有限，或者是高价质优产品，或者是质量难以保证的低价产品。因此，才会出现国人出国旅游大规模购物的现象。但毫无疑问，在价格可接受的范围内，进口产品依旧是国人的第一考虑对象。

（2）更加注重环保、有机概念

就孕婴童产业来讲：有机与绿色产品最能打动消费者的心。无毒、无害环保材质，符合未来中国孕婴童市场的需求。相关的国际孕婴童产品环保与有机认证机构，也可以考虑在中国市场展开业务，帮助中国孕婴童产品加快国际化的有机与绿色认证步伐。

由于中国空气与水的污染问题较为严重，一些婴儿专用的净水设施、空气净化与消毒装备及其相关维护与配件服务，近5年内市场需求较大。100%的被调研父母已经为家庭购置了空气净化器，76%的家庭购买了净水装置。婴幼童零售店、专卖店，可以考虑引进一些噪声小、功能强大的空气净化与净水设施，在第一时间推广给有孕妇和有新生儿的家庭。

（3）92%的父母推崇国际及国内大品牌

根据对上海、北京、广州、深圳、成都、哈尔滨六大城市200个家庭父母进行的调查，结果显示这些父母们对品牌的选择有明显的倾向性。这些家庭年收入为8万~80万元，每个家庭有0~3岁婴幼儿1~2名。具体情况见图8.33。

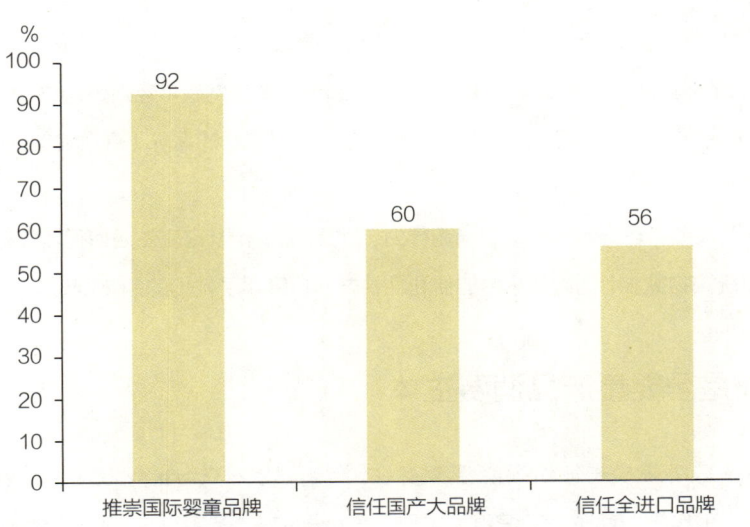

图8.33　孕婴童产品产地需求度

2. 食品消费和益智类消费占比高

数据显示，在有0~3岁孩子的家庭中，食品支出占家庭固定支出的61%。同时，年轻妈妈们大部分拥有自己的工作，具有一定的经济能力，随着妈妈们受教育水平的提高，希望孩子健康成长的意识有增无减。由此可推想：年轻妈妈在孕婴童食品方面的支出占比应该较大。具体情况见表8.9。

表8.9 年轻妈妈在婴童食品方面的支出情况

项目			单身	已婚无孩子	已婚有孩子 （0~3岁）	已婚有孩子 （4~10岁）
每月家庭固定支出情况	家庭固定支出合计（元）		1222.13	1630.93	1629.18	1645.11
	各细项占比（%）	食品	53	54	61	56
		日常家庭用品	16	18	16	16
		文化教育	14	14	12	16
		休闲娱乐旅游	17	15	11	11

另外，在消费类别上，除了食品、服装和饰品之外，父母花费较多的是益智类教育、玩具、游戏和运动，如参加早教中心、定期游泳，还有拍摄用于记录孩子成长的艺术写真等。这些花费占家庭总支出的比例为14%（每年约2911元），目的是为了让孩子能在智力与身体发育方面精益求精。

3. 孕婴童产品购买渠道多样化

随着受教育水平的提高，年轻妈妈在孩子受教育、健康等方面的意识也相应有了一定程度的增强。在购物方面她们更注重产品的购买渠道和来源，超市购物仍然是年轻妈妈购物的最主要渠道，占比达99.2%。这种情况反映了实体店既能满足消费者对产品安全的需求（直观性），又满足了女性享受购物体验的过程。

目前，超过两成的年轻妈妈有长期的网购行为。忙碌的工作及家庭生活使得年轻妈妈在时间上难以应付正常的传统购物需求，而网络平台的便利性恰好间接满足了她们的购物欲望。

4. 年轻妈妈是孕婴童产品消费主体

尽管"4-2-1"家庭模式在当今社会普遍存在，但妈妈依然充当着育儿的主要决策者。年轻妈妈知识更加丰富、工作更加优越、工资更加丰厚、角色更加多样，因此，她们也希望生活更加多样化、消费更加潮流化、个体更加个性化、精神和经济更加独立化。

5. 消费更加体验化、知性化、法治化

2014 年,孕婴童行业市场消费更加体验化、知性化、法治化。具体情况见表 8.10。

表 8.10　孕婴童行业市场消费更加体验化、知性化、法治化

特点	具体内容
体验消费将代替符号消费	双亲的品牌意向在祖父母财力的支持下,使得婴儿用品的品牌化得以发展,对品牌内涵的体验消费将代替空洞的品牌符号消费
进入知性消费形态	许多企业开始把礼品当作常规的竞争点,用价值战应对价格战,如在日本,婴儿服饰在婴儿出生、节日的时候被作为礼品而卖出的销售额在总销售额中的占比达 80%以上。继感性消费、理性消费之后,母婴用品市场开始出现第三种消费形态——"知性消费",知性消费的基本特征是"快"——快速传播、快速覆盖、快速销售
逐渐趋于法治化	我国孕婴童行业产品质量的国家标准已经由全国高科技健康产业工作委员会制定。同时,孕婴童健康产业专业委员会在国家质检总局和国家工商总局的支持下,联合相关机构,面向全国孕婴童行业举办了大型公益倡议活动,以引导我国孕婴童健康产业走向法治化、规范化轨道

三　未来孕婴童市场发展前景

随着国家二胎政策的实行,未来孕婴童市场的发展前景被广为看好。

1. 未来孕婴童行业将大举渗透到中小城镇

二胎政策的执行为近年来发展一路向好的婴童市场再注入一剂"强心针"。在强大市场需求的刺激下,行业参与者已是摩拳擦掌,为占领更多的市场份额各出奇招。

一线、二线城市因经济发达、思想开放,无疑是大多数商家的必争之地。但事实上,近年来中小城镇的市场需求和购买力在悄然上升。从市场需求方面来讲,中小城镇人们生活节奏相对较慢,二胎带来的压力要小于大城市;另外,中小城镇居民思想更为传统,对于二胎政策的欢迎程度也更高,所以其市场需求势必将不断攀升。

同时,多年来一线、二线城市作为主流市场已被充分开发,如果商家只拘泥于此部分市场将在很大程度上禁锢产品的市场表现。如此看来,未来国内孕婴童行业逐渐渗透到中国各类城市必将成为市场发展的主流趋势。

2. 产品供不应求，市场发展潜力巨大

中国经济水平的提高使得孕婴童市场发展潜力巨大。未来3~5年将是中国孕婴童行业发展的"黄金时期"。有关专家预测，中国已开始进入一个新的人口生育高峰期，在2016年以前，人口增长将保持在每年1600万~2000万人的水平，将出现一个庞大的需求群体。按照目前新生儿的出生数量进行累积计算，0~6岁的婴幼儿数量为1.08亿人。以平均每个孩子花销5000元进行估算，0~6岁婴幼儿用品市场的远景容量为5000亿元。中国每年出生的城市新生儿为350万人，一年消费总额大致为300亿元。目前，孕婴童市场处于供不应求状态，市场能够提供的产品远不能满足其需求。具体情况见图8.34。

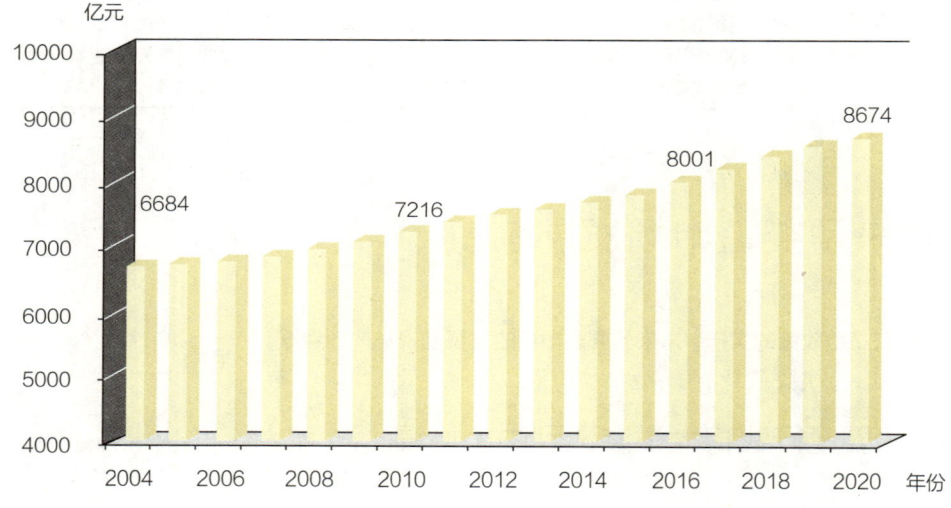

图8.34　幼婴童市场容量及预测

注：市场容量是通过国家统计局第五次人口普查数据及人均年度消费额数据推算得出。

3. 线上孕婴童市场成发展主流

（1）电商纷纷布局孕婴童市场

统计数据显示，2014年第三季度，我国B2C市场母婴类产品交易规模达234.8亿元，较2013年第三季度增长129%。具体情况见图8.35。

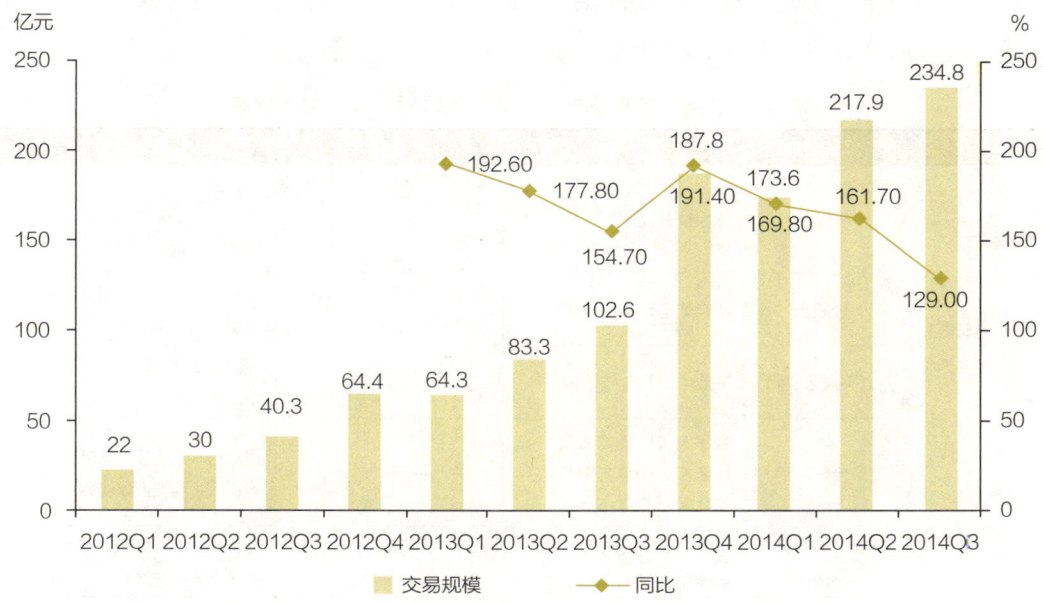

图 8.35　2012Q1 — 2014Q3 中国 B2C 市场母婴品类交易规模

从市场格局来看，天猫、京东、当当网继续保持市场前三甲。天猫和京东的市场份额分别为 55.5%、17.4%，两家巨头凭借体量和流量优势在母婴品类中暂时领先；当当网凭借其在孕婴童市场的高用户黏性，获得了 4.6% 的市场份额；苏宁易购的"红孩子母婴"紧随其后，居第四位。具体情况见图 8.36。

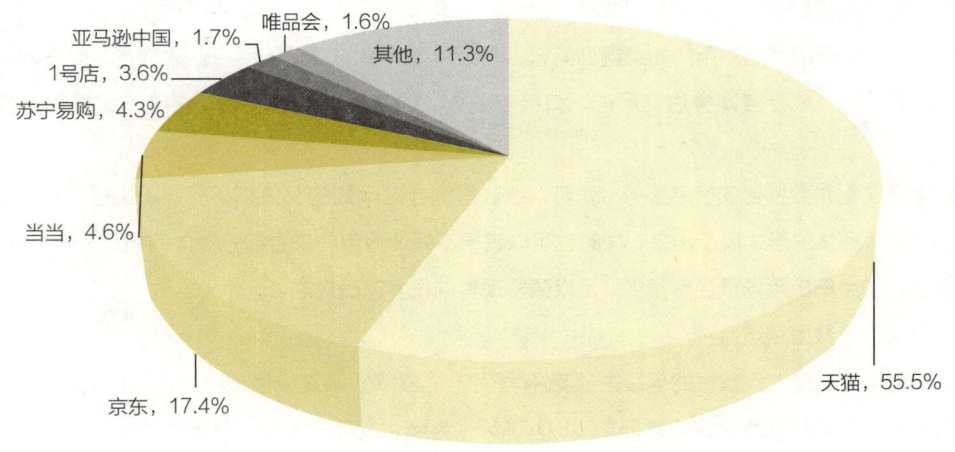

图 8.36　2014 年第三季度中国 B2C 市场母婴品类各家电商所占市场份额

我国的专业母婴商品销售近两年才开始兴起，主要原因是"80 后"消费群体进入适婚生育年龄，这些消费者收入水平较高,网购习惯早已形成,由于多为独生子女,对专业母婴用品有较为良好的接受度和旺盛的需求。具体情况见表 8.11。

表 8.11 典型的垂直母婴市场的互联网产品及相关信息

类别	品牌名称	产品定位	产品形态	盈利模式
综合性母婴知识、交流网站	宝宝树	综合亲子社区	网站、应用程序、早教包产品	广告收入为主+电子商务收入+线下活动收入。其中,80%以上的收入来自网站广告
	摇篮网	跨媒体母婴育儿综合平台	网站、应用程序、电子杂志和视频	打造门户,提供社区博客服务,吸引广告和电子商务
	太平洋亲子网	专业中文育儿网站	网站	以广告收入为主及一些线上线下亲子活动带来的营业收入
	广州妈妈网	亲子育儿、婚姻家庭、工作情感、怀孕咨询互助互动社区	网站、论坛	以广告收入为主(包括企业大品牌广告、本地商家小额广告)
特色母婴商城	红孩子购物网	母婴用品网上商城	网站、实物商品	电商收入、目录销售收入
	哎呦盒子	母婴用品定制网上商城	网站、实物商品	电子商务产品差价、广告收入
母婴类移动应用代表	春雨育儿医生	育儿知识教育+在线问诊服务应用	应用程序	付费在线问诊、电商导购收入
	麻麻帮	移动端亲子育儿社区应用	应用程序	广告、电商导购收入

(2)借大数据精准运营孕婴童市场

①母婴信息及产品的数据化

当前母婴产品的信息更多的是以文章、论坛帖子这样的半结构化数据的形式存在,在这种传统运营模式下,一个母婴产品的用户如果遇到问题,要么需要海量的扫贴来自行汇总信息,或者求助几个所谓的社区公知,或者咨询身边熟悉的、有经验的人,但却没有相对完善、便捷的数据化母婴服务渠道。

如果有了相对数据化的信息服务,就可以统计得到社区孕妇的整体指标分布、生理特征构成,以很直观的、数据化的形式展示出来,同时也可以基于不同细分用户来看细分群体的特征分布。类似的可以数据化的用户应用场景还有很多,足以颠覆现有的很多产品形态。

②预测与大数据相结合

人们可以尝试通过大数据的手段去预测怀孕问题、婴儿畸形问题等类似的问题。在这个过程中,很可能需要大量不同维度的特征数据。以 Ovuline[①] 为例,该网站通过采集用户的月经时间、体温、近期服用药物、体重和一些其他数据来提高她们的受孕概率;同时在孕期还不断监测用户的多项健康

---

① 一个通过分析多项数据,帮助女性提高受孕概率的在线平台。

指标（体重、营养水平、运动量、血压、睡眠时间、身体症状和情感状态等）来提前预测可能的健康风险。据 Ovuline 提供的数据显示，该平台用户的成功受孕概率是全美平均水平的 2 倍，已经帮助 2 万名女性成功受孕。这里凸显的就是数据的价值。

4. 婴幼儿服饰市场发展势头强劲

目前，中国 14 岁以下的儿童将近 3 亿人，庞大的人口数量给孕婴童装市场带来了海量需求。加上"80 后"甚至"90 后"妈妈成为主要消费群体，而喜欢消费是这一代妈妈的普遍特征，导致"婴童经济"急剧升温。

童装市场发展相对成熟，行业增速证明了婴童市场消费潜力巨大。目前的童装市场，中低端以无品牌的散货为主，中高端品牌包括巴拉巴拉、派克兰帝、小猪班纳、安奈儿等。中高端及高端品牌童装的增长速度高于低端品牌的童装。据行业统计，童装的人均年消费从 2008 年的 350 元上升至 2012 年的 740 元，年复合增长率达到 20％左右。预计到 2017 年，童装的人均年消费额可能上升至 1700 元左右。

5. 育儿相关产品的需求增强

年轻妈妈在育儿过程中会产生对家庭安全、出行及生活记录的需求，由此衍生出年轻妈妈对保险、家用车、数码相机这些与育儿生活需求相关产品的新市场。具体情况见表 8.12。

表 8.12　育儿衍生产品需求

产品	需求分析
保险	随着保险意识的增强，年轻妈妈为家庭购买或预购保险的比例明显提高。养老保险、意外伤害保险是目标群体重点购买的保险种类
家用车	在家用车类型中，大多数年轻妈妈最近几年选择购买国产车。相对于未婚群体来说，新婚家庭相对更注重高质量的家庭生活，定期的家庭旅游有利于营造良好的家庭氛围。在可承受的经济能力范围内，高性价比的国产车肯定会成为年轻妈妈们的首选
数码相机	五成年轻妈妈拥有的数码相机多是在近年购买的，而且近半数目标群体选择普通数码相机。简单的卡片相机不但容易操作，而且满足了年轻妈妈对孩子成长、家庭生活乐趣以及外出活动的记录需求

第四节

从快时尚品牌拓展数据看其未来拓展区域

快时尚品牌目前已成为国内商业地产项目进行招商的首选目标，也是聚揽人气和形成商业气候的风向标。本节内容盘点了2015年1—8月快时尚品牌在全国新增门店的数量以及2015年的拓展计划和重点拓展区域。

2013—2014年，快时尚品牌共拓展门店530家。其中，2013年新增门店258家；2014年新增门店272家；2015年前8个月快时尚品牌新开门店数量为149家，根据前两年门店新增趋势，预计余下4个月会加快开店步伐。

从时间上来看，2013 — 3014 年下半年，快时尚品牌表现得更为活跃（尤其是 8 — 10 月）。2013 年 8 — 10 月新增门店 103 家，新增门店数量为全年新增门店数的 44%；2014 年 9 — 12 月新增门店 145 家，新增门店数量为全年的 53%。

2015 年第一季度快时尚品牌新开门店 21 家，远远少于 2014 年同期数量，而在 4 — 8 月，快时尚品牌新开门店 123 家，开店速度略快于 2014 年同期。具体情况见图 8.37。

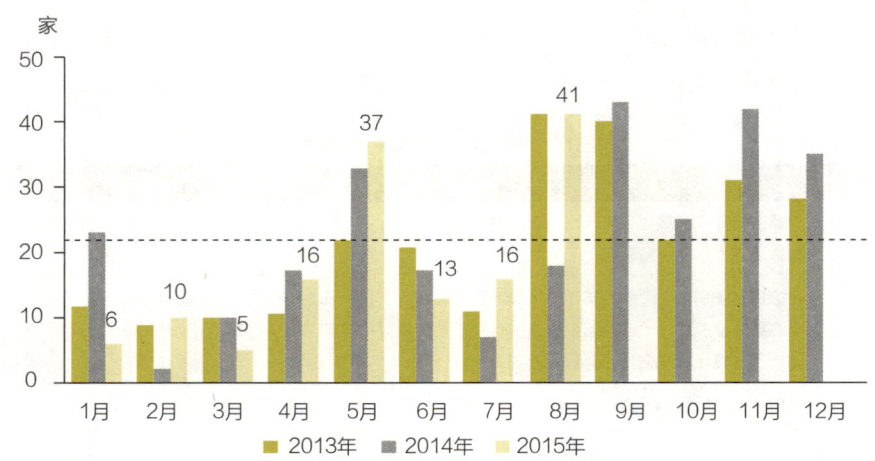

图 8.37　2013 — 2015 年快时尚品牌各月份的门店拓展数量

注：2015 年仅为 1 — 8 月的数据。

一、2013—2015年快时尚品牌门店总体拓展情况

2015年前8个月,快时尚品牌新开门店149家,其中UNIQLO新开门店48家,是排在第二位NEW LOOK的近2倍。NEW LOOK新开门店29家,H&M新开门店25家,UR新开门店12家,MUJI新开门店10家,ZARA新开门店9家,C&A新开门店7家,Forever21新开门店4家,MANGO新开门店3家,GAP新开门店1家,i.t新开门店1家。具体情况见图8.38。

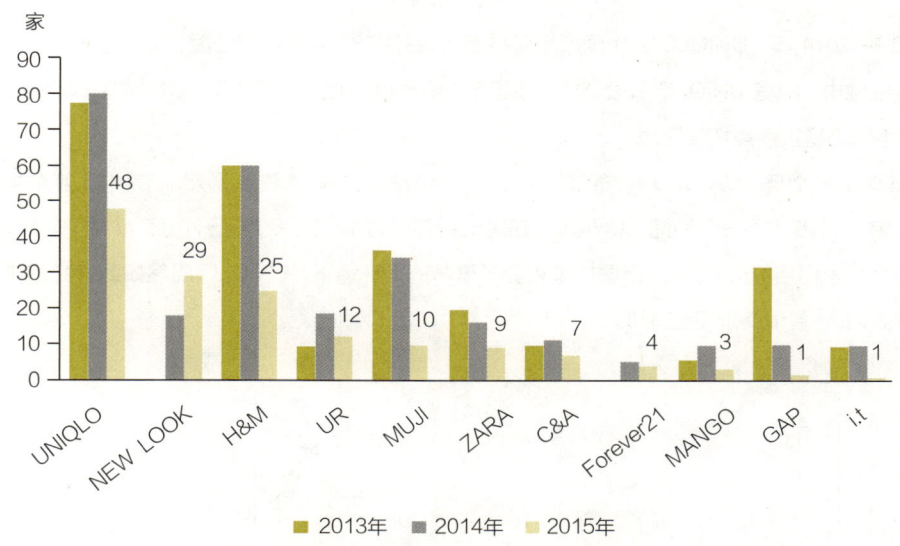

图8.38 2013—2015年快时尚品牌门店拓展数量

注:2015年仅为1—8月的数据。

2013—2014年,UNIQLO新增门店157家,在各快时尚品牌门店扩展数量排名中位居第一;H&M新开门店数量为120家,H&M的拓展速度趋于稳定。相比其他快时尚品牌,UNIQLO、H&M新开门店数的增长势头强劲。

进入2015年,H&M、UNIQLO在新增门店数量方面依然遥遥领先,但H&M和UNIQLO明显放缓了扩张的速度。但NEW LOOK的新增门店数量大幅上升,NEW LOOK计划在2015年增80家门店,其中一半新门店位于中国。另外,C&A、UR分别新增门店7家、12家;i.t、GAP分别新增门店1家,采取了"稳步扩张"的策略。

从整体上来看,快时尚品牌的销售渠道正在逐步"下沉",在开店数量方面开始趋于保守。近几年出现的快时尚品牌,如ZARA、H&M、GAP、UR等,其生存和发展的空间都定位在一线城市商圈,

消费群体都定位为中等收入阶层的消费者。而随着一线市场门店数量的增加，快时尚品牌的开业路径逐渐向三线、四线城市蔓延，2016年的行业热点将依然是快时尚品牌。

二、2011—2015年快时尚品牌门店具体拓展情况

1. UNIQLO

2013—2014年，UNIQLO在中国市场保持着年均开店80家的拓展速度，门店已渗透到二线、三线甚至四线城市，根据UNIQLO母公司（日本迅销公司）的财报，UNIQLO 2015年将在海外市场开店200家，中国仍是其重点拓展区域。

2015年前8个月，UNIQLO新增门店48家，3月新开门店首次进驻柳州。其中，前4个月新增门店仅6家。但在"五一"期间，UNIQLO在内地新开门店10家；8月新开门店17家，8月29日在八大城市有8家门店同时开业。在国内零售业不景气的大环境下，UNIQLO居然如此疯狂的扩张，着实令业界瞩目。具体情况见图8.39。

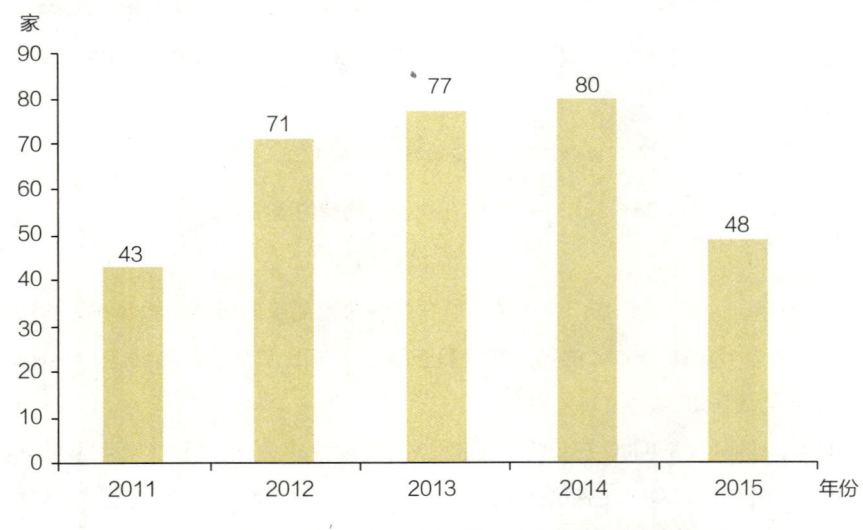

图8.39 2011—2015年UNIQLO新增门店数量

注：2015年仅为1—8月的数据。

从市场环境来看，UNIQLO与多个快时尚品牌在华南市场的竞争，即卡位战十分激烈。2014年3月，UNIQLO华南最大的旗舰店落户广州天河商圈的维多利广场。2015年2月，GAP在进驻番禺万

达广场后,将广州第二家店开在天河路的正佳广场,该店上下两层总面积达 1159 平方米,是 GAP 在华南地区最大的旗舰店。UNIQLO 入驻西城都荟后,继续在番禺拓展,新店进驻位于市桥南的番禺奥园广场,与 H&M、ZARA 一同营造奥园广场的时尚氛围。

2. H&M

2007 年 4 月 12 日,H&M 中国首家旗舰店在上海淮海路开业,这家来自瑞典的时装零售巨头宣布正式登陆中国,这也是该集团首次进入亚洲地区。H&M 官方称,淮海路旗舰店开业后一直是客满盈门,曾创了单日销售额达 200 万元的纪录。

虽然首家店在中国市场大热,但据 H&M 集团当时的计划,仍采取保守策略。2008 — 2009 年,H&M 在华门店新增数量仅为 40 家。然而,到了 2011 年,H&M 在中国的扩张步伐开始加快。2011 年底,H&M 在中国内地的门店总数达到 76 家;2011 年,H&M 新增开业门店数达到 31 家,扩张速度远远快于前 3 年;2012 年,H&M 在中国新增了 43 家门店,H&M 同时开始尝试进入更多的三线城市;2013 年新开门店 61 家;2014 年,H&M 原计划在中国市场新增门店 40 家,实际新增 60 家门店;2015 年前 8 个月,H&M 新增门店 25 家,分别位于济南、厦门、南宁、湛江、烟台、北京、珠海、扬州、青岛等城市。从时间上来看,门店拓展主要集中在 4 — 8 月,仅这 5 个月就新增门店 18 家。具体情况见图 8.40。

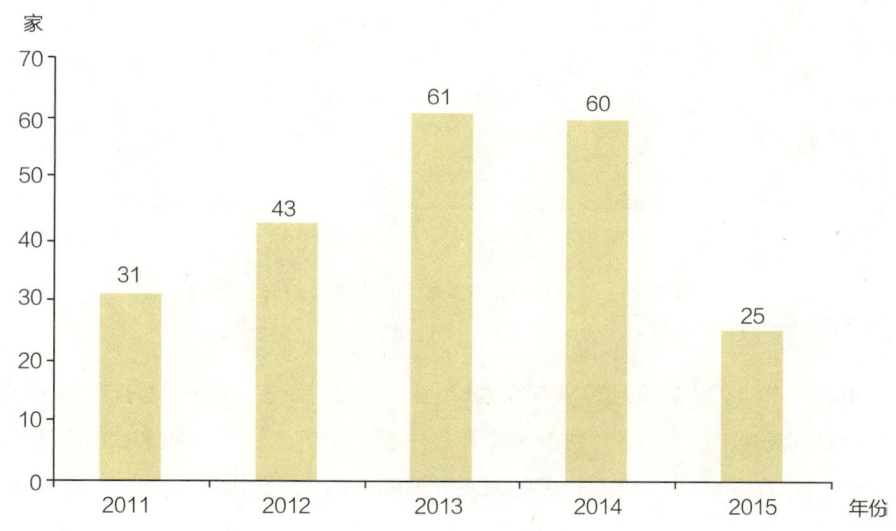

图 8.40　2011 — 2015 年 H&M 新增门店数量

注: 2015 年仅为 1 — 8 月的数据。

从城市分布来看，H&M 新增门店主要集中在一线、二线城市，数量达 20 家。按照计划，H&M 于 2015 年新增的店铺主要面向美国和中国市场，而中国台湾地区、秘鲁、北美和印度将于 2015 年开设首家 H&M 店铺。

截至 2015 年 8 月底，H&M 全球门店总数达到 3341 家，2014 年同期为 2964 家，净增门店数 377 家。H&M2015 年决定再开 400 家门店。另外，H&M 旗下高端品牌 COS 计划在中国开出更多门店，其门店数目前已经达到 70 家。

3. MUJI

2011 年 MUJI 新增门店 20 家；2012 年 MUJI 新增门店 25 家，门店总数达 63 家；2013 年新增 36 家门店；2014 年新增 34 家门店；2015 年前 8 个月，MUJI 新增门店 10 家。具体情况见图 8.41。

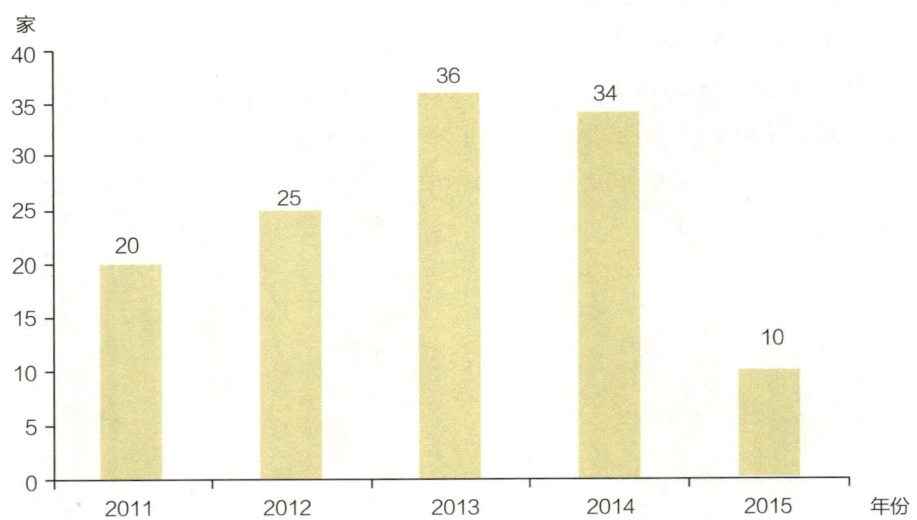

图 8.41　2011 — 2015 年 MUJI 新增门店数量

注：2015 年仅为 1 — 8 月的数据。

在中国市场，MUJI 门店数量到 2014 年底达 128 家。就大店而言，除了成都有超大的旗舰店外，MUJI 上海旗舰店也已被提上日程，计划于 2015 年底开业。2015 年，MUJI 就有在中国开设 30 家店的计划。2016 年，在 MUJI 预计实现的 3000 亿日元销售额中，以亚洲地区为中心的海外市场要占到 1/3。

4. GAP

2014 年，GAP 在中国新开了 34 家门店，门店总数达 81 家。

2015 年，GAP 计划将业务重点放在电商方面，推出"在线预定，门店取货"服务，这项服务是协调线上消费和线下门店业务的举措之一，计划为店内顾客提供上网选购商品的便利。在实体门店开设上，GAP 的增长数量将不会很多，截至 2015 年 8 月，GAP 仅在广州正佳广场新增 1 家门店。具体情况见图 8.42。

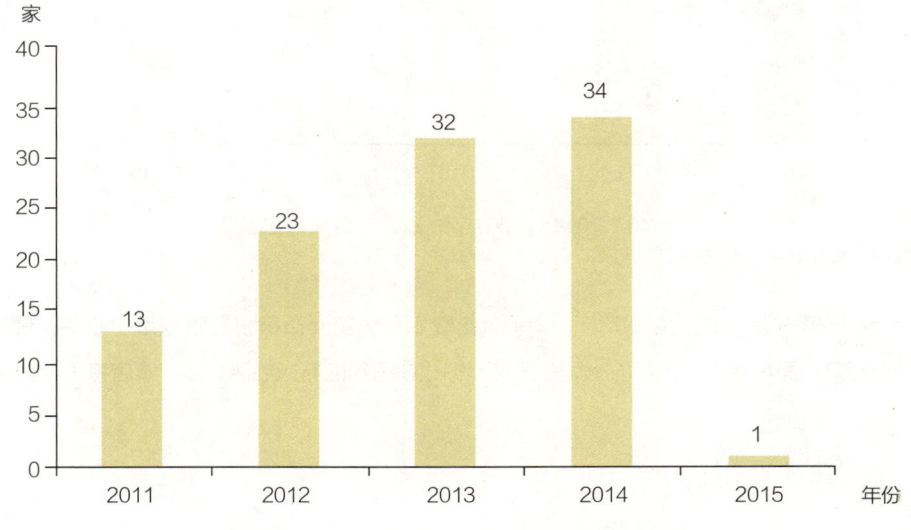

图 8.42　2011 — 2015 年 GAP 新增门店数量

注：2015 年仅为 1 — 8 月的数据。

GAP 表示，其正在寻找重新设定品牌目标的新路。这涉及 GAP 销售业务"3.0"化，即提升公司在电商、手机端和全渠道等方面的零售能力，这同时也意味着要关闭部分实体店。此外，GAP 还计划缩短产品从设计到进店的周期，目前此周期是 10 个月，是 Zara 和 H&M 的 3 倍，未来计划缩短到 30 周左右。

5. ZARA

ZARA 是全球排名第一的服装零售集团 Inditex 旗下的核心品牌，在全球范围内业务发展神速。但自 2012 年开始在中国内地的扩张步伐却显得相对稳健。2011 年，ZARA 在华新增门店 29 家；2012 年在华新增门店 30 家；2013 年新增门店 20 家；2014 年新增门店 16 家。2015 年前 8 个月新增门店

9家。具体情况见图8.43。

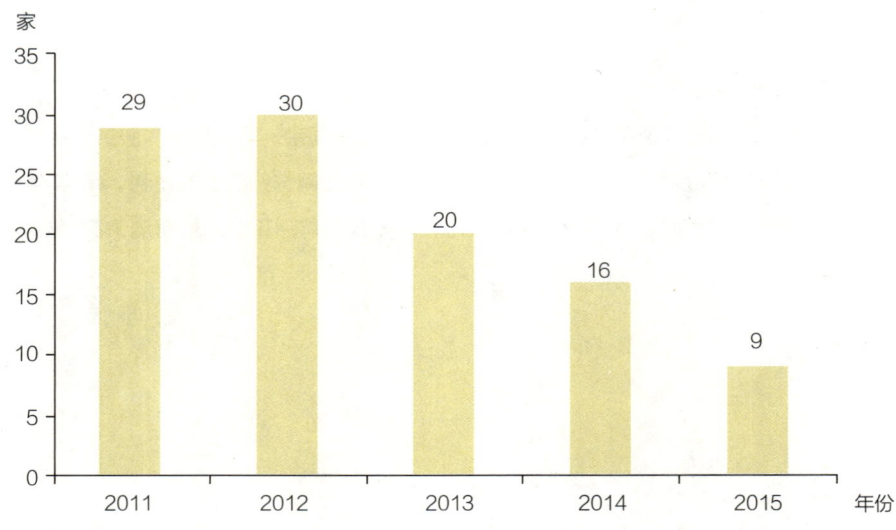

图8.43 2011—2015年ZARA新增门店数量

注：2015年仅为1—8月的数据。

2015年，ZARA重点开拓美国市场。ZARA花费2.8亿美元在纽约曼哈顿市中心买了幢建于19世纪的商业建筑，面积达4.7万平方米，并把其装饰成在纽约的新旗舰店，预计该店将于2015年底前开业。

6. UR

UR是UR LIMITED旗下的快时尚服装品牌，于2006年进入中国市场。2013年，UR曾表示计划在5年时间内在中国开100家店面，UR计划以一线、二线城市为主来开展业务，同时尝试进军三线、四线城市，目标消费群主要是25～35岁的白领人士。

2014年，UR曾计划开设30家门店（实际新开19家门店），并计划在3年时间内实现在中国市场开设100家店面、销售额超过30亿元的目标。2015年前8个月，UR新增门店12家，其中1—4月新开门店仅3家。而"五一"期间UR有5家门店开业。具体情况见图8.44。

2014年，UR进入亚太市场；2015年，UR开始适时进入欧洲和其他国家市场。UR的长远发展目标是实现全球市场同步发展。

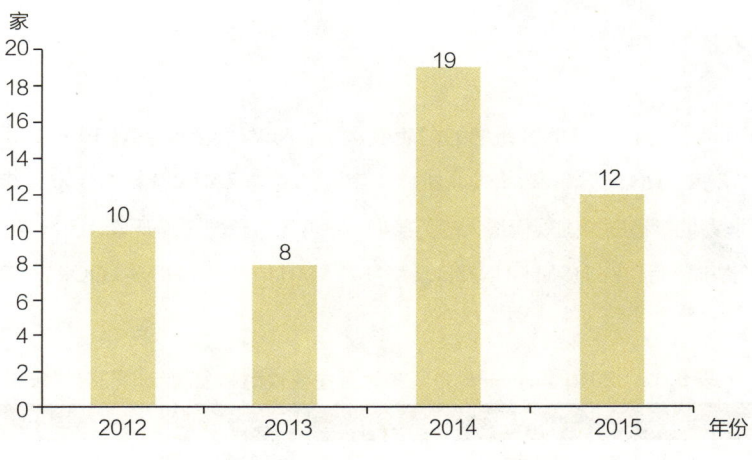

图 8.44　2012 — 2015 年 UR 新增门店数量

注：2015 年仅为 1 — 8 月的数据。

三 华东地区为快时尚品牌拓展的重点区域

从区域情况来看，华东地区是快时尚品牌拓展业务的重点区域，2013 — 2014 年，华东地区新增快时尚品牌门店数达 196 家。2015 年前 8 个月，快时尚品牌在华东地区新增门店数量方面依然领先其他地区，新增门店数达 63 家；其次是华北地区，新增快时尚品牌门店 26 家；华南地区新增快时尚品牌门店 20 家；东北地区新增快时尚品牌门店 15 家；华中地区新增快时尚品牌门店 13 家；西北地区和西南地区新增门店数量少，新增门店均为 6 家。具体情况见图 8.45。

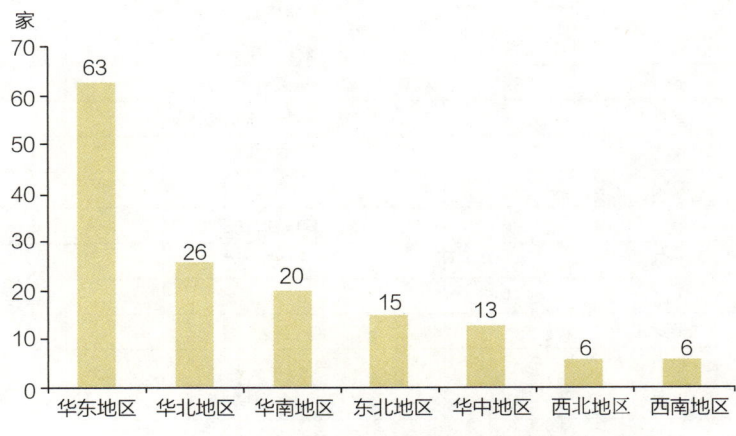

图 8.45　2015 年前 8 个月快时尚品牌新增门店数量

1. 华东地区

截至 2015 年 8 月，在华东地区新增的门店数量中，NEW LOOK 新增 16 家，UNIQLO 新增 15 家，H&M 新增 12 家，UR 新增 6 家，MUJI 新增 4 家，C&A 与 ZARA 各新增 3 家。其中，2015 年 4 月 30 日，由华润置地打造的全国规模最大的万象城——青岛万象城正式开幕，还携手当下最受年轻消费者欢迎的 6 个快时尚品牌：H&M、UNIQLO、ZARA、MUJI、UR、NEW LOOK 一同亮相。具体情况见表 8.13。

表 8.13　2015 年 1 — 8 月华东地区主要快时尚品牌新增门店情况

品牌	城市	城市级别	进驻项目	开业时间
H&M	济南	二线	振华商厦	1 月 1 日
	烟台	二线	大悦城	2 月 18 日
	扬州	三线	三盛国际广场	4 月 3 日
	青岛	二线	万象城	4 月 30 日
	丽水	四线	万地广场	5 月 1 日
	南京	二线	环宇城	5 月 30 日
	上海	一线	南丰城	6 月 8 日
	上海	一线	晶品购物中心	7 月 2 日
	上海	一线	金山万达广场	7 月 17 日
	淄博	二线	华润万象汇	7 月 28 日
	泰安	三线	万达广场	8 月 21 日
	南京	二线	水游城	8 月 26 日
UNIQLO	青岛	二线	合肥路永旺广场	4 月 4 日
	青岛	二线	万象城	4 月 30 日
	扬州	三线	三盛国际广场	5 月 1 日
	诸暨	四线	雄风新天地	5 月 1 日
	淄博	二线	华润万象汇	5 月 27 日
	杭州	二线	银隆百货广场	5 月 30 日
	南京	二线	中海环宇城	5 月 30 日
	龙岩	四线	万宝广场	5 月 30 日
	嘉兴	三线	万达广场	6 月 12 日
	苏州	二线	永旺梦乐城湖东购物中心	6 月 20 日
	上海	一线	金山万达广场	7 月 17 日
	东营	三线	万达广场	8 月 15 日
	泰安	三线	万达广场	8 月 21 日
	海宁	四线	银泰城	8 月 29 日
	宁波	二线	环球银泰城	8 月 29 日

续表

品牌	城市	城市级别	进驻项目	开业时间
ZARA	青岛	二线	万象城	4月30日
	淄博	二线	华润万象汇	8月28日
	宁波	二线	环球银泰城	8月29日
MUJI	青岛	二线	万象城	4月30日
	淄博	二线	万象汇	5月27日
	上海	一线	五角场百联又一城	6月19日
	上海	一线	长泰广场	6月26日
MANGO	上海	一线	淮海百盛（MANGO MAN）	8月28日
UR	青岛	二线	万象城	4月30日
	济南	二线	鲁能领秀城	5月1日
	杭州	二线	萧山银隆百货	5月1日
	苏州	二线	丽丰购物中心	5月29日
	南京	二线	同曦大厦	6月6日
	宁波	二线	天一广场	8月28日
C&A	无锡	二线	茂业天地	1月15日
	苏州	二线	丽丰购物中心	2月13日
	无锡	二线	T12时尚购物中心	2月14日
Forever21	上海	一线	浦东新梅联合广场	5月23日
	上海	一线	静安晶品购物中心	5月23日
	上海	一线	淮海中路900号	8月22日
NEW LOOK	南京	二线	水平方	4月17日
	常州	三线	吾悦国际广场	4月19日
	南京	二线	新一城	4月19日
	上海	一线	长泰广场	4月25日
	青岛	二线	万象城	4月30日
	上海	一线	莘庄仲盛世界城	5月9日
	上海	一线	壹丰广场	5月15日
	淄博	二线	万象汇	5月27日
	苏州	二线	印象城	5月29日
	嘉兴	三线	万达广场	6月12日
	上海	一线	五角场万达广场	6月27日
	南京	二线	金鹰购物中心	7月3日
	上海	一线	金山万达广场	7月17日
	南京	二线	中海环宇城	8月15日
	上海	一线	宝山万达广场	8月15日
	宁波	二线	银泰环球城	8月29日

2. 华北地区

2013—2014年，各大快时尚品牌在华北地区的11个城市开出新门店82家。其中，北京新开53家快时尚品牌门店，天津新开11家快时尚门店。在北京新增的53家门店中，UNIQLO新增14家，是新增门店数量最多的品牌；其次是H&M，新增11家。

而2015年前8个月，快时尚品牌在北京新开门店数达22家，H&M除了在西单大悦城的门店重装开业外，还新增3家门店。而在华北地区，UNIQLO新增9家门店，NEW LOOK新增5家，ZARA新增3家，MUJI和UR各新增2家，MANGO新增1家。具体情况见表8.14。

表8.14 2015年1—8月华北地区主要快时尚品牌新增门店情况

品牌	城市	城市级别	进驻项目	开业时间
H&M	北京	一线	东城区前门步行街82号	3月30日
	北京	一线	朝阳大悦城	4月23日
	北京	一线	西单大悦城（重装开业）	4月30日
	北京	一线	中粮万科半岛广场	5月28日
UNIQLO	北京	一线	荟聚·西红门购物中心	3月7日
	北京	一线	中粮万科半岛广场	5月1日
	北京	一线	中粮祥云小镇	5月1日
	天津	一线	康达永旺梦乐城	5月30日
	呼和浩特	二线	凯德广场	8月15日
	北京	一线	首开福茂宋家庄购物中心	8月15日
	北京	一线	蓝色港湾	8月29日
	北京	一线	昌平永旺国际商城	8月29日
	邢台	二线	世贸天街	8月29日
ZARA	北京	一线	荟聚·西红门购物中心	4月18日
	北京	一线	西单大悦城	5月29日
	北京	一线	龙湖长楹天街购物中心	8月20日
MUJI	北京	一线	世纪金源购物中心贵友大厦	5月16日
	天津	一线	远洋未来广场	7月3日
MANGO	北京	一线	荟聚·西红门购物中心（男装）	2月10日
UR	北京	一线	龙湖长楹天街	1月31日
	北京	一线	蓝色港湾（重装开业）	7月10日
NEW LOOK	北京	一线	长楹天街购物中心	1月10日
	北京	一线	朝阳大悦城	3月28日
	北京	一线	丰台区顺八条8号院三区3号楼	7月12日
	北京	一线	凯德首地大峡谷	8月15日
	北京	一线	凤凰汇	8月15日

3. 华南地区

2013—2014年，各大快时尚品牌在华南地区的13个城市开出82家新门店。其中，深圳新开24家快时尚品牌门店，广州新开21家快时尚品牌门店。

2015年前8个月，H&M分别在厦门、南宁、湛江、珠海各新开1家门店；MUJI在南宁、深圳、厦门各新增1家门店；GAP在广州正佳广场开出华南地区最大的旗舰店；UNIQLO新增门店8家，也是首次进入柳州；UR新增门店3家；MANGO在厦门新增门店1家。具体情况见表8.15。

表8.15　2015年1—8月华南地区主要快时尚品牌新增门店情况

品牌	城市	城市级别	进驻项目	开业时间
H&M	厦门	二线	思明区来雅百货二期	1月30日
	南宁	二线	西关新天地	2月12日
	湛江	三线	鼎盛广场	2月13日
	珠海	三线	中海·富华里中心	3月31日
UNIQLO	柳州	三线	银泰城	3月28日
	海口	三线	玉沙京华城	5月1日
	福州	二线	世欧广场	5月1日
	湛江	三线	鼎盛广场	5月30日
	广州	一线	番禺奥园广场	6月20日
	广州	一线	萝岗万达广场	7月17日
	广州	一线	中华广场	8月15日
	肇庆	三线	凯德广场	8月29日
GAP	广州	一线	正佳广场	2月13日
MUJI	南宁	二线	会展航洋城	2月13日
	深圳	一线	益田假日广场（关闭）	2月28日
	厦门	二线	SM新生活广场	6月26日
MANGO	厦门	二线	中华城	9月2日
UR	珠海	三线	富华里五栋	5月1日
	佛山	二线	印象城	5月1日
	广州	一线	萝岗万达	7月17日

4. 华中地区

2013—2014年，各大快时尚品牌在华中地区的10个城市开出37家新门店。其中，武汉新开16家快时尚品牌门店。

2015年前8个月，UNIQLO新增门店6家，NEW LOOK新增3家，H&M新增2家，UR与For-

ever21 各新增 1 家。

其中，2015 年 4 月 30 日，位于硚口区长宜路的武汉宜家荟聚购物中心正式开业，共有 260 多家店面营业，这是宜家集团继无锡、北京之后，在中国开设的第三家荟聚购物中心，该中心总占地面积约 30 万平方米。其中，商业面积超过 17 万平方米。快时尚品牌 UNIQLO、Forever21、New look 已经入驻。具体情况见表 8.16。

表 8.16 2015 年 1 — 8 月华中地区主要快时尚品牌新增门店情况

品牌	城市	城市级别	进驻项目	开业时间
H&M	武汉	二线	荟聚购物中心	5 月 8 日
	株洲	二线	王府井百货	7 月 24 日
UNIQLO	宜昌	三线	水悦城	4 月 11 日
	武汉	二线	荟聚·竹叶海购物中心	4 月 30 日
	长沙	二线	德思勤四季汇购物中心	5 月 30 日
	株洲	二线	王府井百货	6 月 20 日
	武汉	二线	光谷世纪城	6 月 20 日
	郑州	二线	丹尼斯大卫城	8 月 29 日
UR	宜昌	三线	水悦城店	2 月 1 日
Forever21	武汉	二线	宜家荟聚购物中心	4 月 30 日
NEW LOOK	武汉	二线	荟聚购物中心	4 月 30 日
	黄石	四线	万达广场	7 月 3 日
	郑州	二线	万达广场二期	8 月 15 日

(四) 未来快时尚品牌将加速布局二线城市

从城市级别来看，2013 — 2014 年，快时尚品牌主要集中在一线、二线城市。其中，二线城市新增门店数量达 284 家；一线城市新增门店 162 家；三线城市新增门店 69 家；四线城市新增门店 11 家。具体情况见图 8.46。

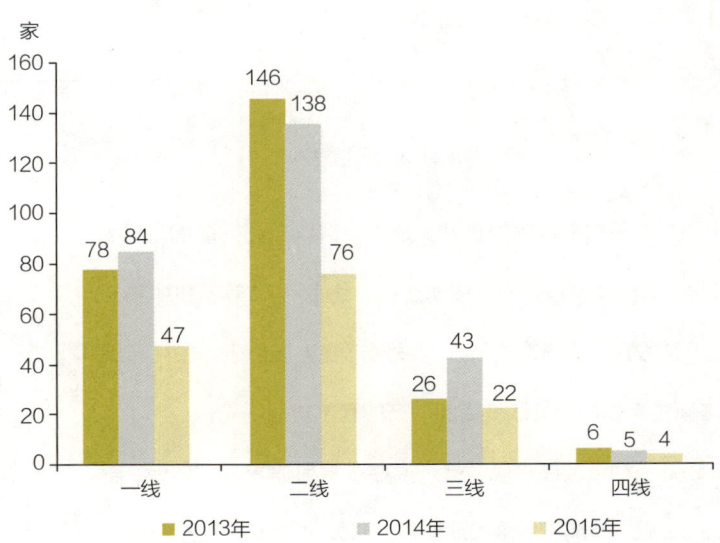

图 8.46　2013 — 2015 年快时尚品牌在不同级别城市的门店拓展数量

注：2015 年仅为 1 — 8 月的数据。

2015 年以来，快时尚品牌门店拓展的重点依然是二线城市，如 H&M、GAP 等品牌未来仍然重点拓展一线、二线城市。

不过从数据上来看，快时尚品牌向三线、四线城市渗透的趋势较为明显；NEW LOOK 重点考虑在一线、二线、三线城市进行拓展；C&A 重点考虑在山东、山西、内蒙古等省、自治区开店；同时未来 GAP 计划将重点放在电商方面，并减少实体门店的数量；而 ZARA 则表示实体门店会向三线、四线城市"下沉"。

后记

　　赢商网研究中心对大量独家数据的梳理，是本书得以顺利完成的关键。纵观全书，我们知道：大数据、Wi-Fi、移动互联、线上 APP 等新生事物正在不断推动商业地产的发展，未来商业地产的发展无疑更加趋于理性化和精细化。但是，这些新生事物都不会改变商业地产的基本功能。

　　中国商业地产还处于初级发展阶段，曾一度存在盲目追求超大体量、辐射范围超广域商圈的现象，造成了资源的浪费。因此，中国商业地产应该借鉴美国、日本等成熟市场的经验，在进入完整的周期化发展阶段之前少走弯路。当然，中国商业地产不能完全照搬成熟市场的经验，而是应结合实际情况走自己的路。

　　我们相信，随着国内市场的成熟、投资理念渐趋理性和相关规划的逐步推行，中国的商业地产终将走出自己的一片天地。